海关眼

进出口商品归类系列丛书

CAR PARTS

CLASSIFICATION GUIDE

U0953379

轿车零部件归类指南

（第二版）

《轿车零部件归类指南》编委会 · 编著

中国海关出版社有限公司

中国 · 北京

图书在版编目（CIP）数据

轿车零部件归类指南：汉、英/《轿车零部件归类指南》编委会编著．—2 版．—北京：中国海关出版社有限公司，2020.9

ISBN 978-7-5175-0450-4

Ⅰ.①轿…　Ⅱ.①轿…　Ⅲ.①轿车—零部件—分类—指南—汉、英
Ⅳ.①U469.110.3-62

中国版本图书馆 CIP 数据核字（2020）第 143419 号

轿车零部件归类指南（第二版）

JIAOCHE LINGBUJIAN GUILEI ZHINAN（DI'ER BAN）

编　　者：《轿车零部件归类指南》编委会
策划编辑：史　娜
责任编辑：夏淑婷
出版发行：中国海关出版社有限公司
社　　址：北京市朝阳区东四环南路甲 1 号　　邮政编码：100023
网　　址：www.hgcbs.com.cn
编 辑 部：01065194242-7539（电话）　　01065194231（传真）
发 行 部：01065194221/4227/4238/4246（电话）　　01065194233（传真）
社办书店：01065195616（电话）　　01065195127（传真）
www.customskb.com/book（网址）
印　　刷：北京铭成印刷有限公司　　经　　销：新华书店
开　　本：889mm×1194mm　1/16
印　　张：34.25　　字　　数：494 千字
版　　次：2020 年 9 月第 2 版
印　　次：2020 年 9 月第 1 次印刷
书　　号：ISBN 978-7-5175-0450-4
定　　价：240.00 元

《轿车零部件归类指南》编委会

编 写 组：李　志　郑　琦　祖似杰　沈　炜　花绍峰　陈征科
王　倩　沈浩明　尹　娇　张　楠　臧　华　陈雄杰
孙　蕾　宋志华　梁元聪　熊正宝

技术顾问：陈家来　韩建华　朱卓选　顾晓琦　胡　豪　万海峰
张子良　王全任

前　言

近年来，中国汽车工业持续高速发展，汽车零部件产业作为汽车工业发展的基础，进出口需求呈上升趋势。由于汽车零部件种类繁多、商品结构复杂，实践中归类难度大、申报错误率和争议发生率都较高，一直以来是关企关注的归类焦点。

为顺应新形势下汽车产业的发展状况，特别是新能源汽车的快速发展，并且配合全国海关通关一体化改革模式，统一全国海关汽车零部件的归类思路，本书编委会创作编写了新版的《轿车零部件归类指南》，以便广大企业和归类从业人员更好地了解进出口汽车零部件的商品知识，掌握汽车零部件的归类技能，帮助企业准确、合规申报。

本书以2020年版《中华人民共和国进出口税则》为依据，分别从商品爆炸图、中英文零件名称、商品编码及商品描述等内容，对发动机、变速箱、底盘、车身、内饰、电器等八部分轿车零部件进行讲解。力求取材新颖，内容介绍由浅入深、循序渐进、图文并茂、形象生动、着重应用，希望能够给大家提供有益借鉴和参考。

本书内容仅供实际工作参考，有关商品归类以相关法律、法规及规定为准。由于编者水平有限，书中难免有不足和疏漏之处，欢迎广大读者批评指正。

《轿车零部件归类指南》编委会

2020年6月

目 录

1

轿车零部件归类说明

1.1 轿车零部件的概念

本书所称或拆解爆炸图所述“零件”是指组成轿车的不可分拆的单个制件，它是汽车制造过程中最基本的单元。

本书所称或拆解爆炸图所述“部件”是指由各种零件所组成的，具有一定功能的装置，它是轿车中的一个独立组成部分。

1.2 轿车零部件的归类原则

本书所称或拆解爆炸图所述“零部件”归类应依次使用以下三种归类方法：

按所属材质归类；

按税则列名归类；

归入品目 8708 项下。

1.2.1 关于“部件的零件”的归类

1. 属于第八十四章、第八十五章和第九十章轿车部件（如发动机、电动起动机、速度计）的零件应根据第十六类类注一、类注二和第九十章章注一、章注二的规定归类。

2. 属于品目 8708 所述部件的零件，除第十七类类注二另有规定外，一律按列目的所述部件一并归类。

1.2.2 各种材料制管子的归类

各种材料制管子（除硫化橡胶制以外）如可确定专用于机动车辆，且进口状态已具备特定长度、带有接头等特征，应作为机动车辆专用零件归入相应商品编码。

1.2.3 支架的归类

如果支架用于某部件内部，应作为该部件的专用零件归类，如发动机内部的支撑架应作为发动机专用零件归类；其他支架应作为车辆专用零件归入品目 8708，如支撑整个发动机的架子。

1.2.4 线束扎带、线束固定夹、卡箍等类似件的归类

各种线束扎带、线束固定夹、卡箍等类似件应根据材料属性归入相应商品编码。

1.2.5 控制模块的归类

带有反馈装置的，如发动机用电子控制单元（ECU），应归入商品编码 90328990。

1.2.6 传感器的归类

一般应按照主要功能归类，如安全气囊传感器，应归入商品编码 90318090。

1.2.7 开关的归类

由两个以上开关组合在一起应归入商品编码 85371090，如转向柱开关；反之应归入商品编码 85365000。

1.2.8 塑料、贱金属制的各类盖子、塞子的归类

属于第八十四章、第八十五章列名货品的零件，则应按材质归入商品编码 39235000 和 83099000；属于品目 8708 所列货品的零件，则应与其所属部件一并归入品目 8708 项下相应子目。

1.2.9 顶盖内饰垫块的归类

应视为垫片、垫圈的类似品按照其构成材料归类。

1.2.10 烟灰盒的归类

不论烟灰盒的结构如何，统一按照其构成材料归类，贱金属制的归入商品编码

83023000，塑料制的归入商品编码 39263000。

1.2.11 衬套的归类

应与其所属部件一并归入品目 8708 项下相应子目。

1.3 常见轿车零部件的归类

1.3.1 按材质归类的常见商品及其归类

商品名称	材质	商品编码	备注
轿车用接头、垫片、垫圈及类似品	塑料制	39269090	复合材料指金属与其他材料或多层金属片制成
	硫化橡胶制	40169390、40169990	
	皮革制	42050020	
	纸制	48239090	
	纺织材料制	59119000	
	石棉制	68132090	
	复合材料制	84841000	
轿车用管子附件（如接头、肘管、管套）	塑料制	39174000	税则定义的通用零件
	钢铁制	7307	
	铜制	7412	
	铝合金制	7609	
	其他贱金属制	7507、7806、7907、8007、81 章	
轿车用绞股线、绳、编带、吊索及类似品	塑料制	39269090	税则定义的通用零件
	钢铁制	7312	
	铜制	7413	
	铝合金制	7614	
	其他贱金属制	75、78~81 章，以及品目 8308 为兜底品目或子目	

续表

商品名称	材质	商品编码	备注
轿车用链及零件	塑料制	39269090	税则定义的通用零件
	钢铁制	7315	
	其他贱金属制	74~76、78~80 章兜底品目或子目	
轿车用钉及类似品	塑料制	39269090	税则定义的通用零件
	钢铁制	7317	
	铜制	7415	
	其他贱金属制	75、76、78~80 章兜底品目或子目	
轿车用螺钉、螺栓、螺母、铆钉、销、垫圈及类似品	塑料制	39269090	税则定义的通用零件
	钢铁制	7318	
	铜制	7415	
	铝合金制	7616	
	其他贱金属制	75、78~81 章兜底品目或子目	
轿车用弹簧或弹簧片	塑料制	39269090	税则定义的通用零件
	钢铁制	7320	
	铜制	7419	
	其他贱金属制	75、76、78~80 章兜底品目或子目	
轿车用其他零件	硫化橡胶制	4016	除硬化橡胶外

1.3.2　其他常见按税则列名归类的轿车零部件

1. 第四十章：

（1）硫化橡胶（硬化橡胶除外）制的异型材，不论是否切成一定长度（品目 4008）；

（2）硫化橡胶制的传动带（品目 4010）；

（3）橡胶轮胎、可互换胎面、轮胎衬带及内胎（品目 4011 至 4013）。

2. 第四十二章：皮革、再生皮革、钢纸等制的工具袋（品目 4202）。

3. 第四十九章：各种材料制印有文字、图案的印刷品（品目 4911）。

4. 第五十六章：

（1）纺织材料制网（品目 5608）；

（2）纺织材料制缆绳（品目 5609）。

5. 第五十七章：车用地毯。

6. 第五十九章：

（1）纺织材料制的传动带（品目5910）；

（2）纺织材料制的滤油器等（品目5911）。

7. 第七十章：

（1）钢化玻璃或层压玻璃制的未镶框的安全玻璃，不论是否变形（品目7007）；

（2）已制成后视镜，不论是否镶框，未经光学加工（品目7009）；

（3）车头灯的未镶框玻璃（品目7014），以及一般归入第七十章的货品。

8. 第八十二章：车用扳手、扳钳及其他工具。

9. 第八十三章：

（1）车锁（子目830120）。

（2）车用附件及架座。例如，制成的串珠饰带；脚踏板；扶手杆、条及把手；遮帘用的配件（杆、托架、紧固件、弹簧机构等）；车内行李架；开窗机件；专用烟灰缸；后车厢板扣件（品目8302）。

（3）汽车号码牌（品目8310）。

10. 第八十四章：

（1）发动机（包括配有齿轮箱的发动机）及其零件（品目8407、8408和8409）；

（2）泵、压缩机及风扇（品目8413或8414）；

（3）空气调节器（品目8415）；

（4）滤油器、滤清器等（品目8421）；

（5）风窗清洗机等喷射装置（品目8424）；

（6）龙头、旋塞、阀门及类似装置（例如，散热器的放水龙头、内胎气门等）（品目8481）；

（7）滚珠轴承或滚子轴承（品目8482）；

（8）发动机内部传动零件（曲轴、凸轮轴、飞轮等）、速度计、转数计等用的软轴（品目8483）。

11. 第八十五章：

（1）电动机、发电机（品目8501）；

（2）变压器（品目8504）；

（3）电磁铁、电磁离合器、电磁闸等（品目8505）；

（4）蓄电池（品目8507）；

（5）火花点燃或压燃式内燃机用的电点火或电起动装置（火花塞、电动起动机等）（品目8511）；

（6）车用电气照明及信号装置、电动风挡刮水器、除霜器及去雾器（品目8512）；

（7）车用电热装置（品目8516）；

（8）车载无线电话机（品目8517）；

（9）车用音箱及声频扩大器等（品目8518）；

（10）车用无线电导航设备（品目8526）；

（11）车载收录（放）音组合机（品目8527）；

（12）车用防盗报警装置等（品目8532）；

（13）电容器（品目8532）；

（14）电阻（品目8533）；

（15）印刷电路（品目8534）；

（16）车用熔断器、开关及其他连接器件（品目8536）；

（17）车用电气控制装置和组合开关（品目8537）；

（18）白炽灯泡及放电灯管，包括封闭式聚光灯（品目8539）；

（19）半导体器件（品目8541、8542）；

（20）绝缘电线及电缆（包括布线组在内），以及电气用的石墨或其他碳精制品，不论是否装有接头；绝缘子、绝缘配件（品目8544至8548）。

12. 第九十章：

（1）经光学加工的玻璃镜（品目9001或9002）；

（2）转数计、车费计、速度计、转速表及其他车用仪表（品目9029）；

（3）带反馈的车用自动控制装置（品目9032）。

13. 第九十一章：车用钟。

14. 第九十四章：车辆座椅（品目9401）。

1.3.3 归入品目 8708 项下零件必备条件

1. 它们必须可确定为专用于或主要用于轿车；

2. 它们不属于 1.3.1 和 1.3.2 所涉及的货品范围。

2

轿车零部件图解与归类

从19世纪末至今，汽车工业从无到有，发展速度惊人。目前，全世界有十几亿辆汽车在陆地上行驶。其中，中国就有3亿辆，并且以每年几千万辆的速度增长。

汽车是由自身的动力装置驱动，具有4个或4个以上车轮的非轨道承载车辆，其主要用途是载运人员和货物，牵引载运人员或货物。汽车按用途分有乘用车、商用车、专用汽车（商业售货车、医疗救护车等）、特殊用途汽车（竞赛汽车、娱乐汽车）；按动力装置分有内燃机汽车、电动汽车、喷气式汽车等；按车厢结构形式分有一厢式、二厢式、三厢式；按驱动形式分有前置前驱动、前置后驱动、后置后驱动、全驱动等。按照中国国家标准，小轿车可分为5类：

1. 微型轿车（发动机排量≤1升）；

2. 普通轿车（1升<发动机排量≤1.6升）；

3. 中级轿车（1.6升<发动机排量≤2.5升）；

4. 中高级轿车（2.5升<发动机排量≤4升）；

5. 高级轿车（发动机排量>4升）。

按照《中华人民共和国进出口税则》（以下简称《税则》）及《中华人民共和国进出口税则本国子目注释》（以下简称《本国子目注释》）的规定，小轿车是指具有如下两项技术特性之一的乘用车（越野车除外）。

1. 车身结构为三厢式车身。

2. 车身结构为两厢式车身，且具备以下各项条件：

（1）座位数不超过五座，座椅（含可折叠座椅）不超过两排且无侧向布置；

（2）一半以上的发动机长度位于车辆前风窗玻璃最前点之前，或转向盘的中心位于车辆总长的前四分之一部分之后；

（3）车长不大于4500毫米；或者车长大于4500毫米，但不大于5000毫米，且车辆处于整车整备质量状态下，车顶外覆盖件最大离地高度不大于1600毫米。

一般具有以下特征：

1. 在驾驶员和前排乘客后面的空间具有供各人乘坐的固定座位，并带有安全装置（例如，座椅安全带或安装座椅安全带的定位点和配件），或具有固定的定位点和配件，以备安装座椅和安全设备；这些座椅可以是固定的、折叠的，也可以是从定位点移走的；

2. 沿车厢两侧带有后窗；

3. 在车厢两侧或后部具有带窗的滑动式、外掀式或提升式车门；

4. 与乘客区间相连的整个车厢内部具有装饰精致、配置舒适的特征（例如，配置地毯、通风设备、内部照明和烟灰缸等）。

2.1 发动机

发动机是驱动汽车的动力机构，称为内燃机，俗称引擎。乘用车所使用的发动机种类繁多，其中大多数是使用石油液体燃料，运用各种办法使液体燃料气化并和空气混合、燃烧、膨胀，从而产生驱动汽车的动力。

发动机的种类：

1. 按活塞的运动方式分为往复活塞式和旋转活塞式发动机。

2. 按冲程数分为四冲程和二冲程发动机。

3. 按所用燃料分为汽油发动机和柴油发动机，以及天然气、液化气发动机。

4. 按冷却方式分为水液冷却和空气冷却发动机。

5. 按气缸数分为四缸、六缸、八缸等发动机。

6. 按气缸排列布置分为立式、卧式及 V 式发动机。

7. 按进气时是否增压分为增压式或非增压式发动机。

8. 按着火方式分为压燃式和点燃式发动机。

乘用车发动机的结构主要由机体、曲轴连杆机构、配气机构、冷却系统、润滑系统、燃料系统、点火系统等部分组成。

1. 机体是发动机的主要基础件，发动机全部机件和附件都装置在机体上。主要由气缸体、缸套、曲轴箱，以及与气缸体相配的气缸盖、气缸盖罩、气缸盖衬垫等组成。

2. 曲轴连杆机构是发动机产生动力和传递动力的机构，其承受气缸内工作混合气燃烧后膨胀做功的气体压力，将活塞直线往复运动转换为曲轴的旋转运动。主要由活塞、连杆组、曲轴飞轮等组成。

3. 配气机构的功能是按照发动机工作循环，及时正确地使可燃混合气（汽油发动机）或新鲜空气及燃油（柴油发动机）进入气缸，使燃烧后的废气在一定时间内排出气缸。主要由进气门、排气门、气闸座圈、气门导管、气门弹簧、弹簧座、锁块（销）、推杆、挺杆、摇臂、摇臂轴、定时齿轮或链条、凸轮轴等组成。

4. 冷却系统的功能是将发动机多余的热量散发到大气中去，以保持发动机在适当的温度范围内工作。其结构形式有水液冷却和空气冷却。水液冷却系统主要由散热器、风扇、流体连轴节、水泵、水套等组成。

5. 润滑系统的功能是将润滑油供给做相对运动的零件，以减少它们之间的摩擦阻力，减轻部件的磨损。主要由机油泵、润滑油道、机油滤清器等组成。

6. 燃料系统是指供给发动机燃烧所需要燃油混合物的系统。

汽油发动机主要由汽油箱、汽油泵、汽油滤清器、空气滤清器、化油器、进气歧管、消音器、排气管、排气歧管等组成。

柴油发动机主要由柴油箱、输油泵、柴油滤清器、喷油泵、空气滤清器、增压器、排气管、排气歧管、进气歧管、消音器等组成。

7. 点火系统是保证汽油发动机按规定的时刻，用电火花点燃气缸内被压缩的工作混合气而做功的系统。主要由点火线圈、分电器、火花塞、点火开关，以及相关的蓄电池、发电机、起动电机等组成。

由于柴油发动机是压缩自燃，故没有点火系统。

8. 发动机控制模块是目前在乘用车上广泛采用的电子控制装置，又称为微型计算机控制系统。该装置根据海拔高度、大气压力和发动机负荷，可以对发动机燃油喷射、供油中断等进行控制，从而使燃油经济性达到最佳。

2.1.1 发动机总成

序号	零部件中文名称	零部件英文名称/描述①	商品编码	商品描述
1	1.0 升发动机总成	ENGINE ASM-1.0 L	84073300	往复式汽油型
2	1.5 升发动机总成	ENGINE ASM-1.5 L	84073410	往复式汽油型

图 2-1-1　1.0 升发动机总成

图 2-1-2　1.5 升发动机总成

① 部分零部件的英文名称/描述是为了贴合该商品的用途及编码，不从词面直译。

2.1.2 发动机和变速器安装

序号	零部件中文名称	零部件英文名称/描述	商品编码	商品描述
1	螺栓—变速箱悬置（车身侧）	BOLT/SCREW-TRANS MT (BODY SI)	73181510	钢铁制，抗拉强度在 800 兆帕及以上
2	变速箱悬置总成	MOUNT ASM-TRANS	87089999	
3	螺栓—变速箱悬置支架（悬置侧）	BOLT/SCREW - TRANS MT BRKT（MT SI）	73181510	钢铁制，抗拉强度在 800 兆帕及以上
4	螺栓—变速箱悬置支架（变速箱侧）	BOLT/SCREW - TRANS MT BRKT（TRANS SI）	73181510	钢铁制，抗拉强度在 800 兆帕及以上
5	变速箱悬置支架	BRACKET-TRANS MT	87089999	与变速箱悬置总成和变速箱总成相连，一头安装在车身上，一头安装在变速箱总成上
6	螺栓—变速器安装	BOLT/SCREW-TRANS MTG	73181510	钢铁制，抗拉强度在 800 兆帕及以上
7	自动变速箱封闭板	PLATE-A/TRNS CONT HSG MT	87089999	
8	下系杆支架	BRACKET-PT MTG LWR TIE	87089999	安装于变速器壳体上
9	螺栓—后悬置支架（变速箱侧）	BOLT/SCREW - RR MT BRKT (TRANS SI)	73181510	钢铁制，抗拉强度在 800 兆帕及以上
10	螺栓—后下系杆（支架侧）	BOLT/SCREW - RR LWR TIE (BRKT SI)	73181510	钢铁制，抗拉强度在 800 兆帕及以上
11	后下系杆	TIE-PT MTG RR LWR	87089999	
12	螺栓—发动机悬置（发动机侧）	BOLT/SCREW-ENG MT（ENG SI）	73181510	钢铁制，抗拉强度在 800 兆帕及以上
13	螺栓—发动机悬置（车身侧）	BOLT/SCREW-ENG MT（BODY SI）	73181510	钢铁制，抗拉强度在 800 兆帕及以上
14	发动机悬置	MOUNT-ENG	87089999	

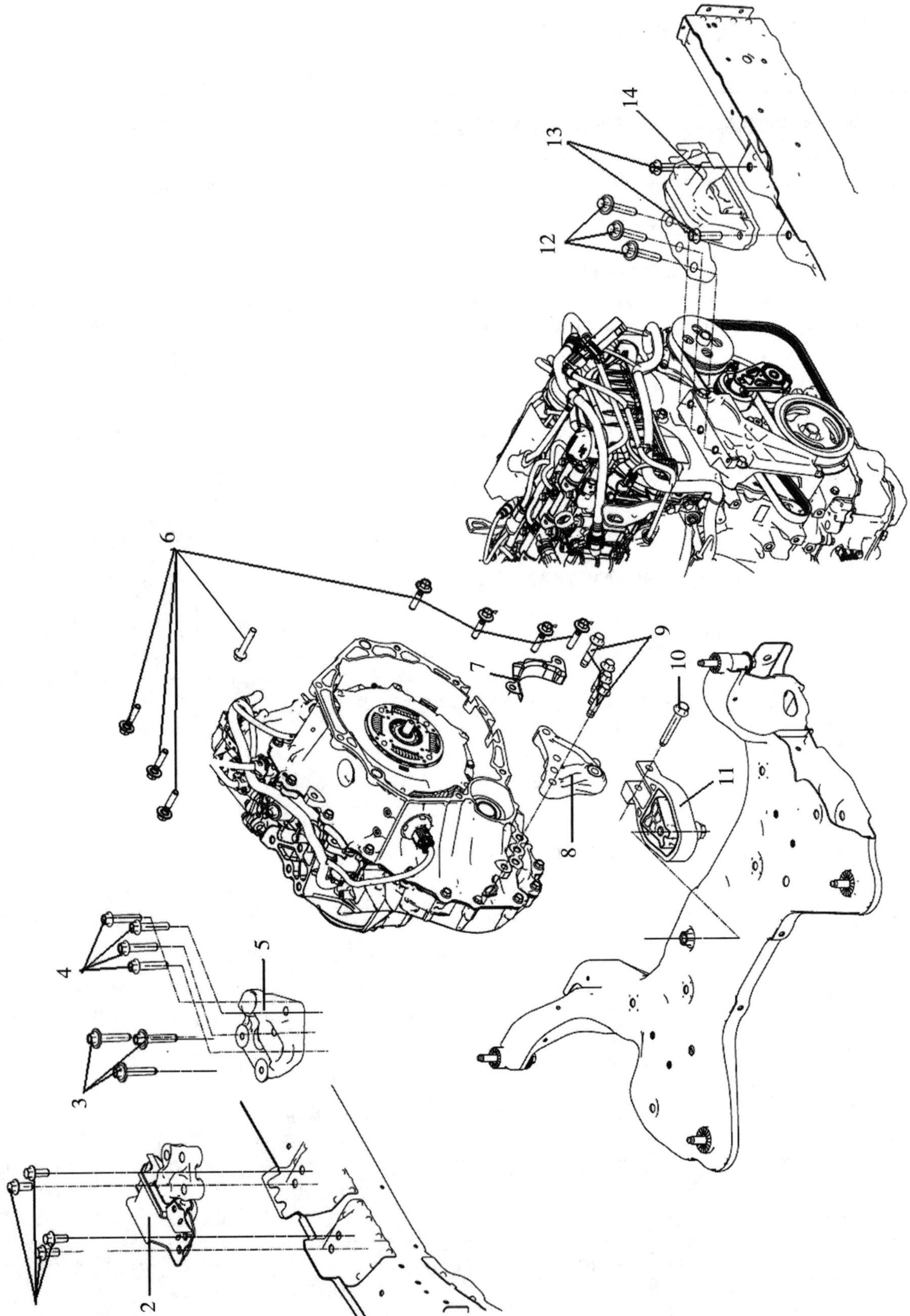

图 2-1-3　发动机和变速器安装爆炸图

2.1.3 1.5 升发动机气缸体和内部零件

序号	零部件中文名称	零部件英文名称/描述	商品编码	商品描述
1	进气凸轮轴总成	CAMSHAFT ASM-INT	84831090	
2	进气门总成	VALVE ASM-INT	84099199	
3	排气调相器	PHASOR-EXH	84839000	
4	螺栓—调相器	BOLT/SCREW-PHASOR	73181510	钢铁制，抗拉强度在 800 兆帕及以上
5	正时链导轨	GUIDE-TMG CHAIN	84099199	
6	垫圈—正时张紧器	WASHER-TMG TENSR	73182200	钢铁制
7	螺栓—正时链张紧器	BOLT/SCREW-TMG CHAIN TEN-SR	73181510	钢铁制，抗拉强度在 800 兆帕及以上
8	正时链条张紧器总成	TENSIONER ASM-TMG CHAIN	84099199	
9	正时链导轨	GUIDE-TMG CHAIN	84099199	
10	正时链总成	CHAIN ASM-TMG	73151190	钢铁铰接链
11	曲轴链轮	SPROCKET-CR/SHF	84839000	
12	机油泵链条	CHAIN-O/PMP DRV	73151190	钢铁铰接链
13	螺栓—机油泵链张紧器	BOLT/SCREW - O/PMP DRV CHAIN TENSR	73181510	钢铁制，抗拉强度在 800 兆帕及以上
14	机油泵链条张紧器	TENSIONER-O/PMP DRV CHAIN	84099199	
15	弹簧—机油泵链条张紧器	SPRING-O/PMP DRV CHAIN TENSR	73202090	钢铁制螺旋弹簧
16	螺栓—正时导轨	BOLT/SCREW-TMG GUIDE	73181510	钢铁制，抗拉强度在 800 兆帕及以上

续表1

序号	零部件中文名称	零部件英文名称/描述	商品编码	商品描述
17	正时链导轨	GUIDE-TMG CHAIN	84099199	
18	活塞连杆总成	PISTON ASM（W/ CONN ROD）	84099199	
19	螺栓—发动机连杆	BOLT/SCREW-ENG CONN ROD	73181510	钢铁制，抗拉强度在800兆帕及以上
20	连杆轴瓦	BEARING-CONN ROD	84833000	滑动轴承
21	螺栓—曲轴扭振减震器	BOLT/SCREW - CR/SHF TORQ DMPR	73181510	钢铁制，抗拉强度在800兆帕及以上
22	曲轴扭振减震器	DAMPENER-CR/SHF TORQ	84099199	
23	曲轴总成	CRANKSHAFT ASM	84831090	
24	曲轴信号轮	WHEEL-CR/SHF RELUCTOR	84839000	
25	曲轴后油封	SEAL-CR/SHF RR OIL	84879000	通用件
26	双质量飞轮总成	FLYWHEEL ASM-DUAL MASS	84835000	
27	发动机气缸盖总成	HEAD ASM-CYL	84099199	
28	凸轮轴轴承盖	CAP-CM/SHF BRG	84839000	
29	螺栓—凸轮轴承盖	BOLT/SCREW-CM/SHF BRG CAP	73181510	钢铁制，抗拉强度在800兆帕及以上
30	凸轮轴轴承盖	CAP-CM/SHF BRG	84839000	
31	凸轮轴前轴承盖总成	CAP ASM-CM/SHF BRG FRT	84839000	
32	曲轴主轴瓦上	BEARING-CR/SHF UPR	84839000	滑动轴承
33	曲轴主轴瓦下	BEARING-CR/SHF LWR	84839000	滑动轴承
34	下曲轴箱	CRANKCASE-LWR	84099199	

续表2

序号	零部件中文名称	零部件英文名称/描述	商品编码	商品描述
35	发动机气缸体	BLOCK-ENG	84099199	
36	垫片—发动机真空泵	GASKET-ENG VAC PUMP	84841000	复合材料制
37	发动机真空泵总成	PUMP ASM-ENG VAC	84141000	
38	螺栓—发动机真空泵	BOLT/SCREW-ENG VAC PUMP	73181510	钢铁制，抗拉强度在800兆帕及以上

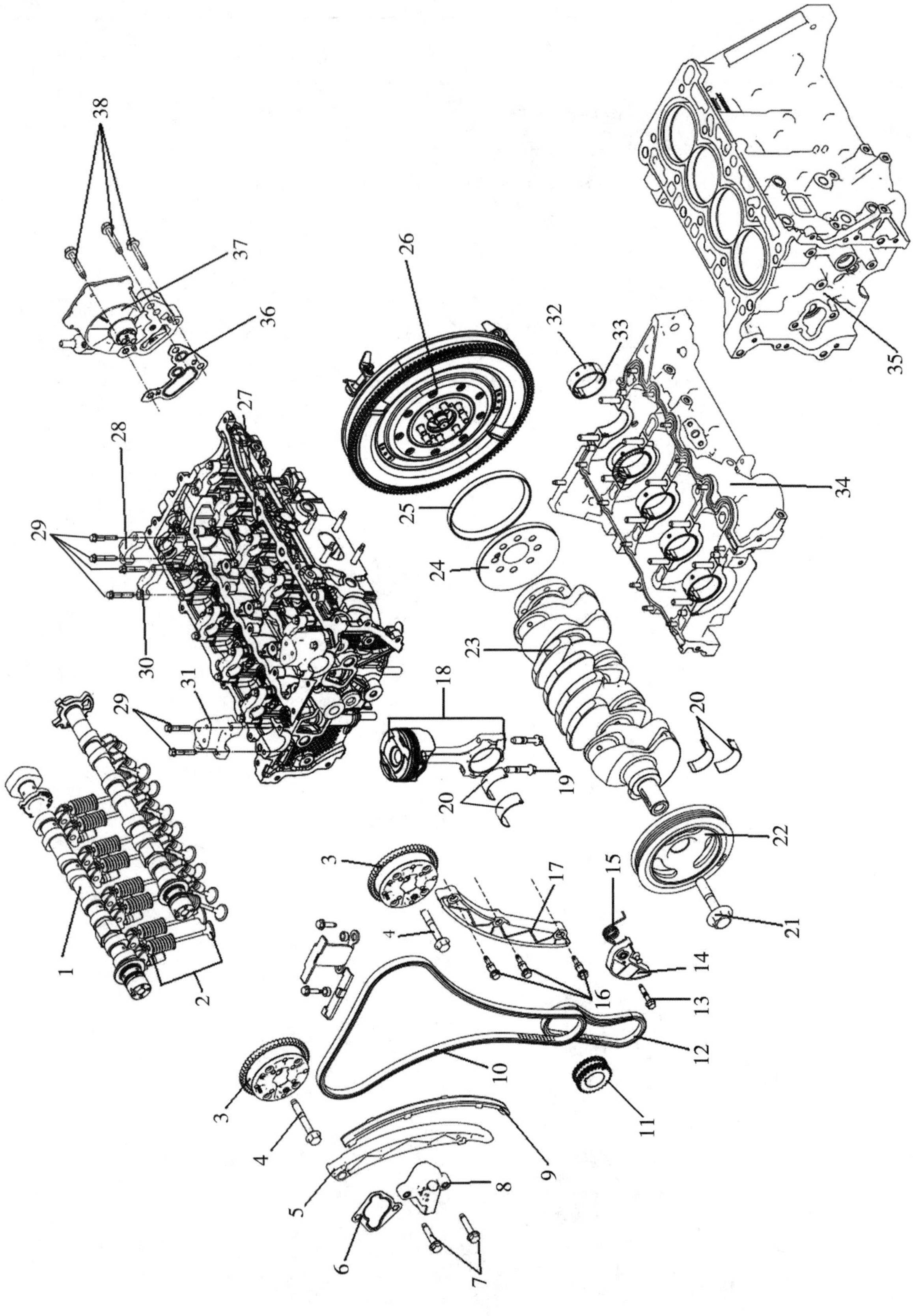

图 2-1-4　1.5升发动机气缸体和内部零件爆炸图

2.1.4 1.5 升发动机气缸盖和相关零件

序号	零部件中文名称	零部件英文名称/描述	商品编码	商品描述
1	发动机喷油器线束	HARNESS ASM-F/INJN WRG	85443020	
2	发动机高压油管	PIPE ASM-ENG HIGH PRESS FUEL	84099199	
3	发动机高压燃油泵	PUMP-ENG HIGH PRESS FUEL	84133029	输出功率在 132.39 千瓦（180 马力）以下的发动机用
4	O 型圈—发动机燃油泵	RING O-ENG F/PMP	40169310	硫化橡胶制
5	螺钉—发动机燃油泵	BOLT/SCREW-ENG F/PMP	73181510	钢铁制，抗拉强度在 800 兆帕及以上
6	传感器—燃油轨燃油压力	SENSOR-F/INJN FUEL RL FUEL PRESS	90262090	
7	燃油轨	RAIL-F/INJN FUEL	84099199	
8	喷油器总成	INJECTOR ASM-FUEL	84099199	
9	螺栓—喷油器固定板	BOLT/SCREW-F/INJR RET	73181590	钢铁制，抗拉强度小于 800 兆帕
10	固定架—燃油轨螺栓	RETAINER - F/INJN FUEL RL BOLT	84099199	
11	垫片—喷油器固定板螺栓	WASHER-F/INJN FUEL RL BOLT	73182200	钢铁制
12	减震垫—喷油器固定板螺栓	INSULATOR-F/INJN FUEL RL BOLT	73182200	钢铁制
13	螺栓—燃油轨	BOLT/SCREW-F/INJN FUEL RL	73181510	钢铁制，抗拉强度在 800 兆帕及以上
14	曲轴箱通风管	TUBE/HOSE/PIPE-PCV	84099199	
15	火花塞总成	SPARK PLUG ASM	85111000	

续表

序号	零部件中文名称	零部件英文名称/描述	商品编码	商品描述
16	点火线圈总成	COIL ASM-IGN	85113090	
17	凸轮轴罩盖	COVER-CM/SHF	84099199	
18	凸轮轴位置执行器电磁阀总成	VALVE ASM-CM/SHF POSN ACTR SOL	84818040	其他阀门
19	螺栓—凸轮轴位置执行器电磁阀	BOLT/SCREW - CM/SHF POSN ACTR SOL VLV	73181510	钢铁制，抗拉强度在 800 兆帕及以上
20	O 型圈—凸轮轴位置执行器电磁阀	RING O - CM/SHF POSN ACTR SOL VLV	40169310	硫化橡胶制
21	曲轴箱压力调节阀	VALVE-PCV PRESS MOD	84811000	
22	O 型圈—曲轴箱压力调节阀	RING-PCV PRESS MOD VALVE	40169310	硫化橡胶制
23	螺栓—曲轴箱压力调节阀总成	BOLT/SCREW-PCV PRESS MOD VALVE ASM	73181510	钢铁制，抗拉强度在 800 兆帕及以上
24	固定套—曲轴箱压力调节阀	RETAINER - PCV PRESS MOD VALVE ASM	73182900	钢铁制
25	螺钉—凸轮轴位置传感器	BOLT/SCREW - CM/SHF POSN SEN	73181510	钢铁制，抗拉强度在 800 兆帕及以上
26	凸轮轴位置传感器	SENSOR-CM/SHF POSN	90318090	
27	O 型圈—凸轮轴位置传感器	RING-CM/SHF POSN SENSOR	40169310	硫化橡胶制
28	螺栓—曲轴箱压力调节阀	BOLT/SCREW-PCV PRESS MOD VALVE	73181510	钢铁制，抗拉强度在 800 兆帕及以上
29	凸轮轴位置执行器电磁阀总成	VALVE ASM-CM/SHF POSN ACTR SOL	84818040	

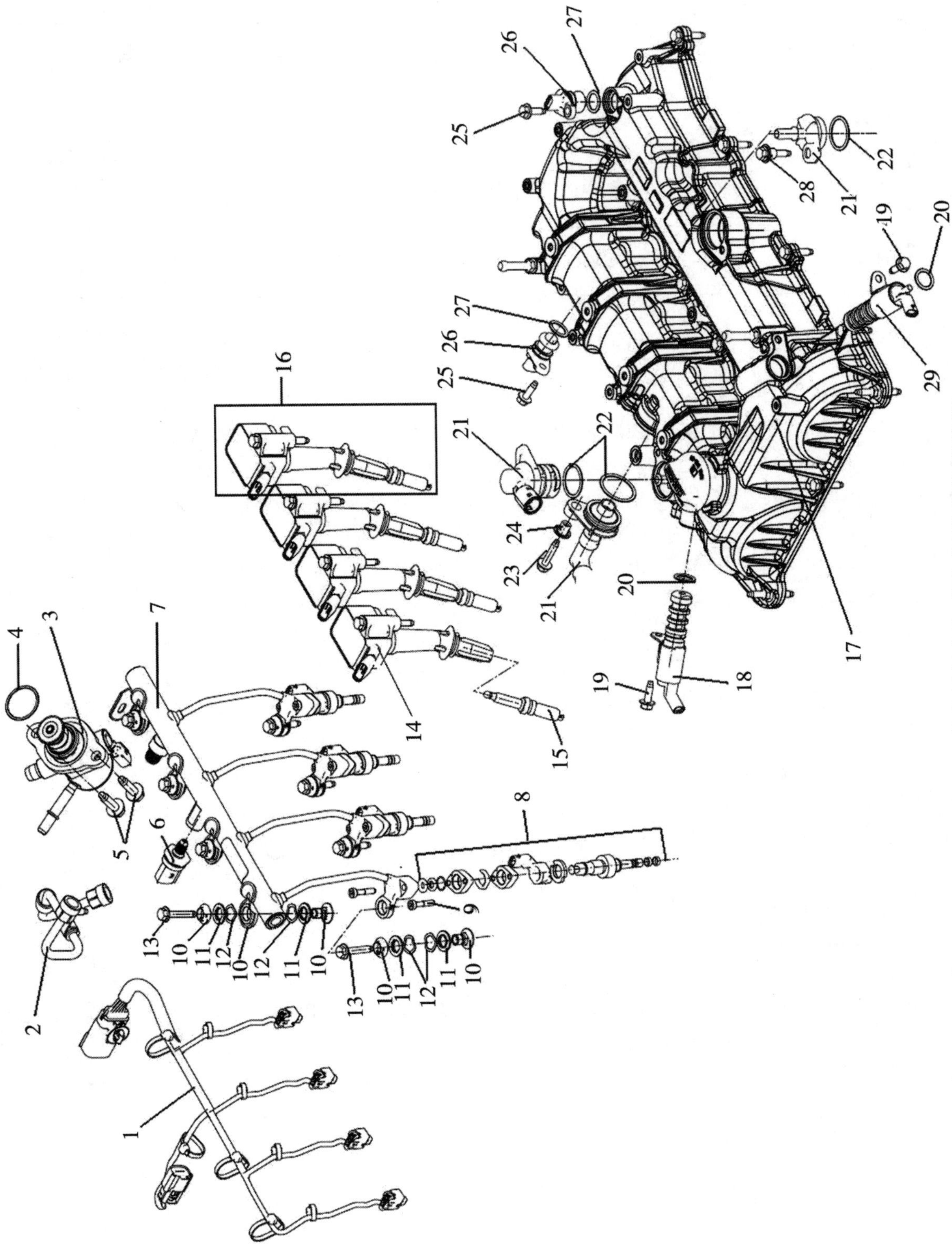

图 2-1-5 1.5升发动机气缸盖和相关零件爆炸图

2.1.5 1.5 升发动机前盖和冷却系统

序号	零部件中文名称	零部件英文名称/描述	商品编码	商品描述
1	正时链罩盖阻尼板	INSULATOR-TMG CNAIN CVR	84099199	
2	曲轴前油封	SEAL-CR/SHF FRT OIL	84879000	通用件
3	正时链罩盖	COVER-TMG CHAIN	84099199	
4	螺栓—正时链罩盖	BOLT/SCREW-TMG CHAIN CVR	73181510	钢铁制，抗拉强度在 800 兆帕及以上
5	堵塞—正时链罩盖孔	PLUG-TMG CHAIN CVR HOLE	84099199	钢铁制
6	O 型圈—正时链罩盖孔	RING O-TMG CHAIN CVR HOLE	40169390	硫化橡胶制
7	定位销—正时链罩盖	PIN-TMG CHAIN CVR	73182400	钢铁制
8	曲轴箱通风管	TUBE/HOSE/PIPE-PCV	84099199	
9	O 型圈—曲轴箱通风管接头	RING O-PCV HOSE FTG	40169390	硫化橡胶制
10	曲轴箱通风管接头	FITTING-PCV HOSE	39174000	塑料制
11	曲轴箱通风管	TUBE/HOSE/PIPE-PCV	84099199	
12	曲轴箱通风管接头	FITTING-PCV HOSE	73072900	不锈钢制
13	水泵叶轮	IMPELLOR-W/PMP	84139100	
14	水泵前盖总成	HOUSING-W/PMP FRT	84139100	
15	机油冷却器总成	COOLER ASM-ENG OIL	87089120	
16	螺钉—机油冷却器	BOLT/SCREW-ENG OIL CLR	73181510	钢铁制，抗拉强度在 800 兆帕及以上
17	螺栓—节温器壳	BOLT/SCREW - ENG COOL THERM HSG	73181510	钢铁制，抗拉强度在 800 兆帕及以上

续表1

序号	零部件中文名称	零部件英文名称/描述	商品编码	商品描述
18	节温器壳	HOUSING-ENG COOL THERM	84099199	
19	螺栓—水泵壳体	BOLT/SCREW-W/PMP HSG	73181510	钢铁制，抗拉强度在800兆帕及以上
20	螺栓—发动机出水管路	BOLT/SCREW - ENG WAT OTLT HOSE/PIPE	73181510	钢铁制，抗拉强度在800兆帕及以上
21	管路—发动机出水管到水泵	HOSE/PIPE - ENG WAT OTLT PIPE TO W/PMP	87089999	钢铁制
22	垫片—冷却液旁通管	GASKET-COOL BYPASS PIPE	84841000	复合材料制
23	垫片—增压器冷却液管	GASKET-TURBO COOL PIPE	40169390	硫化橡胶制
24	增压器进水管	PIPE-TURBO WAT INL	84099199	钢铁制
25	垫片—增压器冷却液管	GASKET-TURBO COOL PIPE	40169390	硫化橡胶制
26	螺栓—增压器冷却液管	BOLT/SCREW - TURBO COOL PIPE	73181510	钢铁制，抗拉强度在800兆帕及以上
27	垫片—增压器冷却液管	GASKET-TURBO COOL PIPE	84841000	复合材料制
28	增压器出水管	HOSE/PIPE-TURBO WAT OTLT	84099199	钢铁制
29	螺栓—增压器出水管支架	BOLT/SCREW-TURBO WAT OTLT HS/PP BRKT	73181510	钢铁制，抗拉强度在800兆帕及以上
30	发动机出水口总成	OUTLET ASM-ENG WAT	84099199	
31	水温传感器总成	SENSOR ASM-WTR TEMP	90251910	
32	管夹—增压器出水管	CLAMP-TURBO WAT OTLT HS/PP	73269019	钢铁制
33	管路—增压器出水到发动机出水	HOSE/PIPE - TURBO WAT OTLT TO ENG WAT OTLT	40091100	硫化橡胶制，未经加强或未与其他材料合制，未装有附件

续表2

序号	零部件中文名称	零部件英文名称/描述	商品编码	商品描述
34	螺栓—发动机出水口	BOLT/SCREW-ENG WAT OUTLET	73181510	钢铁制，抗拉强度在800兆帕及以上
35	固定套—发动机出水口螺栓	RETAINER - ENG WAT OUTLET BOLT	39269010	塑料制
36	增压器出水管	HOSE/PIPE-TURBO WAT OTLT	87089999	钢铁制
37	管夹—发动机出水管路	CLAMP - ENG WAT OTLT HOSE/PIPE	73269019	钢铁制
38	管路—发动机出水管到水泵	HOSE/PIPE - ENG WAT OTLT PIPE TO W/PMP	87089999	钢铁制
39	增压器电控旁通阀	VALVE - TURBO PWM AIR BY-PASS	84818040	其他阀门
40	增压器放气阀执行器总成	ACTUATOR ASM - TURBO WA-STEGATE	84149090	未构成动力装置
41	涡轮增压器压壳	COMPRESSOR HOUSING-TURBO	84149090	
42	涡轮增压器中间体	HOUSING-TURBO CENTER	84149090	
43	夹箍—增压器	CLAMP-TURBO	73269019	钢铁制
44	涡轮增压器蜗壳	TURBINE HOUSING-TURBO	84149090	
45	衬垫—增压器	GASKET-TURBO	84841000	多层金属片制成

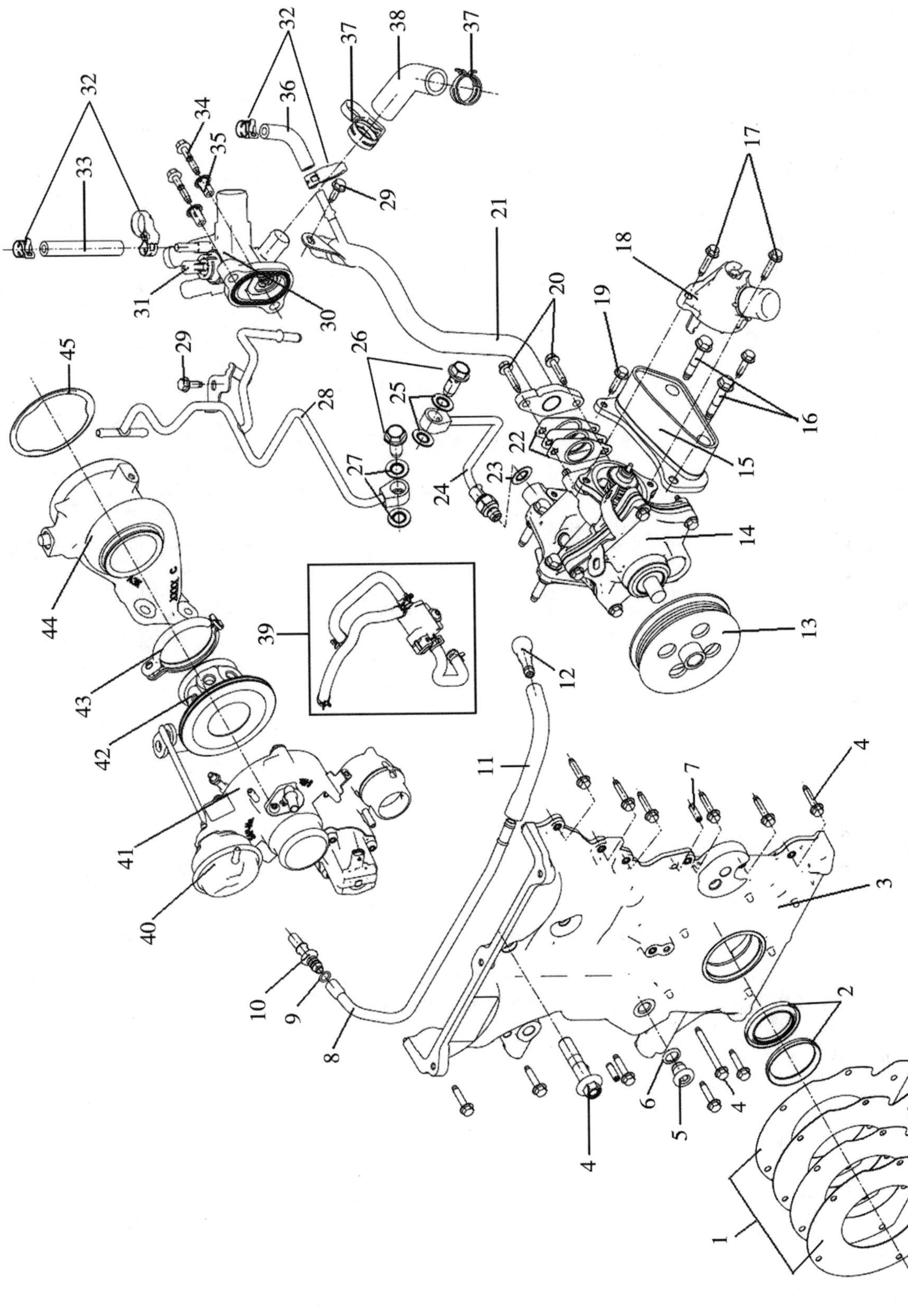

图 2-1-6 1.5升发动机前盖和冷却系统爆炸图

2.1.6 1.5 升发动机油泵油底壳和相关零件

序号	零部件中文名称	零部件英文名称/描述	商品编码	商品描述
1	螺栓—油底壳	BOLT/SCREW-OIL PAN	73181510	钢铁制，抗拉强度在 800 兆帕及以上
2	下油底壳	PAN-OIL LWR	84099199	
3	机油控制阀线束总成	HARNESS ASM - ENG OIL FLOW CONT VLV	85443020	
4	螺钉—发动机线束	BOLT/SCREW-ENG HARN	73181510	钢铁制，抗拉强度在 800 兆帕及以上
5	机油滤清器	FILTER-OIL	84212300	
6	螺栓—机油泵链轮	BOLT/SCREW-O/PMP SPKT	73181510	钢铁制，抗拉强度在 800 兆帕及以上
7	机油泵链轮	SPROCKET-O/PMP	84839000	
8	机油泵总成（带集滤器）	PUMP ASM-OIL（W/ SCRN）	84133030	
9	螺栓—机油泵	BOLT/SCREW-O/PMP	73181510	钢铁制，抗拉强度在 800 兆帕及以上
10	机油泵垫片	GASKET-O/PMP	40169310	硫化橡胶制
11	垫片—机油泵吸油管	GASKET-O/PMP SUC PIPE	84099199	钢铁制
12	机油泵集滤器总成（带吸油管）	SCREEN ASM - O/PMP（W/ SUC PIPE）	84219990	
13	螺钉—机油泵吸油管	BOLT/SCREW-O/PMP SUC PIPE	73181510	钢铁制，抗拉强度在 800 兆帕及以上
14	螺栓—曲轴箱回油管	BOLT/SCREW-PCV OIL SEP RTN PIPE	73181510	钢铁制，抗拉强度在 800 兆帕及以上
15	曲轴箱回油管总成	PIPE ASM-PCV OIL SEP RTN	84099199	钢铁制

续表

序号	零部件中文名称	零部件英文名称/描述	商品编码	商品描述
16	固定套—曲轴箱回油管螺栓	RETAINER - PCV OIL SEP RTN PIPE BOLT	73182900	钢铁制
17	螺栓—下曲轴箱挡油板	BOLT/SCREW - LWR CR/CASE BFL PLT	73181510	钢铁制，抗拉强度在800兆帕及以上
18	衬套—下曲轴箱挡油板螺栓	SLEEVE-LWR C/CASE BFL PLT BOLT	73182900	钢铁制
19	机油油位指示器总成	INDICATOR ASM-OIL LVL	90261000	
20	气缸体总成	BLOCK ASM-ENG	84099199	
21	螺栓—增压器进油管	BOLT/SCREW-TURBO OIL FEED PIPE	73181510	钢铁制，抗拉强度在800兆帕及以上
22	衬垫—增压器进油管	GASKET-TURBO OIL FEED PIPE	84841000	复合材料制
23	增压器进油管	PIPE-TURBO OIL FEED	84099199	
24	衬垫—增压器回油管	GASKET-TURBO OIL RTN PIPE	84099199	钢铁制
25	接头—增压器进油管	ADAPTER - TURBO OIL FEED PIPE	73072900	不锈钢制
26	螺栓—增压器回油管	BOLT/SCREW - TURBO OIL RTN PIPE	73181510	钢铁制，抗拉强度在800兆帕及以上
27	增压器回油管	PIPE-TURBO OIL RTN	84099199	钢铁制
28	O型圈—曲轴箱回油管	RING O-PCV OIL SEP RTN PIPE	40169390	硫化橡胶制
29	上油底壳	PAN-OIL UPR	84099199	

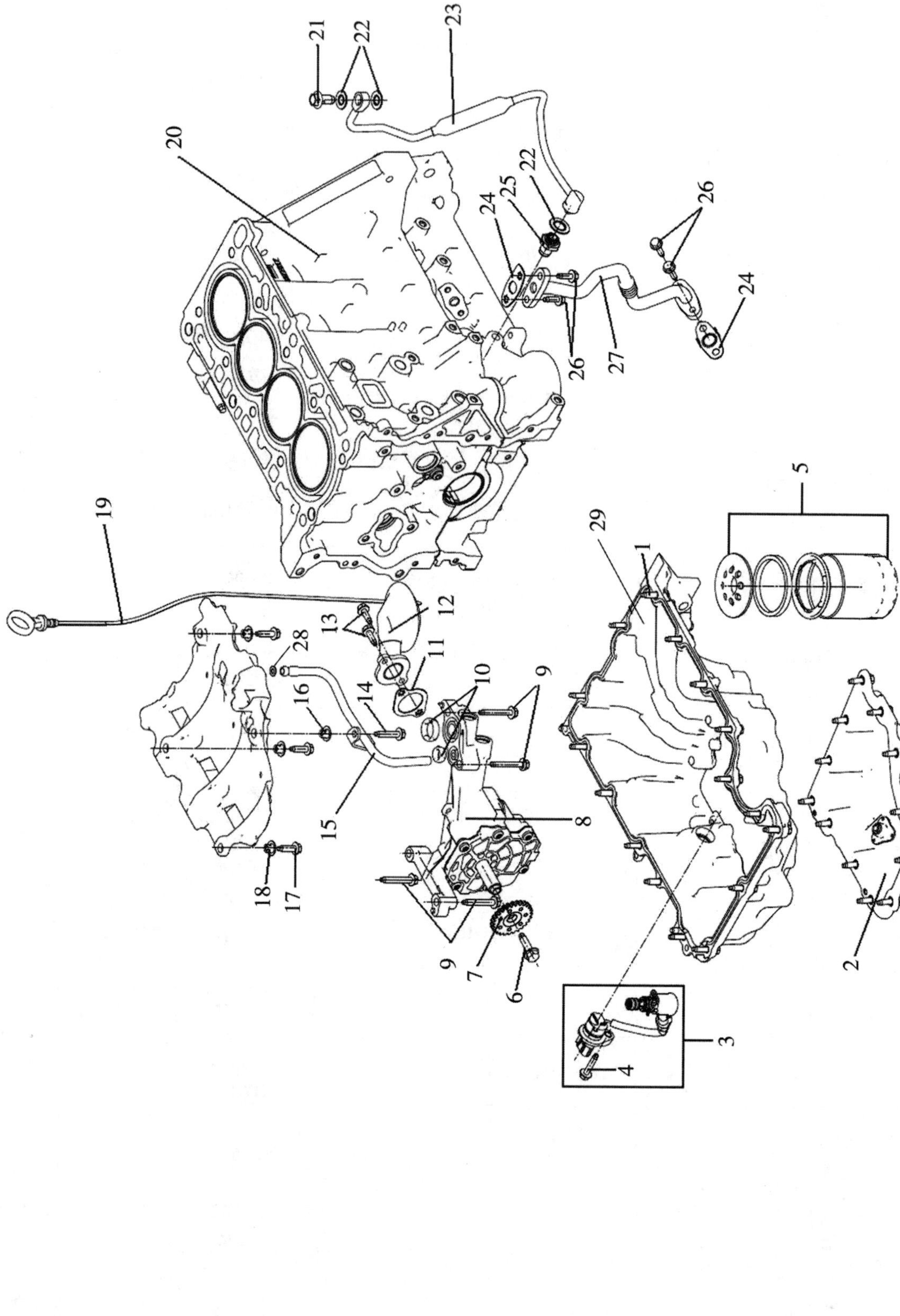

图 2-1-7　1.5升发动机油泵油底壳和相关零件爆炸图

2.1.7 发动机进气歧管和增压器相关零件

序号	零部件中文名称	零部件英文名称/描述	商品编码	商品描述
1	进气歧管盖总成	COVER ASM-INT MANIF	84099199	
2	管路总成—碳罐控制阀到歧管	HOSE/PIPE ASM - EVAP EMIS CNSTR C/VLV TO MANIF	84099199	
3	碳罐脱附控制阀总成	VALVE ASM-EVAP EMIS CNSTR PURGE CONT	84818040	其他阀门
4	碳罐脱附控制阀支架	BRACKET - EVAP EMIS CNSTR PURGE C/VLV	84099199	
5	进气歧管本体	BODY-INT MANIF	84099199	
6	螺钉—节气门体	BOLT/SCREW-THROT BODY	73181510	钢铁制，抗拉强度在 800 兆帕及以上
7	节气门体总成	BODY ASM-THROT	84099199	
8	凸轮轴罩盖总成	COVER ASM-CM/SHF	84099199	
9	衬垫—增压器	GASKET-TURBO	84149090	
10	涡轮增压器隔热罩	SHIELD-TURBO HT	84149090	
11	螺母—增压器	NUT-TURBO	73181600	钢铁制
12	软管—增压器电控旁通阀到增压出气口	HOSE-TURBO PWM AIR BYPASS VLV TO TURBO OUTET	40091100	硫化橡胶制，未经加强或未与其他材料合制，未装有附件
13	管夹—增压器电控旁通阀软管	CLAMP - TURBO PWM AIR BY-PASS VLV HOSE	73269019	钢铁制
14	增压器电控旁通阀	VALVE - TURBO PWM AIR BY-PASS	84818040	其他阀门

续表1

序号	零部件中文名称	零部件英文名称/描述	商品编码	商品描述
15	软管—增压器电控旁通阀到增压进气口	HOSE-TURBO PWM AIR BYPASS VLV TO TURBO INLET	40091100	硫化橡胶制，未经加强或未与其他材料合制，未装有附件
16	软管—增压器电控旁通阀到放气阀执行器	HOSE - TURBO PWM AIR BYPASS VLV TO TURBO WASTEGATE ACTR	40091100	硫化橡胶制，未经加强或未与其他材料合制，未装有附件
17	涡轮增压器压壳	COMPRESSOR HOUSING-TURBO	84149090	
18	螺栓—涡轮增压器压壳	BOLT/SCREW-TURBO COMPRESSOR HOUSING	73181510	钢铁制，抗拉强度在800兆帕及以上
19	曲轴箱通风管接头总成	FITTING ASM-PCV HOSE	39174000	塑料制
20	衬垫—增压器	GASKET-TURBO	84841000	多层金属片制成
21	涡轮增压器轴承体	BEARING HOUSING-TURBO	84833000	滑动轴承
22	夹箍—增压器	CLAMP-TURBO	73269019	钢铁制
23	涡轮增压器蜗壳	TURBINE HOUSING-TURBO	84149090	
24	螺栓—增压器泄压阀	BOLT/SCREW-TURBO ERCV REL VLV	73181510	钢铁制，抗拉强度在800兆帕及以上
25	增压器泄压阀	VALVE-TURBO ERCV REL	84811000	减压阀
26	增压器放气阀执行器总成	ACTUATOR ASM - TURBO WASTEGATE	84149090	未构成动力装置
27	螺母—增压器放气阀执行器	NUT-TURBO WASTEGATE ACTR	73181600	钢铁制
28	增压器放气阀门	FLAP - TURBO WASTEGATE ACTUATOR BYPASS	84818040	其他阀门
29	垫片—增压器放气阀执行器	WASHER - TURBO WASTEGATE ACTUATOR	73182200	钢铁制

续表2

序号	零部件中文名称	零部件英文名称/描述	商品编码	商品描述
30	涡轮增压器轴承体防尘盖	CAP-TURBO BEARING HOUSING DUST	84839000	钢铁制
31	螺栓—增压器夹箍	BOLT/SCREW-TURBO CLAMP	73181590	钢铁制，抗拉强度小于800兆帕
32	螺母—增压器夹箍	NUT-TURBO CLAMP	73181600	钢铁制

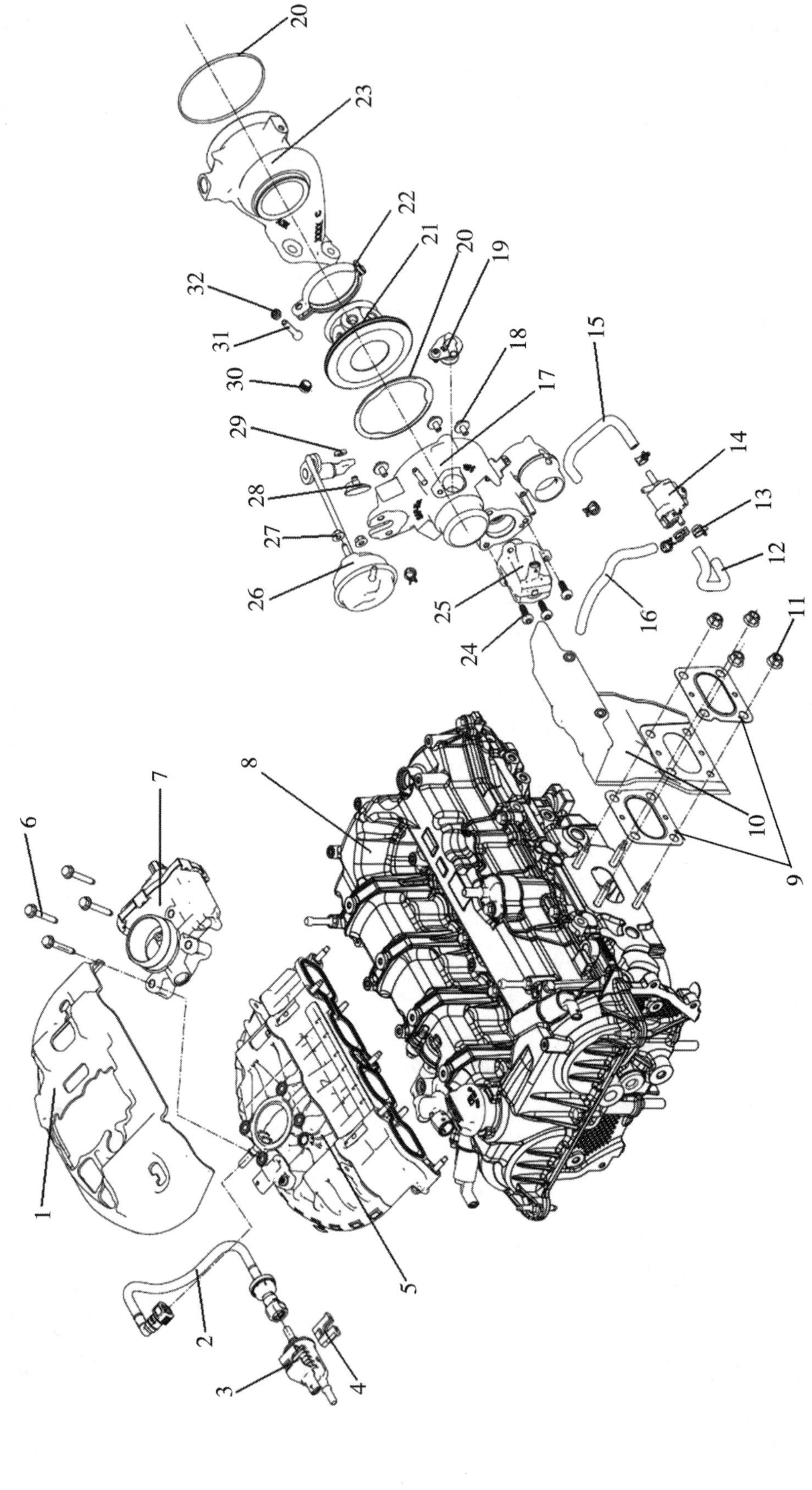

图 2-1-8　发动机进气歧管和增压器相关零件爆炸图

2.1.8 传动皮带张紧轮

序号	零部件中文名称	零部件英文名称/描述	商品编码	商品描述
1	辅助驱动张紧器总成	TENSIONER ASM-ACSRY DRV	84099199	
2	螺钉—张紧器	BOLT/SCREW-TENSR	73181510	钢铁制，抗拉强度在 800 兆帕及以上
3	发动机前端皮带	BELT-FRT ENG ACSRY DRV	40103600	硫化橡胶制，外周长超过 150 厘米，但不超过 198 厘米

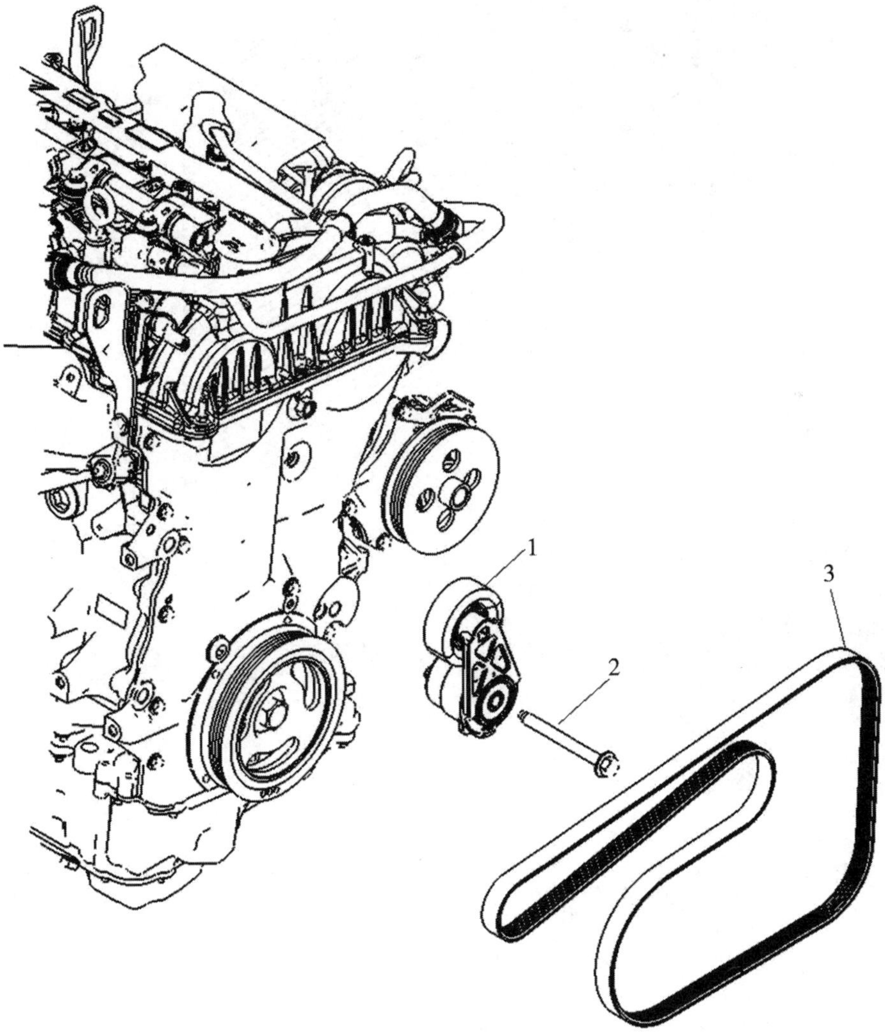

图 2-1-9 传动皮带张紧轮爆炸图

2.1.9 散热器总成

序号	零部件中文名称	零部件英文名称/描述	商品编码	商品描述
1	冷却系统散热器	RADIATOR ASM	87089110	

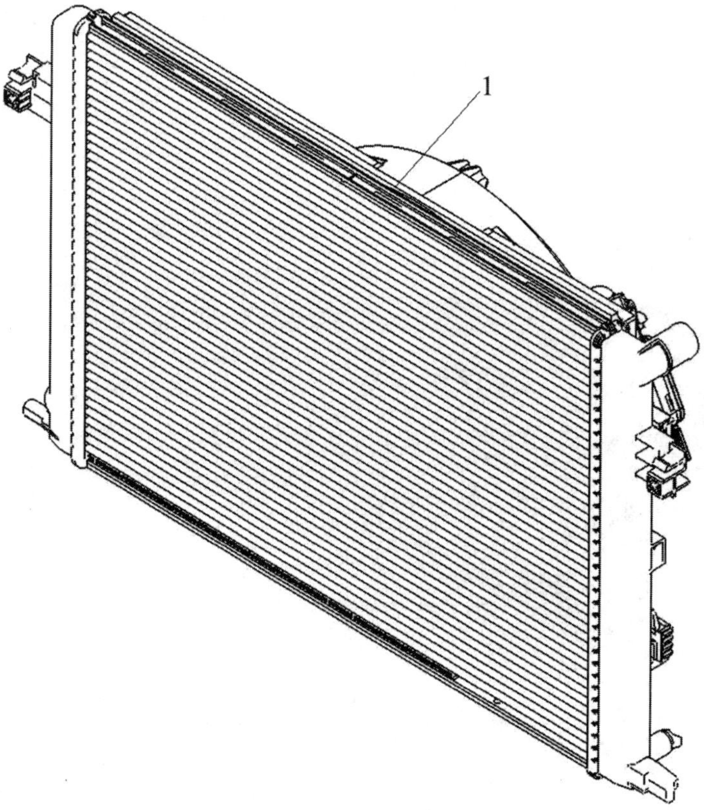

图 2-1-10 冷却系统散热器

2.1.10 散热器软管和管

序号	零部件中文名称	零部件英文名称/描述	商品编码	商品描述
1	管路总成—散热器到发动机	HOSE/PIPE ASM-RAD TO ENG	40091100	硫化橡胶制，未经加强或未与其他材料合制，未装有附件
2	夹箍—散热器到发动机管路	CLAMP-RAD TO ENG HS/PP	73269019	钢铁制
3	增压器出水管总成	PIPE ASM-TURBO WAT OTLT	87089999	钢铁制
4	螺栓—增压器冷却液管	BOLT/SCREW - TURBO COOL PIPE	73181510	钢铁制，抗拉强度在800兆帕及以上
5	垫片—增压器冷却液管	GASKET-TURBO COOL PIPE	84841000	复合材料制
6	增压器进水管总成	PIPE ASM-TURBO WAT INL	87089999	钢铁制
7	垫片—冷却液旁通管	GASKET-COOL BYPASS PIPE	84841000	复合材料制
8	管路—发动机出水管到水泵	HOSE/PIPE - ENG WAT OTLT PIPE TO W/PMP	87089999	钢铁制
9	螺栓—发动机出水管路	BOLT/SCREW-ENG WAT OTLT HOSE/PIPE	73181510	钢铁制，抗拉强度在800兆帕及以上
10	固定套—发动机出水管路螺栓	RETAINER - ENG WAT OTLT HOSE/PIPE BOLT	39269010	塑料制
11	螺栓—发动机出水管路	BOLT/SCREW-ENG WAT OTLT HOSE/PIPE	73181510	钢铁制，抗拉强度在800兆帕及以上
12	管夹—增压器出水管	CLAMP-TURBO WAT OTLT HS/PP	73269019	钢铁制
13	增压器出水管	HOSE/PIPE-TURBO WAT OTLT	87089999	钢铁制
14	管夹—发动机出水管路	CLAMP - ENG WAT OTLT HOSE/PIPE	73269019	钢铁制

续表1

序号	零部件中文名称	零部件英文名称/描述	商品编码	商品描述
15	管路—发动机出水管到水泵	HOSE/PIPE - ENG WAT OTLT PIPE TO W/PMP	87089999	钢铁制
16	管路—增压器出水到发动机出水	HOSE/PIPE-TURBO WAT OTLT TO ENG WAT OTLT	40091100	硫化橡胶制
17	管夹—增压器出水管	CLAMP-TURBO WAT OTLT HS/PP	73269019	钢铁制
18	螺栓—增压器出水管支架	BOLT/SCREW - TURBO WAT OTLT HS/PP BRKT	73181510	钢铁制，抗拉强度在800兆帕及以上
19	夹箍—散热器到发动机管路	CLAMP-RAD TO ENG HS/PP	73269019	钢铁制
20	管路总成—发动机到散热器	HOSE/PIPE ASM-ENG TO RAD	40091100	硫化橡胶制，未经加强或未与其他材料合制，未装有附件
21	夹箍—发动机到散热器管路	CLAMP-ENG TO RAD HS/PP	73269019	钢铁制
22	夹箍—冷却系统管路	CLAMP-COOL SYS HS/PP	73269019	钢铁制
23	管路总成—加热器到发动机	HOSE/PIPE ASM-HTR TO ENG	40091100	硫化橡胶制，未经加强或未与其他材料合制，未装有附件
24	夹箍—加热器到发动机管路	CLAMP-HTR TO ENG HS/PP	73269019	钢铁制
25	接头—加热器到发动机管路	CONNECTOR-HTR TO ENG HS/PP	39174000	塑料制
26	管路总成—加热器到发动机	HOSE/PIPE ASM-HTR TO ENG	40091100	硫化橡胶制
27	管夹—冷却系统溢流管	CLIP-CLG SYS AIR BL HS/PP	39269090	塑料制
28	护套—加热器到发动机	SHEATH-HTR TO ENG	40169990	硫化橡胶制
29	夹箍—发动机到加热器管路	CLAMP-ENG TO HTR HS/PP	73269019	钢铁制

续表2

序号	零部件中文名称	零部件英文名称/描述	商品编码	商品描述
30	发动机膨胀水箱溢流管	HOSE/PIPE - ENG SURGE TK AIR BL	40091100	硫化橡胶制，未经加强或未与其他材料合制，未装有附件
31	管夹—发动机膨胀水箱溢流管	CLIP-ENG SURGE TK AIR BL HS/PP	39269090	塑料制
32	散热器膨胀水箱总成	TANK ASM-RAD SURGE	87089190	
33	散热器膨胀水箱盖	CAP-RAD SURGE TK	87089190	
34	螺栓—散热器膨胀水箱支架	BOLT/SCREW-RAD SURGE TK BRKT	73181510	钢铁制，抗拉强度在 800 兆帕及以上

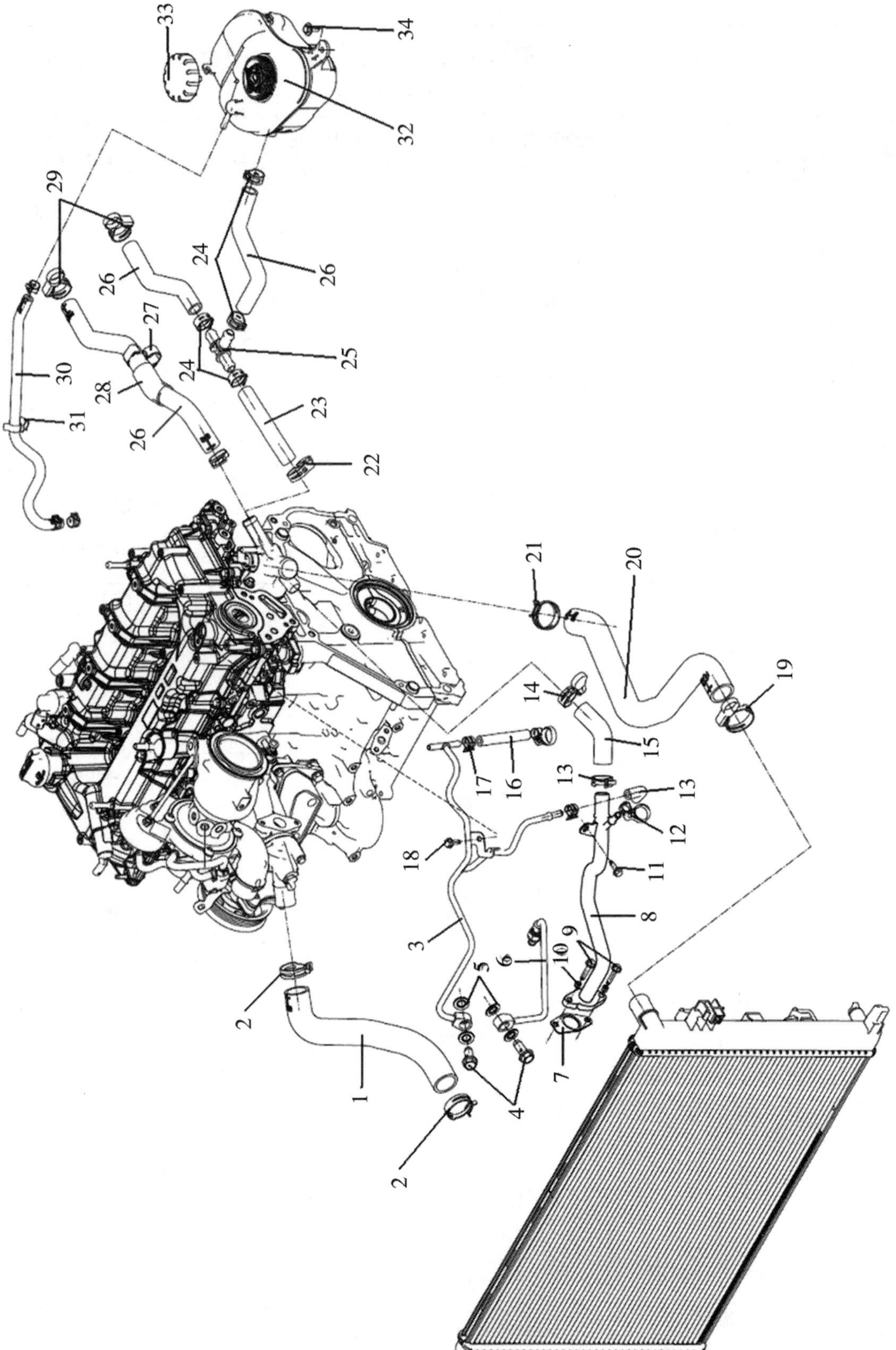

图 2-1-11　散热器软管和管的爆炸图

2.1.11　发动机冷却风扇

序号	零部件中文名称	零部件英文名称/描述	商品编码	商品描述
1	螺栓—风扇电机	BOLT/SCREW-FAN MOTOR	73181590	钢铁制，抗拉强度小于 800 兆帕
2	风扇电机	MOTOR-FAN	85013100	直流电机 450 瓦
3	风扇电机线束	HARNESS-FAN MOTOR	85443020	
4	连接器—风扇控制器	CONNECTOR-FAN CTRL	85369090	电气连接件
5	护风罩	SHIELD-AIR	84149090	塑料制
6	风门—冷却风扇	FLAP-ENG CLG FAN	40169910	硫化橡胶制
7	发动机冷却风扇	FAN-ENG CLG	84149090	叶片
8	螺母—冷却风扇	NUT-ENG CLG FAN	73181600	钢铁制

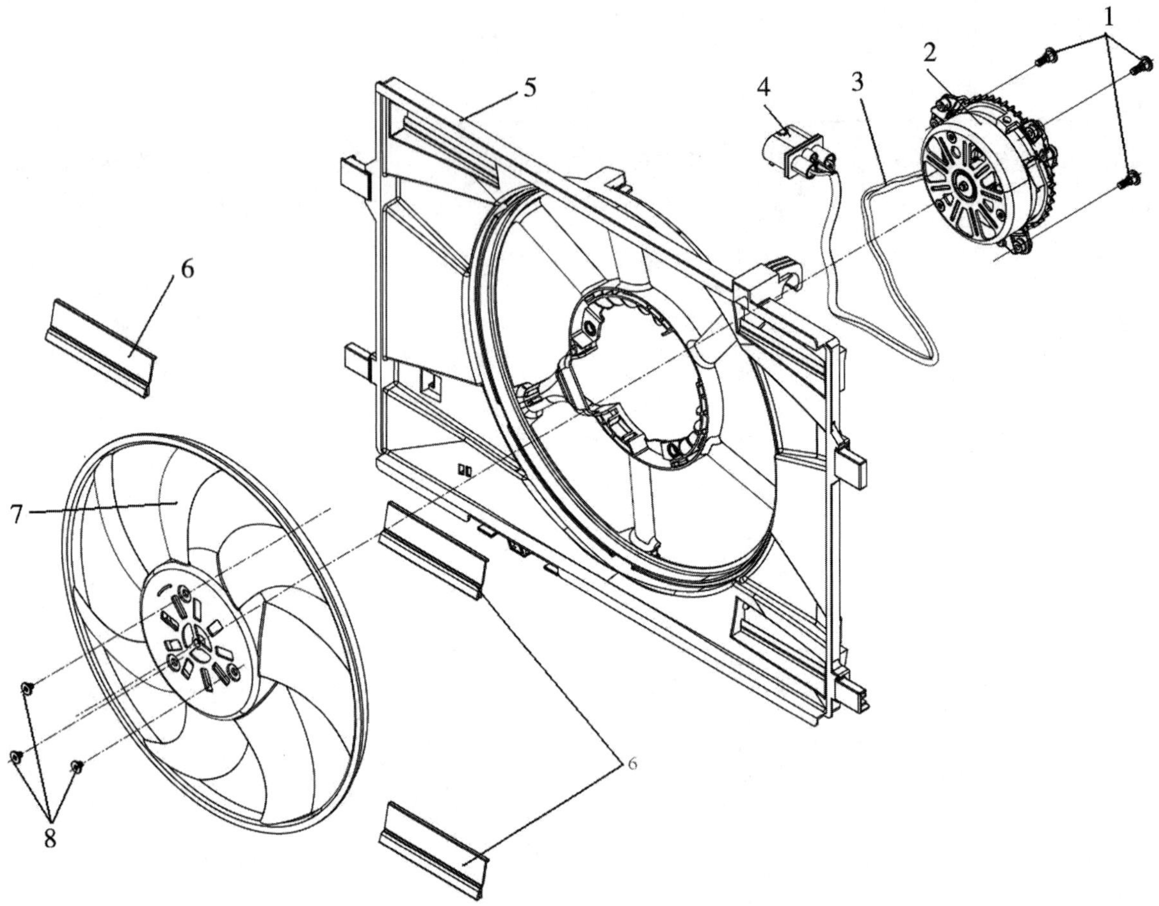

图 2-1-12　发动机冷却风扇爆炸图

2.1.12 起动电机安装

序号	零部件中文名称	零部件英文名称/描述	商品编码	商品描述
1	起动电机总成	STARTER ASM	85114099	输出功率在 132.39 千瓦（180 马力）以下的发动机用
2	螺母—起动电机安装	NUT-STRTR	73181600	钢铁制
3	螺钉—起动电机安装	BOLT/SCREW-STRTR	73181510	钢铁制，抗拉强度在 800 兆帕及以上

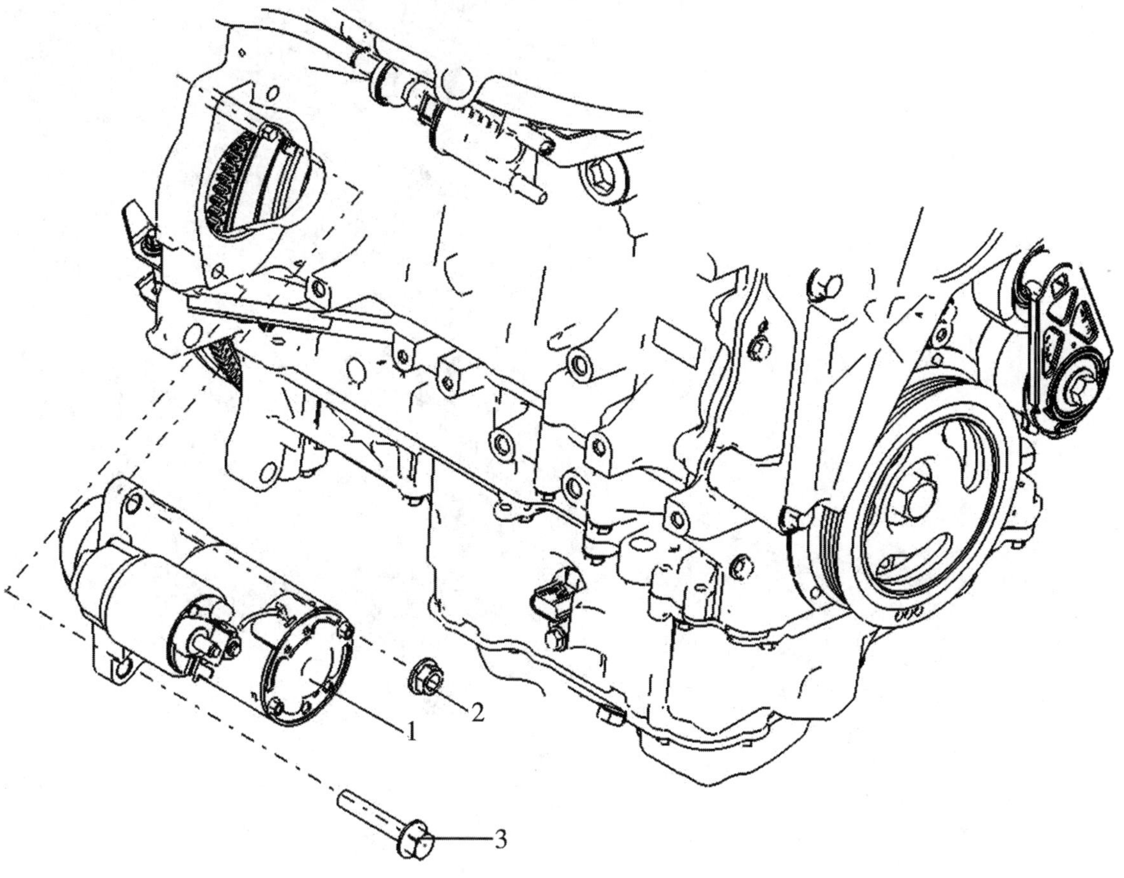

图 2-1-13 起动电机安装爆炸图

2.1.13 发电机安装

序号	零部件中文名称	零部件英文名称/描述	商品编码	商品描述
1	交流发电机总成	GENERATOR ASM	85115090	
2	螺栓—发电机	BOLT/SCREW-GEN	73181510	钢铁制，抗拉强度在 800 兆帕及以上

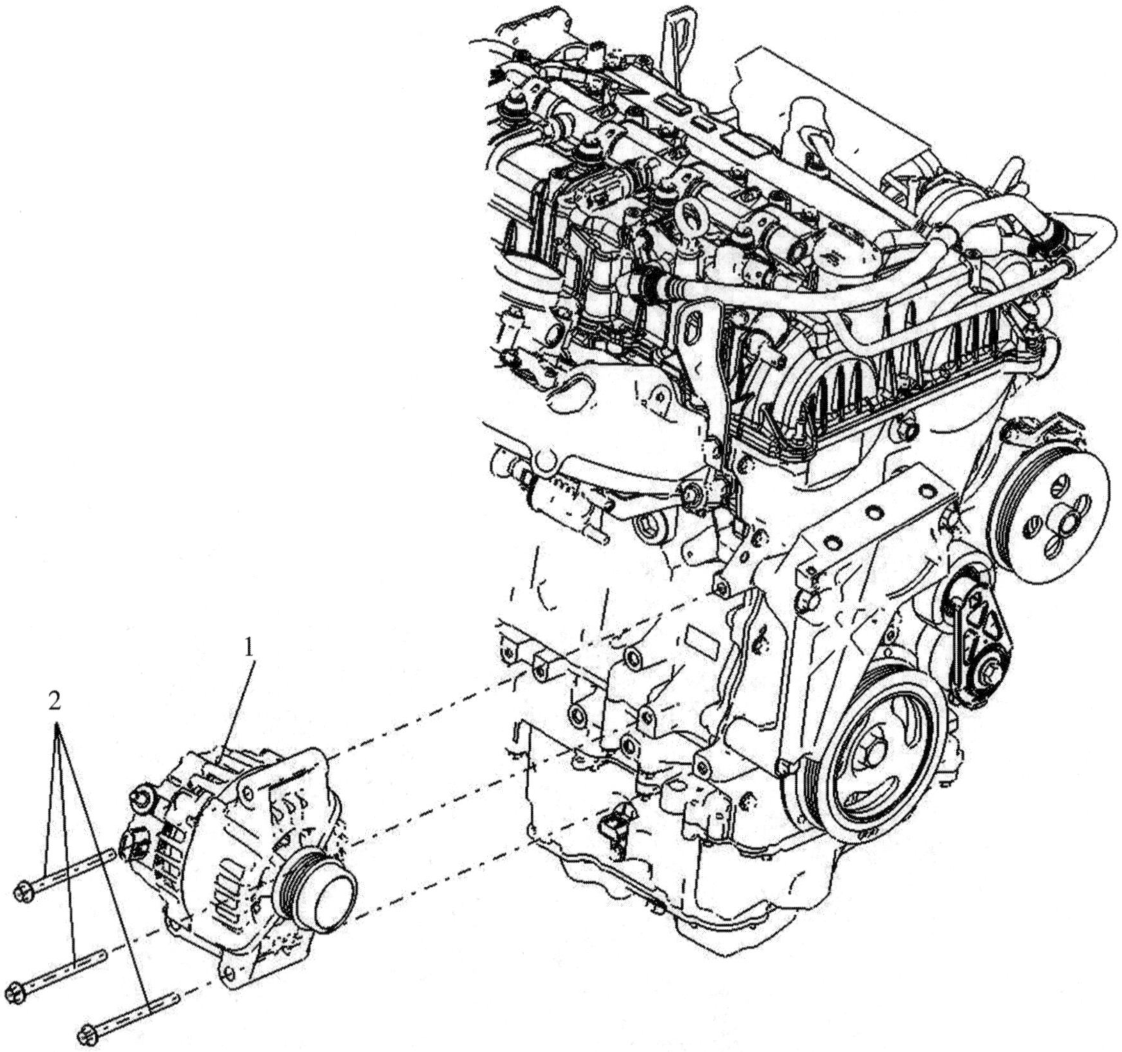

图 2-1-14　发电机安装爆炸图

2.1.14 点火线圈和模块

序号	零部件中文名称	零部件英文名称/描述	商品编码	商品描述
1	点火线圈总成	COIL ASM-IGN	85113090	
2	接插件—点火线圈	CONNECTOR-IGN COIL	85369011	工作电压不超过 36 伏
3	螺钉—点火线圈	BOLT/SCREW-IGN COIL	73181510	钢铁制，抗拉强度在 800 兆帕及以上

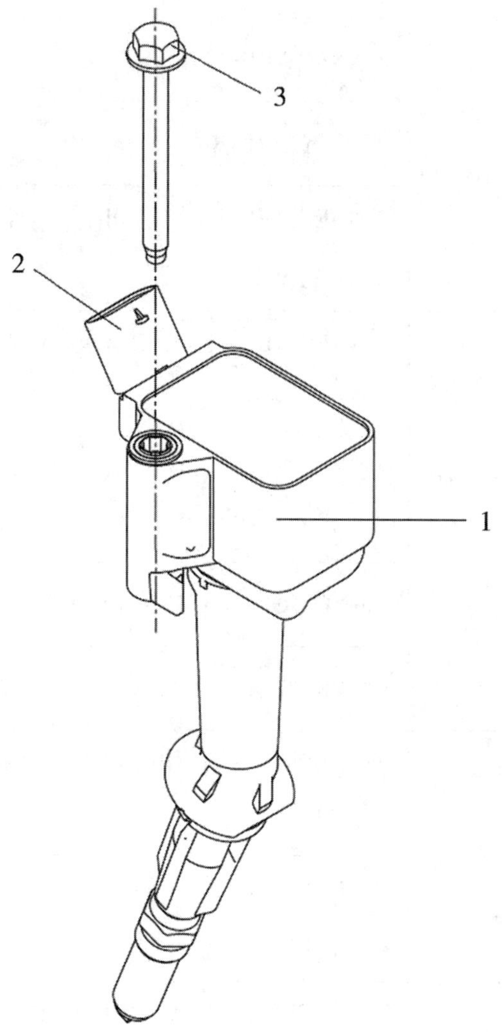

图 2-1-15　点火线圈和模块爆炸图

2.1.15 发动机电气

序号	零部件中文名称	零部件英文名称/描述	商品编码	商品描述
1	螺栓—发电机	BOLT/SCREW-GEN	73181510	钢铁制，抗拉强度在800兆帕及以上
2	发动机线束总成	HARNESS ASM-ENG WRG	85443020	
3	碳罐脱附控制阀接头	CONNECTOR-EVAP EMIS CNSTR PURGE CONT VLV	85369090	电气连接件
4	曲轴传感器接头	CONNECTOR-CR/SHF POSN SEN	85369090	电气连接件
5	交流发电机总成接头	CONNECTOR-GEN ASM	85369090	电气连接件
6	卡扣—发动机线束	CLIP-ENG HARN	39269090	塑料制
7	机油控制阀线束接头	CONNECTOR - ENG OIL FLOW CONT VLV HARN	85369090	电气连接件
8	曲轴箱压力调节阀接头	CONNECTOR - PCV PRESS MOD VLV	85369090	电气连接件
9	空调压缩机变排量控制阀接头	CONNECTOR - A/C CMPR CONT VLV	85369090	电气连接件
10	空调压缩机离合器接头	CONNECTOR-A/C CMPR CLUTCH	85369090	电气连接件
11	发动机线束支架	BRACKET-ENG HARN	87089999	钢铁制
12	增压器泄压阀接头	CONNECTOR-TURBO ERCV REL VLV	85369090	电气连接件
13	增压器电控旁通阀接头	CONNECTOR - TURBO PWM AIR BYPASS VLV	85369090	电气连接件
14	曲轴箱压力调节阀接头	CONNECTOR - PCV PRESS MOD VLV	85369090	电气连接件

续表

序号	零部件中文名称	零部件英文名称/描述	商品编码	商品描述
15	空气流量传感器接头	CONNECTOR - MASS AIR FLOW SEN	85369090	电气连接件
16	点火线圈接头	CONNECTOR-IGN COIL	85369090	电气连接件
17	前氧传感器接头	CONNECTOR-FRT OXY SEN	85369090	电气连接件
18	排气凸轮轴位置传感器接头	CONNECTOR-CM/SHF POSN EXH SEN	85369090	电气连接件
19	燃油轨线束接头	CONNECTOR-F/INJN FUEL RAIL HARN	85369090	电气连接件
20	水温传感器接头	CONNECTOR-WTR TEMP SEN	85369090	电气连接件
21	进气凸轮轴位置传感器接头	CONNECTOR-CM/SHF POSN INT SEN	85369090	电气连接件
22	节气门体接头	CONNECTOR-THROT BODY	85369090	电气连接件
23	机油泵接头	CONNECTOR-O/PMP	85369090	电气连接件
24	机油压力传感器接头	CONNECTOR - ENG OIL PRESS SEN	85369090	电气连接件
25	爆震传感器接头	CONNECTOR-KNOCK SEN	85369090	电气连接件
26	进气温度压力传感器接头	CONNECTOR - INT AIR PRESS & TEMP SEN	85369090	电气连接件
27	发动机线束支架	BRACKET-ENG HARN	87089999	钢铁制
28	发动机控制模块接头	CONNECTOR-ECU	85369090	电气连接件
29	增压空气压力传感器接头	CONNECTOR - BOOST AIT PRESSURE SEN	85369090	电气连接件
30	发动机舱线束总成接头	CONNECTOR - F/CMPT WRG HARN ASM	85369090	电气连接件

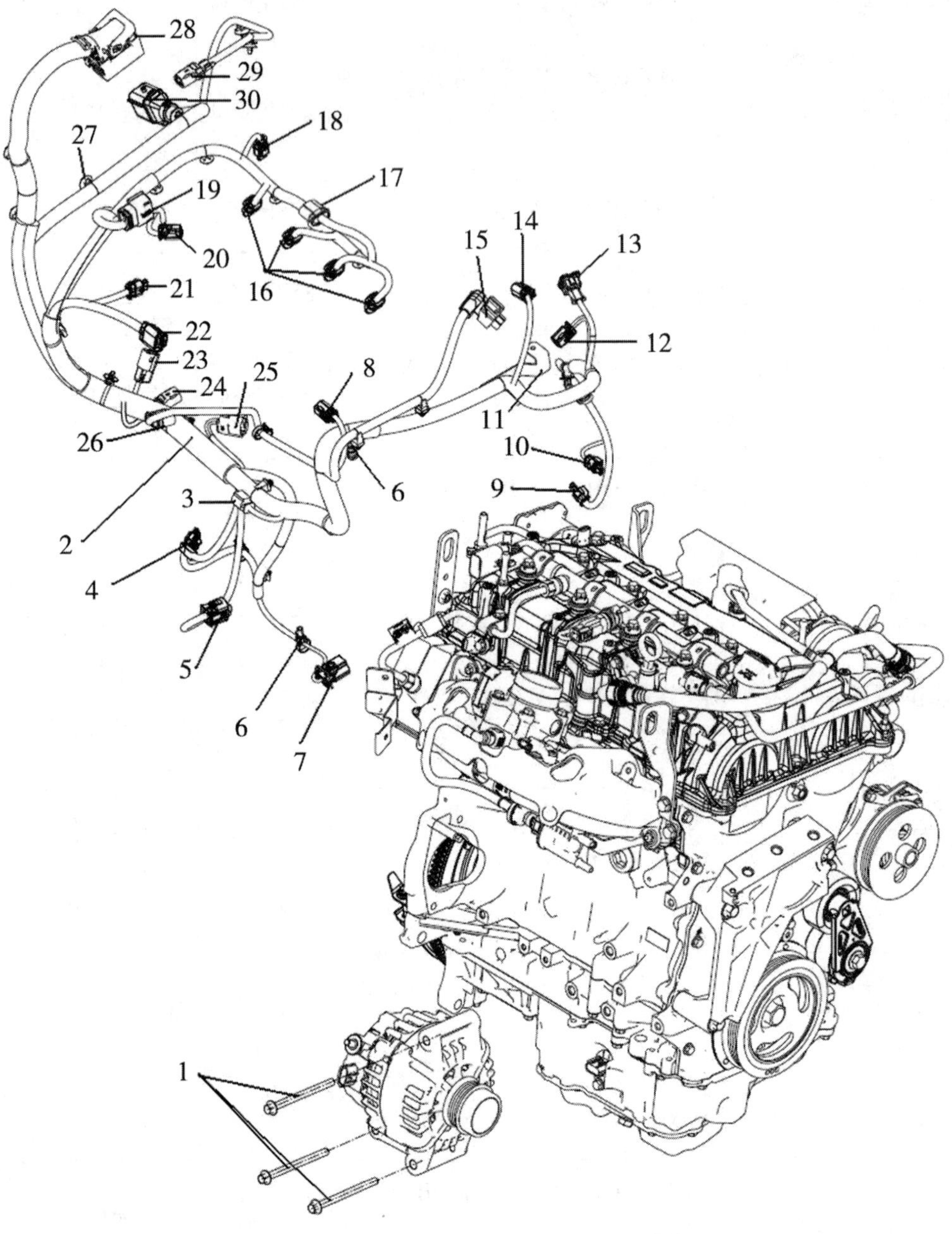

图 2-1-16　发动机电气爆炸图

2.1.16 空气滤清器

序号	零部件中文名称	零部件英文名称/描述	商品编码	商品描述
1	螺栓—空滤	BOLT/SCREW-A/CL	73181510	钢铁制，抗拉强度在800兆帕及以上
2	空滤上壳体	HOUSING-A/CL UPR	84219990	
3	空滤衬垫	INSULATOR-A/CL	40169990	硫化橡胶制
4	空滤下壳体	HOUSING-A/CL LWR	84219990	
5	螺栓—空滤	BOLT/SCREW-A/CL	73181510	钢铁制，抗拉强度在800兆帕及以上
6	隔振套—空气滤清器螺栓	ISOLATOR-A/CL BOLT	40169990	
7	空滤衬垫	INSULATOR-A/CL	40169990	硫化橡胶制
8	空滤进气管总成	DUCT ASM-A/CL INL	84219990	
9	螺栓—空滤进气管	BOLT/SCREW-A/CL INL DUCT	73181510	钢铁制，抗拉强度在800兆帕及以上
10	橡胶垫—空滤进气管	RUBBER-A/CL INL DUCT	40169990	硫化橡胶制
11	螺栓—空滤进气管	BOLT/SCREW-A/CL INL DUCT	39269010	塑料制
12	夹箍—空气出气管	CLAMP-A/CL OTLT DUCT	73269019	钢铁制
13	空气出气管	DUCT-A/CL OTLT	84219990	
14	空滤出气管消声器	MUFFLER-A/CL OTLT DUCT	84219990	
15	空滤出气管集液壶	RESERVOIR - A/CL OTLT DUCT LIQ	84219990	
16	空滤衬垫	INSULATOR-A/CL	40169990	硫化橡胶制

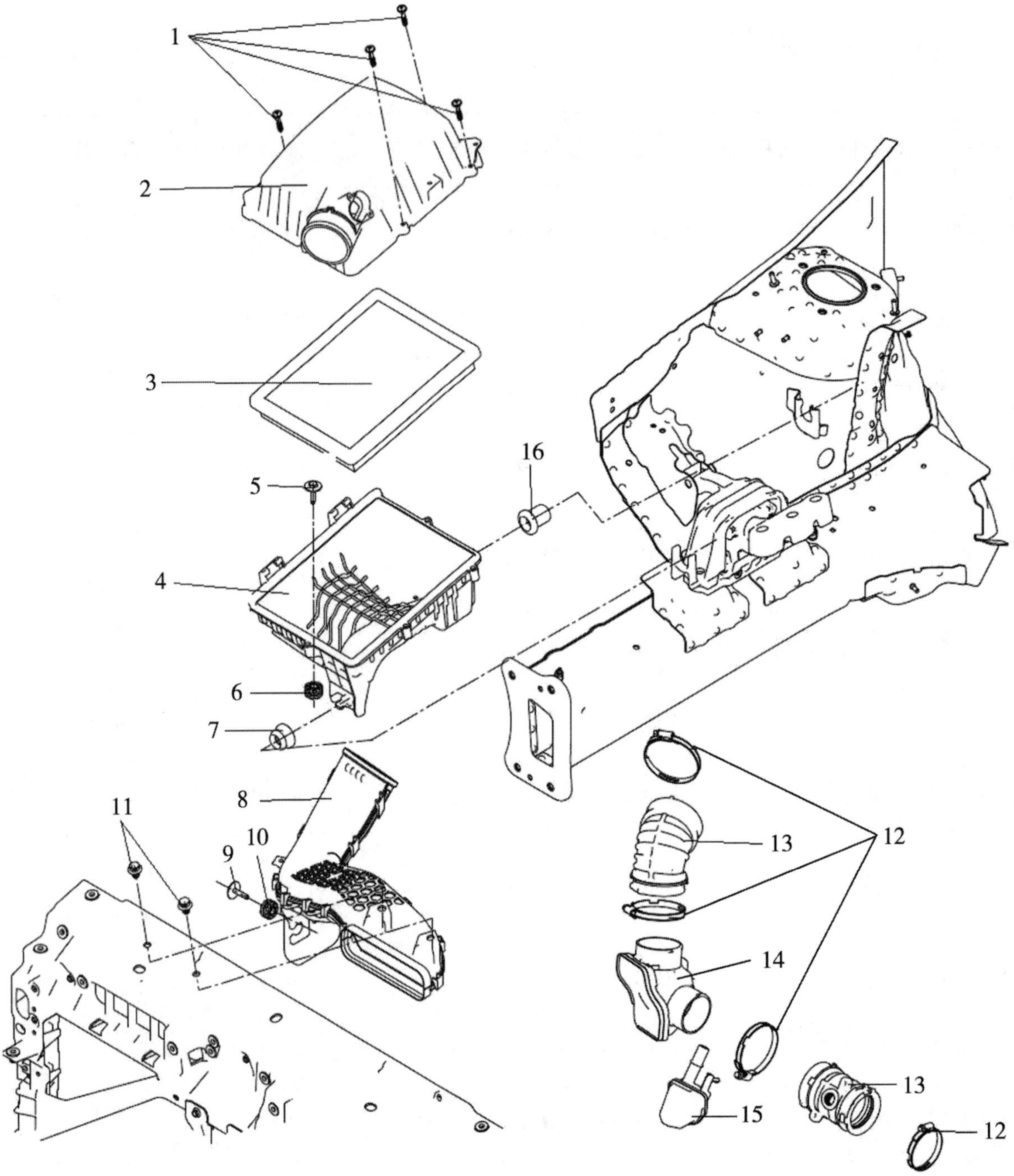

图 2-1-17　空气滤清器爆炸图

2.1.17　燃油箱和加注管

序号	零部件中文名称	零部件英文名称/描述	商品编码	商品描述
1	燃油箱总成	TANK ASM-FUEL	87089999	
2	螺母—燃油箱隔热板	NUT-F/TNK H/SHLD	73181600	钢铁制
3	燃油箱隔热板	SHIELD-F/TNK HT	87089999	铝合金制
4	燃油箱隔震垫片	INSULATOR-F/TNK	40169390	硫化橡胶制
5	燃油箱钢带总成	STRAP ASM-F/TNK	73269109	钢铁制
6	碳罐总成	CANISTER ASM-EVAP EMIS	84213990	
7	碳罐通气管	HOSE/PIPE-EVAP EMIS CNSTR VENT	87089999	
8	螺栓—油箱加油管	BOLT/SCREW-F/TNK FIL PIPE	73181510	钢铁制，抗拉强度在800兆帕及以上
9	油箱加油口盖总成	CAP ASM-F/TNK FIL	87089999	
10	油管总成—滤清器到油箱	PIPE ASM-FLTR TO F/TNK	87089999	
11	油管总成—油箱到滤清器	PIPE ASM-F/TNK TO FLTR	87089999	
12	燃油泵浮子总成	FLOAT ASM-F/PMP FUEL RSVR	84139100	
13	燃油油位传感器总成	SENSOR ASM-FUEL LVL	90261000	
14	燃油泵支架总成	BRACKET ASM-F/TNK F/PMP	84133029	燃油泵
15	燃油泵单元密封件	SEAL-F/TNK F/PMP MDL	40169310	硫化橡胶制
16	螺母—燃油泵锁紧	NUT-F/PMP LK	39269010	塑料制
17	燃油箱隔震垫片	INSULATOR-F/TNK	40169390	硫化橡胶制
18	油箱加油管总成	PIPE ASM-F/TNK FIL	87089999	

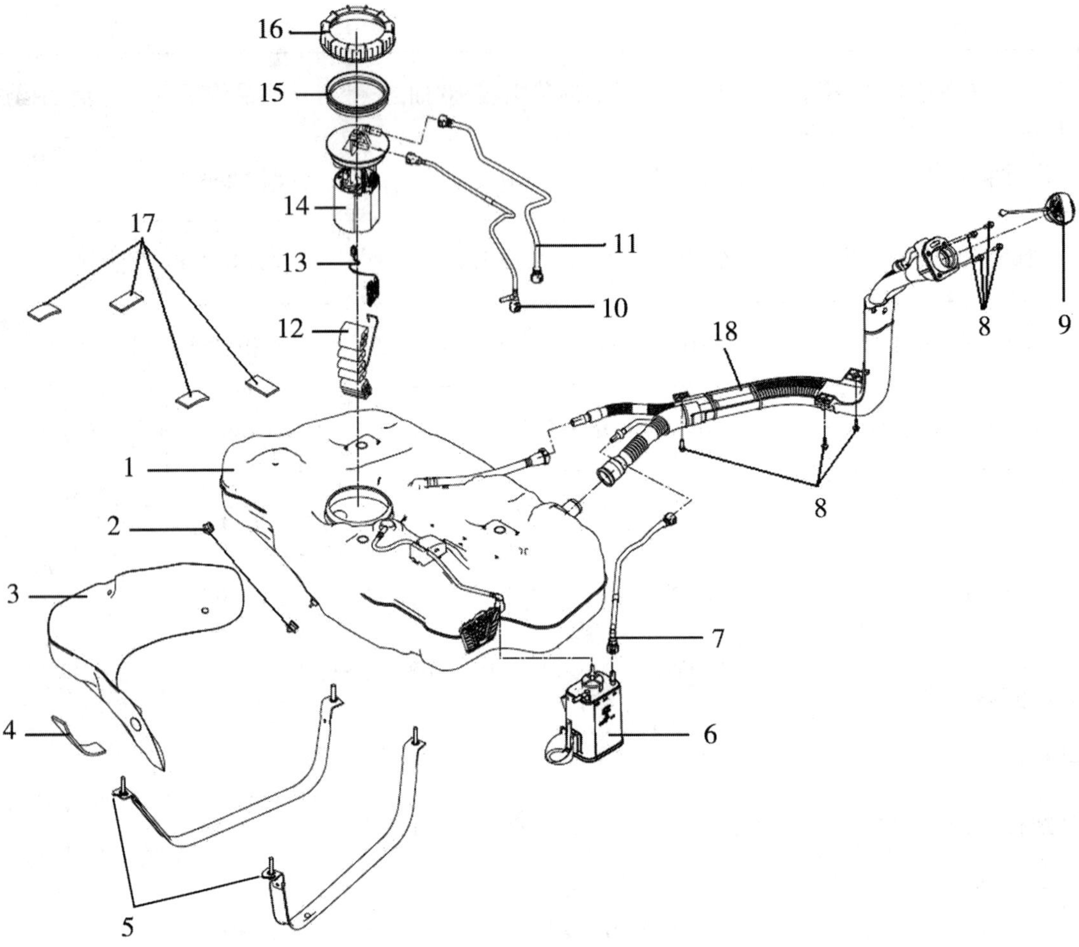

图 2-1-18　燃油箱和加注管爆炸图

2.1.18 燃油供应系统燃油管路

序号	零部件中文名称	零部件英文名称/描述	商品编码	商品描述
1	快插接头	QUICK CONNECTOR	39174000	塑料制管子接头
2	弹簧卡箍	SPRING CLAMP	73269019	钢铁制
3	管夹—燃油管路总成	CLIP-FUEL HS/PP	39269090	塑料制
4	燃油蒸发管总成	HOSE ASM-FUEL EVAP	87089999	
5	燃油进油管	PIPE-FUEL FEED	87089999	
6	燃油滤清器	FILTER-FUEL	84212300	
7	T 型快插接头	T QUICK CONNECTOR	39174000	塑料制管子接头
8	油管总成—滤清器到油箱	PIPE ASM-FLTR TO F/TNK	87089999	
9	油管总成—油箱到滤清器	PIPE ASM-F/TNK TO FLTR	87089999	
10	隔离夹	CLIP-SEPARATE	73269019	钢铁制

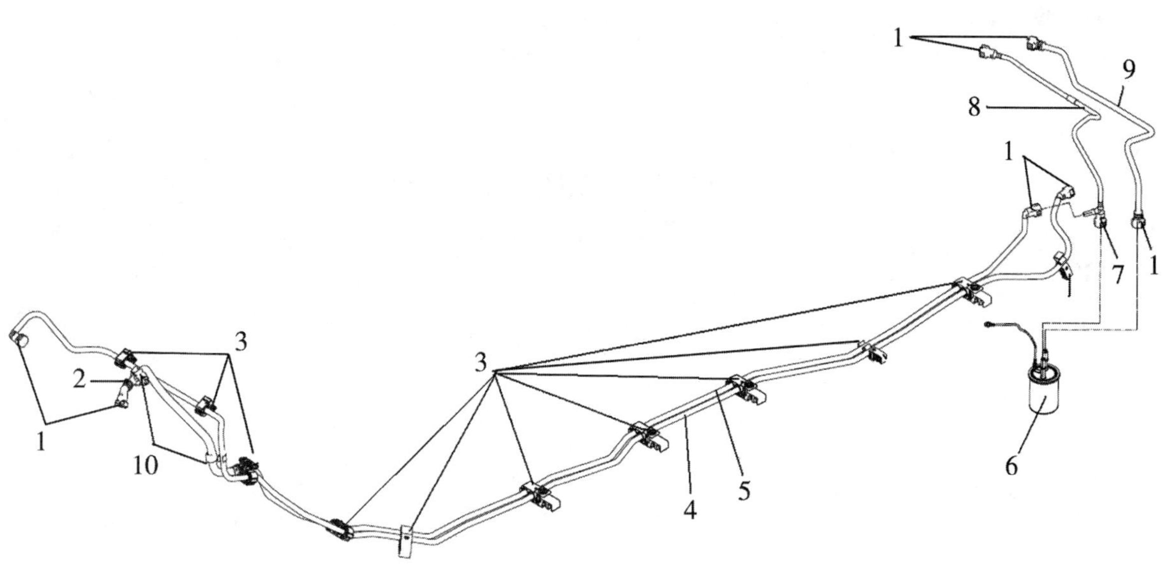

图 2-1-19 燃油供应系统燃油管路爆炸图

2.1.19 空气进气系统

序号	零部件中文名称	零部件英文名称/描述	商品编码	商品描述
1	空气滤清器总成	CLEANER ASM-AIR	84213100	
2	空滤衬垫	INSULATOR-A/CL	40169990	硫化橡胶制
3	空气滤清器接头	CONNECTOR-AIR FLTR	39174000	塑料制

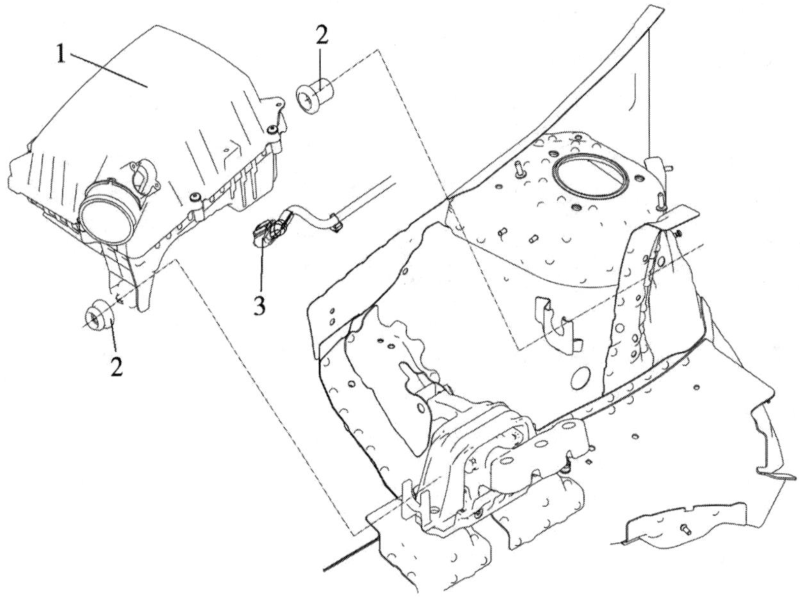

图 2-1-20　空气进气系统爆炸图

2.1.20 歧管绝对压力传感器

序号	零部件中文名称	零部件英文名称/描述	商品编码	商品描述
1	节气门位置传感器	SENSOR ASM-THROT POSN	90318090	
2	节气门体总成	BODY ASM-THROT	84099199	
3	螺钉—节气门体	BOLT/SCREW-THROT BODY	73181510	钢铁制，抗拉强度在 800 兆帕及以上
4	发动机线束总成	HARNESS ASM-ENG WRG	85443020	

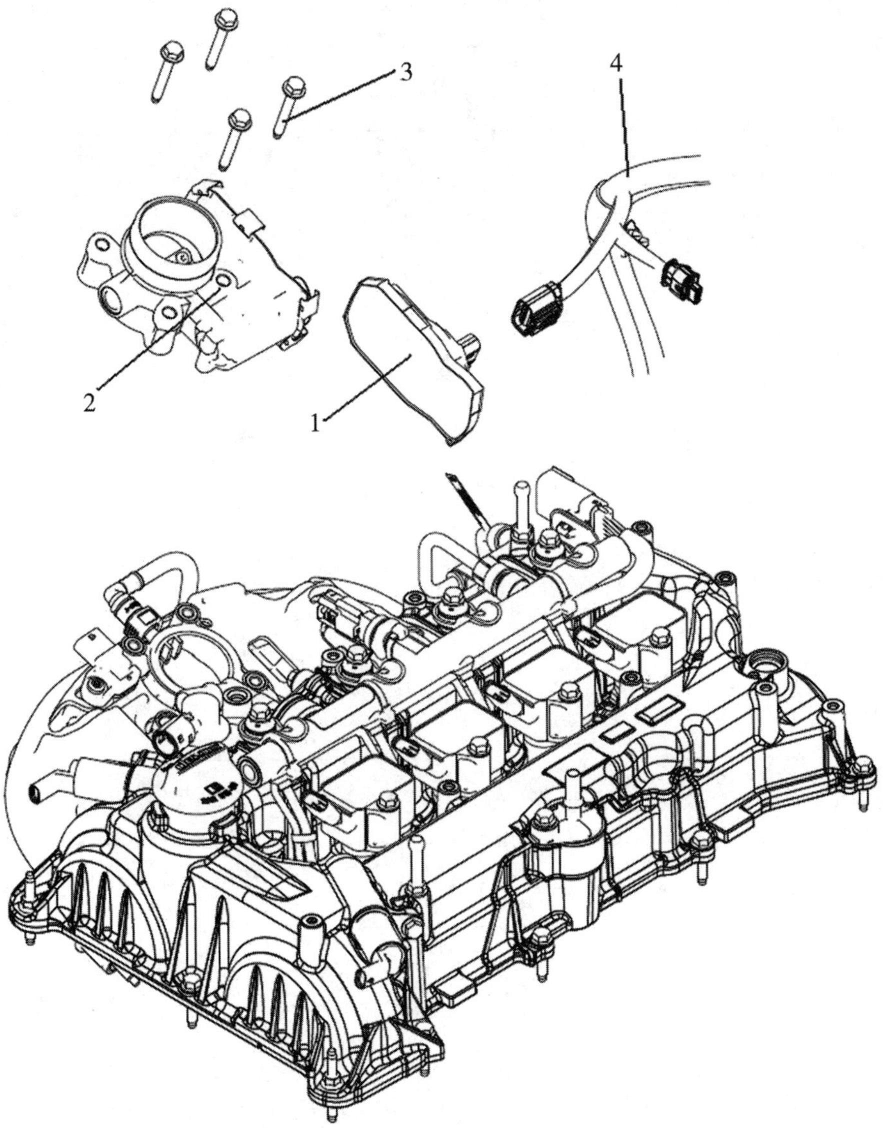

图 2-1-21 歧管绝对压力传感器爆炸图

2.1.21 蒸汽炭灌衬套和阀

序号	零部件中文名称	零部件英文名称/描述	商品编码	商品描述
1	曲轴箱通风管	TUBE/HOSE/PIPE-PCV	84099199	
2	螺栓—曲轴箱压力调节阀	BOLT/SCREW-PCV PRESS MOD VLV	73181510	钢铁制，抗拉强度在800兆帕及以上
3	曲轴箱压力调节阀总成	VALVE ASM-PCV PRESS MOD	84811000	减压阀
4	油封—曲轴箱压力调节阀	SEAL-PCV PRESS MOD VLV	84879000	通用件
5	曲轴箱压力调节阀	VALVE-PCV PRESS MOD	84811000	减压阀
6	油封—曲轴箱压力调节阀	SEAL-PCV PRESS MOD VLV	84879000	通用件
7	曲轴箱压力调节阀总成	VALVE ASM-PCV PRESS MOD	84811000	减压阀
8	螺栓—曲轴箱压力调节阀	BOLT/SCREW-PCV PRESS MOD VLV	73181510	钢铁制，抗拉强度在800兆帕及以上
9	固定套—曲轴箱压力调节阀	RETAINER-PCV PRESS MOD VLV	73182900	钢铁制
10	曲轴箱通风管接头	FITTING-PCV HOSE	39174000	塑料制
11	O型圈—曲轴箱通风管接头	RING O-PCV HOSE FTG	40169390	硫化橡胶制
12	曲轴箱通风管	TUBE/HOSE/PIPE-PCV	84099199	
13	曲轴箱通风管接头	FITTING-PCV HOSE	73072900	不锈钢制
14	发动机线束总成	HARNESS ASM-ENG WRG	85443020	
15	软管—增压器电控旁通阀到增压出气口	HOSE-TURBO PWM AIR BYPASS VLV TO TURBO OUTET	40091100	硫化橡胶制，未经加强或未与其他材料合制，未装有附件

续表

序号	零部件中文名称	零部件英文名称/描述	商品编码	商品描述
16	管夹—增压器电控旁通阀软管	CLAMP - TURBO PWM AIR BYPASS VLV HOSE	73269019	钢铁制
17	增压器电控旁通阀	VALVE - TURBO PWM AIR BYPASS	84818040	其他阀门
18	螺栓—增压器电控旁通阀	BOLT/SCREW - TURBO PWM AIR BYPASS VLV	73181590	钢铁制，抗拉强度小于 800 兆帕
19	垫片—增压器电控旁通阀	WASHER - TURBO PWM AIR BYPASS VLV	73182200	钢铁制
20	软管—增压器电控旁通阀到增压进气口	HOSE - TURBO PWM AIR BYPASS VLV TO TURBO INLET	40091100	硫化橡胶制，未经加强或未与其他材料合制，未装有附件
21	软管—增压器电控旁通阀到放气阀执行器	HOSE - TURBO PWM AIR BYPASS VLV TO TURBO WASTEGATE ACTR	40091100	硫化橡胶制，未经加强或未与其他材料合制，未装有附件

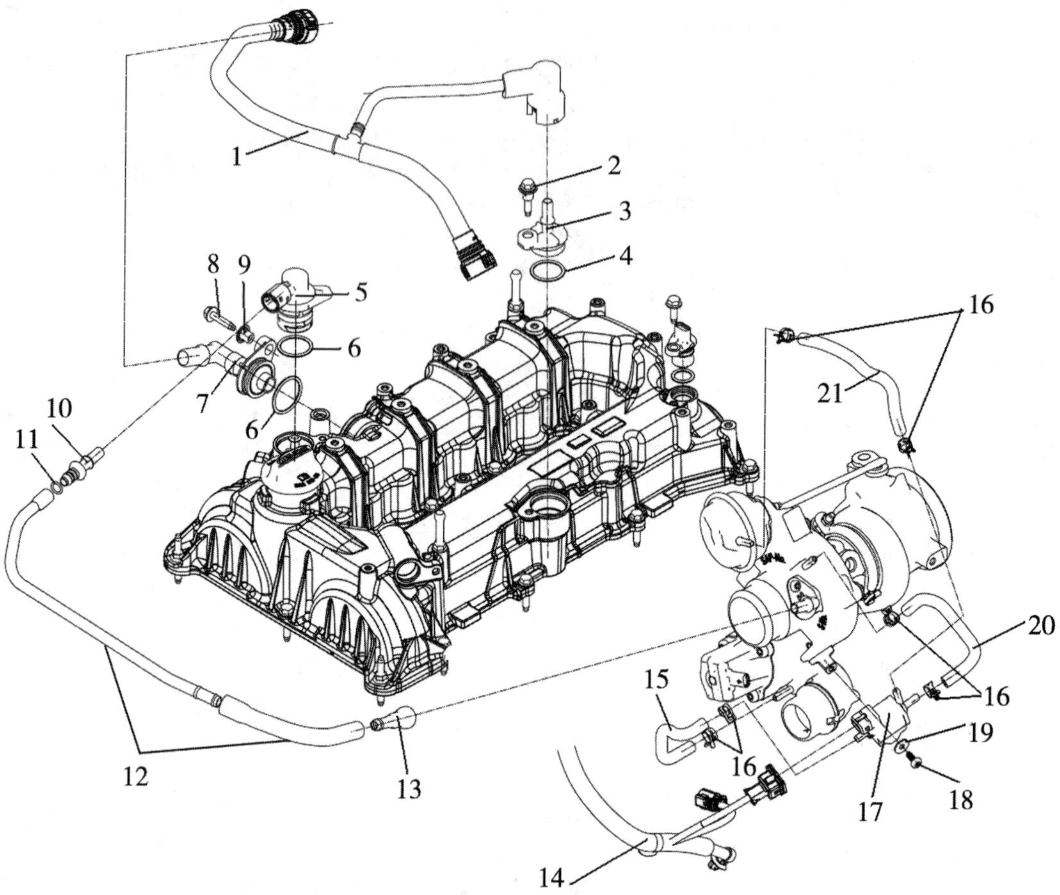

图 2-1-22　蒸汽炭灌衬套和阀爆炸图

2.1.22 发动机燃油系统相关零件

序号	零部件中文名称	零部件英文名称/描述	商品编码	商品描述
1	燃油泵隔音垫	INSULATOR-F/PMP	84099199	塑料制
2	螺栓—机油泵链轮	BOLT/SCREW-O/PMP SPKT	73181510	钢铁制，抗拉强度在 800 兆帕及以上
3	发动机高压燃油泵	PUMP-ENG HIGH PRESS FUEL	84133029	输出功率在 132.39 千瓦（180 马力）以下的发动机用
4	发动机高压油管	PIPE ASM-ENG HIGH PRESS FU-EL	84099199	钢铁制
5	管夹—发动机燃油进油管	CLIP-ENG FUEL FEED PIPE	73269019	钢铁制
6	螺栓—发动机燃油进油管支架	BOLT/SCREW-ENG FUEL FEED PIPE BRKT	73181510	钢铁制，抗拉强度在 800 兆帕及以上
7	燃油轨总成	RAIL ASM-F/INJN FUEL	84099199	钢铁制
8	发动机喷油器线束	HARNESS ASM-F/INJN WRG	85443020	
9	螺栓—燃油轨	BOLT/SCREW-F/INJN FUEL RL	73181510	钢铁制，抗拉强度在 800 兆帕及以上
10	喷油器总成	INJECTOR ASM-FUEL	84099199	

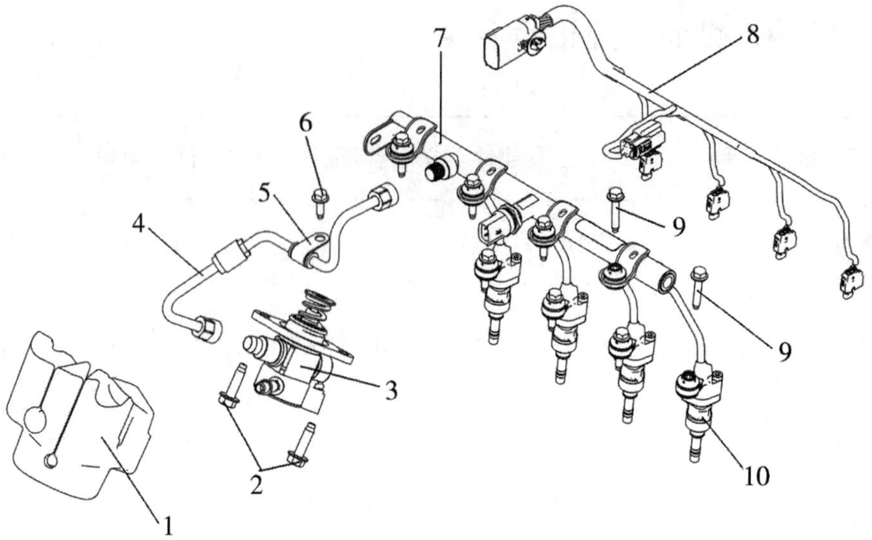

图 2-1-23　发动机燃油系统相关零件爆炸图

2.2 变速箱和离合器

变速箱和离合器主要部件有离合器、变速器、主减速器、差速器等。

1. 离合器是发动机与变速器之间的一个传力机构，以传递或切断发动机输向变速器的动力，保证发动机的动力与传动系统的可靠结合和彻底分离，使汽车起步平稳，便于换挡，防止齿轮冲击。其结构形式有：膜片弹簧式、圆柱弹簧式、矩形断面圆锥弹簧式、单片式、双单片式。

离合器的操纵结构可分为机械式和液压式两类。其中液压操纵机构具有传力平稳、操纵轻便、机动灵活的特点，它主要由离合器踏板、液压总泵、分泵、软管、分离叉、分离套筒、分离轴承等组成。

2. 变速器用于改变发动机的转矩和转速，以适应汽车在起步、加速、行驶及克服各种道路障碍等不同行驶条件下，对驱动车轮牵引力及车速的不同要求。此外，变速器还用于使汽车能倒退行驶和再起动发动机，以及汽车滑行或停车时使发动机与传动系统保持分离。

变速器分为有级式和无级式变速器。采用齿轮配合来调整速率的变速器，称为有级式变速器；若变速器能在一定范围内逐渐调整速率，称为无级式变速器。目前乘用车上大多采用齿轮式手动有级变速器或自动变速器（有级式）。

自动变速器常见的有四种形式：分别是液力自动变速器（AT）、机械式无级变速器（CVT）、电控机械式自动变速器（AMT）、双离合自动变速器（Dual Clutch Transmission-DCT）。

3. 主减速器位于主动桥内，它的功能是降低从万向节、传动轴传来的转速，增大牵引力并将旋转运动回转以90°方向传向半轴。主减速器可分为单级齿轮式和双级齿轮式两类。

4. 差速器的功能是当汽车转向时或在不平的路面行驶时，使左右两个主动车轮以不同的转速滚动。在前置前驱动乘用车上，为了简化结构，将变速器、主减速器和差速器，合并在一个传动装置内。

2.2.1 变速箱变矩器盖

序号	零部件中文名称	零部件英文名称/描述	商品编码	商品描述
1	自动变速器后壳体安装螺栓	BOLT/SCREW-A/TRNS RR HSG	73181510	钢铁制，抗拉强度在800 兆帕及以上
2	自动变速器后壳体	HOUSING-A/TRNS RR	87084091	
3	自动变速器总成	TRANSMISSION ASM-AUTO	87084091	

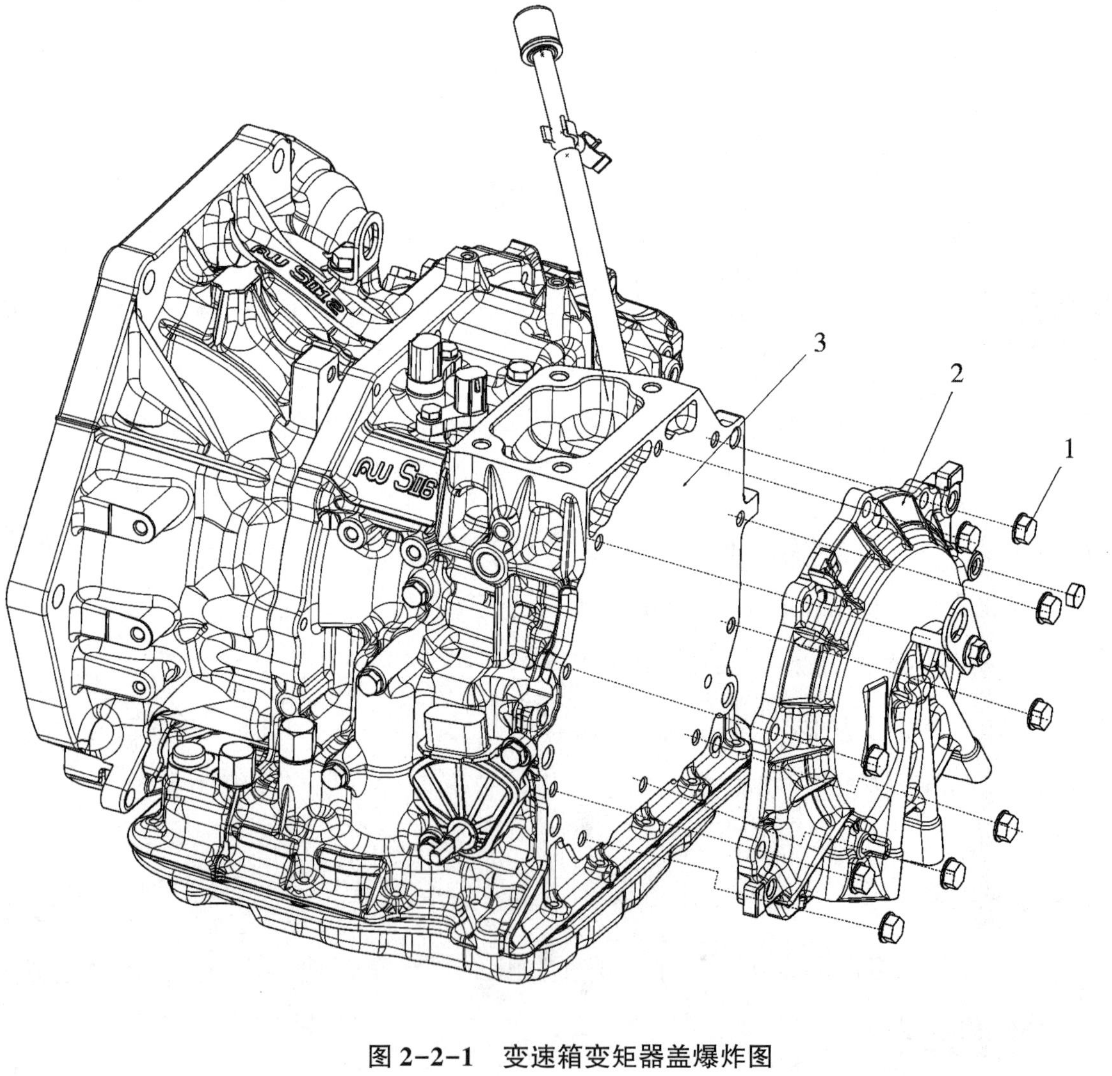

图 2-2-1　变速箱变矩器盖爆炸图

2.2.2 自动变速器壳体总成

序号	零部件中文名称	零部件英文名称/描述	商品编码	商品描述
1	自动变速器总成	TRANSMISSION ASM-AUTO	87084091	

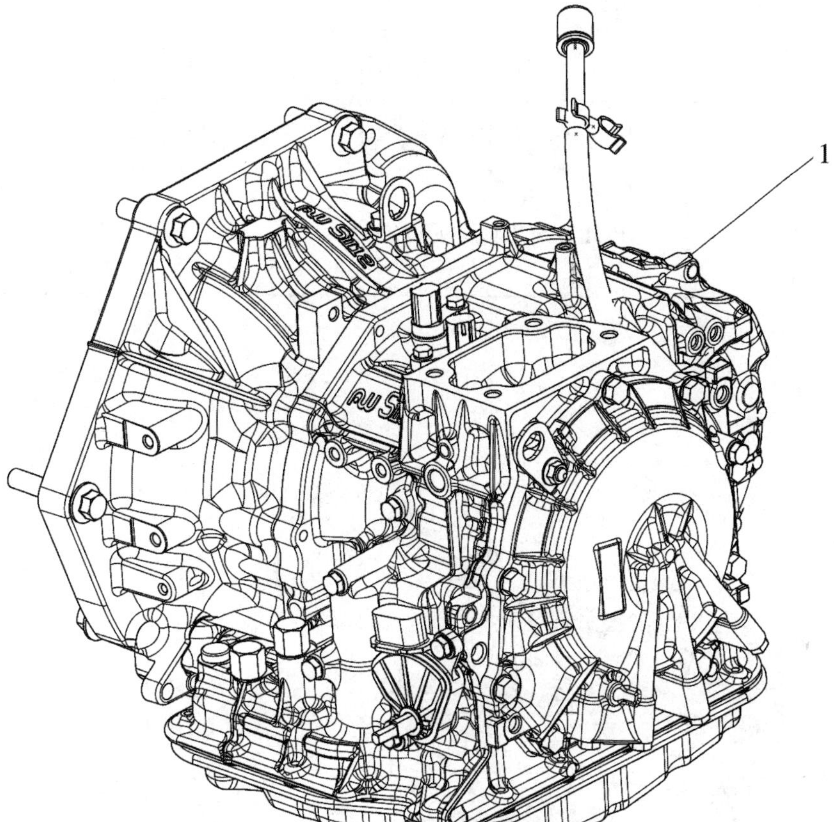

图 2-2-2 自动变速器壳体总成

2.2.3 自动变速器壳体总成安装

序号	零部件中文名称	零部件英文名称/描述	商品编码	商品描述
1	自动变速器前壳体安装螺栓	BOLT/SCREW-A/TRNS RR HSG	73181510	钢铁制，抗拉强度在 800 兆帕及以上
2	自动变速器前壳体	HOUSING-A/TRNS FRT	87084091	
3	自动变速器后壳体	HOUSING-A/TRNS RR	87084091	
4	变速器油底壳	A/TRNS OIL PAN ASM	87084091	
5	油底壳固定螺栓	BOLT/SCREW-OIL PAN	73181510	钢铁制，抗拉强度在 800 兆帕及以上

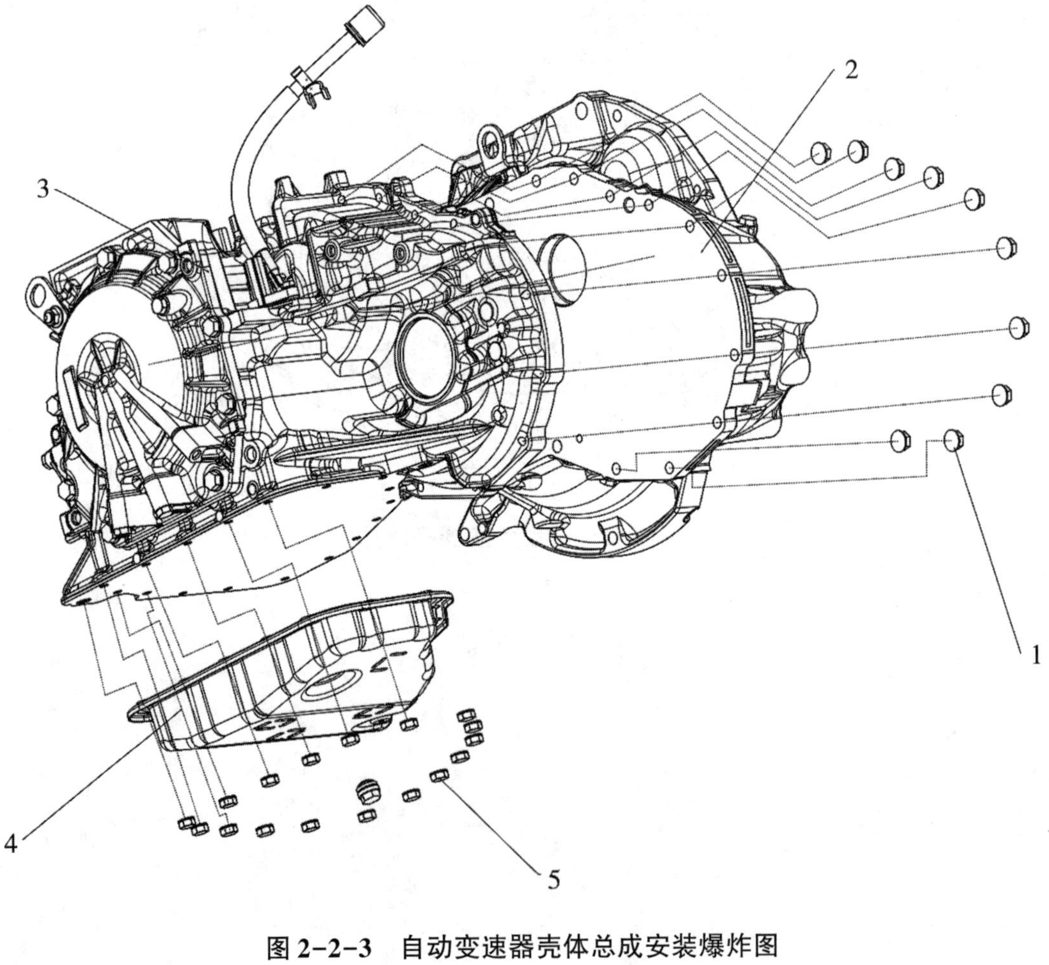

图 2-2-3 自动变速器壳体总成安装爆炸图

2.2.4 自动变速器柱换挡及附件

序号	零部件中文名称	零部件英文名称/描述	商品编码	商品描述
1	变速器换挡拉索螺栓	BOLT/SCREW - TRANS SHIF LVR CBL	73181590	钢铁制，抗拉强度在800兆帕以下
2	换挡拉索B段	TRANS SHIF LVR CBL B	87084091	
3	换挡拉索B段衬套	BUSHING- TRANS SHIF LVR CBL B	87084091	
4	自动变速器换挡操纵机构总成	CONTROL ASM-A/TRNS	87084091	
5	变速器换挡杆	TRANS SHIF LVR	87084091	
6	换挡拉索总成	TRANS SHIF LVR CBL ASM	87084091	
7	变速器换挡拉索支架螺栓	BOLT/SCREW - TRANS SHIF LVR CBL BRKT	73181510	钢铁制，抗拉强度在800兆帕及以上
8	换挡摇臂固定螺母	NUT-TRANS SHIF LVR ARM	73181600	钢铁制
9	换挡拉索A段	TRANS SHIF LVR CBL A	87084091	
10	换挡摇臂	ARM-TRANS SHIF LVR	87084091	
11	变速器换挡控制开关	SWITCH ASM - A/TRNS SEL CONT LVR	85365000	电路开关

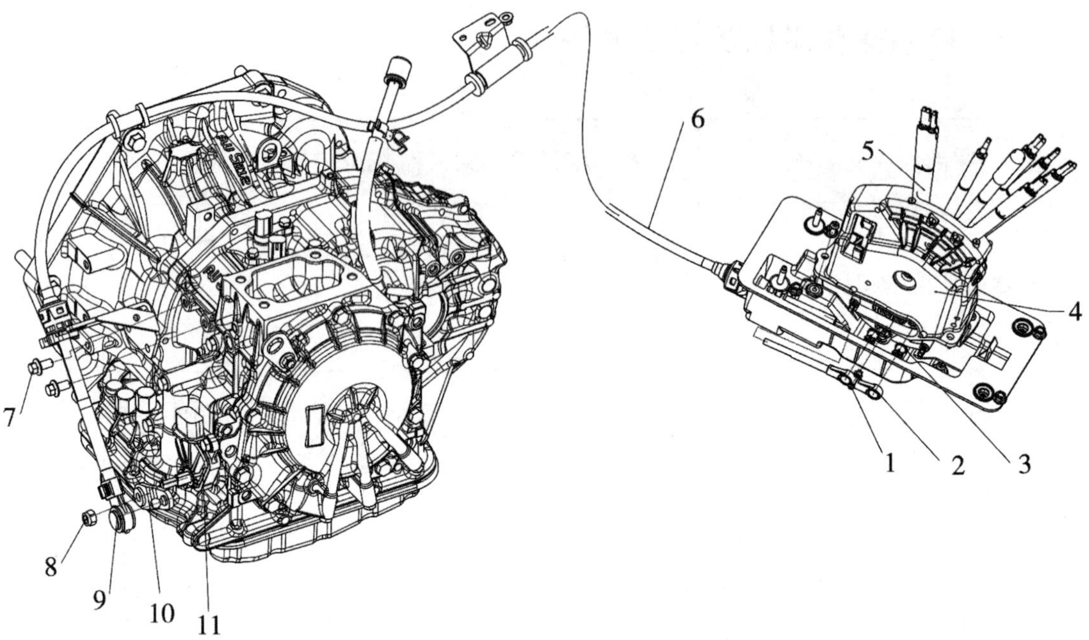

图 2-2-4　自动变速器柱换挡及附件爆炸图

2.2.5 自动变速器换挡及附件

序号	零部件中文名称	零部件英文名称/描述	商品编码	商品描述
1	换挡摇臂固定螺母	SCREW TO OUTER LEVER	73181600	钢铁制
2	换挡拉索 A 段头	BALL JOINT FOR CABLE A	87084091	
3	换挡拉索 A 段支架固定螺栓	SCREW TO ABUTMENT BRACKET	73181510	钢铁制，抗拉强度在 800 兆帕及以上
4	拉索支架固定螺母	SCREW	73181600	钢铁制
5	换挡拉索支架	CABLE BRACKET	87089999	
6	车身中通道	TUNNEL	87082990	
7	手动变速器换挡机构基座饰框	MOLDING - TRANS CONT LVR BASE GARN	87084091	
8	盖板固定螺栓	SCREW	73181590	钢铁制，抗拉强度在 800 兆帕以下
9	换挡机构上盖板	CONT LVR UPR COVER	87084091	
10	换挡机构底座固定螺母	SCREW	73181600	钢铁制
11	换挡机构底座固定螺栓	SCREW	73181510	钢铁制，抗拉强度在 800 兆帕及以上
12	换挡机构底座	TRANS CONT LVR BASE	87084091	
13	换挡杆护套	BOOT- TRANS CONT SHIF	87084091	塑料制
14	换挡杆	SHIF LVR	87084091	
15	O 型圈	RING O	40169390	硫化橡胶制

续表

序号	零部件中文名称	零部件英文名称/描述	商品编码	商品描述
16	换挡限位器	RETAINER	87084091	
17	换挡机构右壳体	TRANS CONT LVR RH CASE	87084091	
18	提拉杆回位弹簧	SPRING	73209090	钢铁制
19	换挡定位子弹头上端	SHIFTER DETENT PIN UPPER PART	87084091	
20	切换轴固定件	MANUAL MODE SHIFT FIXED PART	87084091	
21	换挡杆下端	SHIFT LEVER LOWER	87084091	
22	手动模式切换轴	MANUAL MODE SHIFT AXLE	87084091	
23	衬套	BUSHING	87084091	
24	换挡轴衬套	SHIF & SEL SHAFT BUSHING	87084091	
25	手动模式旋转轴	TIP+/-AXLE	87084091	
26	换挡轴总成	SHAFT ASM-SHIF & SEL	87084091	
27	换挡机构壳体固定螺钉	BOLT/SCREW-TRANS CONT LVR CASE	73181400	钢铁制自攻螺钉
28	接插件端子	CONNECTOR TERMINAL	85369011	接插件，工作电压不超过 36 伏
29	换挡机构壳体	TRANS CONT LVR CASE	87084091	
30	针脚	PIN	85369011	接插件，工作电压不超过 36 伏

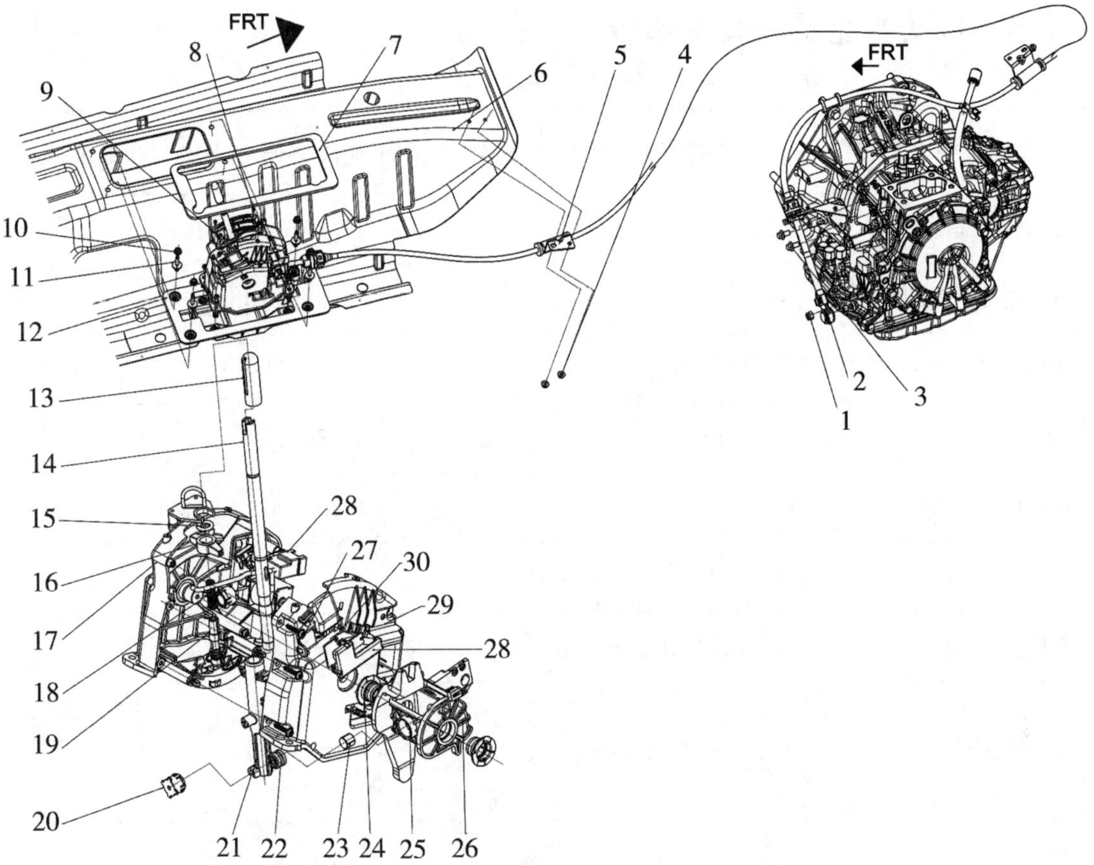

图 2-2-5 自动变速器换挡及附件爆炸图

2.2.6 自动变速器油液冷却器管

序号	零部件中文名称	零部件英文名称/描述	商品编码	商品描述
1	回油管紧固螺母	NUT	73181600	钢铁制
2	油冷管紧固螺母	NUT	73181600	钢铁制
3	进油管	FEED PIPE	87084091	
4	出油管	OTLT PIPE	87084091	
5	橡胶护套	BOOT	40169990	硫化橡胶制
6	油冷管支架	OIL CLR PIPE BRACKET	87084091	
7	橡胶护套	RUBBER ABSORBER	40169990	硫化橡胶制
8	油冷管螺栓	BOLT/SCREW-OIL CLR PIPE	73181510	钢铁制，抗拉强度在800兆帕及以上
9	接头	CONNECTOR	73079900	钢铁制
10	波纹管	PIPE	40091100	硫化橡胶制，未经加强或未与其他材料合制，未装有附件
11	油冷管软管	OIL CLR PIPE HOSE	40091200	硫化橡胶制，未经加强或未与其他材料合制，装有附件
12	管夹	CLIP	39269090	塑料制
13	金属管	PIPE	87084091	
14	油冷管	OIL CLR PIPE	87084091	
15	螺母	NUT	39269090	塑料制
16	水箱油管接口	TANK PIPE CONNECTOR	39174000	塑料制
17	水箱	TANK	87089110	水箱散热器

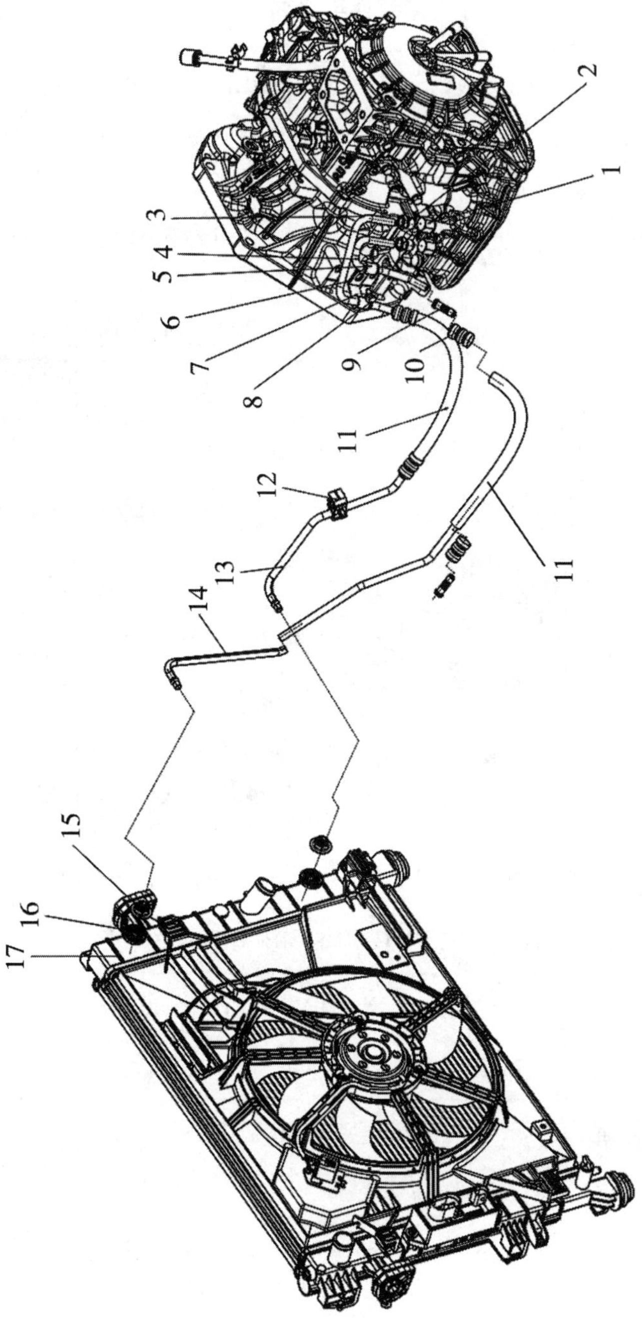

图 2-2-6　自动变速器油液冷却器管爆炸图

2.2.7 衬套、轴承和垫圈定位

序号	零部件中文名称	零部件英文名称/描述	商品编码	商品描述
1	传动链轮轴承总成	DRIVE SPOCKET BEARING ASSEMBLY	84825000	推力滚子轴承
2	传动链轮止推垫圈	DRIVE SPROCKET THRUST WASHER	39269090	耐磨高分子聚合物材质
3	传动链轮轴承总成	DRIVE SPROCKET BEARING ASSEMBLY	84825000	推力滚子轴承
4	差速器太阳齿轮至差速器壳体轴承总成	DIFFERENTIAL SUN GEAR TO DIFFERENTIAL HOUSING BEARING ASSEMBLY	84825000	推力滚子轴承
5	前差速器外壳轴承总成	FRONT DIFFERENTIAL CARRIER BEARING ASSEMBLY	84825000	推力滚子轴承
6	反作用托架毂止推轴承总成	REACTION CARRIER HUB THRUST BEARING ASSEMBLY	84825000	推力滚子轴承
7	3-5 挡倒挡和 4-5-6 挡离合器壳体止推轴承	3-5-REVERSE AND 4-5-6 CLUTCH HOUSING THRUST BEARING	84825000	推力滚子轴承
8	输出太阳齿轮止推轴承总成	OUTPUT SUN THRUST BEARING ASSEMBLY	84825000	推力滚子轴承
9	反作用太阳齿轮止推轴承总成	REACTION SUN GEAR THRUST BEARING ASSEMBLY	84825000	推力滚子轴承
10	输入支座止推轴承总成	INPUT CARRIER THRUST BEARING ASSEMBLY	84825000	推力滚子轴承
11	输入太阳齿轮止推轴承总成	INPUT SUN GEAR THRUST BEARING ASSEMBLY	84825000	推力滚子轴承
12	输入太阳齿轮止推轴承总成	INPUT SUN GEAR THRUST BEARING ASSEMBLY	84825000	推力滚子轴承

续表

序号	零部件中文名称	零部件英文名称/描述	商品编码	商品描述
13	输出支座止推轴承总成	OUTPUT CARRIER THRUST BEARING ASSEMBLY	84825000	推力滚子轴承

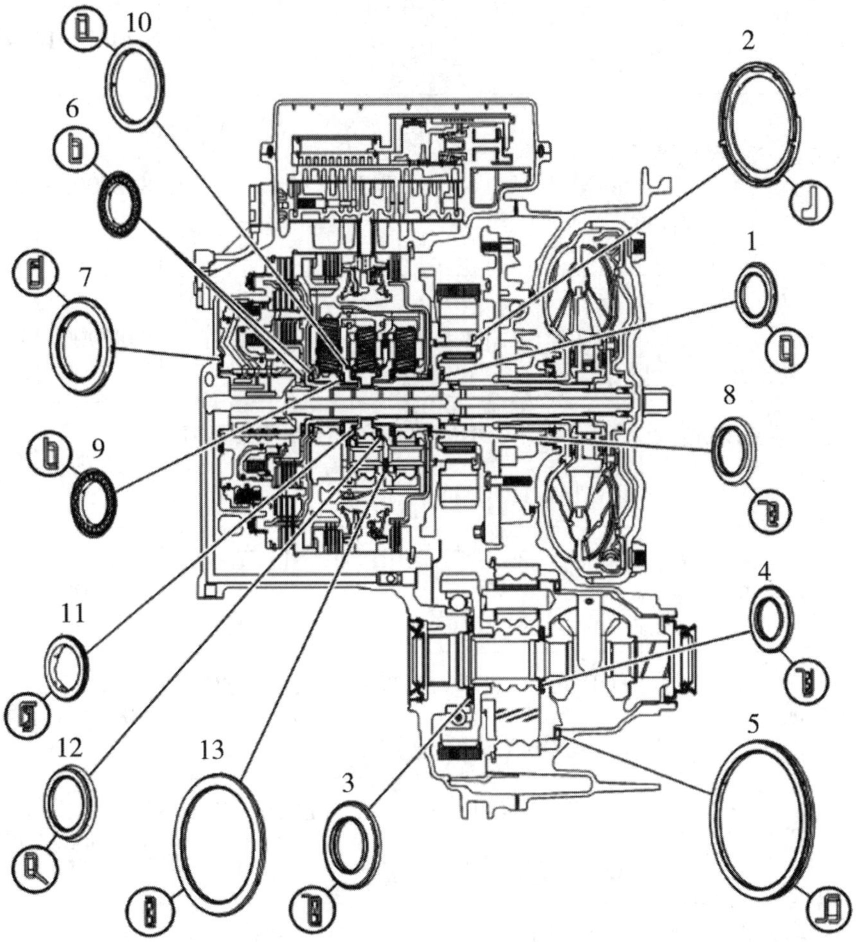

图 2-2-7 衬套、轴承和垫圈定位爆炸图

2.2.8 密封件定位（一）

序号	零部件中文名称	零部件英文名称/描述	商品编码	商品描述
1	控制阀体盖衬垫	CONTROL VALVE BODY COVER GASKET	40169990	硫化橡胶制
2	变矩器壳体衬垫	TORQUE CONVERTER HOUSING GASKET	87084091	复合材料制
3	3-5 挡倒挡和 4-5-6 挡离合器油封环	3 - 5 - REVERSE AND 4&NDASH; 5&NDASH; 6 CLUTCH FLUID SEAL RING	84879000	通用
4	驱动轴油封总成	DRIVE SHAFT OIL SEAL ASSEMBLY	84879000	通用
5	变矩器和差速器壳体密封件	TORQUE CONVERTER AND DIFFERENTIAL HOUSING SEAL	40169390	硫化橡胶制
6	前轮驱动轴油封总成	FRONT WHEEL DRIVE SHAFT OIL SEAL ASSEMBLY	84879000	通用
7	变矩器油封总成	TORQUE CONVERTER FLUID SEAL ASSEMBLY	84879000	通用
8	变矩器油封总成	TORQUE CONVERTER FLUID SEAL ASSEMBLY	84879000	通用
9	3-5 挡倒挡离合器活塞内密封件	3-5-REVERSE CLUTCH PISTON INNER SEAL	40169390	硫化橡胶制
10	3-5 挡倒挡离合器活塞内密封件	3-5-REVERSE CLUTCH PISTON INNER SEAL	40169390	硫化橡胶制
11	3-5 挡倒挡离合器活塞挡板密封件	3-5-REVERSE CLUTCH PISTON DAM SEAL	40169390	硫化橡胶制
12	4-5-6 挡离合器活塞外密封件	4-5-6 CLUTCH PISTON OUTER SEAL	40169390	硫化橡胶制

续表

序号	零部件中文名称	零部件英文名称/描述	商品编码	商品描述
13	4-5-6 挡离合器活塞外密封件	4-5-6 CLUTCH PISTON OUTER SEAL	40169390	硫化橡胶制
14	4-5-6 挡离合器活塞内密封件	4-5-6 CLUTCH PISTON INNER SEAL	40169390	硫化橡胶制
15	2-6 挡离合器活塞总成	2-6 CLUTCH PISTON ASSEMBLY	87089390	
16	低速挡和倒挡离合器活塞	LOW AND REVERSE CLUTCH PISTON	87089390	
17	1-2-3-4 挡离合器活塞	1-2-3-4 CLUTCH PISTON	87089390	

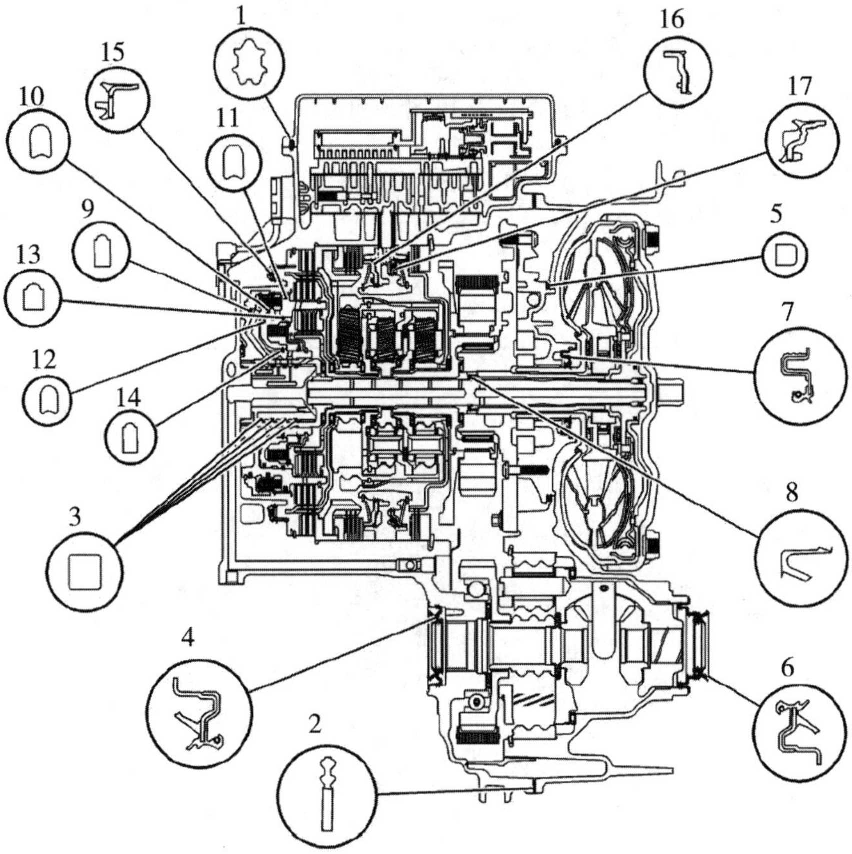

图 2-2-8 密封件定位（一）爆炸图

2.2.9 密封件定位（二）

序号	零部件中文名称	零部件英文名称/描述	商品编码	商品描述
1	控制阀体盖孔密封件	CONTROL VALVE BODY COVER HOLE SEAL	40169390	硫化橡胶制
2	自动变速器输入轴速度传感器总成O型密封圈	A/TRANS INPUT SPEED SENSOR ASSEMBLY O-RING SEAL	40169390	硫化橡胶制
3	加注口盖密封件	FILL CAP SEAL	40169390	硫化橡胶制
4	自动变速器油泵密封件总成	A/TRANS FLUID PUMP SEAL ASSEMBLY	84841000	复合材料制
5	传动机构润滑油封	DRIVE LINK LUBE FLUID SEAL	84879000	通用件
6	1-2-3-4 挡和低速挡倒挡离合器油道	1-2-3-4 AND LOW REVERSE CLUTCH FLUID PASSAGE	87089390	
7	手动换挡轴密封件	MANUAL SHIFT SHAFT SEAL	84841000	复合材料制
8	驻车棘爪执行器导管密封件	PARK PAWL ACTUATOR GUIDE SEAL	40169390	硫化橡胶制

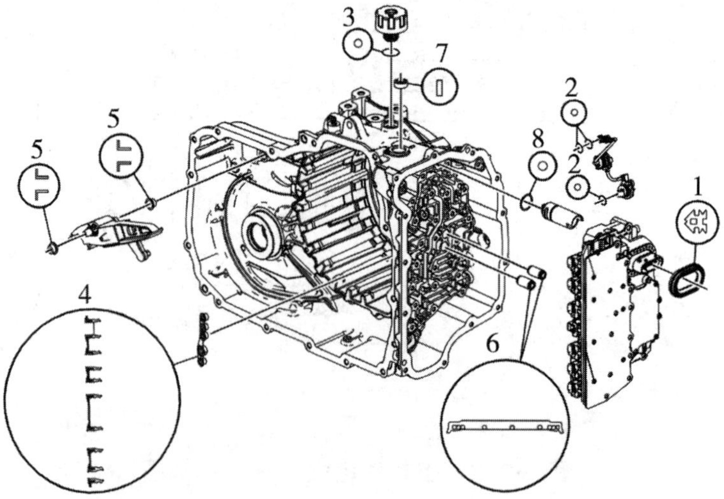

图 2-2-9 密封件定位（二）爆炸图

2.2.10 自动变速器壳和零件

序号	零部件中文名称	零部件英文名称/描述	商品编码	商品描述
1	控制阀体盖螺栓	CONTROL VALVE BODY COVER BOLT	73181510	钢铁制，抗拉强度在800兆帕及以上
2	控制阀体盖总成	CONTROL VALVE BODY COVER ASSEMBLY	87084091	
3	控制阀体盖衬垫	CONTROL VALVE BODY COVER GASKET	87084091	
4	控制阀体螺栓	CONTROL VALVE BODY BOLT	73181510	钢铁制，抗拉强度在800兆帕及以上
5	控制阀体盖孔密封件	CONTROL VALVE BODY COVER HOLE SEAL	40169390	硫化橡胶制
6	控制电磁阀散热螺栓	CONTROL SOLENOID VALVE HEAT SINK BOLT	73181510	钢铁制，抗拉强度在800兆帕及以上
7	控制电磁阀（带阀体和变速器控制模块）总成	CONTROL SOLENOID（W/BODY AND TCM）VALVE ASSEMBLY	87084091	
8	控制阀体滤板总成	CONTROL VALVE BODY FILTER PLATE ASSEMBLY	87084091	
9	控制阀体螺栓	CONTROL VALVE BODY BOLT	73181510	钢铁制，抗拉强度在800兆帕及以上
10	控制阀体总成	CONTROL VALVE BODY ASSEMBLY	87084091	
11	控制阀体隔板总成	CONTROL VALVE BODY SPACER PLATE ASSEMBLY	87084091	
12	自动变速器液位控制阀	A/TRANS FLUID LEVEL CONTROL VALVE	84818040	其他阀门

续表1

序号	零部件中文名称	零部件英文名称/描述	商品编码	商品描述
13	自动变速器液位控制阀衬垫	A/TRANS FLUID LEVEL CONTROL VALVE GASKET	87084091	
14	自动变速器输出轴转速传感器螺栓	A/TRANS OUTPUT SPEED SENSOR BOLT	73181510	钢铁制，抗拉强度在 800 兆帕及以上
15	自动变速器输出轴转速传感器总成	A/TRANS OUTPUT SPEED SENSOR ASSEMBLY	90291010	转数计
16	手动轴止动弹簧螺栓	MANUAL SHAFT DETENT SPRING BOLT	73181510	钢铁制，抗拉强度在 800 兆帕及以上
17	手动轴止动杆弹簧总成	MANUAL SHAFT DETENT LEVER SPRING ASSEMBLY	73209090	钢铁制
18	自动变速器输入轴转速传感器总成	A/TRANS INPUT SPEED SENSOR ASSEMBLY	90318090	用于检测发动机的曲轴转角和位置信息
19	自动变速器输入轴转速传感器总成 O 型密封圈	A/TRANS INPUT SPEED SENSOR ASSEMBLY O-RING SEA	40169390	梳化橡胶制
20	自动变速器输入轴转速传感器螺栓	A/TRANS INPUT SPEED SENSOR BOLT	73181510	钢铁制，抗拉强度在 800 兆帕及以上
21	加注口盖	FILL CAP	87084091	
22	加注口盖密封件	FILL CAP SEAL	40169390	硫化橡胶制
23	变矩器壳体衬垫	TORQUE CONVERTER HOUSING GASKET	87084091	
24	自动变速器油泵密封件总成	A/TRANS FLUID PUMP SEAL ASSEMBLY	84841000	复合材料制
25	带油泵的变矩器壳体总成	TORQUE CONVERTER WITH FLUID PUMP HOUSING ASSEMBLY	87084091	
26	变矩器和差速器壳体螺栓	TORQUE CONVERTER AND DIFFERENTIAL HOUSING BOLT	73181510	钢铁制，抗拉强度在 800 兆帕及以上

续表2

序号	零部件中文名称	零部件英文名称/描述	商品编码	商品描述
27	自动变速器加油管螺塞总成	A/TRANS FLUID FILL TUBE PLUG ASSEMBLY	87084091	
28	变矩器总成	TORQUE CONVERTER ASSEMBLY	87084091	

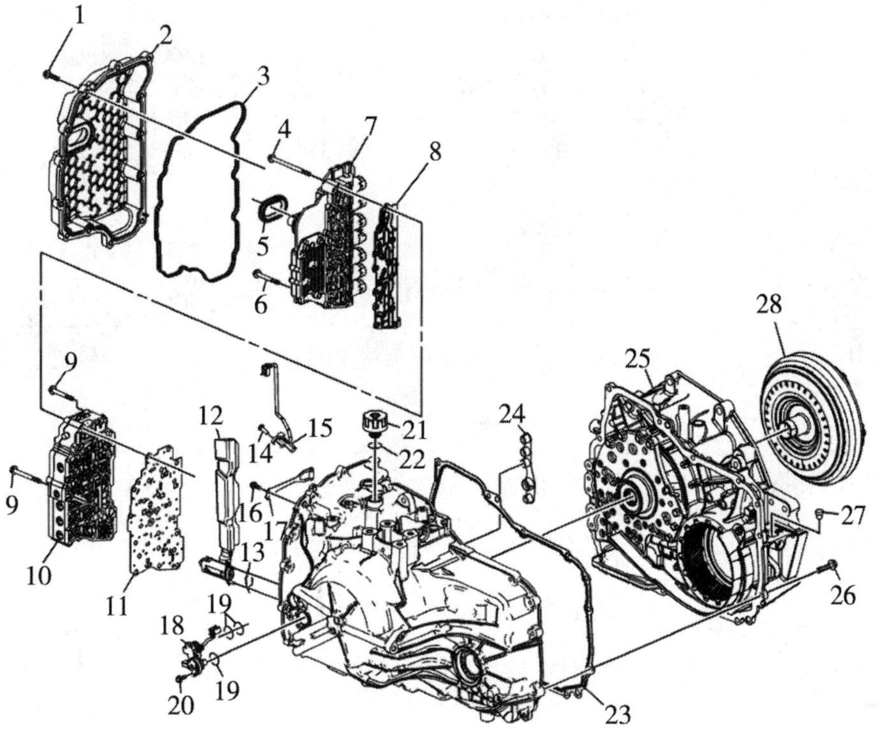

图 2-2-10 自动变速器壳和零件爆炸图

2.2.11 变速器外壳总成

序号	零部件中文名称	零部件英文名称/描述	商品编码	商品描述
1	自动变速器外壳总成	A/TRANS CASE ASSEMBLY	87084091	
2	自动变速器油压力测试孔塞	A/TRANS FLUID PRESSURE TEST HOLE PLUG	87084091	
3	变速器壳体盖定位销	TRANSMISSION CASE COVER LOCATOR PIN	73182400	钢铁制
4	自动变速器油单向球	A/TRANS FLUID CHECK BALL	84813000	单向阀
5	输入轴支座	INPUT SHAFT SUPPORT	87089999	
6	输入轴支座螺栓	INPUT SHAFT SUPPORT BOLT	73181510	钢铁制，抗拉强度在 800 兆帕及以上
7	3-5 挡倒挡和 4-5-6 挡离合器油封环	3-5-REVERSE AND 4-5-6 CLUTCH FLUID SEAL RING	84879000	通用件
8	传动机构润滑油油封	DRIVE LINK LUBE FLUID SEAL	84879000	通用件
9	传动机构润滑油进口	DRIVE LINK LUBE SCOOP	87084091	
10	差速器前支座挡板螺栓	FRONT DIFFERENTIAL CARRIER BAFFLE BOLT	73181510	钢铁制，抗拉强度在 800 兆帕及以上
11	差速器前支座挡板	FRONT DIFFERENTIAL CARRIER BAFFLE	87084091	
12	油位螺塞	OIL LEVEL PLUG	87084091	
13	放油螺塞	DRAIN PLUG	87084091	
14	驱动轴油封总成	DRIVE SHAFT OIL SEAL ASSEMBLY	84879000	通用件

续表

序号	零部件中文名称	零部件英文名称/描述	商品编码	商品描述
15	控制阀体定位销	CONTROL VALVE BODY LOCATOR PIN	73182400	钢铁制
16	1-2-3-4 挡和低速挡倒挡离合器油道密封件	1-2-3-4 AND LOW REVERSE CLUTCH FLUID PASSAGE SEAL	84841000	复合材料制

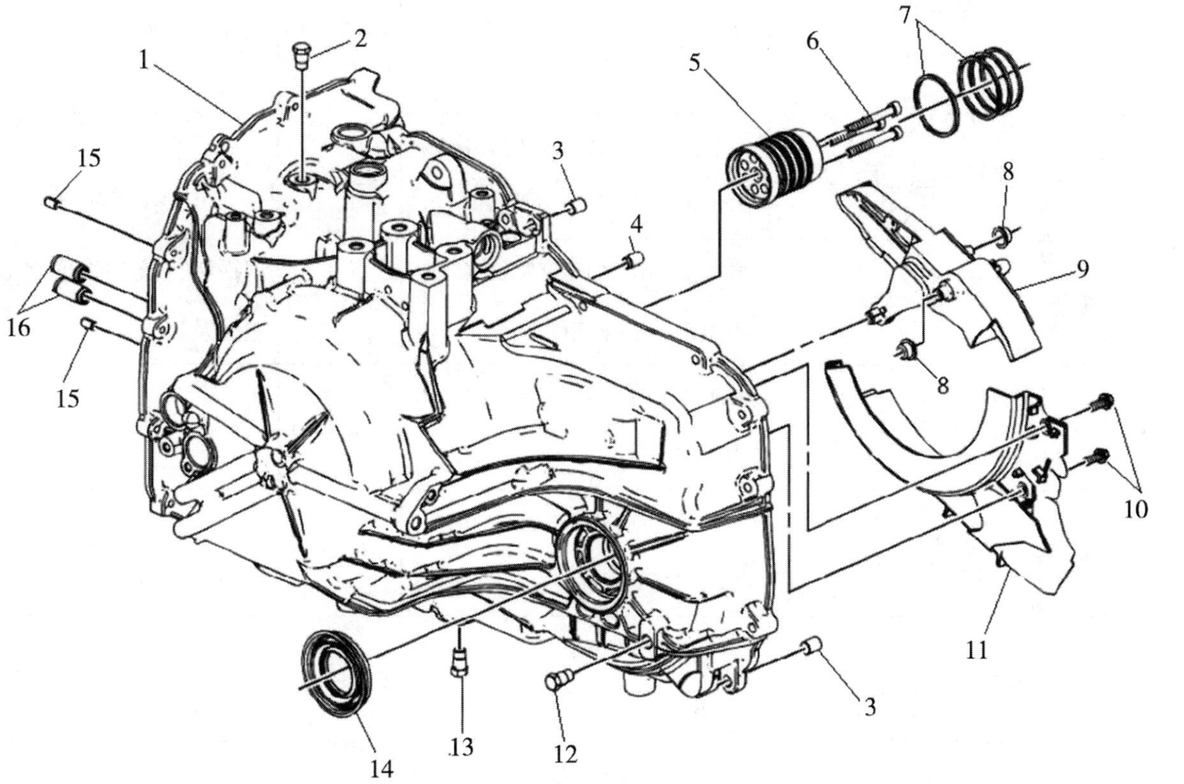

图 2-2-11 变速器外壳总成爆炸图

2.2.12 变矩器和油泵壳体总成

序号	零部件中文名称	零部件英文名称/描述	商品编码	商品描述
1	自动变速器油泵螺栓	A/TRANS FLUID PUMP BOLT	73181510	钢铁制，抗拉强度在 800 兆帕及以上
2	液力变矩器	TORQUE CONVERTER	87084091	
3	变矩器和差速器壳体密封件	TORQUE CONVERTER AND DIFFERENTIAL HOUSING SEAL	40169390	硫化橡胶制
4	自动变速器油滤清器总成	A/TRANS FLUID FILTER ASSEMBLY	84212990	
5	差速器支座挡板螺栓	FRONT DIFFERENTIAL CARRIER BAFFLE BOLT	73181510	钢铁制，抗拉强度在 800 兆帕及以上
6	差速器支座挡板	FRONT DIFFERENTIAL CARRIER BAFFLE	87084091	
7	差速器齿圈座圈	FRONT DIFFERENTIAL RING GEAR RETAINER	87084091	
8	差速器齿圈	FRONT DIFFERENTIAL RING GEAR	87084091	
9	变矩器和差速器壳体	TORQUE CONVERTER AND DIFFERENTIAL HOUSING	87084091	
10	前轮驱动轴油封总成	FRONT WHEEL DRIVE SHAFT OIL SEAL ASSEMBLY	84879000	通用件

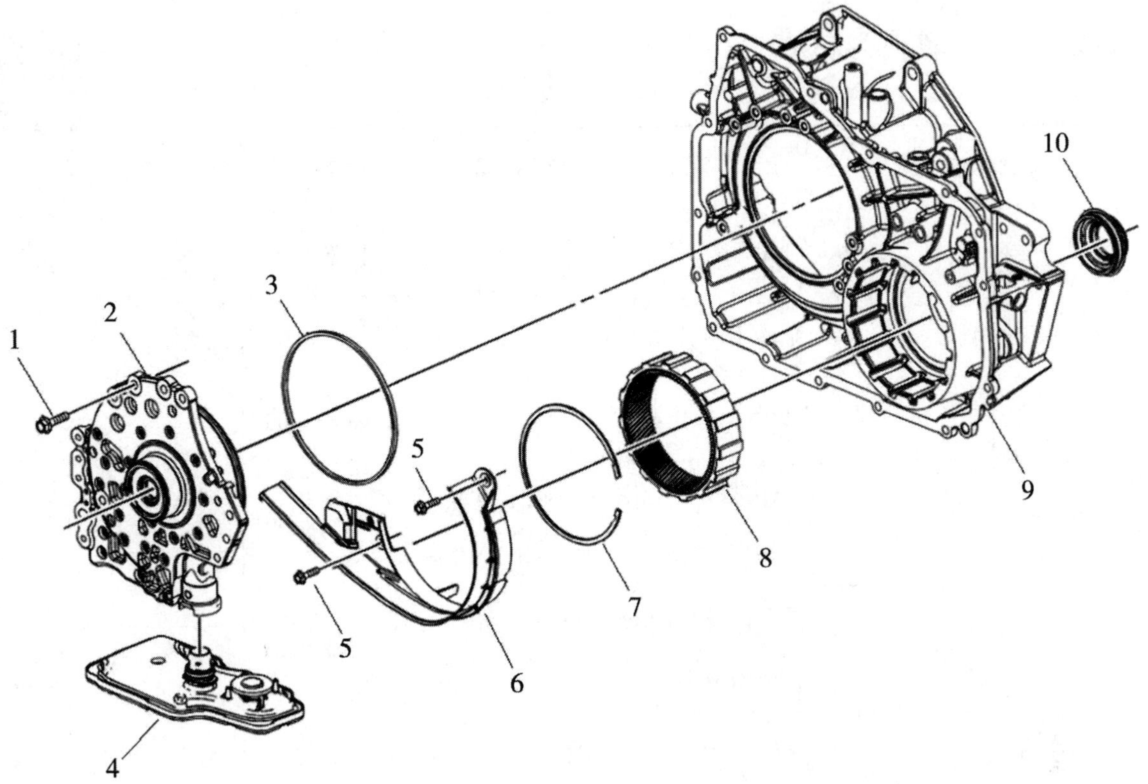

图 2-2-12 变矩器和油泵壳体总成爆炸图

2.2.13 传动机构总成

序号	零部件中文名称	零部件英文名称/描述	商品编码	商品描述
1	自动变速器外壳	A/TRANS CASE	87084091	
2	驻车齿轮卡环	PARK GEAR RETAINER RING	87084091	
3	驻车齿轮	PARK GEAR	87084091	
4	传动链轮毂总成	OUTPUT CARRIER TRANSFER DRIVE GEAR HUB ASSEMBLY	87084091	
5	传动链轮轴承总成	DRIVE SPROCKET BEARING ASSEMBLY	84825000	推力滚子轴承
6	传动链轮	DRIVE SPROCKET	87084091	
7	传动链	DRIVE CHAIN	73151200	钢铁制
8	传动链轮止推垫圈	DRIVE SPROCKET THRUST WASHER	39269090	塑料制
9	传动链轮卡环	DRIVE SPROCKET RETAINER RING	73182900	钢铁制
10	从动链轮轴承总成	DRIVEN SPROCKET BEARING ASSEMBLY	87084091	
11	从动链轮	DRIVEN SPROCKET	87084091	
12	主减速器太阳齿轮	FINAL DRIVE SUN GEAR	87084091	
13	差速器太阳齿轮至差速器壳体轴承总成	FINAL DRIVE SUN GEAR BEARING ASSEMBLY	84825000	推力滚子轴承
14	差速器支座总成	DIFFERENTIAL CARRIER ASSEMBLY	87085079	

续表

序号	零部件中文名称	零部件英文名称/描述	商品编码	商品描述
15	差速器支座轴承总成	FRONT DIFFERENTIAL CARRIER BEARING ASSEMBLY	84825000	推力滚子轴承

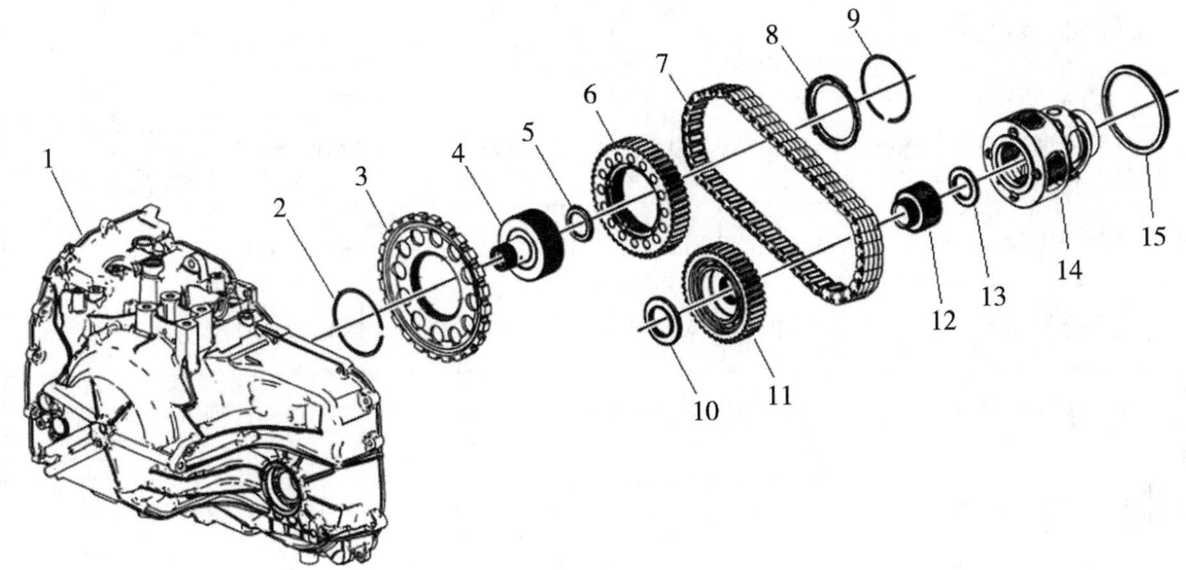

图 2-2-13　传动机构总成爆炸图

2.2.14 油泵总成

序号	零部件中文名称	零部件英文名称/描述	商品编码	商品描述
1	变矩器油封固定件	TORQUE CONVERTER FLUID SEAL RETAINER	73182900	钢铁制
2	变矩器油封总成	TORQUE CONVERTER FLUID SEAL ASSEMBLY	84879000	通用件
3	自动变速器油泵盖螺栓	A/TRANS FLUID PUMP COVER BOLT	73181510	钢铁制，抗拉强度在800兆帕及以上
4	自动变速器油泵体	A/TRANS FLUID PUMP BODY	84139100	
5	油泵排气球阀	PUMP BLOWOFF BALL VALVE	84813000	单向阀
6	油泵排气阀弹簧	PUMP BLOWOFF VALVE SPRING	73202090	钢铁制螺旋弹簧
7	压力调节阀孔塞固定件	PRESSURE REGULATOR VALVE BORE PLUG RETAINER	73182400	钢铁制
8	压力调节阀孔塞	PRESSURE REGULATOR VALVE BORE PLUG	87084091	
9	压力调节阀弹簧	PRESSURE REGULATOR VALVE SPRING	73202090	钢铁制螺旋弹簧
10	压力调节阀	PRESSURE REGULATOR VALVE	84818040	其他阀门
11	变矩器离合器排气球阀	TORQUE CONVERTER CLUTCH BLOWOFF BALL VALVE	84813000	单向阀
12	变矩器离合器排气球阀弹簧	TORQUE CONVERTER CLUTCH BLOWOFF BALL VALVE SPRING	73202090	钢铁制螺旋弹簧
13	变矩器离合器控制阀	TORQUE CONVERTER CLUTCH CONTROL VALVE	84818040	
14	变矩器离合器控制阀弹簧	TORQUE CONVERTER CLUTCH CONTROL VALVE SPRING	73202090	钢铁制螺旋弹簧
15	变矩器离合器控制阀弹簧限位器	TORQUE CONVERTER CLUTCH CONTROL VALVE SPRING RETAINER	87084091	

续表

序号	零部件中文名称	零部件英文名称/描述	商品编码	商品描述
16	自动变速器油泵主动齿轮	A/TRANS FLUID PUMP DRIVE GEAR	84839000	
17	自动变速器油泵从动齿轮	A/TRANS FLUID PUMP DRIVEN GEAR	84839000	
18	泵盖至泵体定位销	COVER TO BODY LOCATING PIN	73182400	钢铁制
19	自动变速器油泵盖总成	A/TRANS FLUID PUMP COVE ASSEMBLY	84139100	
20	变矩器油封总成	TORQUE CONVERTER FLUID SEAL ASSEMBLY	84879000	通用件

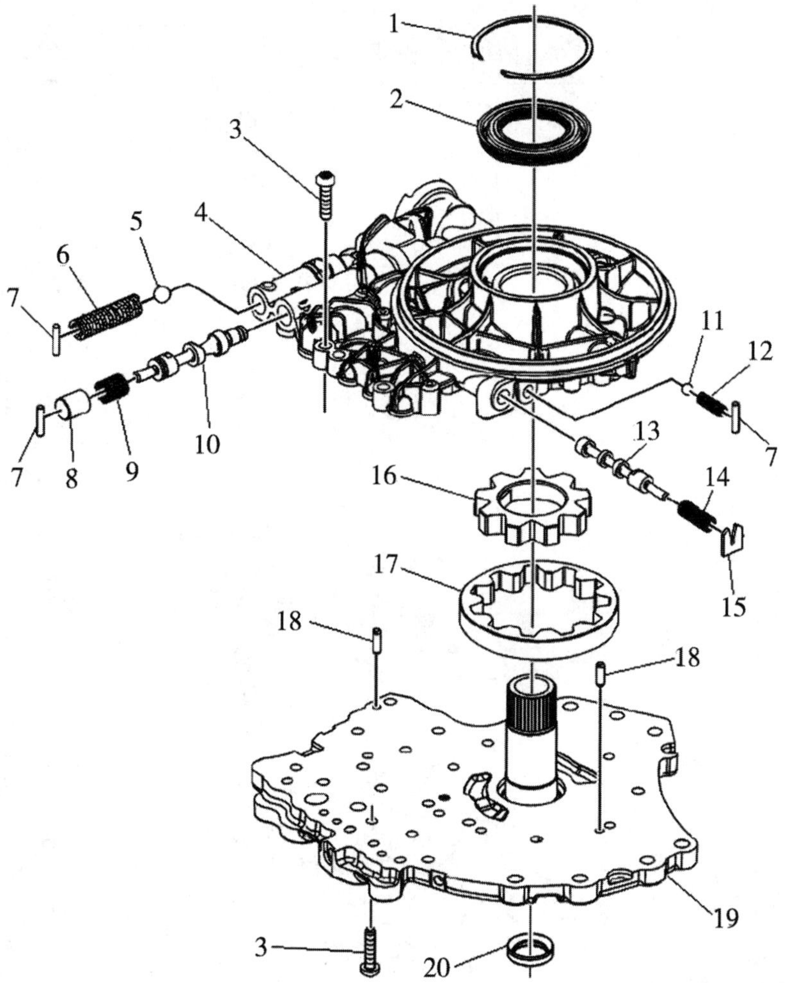

图 2-2-14 油泵总成爆炸图

2.2.15 控制阀体总成（一）

序号	零部件中文名称	零部件英文名称/描述	商品编码	商品描述
1	控制阀体螺栓	CONTROL VALVE BODY BOLT	73181510	钢铁制，抗拉强度在800兆帕及以上
2	控制电磁阀支架	CONTROL SOLENOID VALVE SUPPORT	87089999	
3	阀体槽板	VALVE CHANNEL PLATE	87084091	
4	筒状盖板至阀体隔板总成	CHANNEL PLATE TO VALVE BODY SPACER PLATE ASSEMBLY	87084091	
5	控制阀体单向球阀	CONTROL VALVE BODY BALL CHECK VALVE	84812010	单向阀，用于液压系统
6	控制阀体总成	CONTROL VALVE BODY ASSEMBLY	87084091	

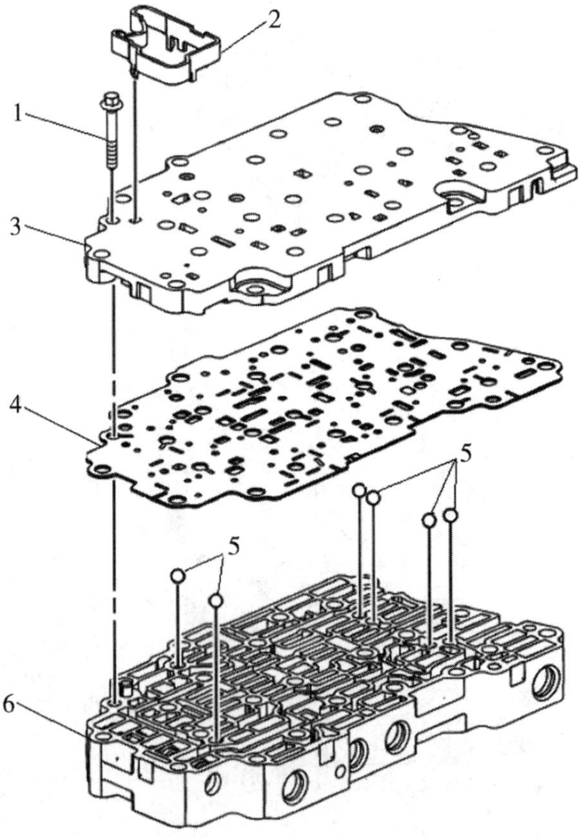

图 2-2-15 控制阀体总成（一）爆炸图

2.2.16 控制阀体总成（二）

序号	零部件中文名称	零部件英文名称/描述	商品编码	商品描述
1	倒挡和 4-5-6 挡离合器调节阀弹簧	REVERSE AND 4-5-6 CLUTCH REGULATOR VALVE SPRING	73202090	钢铁制螺旋弹簧
2	倒挡和 4-5-6 挡离合器调节阀	REVERSE AND 4-5-6 CLUTCH REGULATOR VALVE	84818040	其他阀门
3	离合器阀孔塞	CLUTCH VALVE BORE PLUG	87084091	
4	阀弹簧限位器	VALVE SPRING RETAINER	87084091	
5	1-2-3-4 挡离合器助力阀	1-2-3-4 CLUTCH BOOST VALVE	84818040	其他阀门
6	1-2-3-4 挡离合器助力阀弹簧	1-2-3-4 CLUTCH BOOST VALVE SPRING	73202090	钢铁制螺旋弹簧
7	1-2-3-4 挡离合器调节阀弹簧	1-2-3-4 CLUTCH REGULATOR VALVE SPRING	73202090	钢铁制螺旋弹簧
8	1-2-3-4 挡离合器调节阀	1-2-3-4 CLUTCH REGULATOR VALVE	84818040	其他阀门
9	2-6 挡离合器调节阀弹簧	2-6 CLUTCH REGULATOR VALVE SPRING	73202090	钢铁制螺旋弹簧
10	2-6 挡离合器调节阀	2-6 CLUTCH REGULATOR VALVE	84818040	其他阀门
11	3-5 挡倒挡离合器调节阀弹簧	3-5-REVERSE CLUTCH REGULATOR VALVE SPRING	73202090	钢铁制螺旋弹簧
12	3-5 挡倒挡离合器调节阀	3-5-REVERSE CLUTCH REGULATOR VALVE	84818040	其他阀门
13	离合器活塞挡板进油调节阀	CLUTCH PISTON DAM FEED REGULATOR VALVE	84818040	其他阀门
14	离合器活塞挡板进油调节阀弹簧	CLUTCH PISTON DAM FEED REGULATOR VALVE SPRING	73202090	钢铁制螺旋弹簧

续表

序号	零部件中文名称	零部件英文名称/描述	商品编码	商品描述
15	变矩器离合器调节器接合阀弹簧	TORQUE CONVERTER CLUTCH REGULATOR APPLY VALVE SPRING	73202090	钢铁制螺旋弹簧
16	变矩器离合器调节器接合阀	TORQUE CONVERTER CLUTCH REGULATOR APPLY VALVE	84818040	其他阀门
17	变矩器离合器调节器接合双向阀	TORQUE CONVERTER CLUTCH REGULATOR APPLY SHUTTLE VALVE	84818040	其他阀门
18	离合器选择阀弹簧	CLUTCH SELECT VALVE SPRING	73202090	钢铁制螺旋弹簧
19	离合器选择阀	CLUTCH SELECT VALVE	84818040	其他阀门
20	默认超速双向阀	DEFAULT OVERRIDE SHUTTLE VALVE	84818040	其他阀门
21	执行器进油量限制阀	ACTUATOR FEED LIMIT VALVE	84818040	其他阀门
22	执行器进油量限制阀弹簧	ACTUATOR FEED LIMIT VALVE SPRING	73202090	钢铁制螺旋弹簧
23	手动阀	MANUAL VALVE	84818040	其他阀门
24	控制阀体总成	CONTROL VALVE BODY ASSEMBLY	87084091	

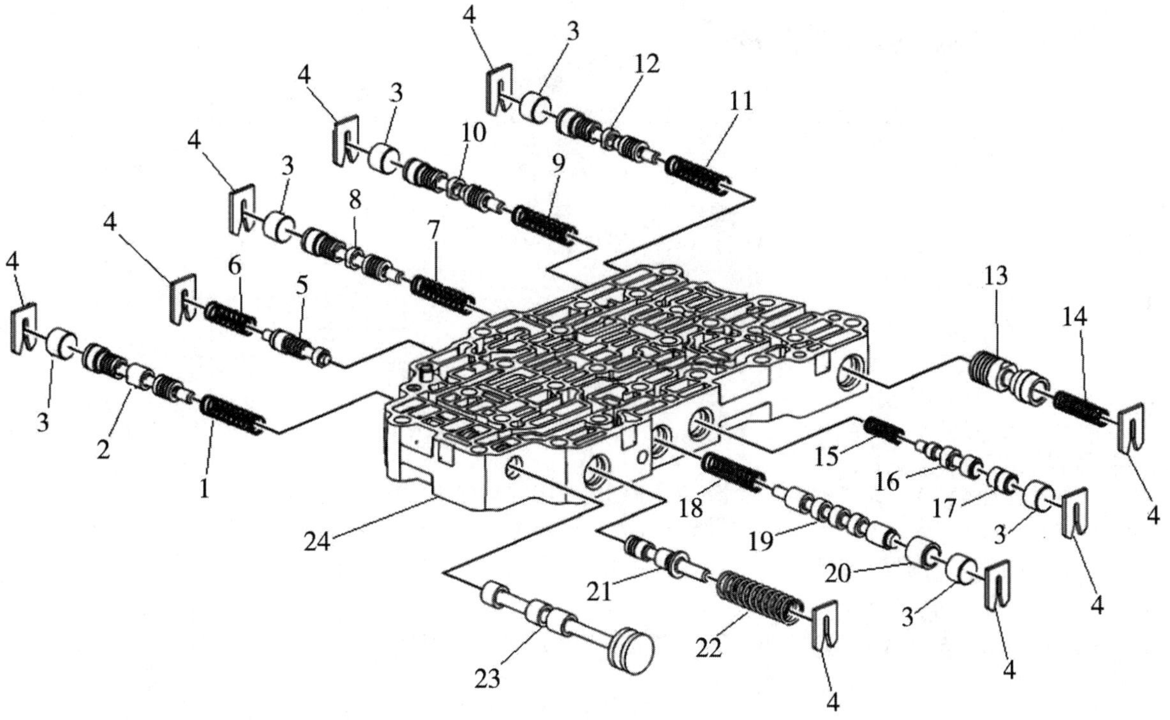

图 2-2-16 控制阀体总成（二）爆炸图

2.2.17 倒挡离合器总成

序号	零部件中文名称	零部件英文名称/描述	商品编码	商品描述
1	自动变速器输入轴转速传感器变磁阻转子卡环	A/TRANS INPUT SHAFT SPEED SENSOR RELUCTOR WHEEL RETAINER RING	73182900	钢铁制
2	自动变速器输入轴转速传感器变磁阻转子	A/TRANS INPUT SHAFT SPEED SENSOR RELUCTOR WHEEL	87084091	
3	3-5 挡倒挡离合器活塞	3-5-REVERSE CLUTCH PISTON	87089390	
4	3-5 挡倒挡离合器活塞回位弹簧总成	3-5-REVERSE CLUTCH PISTON RETURN SPRING ASSEMBLY	73209090	钢铁制
5	3-5 挡倒挡离合器活塞内密封件	3-5-REVERSE CLUTCH PISTON INNER SEAL	40169390	硫化橡胶制
6	3-5 挡倒挡离合器活塞挡板密封件	3-5-REVERSE CLUTCH PISTON DAM SEAL	40169390	硫化橡胶制
7	3-5 挡倒挡离合器压盘	3-5-REVERSE CLUTCH APPLY PLATE	87089390	
8	3-5 挡倒挡离合器片	3-5-REVERSE CLUTCH PLATE	87089390	
9	3-5 挡倒挡离合器片（带摩擦材料）总成	3-5-REVERSE CLUTCH (W/FRICTION MATERIAL) PLATE ASSEMBLY	87089390	
10	3-5 挡倒挡离合器底板	3-5-REVERSE CLUTCH BACKING PLATE	87089390	
11	3-5 挡倒挡离合器底板卡环	3-5-REVERSE CLUTCH BACKING PLATE RETAINER RING	73182900	钢铁制

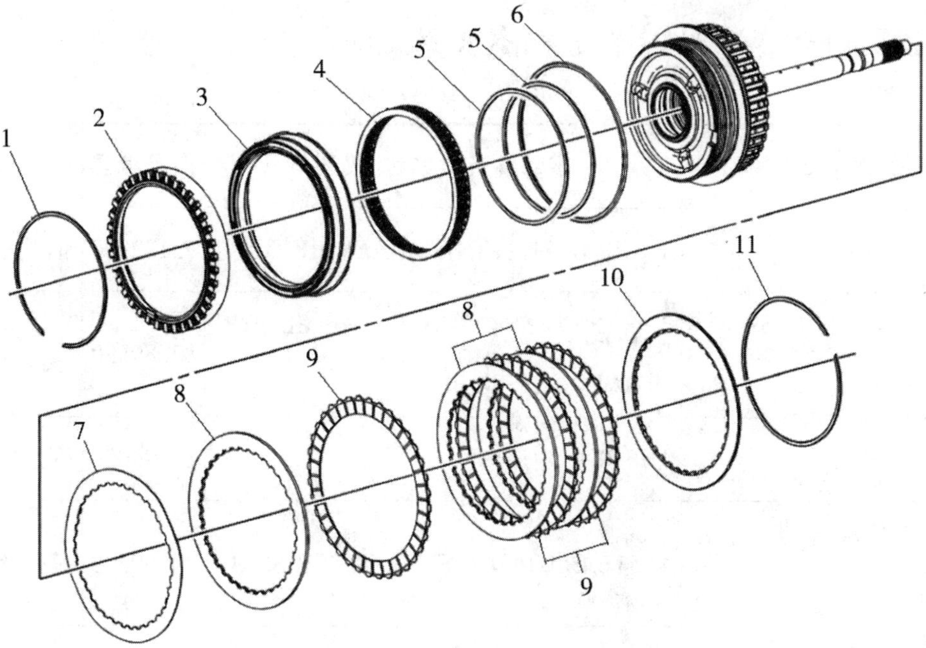

图 2-2-17 倒挡离合器总成爆炸图

2.2.18 自动变速器 4-5-6 挡离合器总成

序号	零部件中文名称	零部件英文名称/描述	商品编码	商品描述
1	涡轮轴卡环	TURBINE SHAFT RETAINER RING	73182900	钢铁制
2	3-5 挡倒挡和 4-5-6 挡离合器壳体总成	3-5-REVERSE AND 4-5-6 CLUTCH HOUSING ASSEMBLY	87089390	
3	涡轮轴	TURBINE SHAFT	87084091	变速箱的主轴
4	4-5-6 挡离合器活塞外密封件	4-5-6 CLUTCH PISTON OUTER SEAL	40169390	硫化橡胶制
5	4-5-6 挡离合器活塞	4-5-6 CLUTCH PISTON	87089390	
6	4-5-6 挡离合器活塞内密封件	4-5-6 CLUTCH PISTON INNER SEAL	40169390	硫化橡胶制
7	4-5-6 挡离合器活塞回位弹簧总成	4-5-6 CLUTCH PISTON RETURN SPRING ASSEMBLY	73209090	钢铁制
8	4-5-6 挡离合器活塞机油挡板总成	4-5-6 CLUTCH PISTON FLUID DAM ASSEMBLY	87089390	
9	4-5-6 挡离合器活塞机油挡板卡环	4-5-6 CLUTCH PISTON FLUID DAM RETAINER RING	73182900	钢铁制
10	4-5-6 挡离合器片（波形）	4-5-6 CLUTCH（WAVED）PLATE	87089390	
11	4-5-6 挡离合器压盘	4-5-6 CLUTCH APPLY PLATE	87089390	
12	4-5-6 挡离合器片（带摩擦材料）总成	4-5-6 CLUTCH（W/FRICTION MATERIAL）PLATE ASSEMBLY	87089390	
13	4-5-6 挡离合器片	4-5-6 CLUTCH PLATE	87089390	
14	4-5-6 挡离合器底板	4-5-6 CLUTCH BACKING PLATE	87089390	

续表

序号	零部件中文名称	零部件英文名称/描述	商品编码	商品描述
15	反作用支座毂止推轴承总成	REACTION CARRIER HUB THRUST BEARING ASSEMBLY	84825000	推力滚子轴承
16	反作用支座毂总成	REACTION CARRIER HUB ASSEMBLY	87089390	
17	4-5-6 挡离合器底板卡环	4-5-6 CLUTCH BACKING PLATE RETAINER RING	73182900	钢铁制

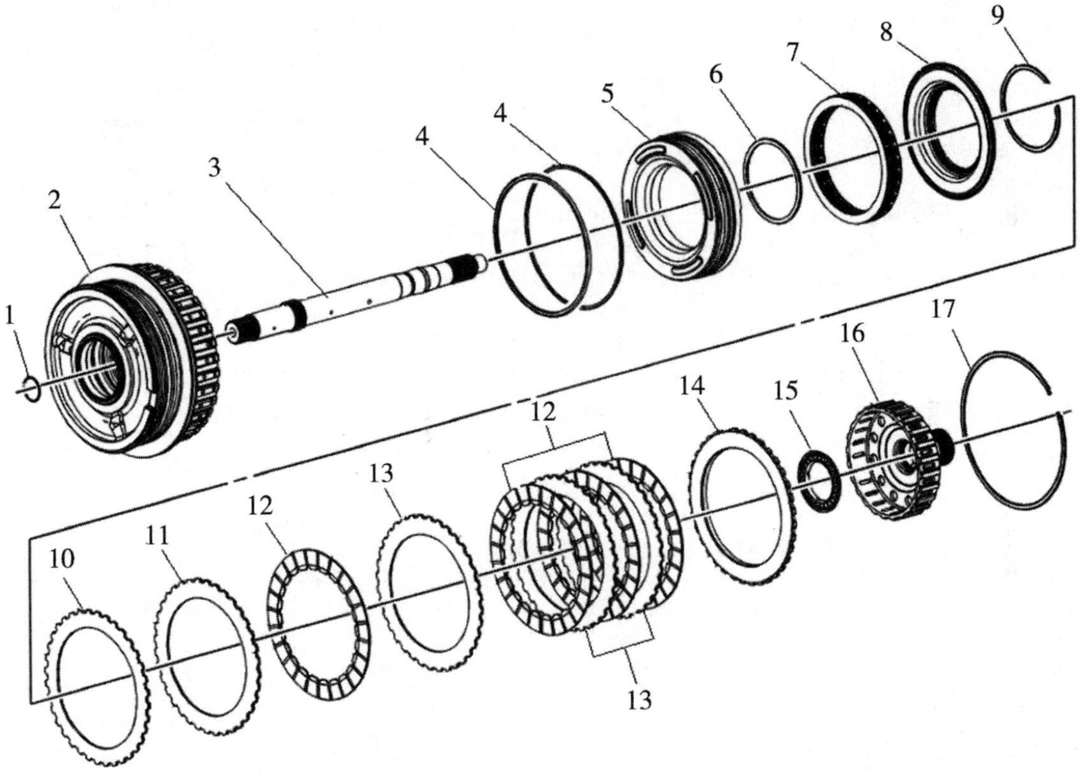

图 2-2-18　自动变速器 4-5-6 挡离合器总成爆炸图

2.2.19 低速挡、倒挡和1-2-3-4挡离合器片总成

序号	零部件中文名称	零部件英文名称/描述	商品编码	商品描述
1	自动变速器外壳	A/TRANS CASE	87084091	
2	2-6挡离合器活塞总成	2-6 CLUTCH PISTON ASSEMBLY	87089390	
3	2-6挡离合器弹簧	2-6 CLUTCH SPRING	73209090	钢铁制
4	2-6挡离合器弹簧卡环	2-6 CLUTCH SPRING RETAINER RING	73182900	钢铁制
5	3-5挡倒挡和4-5-6挡离合器壳体止推轴承	3-5-REVERSE AND 4-5-6 CLUTCH HOUSING THRUST BEARING	84825000	推力滚子轴承
6	3-5挡倒挡和4-5-6挡离合器壳体总成	3-5-REVERSE AND 4-5-6 CLUTCH HOUSING ASSEMBLY	87089390	
7	2-6挡离合器压盘（波形）	2-6 CLUTCH APPLY (WAVED) PLATE	87089390	
8	2-6挡离合器片	2-6 CLUTCH PLATE	87089390	
9	2-6挡离合器片（带摩擦材料）总成	2-6 CLUTCH (W/FRICTION MATERIAL) PLATE ASSEMBLY	87089390	
10	低速挡和倒挡离合器总成	LOW AND REVERSE CLUTCH ASSEMBLY	87089390	
11	低速挡和倒挡离合器底板	LOW AND REVERSE CLUTCH BACKING PLATE	87089390	
12	低速挡和倒挡离合器片（带摩擦材料）总成	LOW AND REVERSE CLUTCH (W/FRICTION MATERIAL) PLATE ASSEMBLY	87089390	
13	低速挡和倒挡离合器片	LOW AND REVERSE CLUTCH PLATE	87089390	
14	低速挡和倒挡离合器压盘（波形）	LOW AND REVERSE CLUTCH APPLY (WAVED) PLATE	87089390	

续表

序号	零部件中文名称	零部件英文名称/描述	商品编码	商品描述
15	低速挡和倒挡离合器弹簧座圈	LOW AND REVERSE CLUTCH SPRING RETAINER	73182900	钢铁制
16	低速挡和倒挡离合器弹簧	LOW AND REVERSE CLUTCH SPRING	73209090	钢铁制
17	低速挡和倒挡离合器活塞	LOW AND REVERSE CLUTCH PISTON	87089390	
18	低速挡、倒挡和1-2-3-4挡离合器壳体	LOW AND REVERSE AND 1-2-3-4 CLUTCH HOUSING	87089390	
19	1-2-3-4挡离合器活塞	1-2-3-4 CLUTCH PISTON	87089390	
20	1-2-3-4挡离合器弹簧	1-2-3-4 CLUTCH SPRING	73209090	钢铁制
21	1-2-3-4挡离合器活塞固定件	1-2-3-4 CLUTCH PISTON RETAINER	73182900	钢铁制
22	输出太阳齿轮总成	OUTPUT SUN GEAR ASSEMBLY	87089390	
23	输出太阳止推轴承总成	OUTPUT SUN THRUST BEARING ASSEMBLY	84825000	推力滚子轴承
24	1-2-3-4挡离合器片(波形)	1-2-3-4 CLUTCH (WAVED) PLATE	87089390	
25	1-2-3-4挡离合器片	1-2-3-4 CLUTCH PLATE	87089390	
26	1-2-3-4挡离合器片(带摩擦材料)总成	1-2-3-4 CLUTCH (W/FRICTION MATERIAL) PLATE ASSEMBLY	87089390	
27	1-2-3-4挡离合器底板	1-2-3-4 CLUTCH BACKING PLATE	87089390	
28	1-2-3-4挡离合器底板卡环	1-2-3-4 CLUTCH BACKING PLATE RETAINER RING	73182900	钢铁制

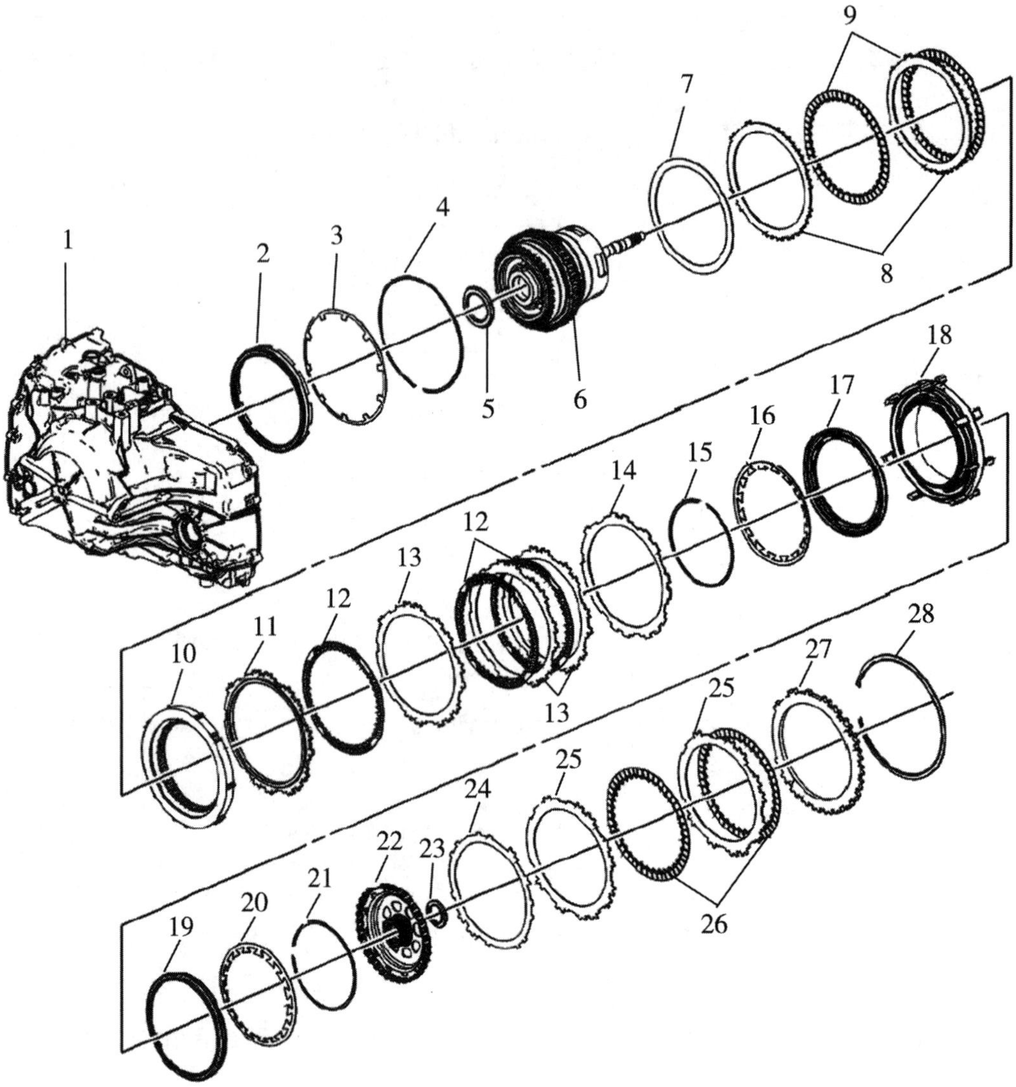

图 2-2-19　低速挡、倒挡和 1-2-3-4 挡离合器片总成爆炸图

2.2.20 输入、输出和反作用齿轮组

序号	零部件中文名称	零部件英文名称/描述	商品编码	商品描述
1	反作用太阳齿轮止推轴承总成	REACTION SUN GEAR THRUST BEARING ASSEMBLY	84825000	推力滚子轴承
2	反作用太阳齿轮总成	REACTION SUN GEAR ASSEMBLY	87084091	用于连接太阳轮和离合器系统中的离合器片
3	反作用支座总成	REACTION CARRIER ASSEMBLY	87084091	行星轮系中的行星架
4	输入支座止推轴承总成	INPUT CARRIER THRUST BEARING ASSEMBLY	84825000	推力滚子轴承
5	输入太阳齿轮止推轴承总成	INPUT SUN GEAR THRUST BEARING ASSEMBLY	84825000	推力滚子轴承
6	输入支座总成	INPUT CARRIER ASSEMBLY	87084091	行星轮系中的行星架
7	输入太阳齿轮	INPUT SUN GEAR	87084091	行星齿轮系中的太阳轮
8	输入太阳齿轮止推轴承总成	INPUT SUN GEAR THRUST BEARING ASSEMBLY	84825000	推力滚子轴承
9	输出支座止推轴承总成	OUTPUT CARRIER THRUST BEARING ASSEMBLY	84825000	推力滚子轴承
10	输出支座总成	OUTPUT CARRIER ASSEMBLY	87084091	行星轮系中的行星架

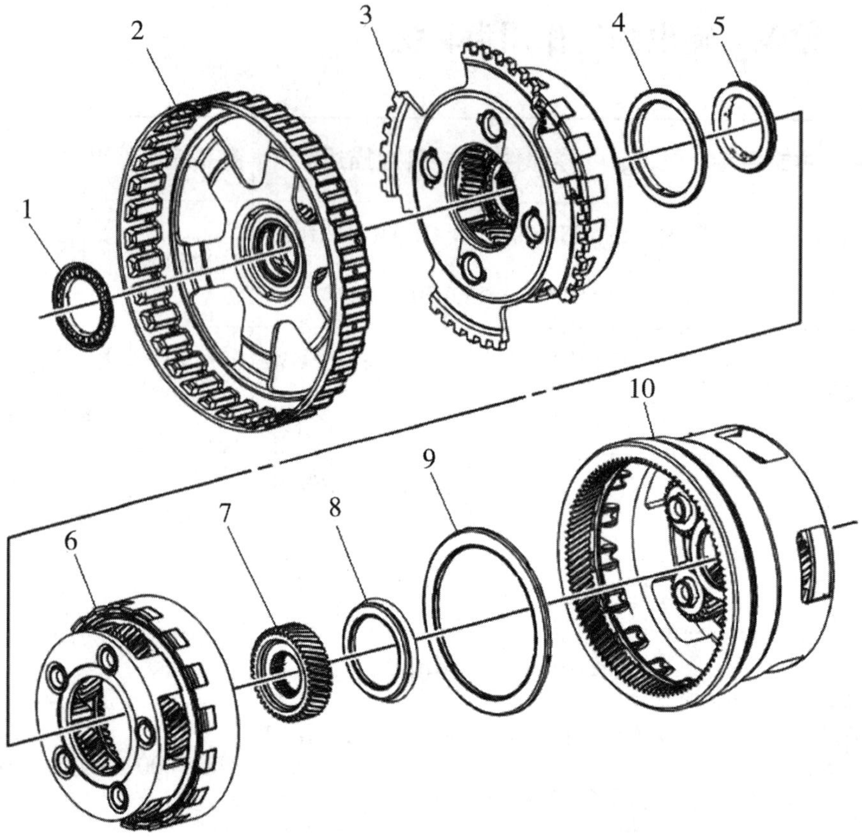

图 2-2-20　输入、输出和反作用齿轮组爆炸图

2.2.21 差速器支座总成

序号	零部件中文名称	零部件英文名称/描述	商品编码	商品描述
1	差速器太阳齿轮至差速器壳体轴承总成	DIFFERENTIAL SUN GEAR TO DIFFERENTIAL HOUSING BEARING ASSEMBLY	84825000	推力滚子轴承
2	主减速器固定件	FINAL DRIVE RETAINER	73182900	钢铁制
3	差速器支座总成	DIFFERENTIAL CARRIER ASSEMBLY	87085079	
4	主减速器小齿轮销	FINAL DRIVE PINION PIN	73182400	钢铁制
5	主减速器内部和外部垫圈	FINAL DRIVE INNER AND OUTER WASHER	73182200	钢铁制
6	主减速器滚子	FINAL DRIVE ROLLER	87085079	
7	主减速器小齿轮	PINION FINAL DRIVE GEAR	87085079	
8	差速器小齿轮轴	FRONT DIFFERENTIAL PINION GEAR SHAFT	87085079	
9	差速器小齿轮轴固定销	FRONT DIFFERENTIAL PINION GEAR SHAFT PIN	73182400	钢铁制
10	差速器小齿轮止推垫圈	FRONT DIFFERENTIAL PINION GEAR THRUST WASHER	73182200	钢铁制
11	差速器小齿轮	FRONT DIFFERENTIAL PINION GEAR	87085079	
12	差速器侧面齿轮止推垫圈	FRONT DIFFERENTIAL SIDE GEAR THRUST WASHER	73182200	钢铁制
13	差速器侧面齿轮	FRONT DIFFERENTIAL SIDE GEAR	87085079	

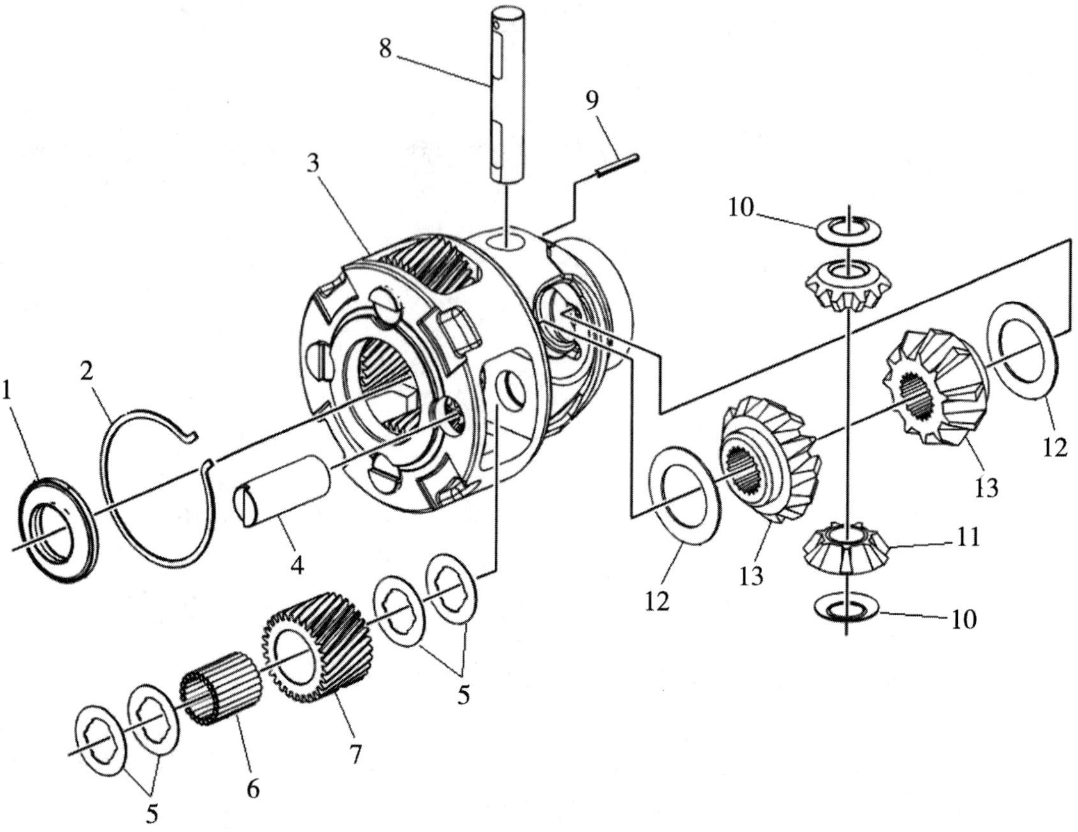

图 2-2-21　差速器支座总成爆炸图

2.2.22 驻车系统部件

序号	零部件中文名称	零部件英文名称/描述	商品编码	商品描述
1	自动变速器外壳	A/TRANS CASE	87084091	
2	驻车棘爪轴	PARK PAWL SHAFT	87084091	用在驻车系统中支撑驻车棘爪
3	驻车棘爪弹簧	PARK PAWL SPRING	73209090	钢铁制
4	驻车棘爪	PARK PAWL	87084091	用在驻车系统中顶住驻车齿轮实现驻车功能
5	驻车棘爪执行器导销	PARK PAWL ACTUATOR GUIDE PIN	73182400	钢铁制
6	手动换挡轴密封件	MANUAL SHIFT SHAFT SEAL	84841000	复合材料制
7	驻车棘爪执行器导管密封件	PARK PAWL ACTUATOR GUIDE SEAL	40169390	硫化橡胶制
8	驻车棘爪执行器导管	PARK PAWL ACTUATOR GUIDE	87084091	在驻车系统中用于引导驻车执行器，防止跳出
9	驻车棘爪执行器总成	PARK PAWL ACTUATOR ASSEMBLY	87084091	用在驻车系统中用于推动棘爪，实现棘爪与驻车齿轮的结合
10	手动换挡止动杆轴	MANUAL SHIFT DETENT LEVER SHAFT	87084091	用在驻车系统中与换挡凸轮配合后推动驻车执行器，实现执行器动作及挡位保持
11	手动换挡止动杆（带换挡位置开关）总成	MANUAL SHIFT DETENT (W/ SHAFT POSITION SWITCH) LEVER ASSEMBLY	87084091	用在驻车系统中与换挡轴配合后推动驻车执行器，实现执行器动作及挡位保持，同时向 TCU 提供 PRND 挡位信号

续表

序号	零部件中文名称	零部件英文名称/描述	商品编码	商品描述
12	手动换挡止动杆销	MANUAL SHIFT DETENT LE-VER PIN	73182400	钢铁制
13	手动换挡轴销	MANUAL SHIFT SHAFT PIN	73182400	钢铁制

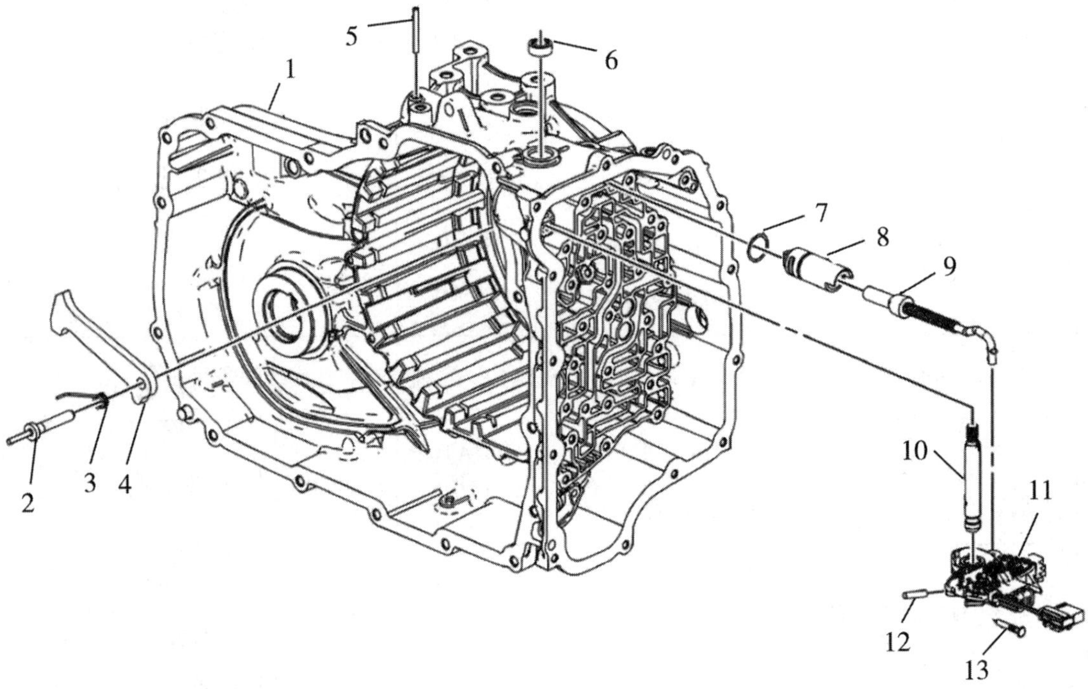

图 2-2-22　驻车系统部件爆炸图

2.2.23 双离合自动变速器总成

序号	零部件中文名称	零部件英文名称/描述	商品编码	商品描述
1	干式双离合自动变速器—2WD	DRY DUAL-CLUTCH AUTOMATIC TRANSMISSION-2WD	87084091	

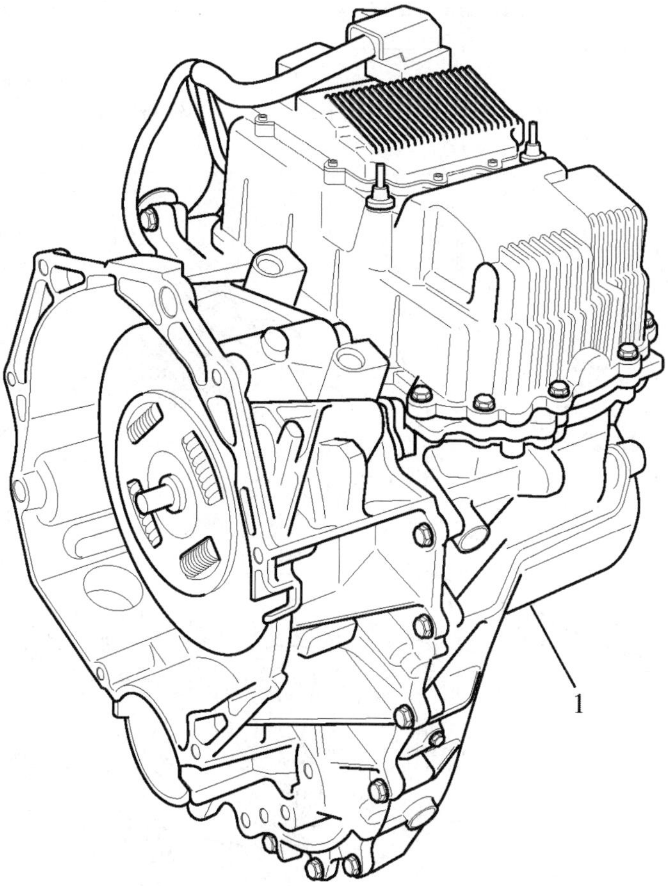

图 2-2-23 双离合自动变速器总成

2.2.24 双离合自动变速器安装

序号	零部件中文名称	零部件英文名称/描述	商品编码	商品描述
1	变速器安装螺栓	BOLT, TRANS	73181510	钢铁制，抗拉强度在 800 兆帕及以上
2	前封闭板	COVE TRANS CONV	87084091	钢铁制
3	上封闭板	COVER CLU HSG	87084091	钢铁制
4	螺栓—上封闭板	BOLT, COVER CLU HSG	73181510	钢铁制，抗拉强度在 800 兆帕及以上

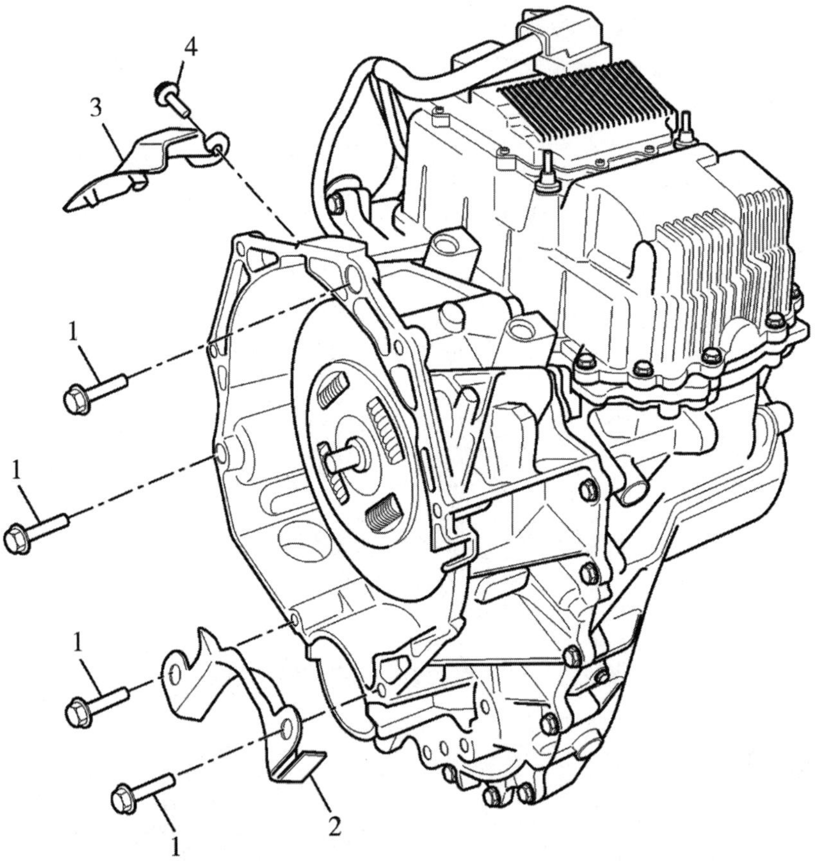

图 2-2-24　双离合自动变速器安装爆炸图

2.2.25 双离合自动变速器附件

序号	零部件中文名称	零部件英文名称/描述	商品编码	商品描述
1	螺栓—自动变速器液压模块和控制模块总成至变速器壳体	BOLT/SCREW-ELECT HYD UNIT	73181510	钢铁制，抗拉强度在 800 兆帕及以上
2	自动变速器液压模块和控制模块总成	CONTROL ASM - A & TRNS & MODULE ASM-TRANS CONT	87084091	
3	垫圈—液压模块总成至变速器壳体	GASKET-A/TRNS CASE	84841000	复合材料制
4	输入轴轴承盖板螺栓—变速器壳体	BOLT/SCREW - INPUT SHF BRG RET	73181510	钢铁制，抗拉强度在 800 兆帕及以上
5	1-3-5-7 输入轴总成	SHAFT ASM - INPUT - 1 - 3 - 5 - 7 (SOLID INPUT SHAFT)	87084091	钢铁制
6	2-4-6-R 输入轴总成	SHAFT ASM-INPUT-2-4-6-REV	87084091	钢铁制
7	3-5 挡换挡拨叉	3-5-FORK ASM-SHIF	87084091	铝制
8	4-R 挡换挡拨叉	4-R-FORK ASM-SHIF	87084091	铝制
9	3-4-5-R 输出轴总成（上中间轴）	3-4-5-R-SHAFT ASM-OUTPUT (UPPER COUNTER SHAFT)	87084091	钢铁制
10	螺栓—离合器壳体至变速器壳体	BOLT/SCREW-A/TRNS CASE	73181510	钢铁制，抗拉强度在 800 兆帕及以上
11	输入轴轴承盖板螺栓—离合器壳体	BOLT/SCREW - INPUT SHF BRG RET	73181510	钢铁制，抗拉强度在 800 兆帕及以上
12	双离合器总成	DDC	87089390	钢铁制
13	输入轴轴承垫片	SHIM-INPUT SHF BRG	73182200	钢铁制
14	卡环	RETAINER-MAIN SHF BRG	73182900	钢铁制

续表

序号	零部件中文名称	零部件英文名称/描述	商品编码	商品描述
15	齿毂总成—离合器从动毂	HUB-DIR CLU	87089390	钢铁制
16	离合器壳体	HOUSING ASM-CLU	87089390	铝制
17	差速器总成	DIFFERENTIAL ASM-FRT	87084091	钢铁制
18	1-2-6-7 输出轴总成（下中间轴）	1-2-6-7-SHAFT ASM-OUTPUT (LOWER CONTER SHAFT)	87084091	钢铁制
19	2-6 挡换挡拨叉	2-6-FORK ASM-SHIF	87084091	铝制
20	1-7 挡换挡拨叉	1-7-FORK ASM-SHIF	87084091	铝制
21	垫片—离合器壳体至变速器壳体	GASKET-TRANS CASE	73182200	钢铁制
22	变速器壳体总成	CASE ASM-TRANS	87084091	
23	自动变速器通气管总成	HOSE-A/TRNS VENT-TRANS	40091200	硫化橡胶制，未加强或与其他材料合制，装有附件
24	自动变速器通气管	HOSE-A/TRNS VENT	40091100	硫化橡胶制，未加强或与其他材料合制，未装有附件
25	液压模块总成通气管	HOSE-A/TRNS VENT-PP	40091100	硫化橡胶制，未加强或与其他材料合制，未装有附件
26	通气管之间卡夹	CLIP BETWEEN TWO HOSE	39269090	塑料制
27	通气管到中冷管管夹	CLIP FROM VENT HOSE TO COOL HOSE	39269090	塑料制

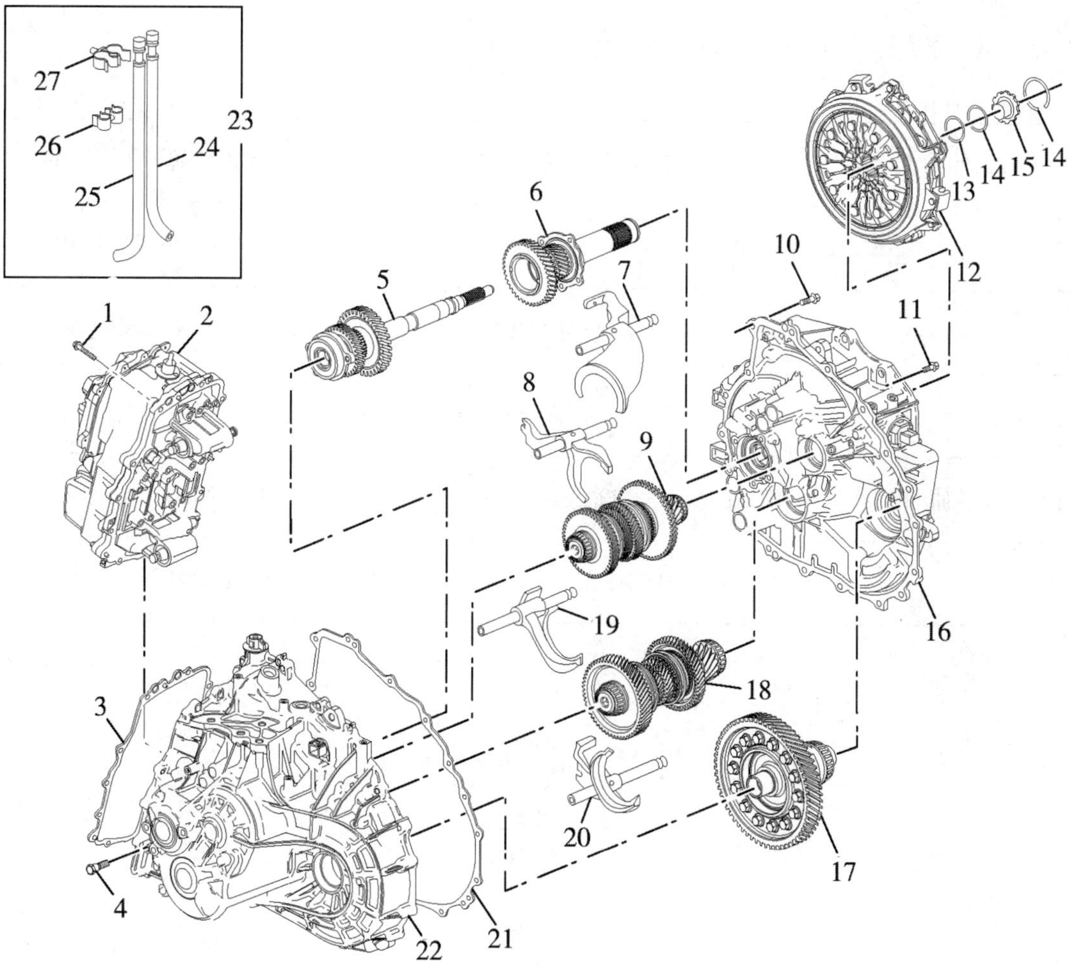

图 2-2-25 双离合自动变速器附件爆炸图

2.2.26 双离合自动变速器壳体（一）

序号	零部件中文名称	零部件英文名称/描述	商品编码	商品描述
1	加油塞	CAP ASM-TRANS FLUID FIL	40169990	硫化橡胶制
2	加油塞 O 型圈	O-RING-CAP ASM-TRANS FLUID FIL	40169390	硫化橡胶制
3	放油塞	BOLT/SCREW-A/TRNS FLUID TROUGH	87084091	钢铁制
4	差速器半轴油封	SEAL ASM-FRT WHL DRV SHF OIL	84879000	通用件
5	油位塞	BOLT/SCREW-A/TRNS FLUID TROUGH	87084091	钢铁制

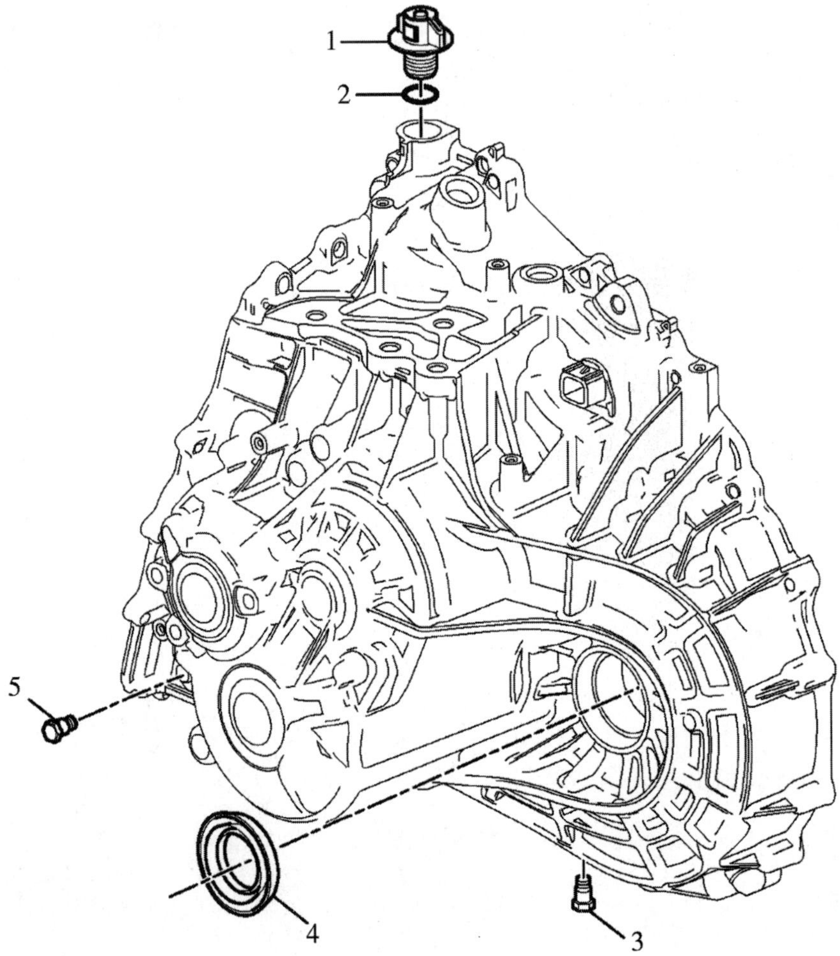

图 2-2-26 双离合自动变速器壳体（一）爆炸图

2.2.27 双离合自动变速器壳体（二）

序号	零部件中文名称	零部件英文名称/描述	商品编码	商品描述
1	变速器壳体定位销	PIN-TRANS CASE LOC	73182400	钢铁制
2	阀体总成定位销	PIN-C/VLV BODY LOC	73182400	钢铁制
3	1-2-6-7 输出轴后导油嘴	DAM-MAIN-1-2-6-7 SHF OIL	87084091	钢铁制
4	外圈—1-2-6-7 输出轴后锥轴承	CUP-MAIN SHF BRG-1-2-6-7	87084091	钢铁制
5	磁钢	MAGNET-TRANS	85051190	
6	输入轴导油嘴	DAM-INPUT SHF OIL	87084091	钢铁制
7	内圈—差速器后锥轴承	BEARING ASM-FRT DIFF	84825000	圆柱形滚子轴承
8	螺栓—1-2-6-7 输出轴导油槽	BOLT/SCREW-A/TRNS FLUID TROUGH	73181510	钢铁制，抗拉强度在 800 兆帕及以上
9	1-2-6-7 输出轴导油槽	TROUGH ASM-A/TRNS FLUID	87084091	塑料制
10	螺栓—输入轴导油嘴	BOLT/SCREW-A/TRNS FLUID TROUGH	73181510	钢铁制，抗拉强度在 800 兆帕及以上
11	输入轴导油槽	TROUGH ASM-A/TRNS FLUID	87084091	钢铁制
12	外圈—3-4-5-R 输出轴后锥轴承	CUP-MAIN SHF BRG-3-4-5-R	87084091	钢铁制
13	3-4-5-R 输出轴后导油嘴	DAM-MAIN-3-4-5-R SHF OIL	87084091	钢铁制

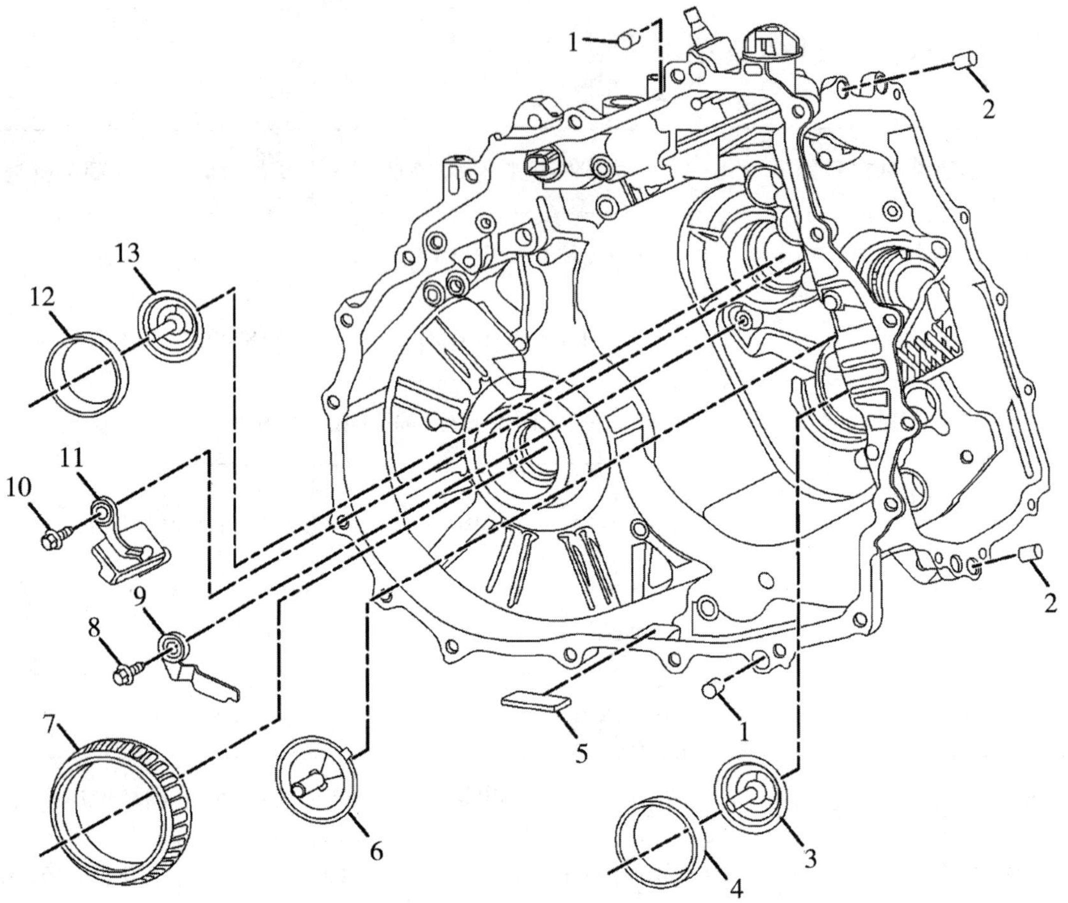

图 2-2-27　双离合自动变速器壳体（二）爆炸图

2.2.28 双离合自动变速器离合器壳体（一）

序号	零部件中文名称	零部件英文名称/描述	商品编码	商品描述
1	外圈—3-4-5-R 输出轴前锥轴承	CUP-MAIN SHF BRG	87089390	钢铁制
2	垫片—差速器前锥轴承	SHIM-FRT DIFF BRG	73182200	钢铁制
3	外圈—差速器前锥轴承	CUP-FRT DIFF BRG	87089390	钢铁制
4	3-4-5-R 输出轴导油槽	TROUGH ASM-A/TRNS FLUID	87089390	钢铁制
5	螺栓—3-4-5-R 输出轴导油槽	BOLT/SCREW - A/TRNS FLUID TROUGH PIPE	39269090	塑料制
6	1-2-6-7 输出轴前导油嘴	DAM-MAIN-1-2-6-7 SHF OIL	87089390	钢铁制
7	垫片—1-2-6-7 输出轴前锥轴承	SHIM-LWR MAIN SHF BRG	73182200	钢铁制
8	外圈—1-2-6-7 输出轴前锥轴承	SHIM-LWR MAIN SHF BRG	87089390	钢铁制
9	3-4-5-R 输出轴导油嘴	DAM-MAIN-3-4-5-R SHF OIL	87089390	钢铁制
10	垫片—3-4-5-R 输出轴前锥轴承	SHIM-UPR MAIN SHF BRG	73182200	钢铁制

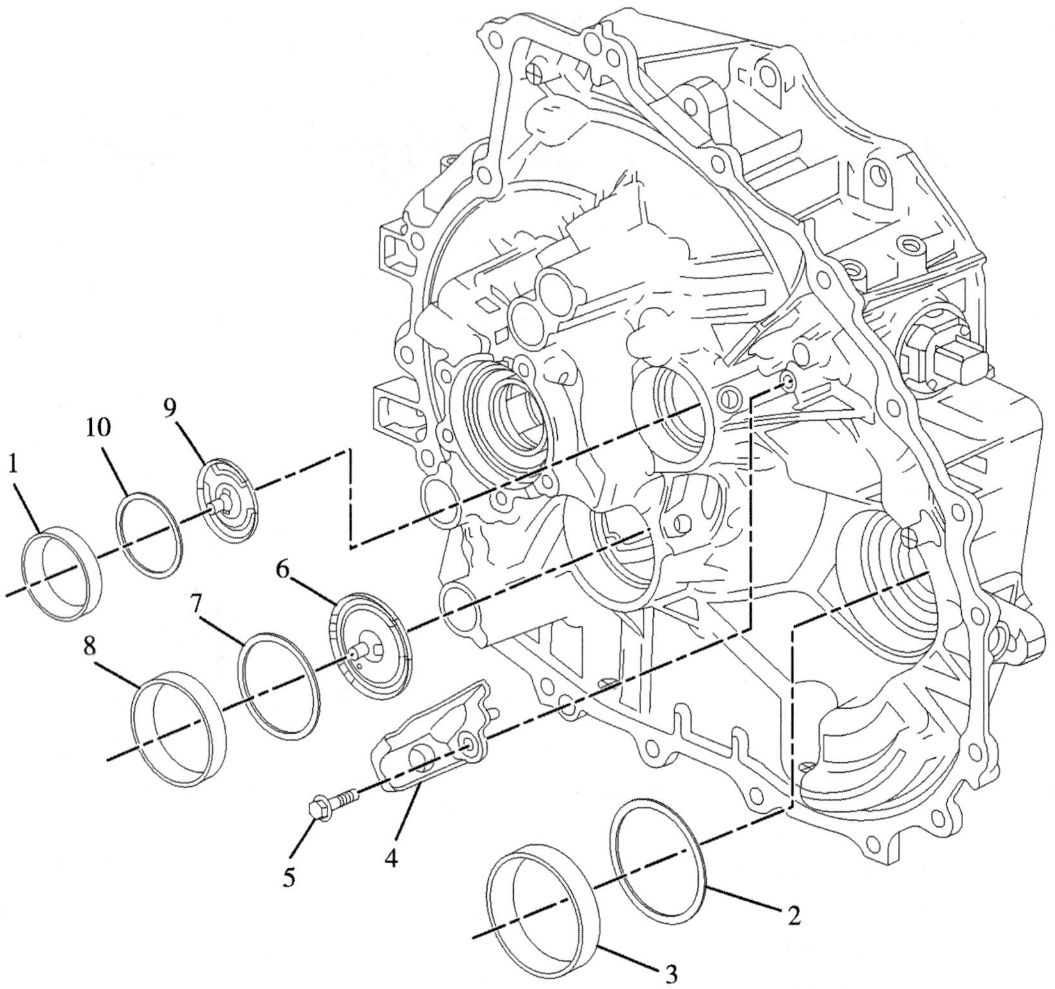

图 2-2-28　双离合自动变速器离合器壳体（一）爆炸图

2.2.29 双离合自动变速器离合器壳体（二）

序号	零部件中文名称	零部件英文名称/描述	商品编码	商品描述
1	螺栓—离合器执行缸线束罩盖	BOLT/SCREW - CLU ACTR CYL POSN SEN WRG HARN CVR	73181510	钢铁制，抗拉强度在 800 兆帕及以上
2	罩盖—离合器执行缸位置传感器线束	COVER-CLU ACTR CYL POSN SEN	87089390	钢铁制
3	差速器半轴油封	SEAL ASM-FRT WHL DRV SHF OIL	84879000	通用件
4	螺栓—离合器执行缸总成	BOLT/SCREW-CLU ACTR CYL	73181510	钢铁制，抗拉强度在 800 兆帕及以上
5	离合器壳体油封	SEAL ASM-FRT WHL DRV SHF OIL	84879000	通用件
6	衬垫—离合器执行缸	GASKET/CLU ACTR CY	87089390	钢铁制
7	定位销—离合器执行缸	PIN/CLU ACTR CY	73182400	钢铁制
8	离合器执行缸总成	CYLINDER ASM-CLU ACTR	87089390	

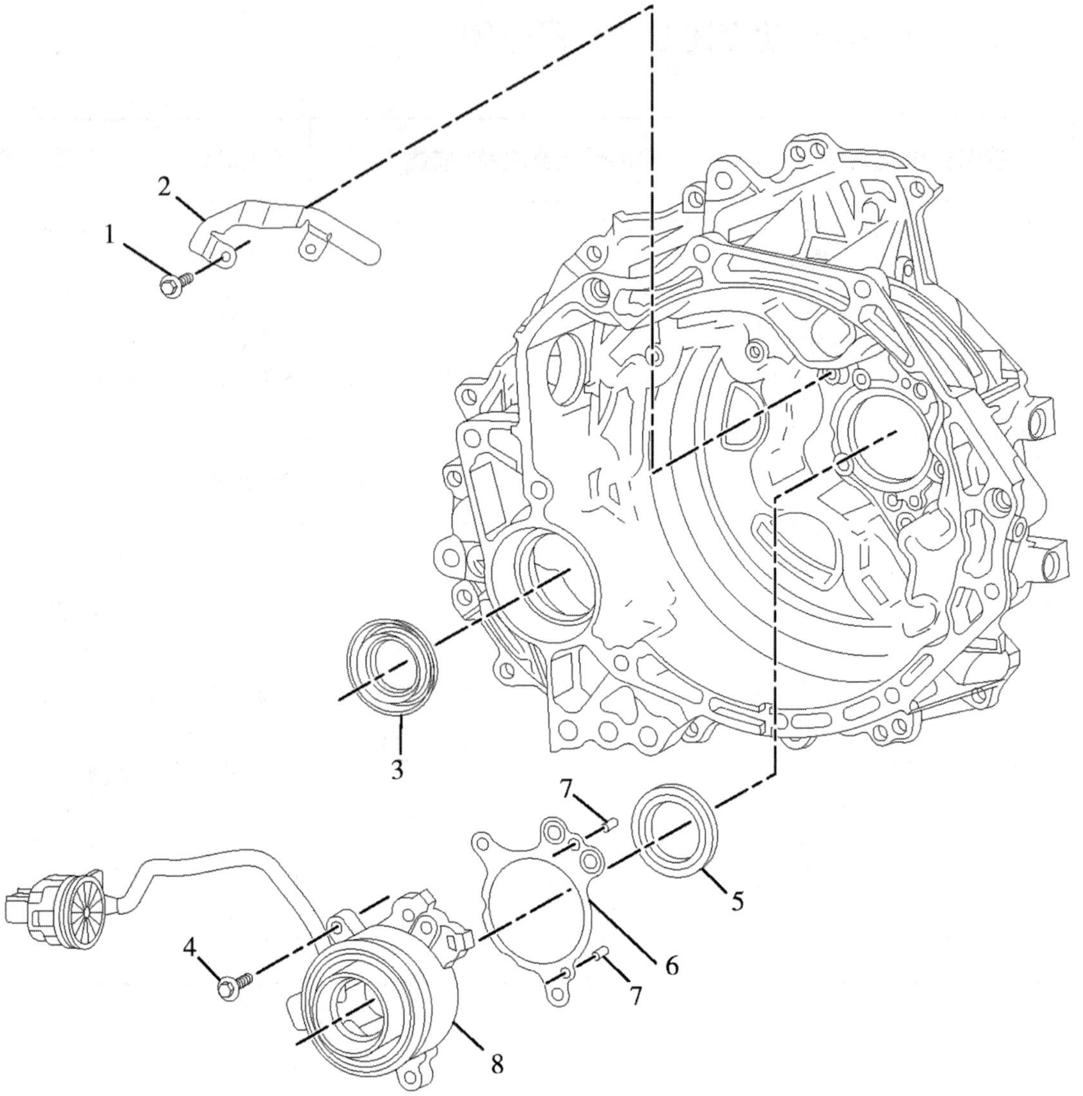

图 2-2-29　双离合自动变速器离合器壳体（二）爆炸图

2.2.30 双离合自动变速器液压模块和控制模块总成

序号	零部件中文名称	零部件英文名称/描述	商品编码	商品描述
1	螺栓	BOLT/SCREW-ELECT HYD UNIT	73181510	钢铁制，抗拉强度在800兆帕及以上
2	变速器控制模块	MODULE ASM-TRANS CONT	90328990	自动控制
3	变速器液压模块总成	CONTROL ASM-A/TRNS	87084099	
4	换挡拨叉位置传感器	SENSOR ASM-SHFT FORK POS	90318090	非光学监测
5	螺栓—换挡拨叉位置传感器	BOLT/SCREW-C/VLV BODY	73181510	钢铁制，抗拉强度在800兆帕及以上
6	变速器输入速度传感器	SENSOR ASM-M/TRNS INPUT SPD	90318090	用于检测发动机的曲轴转角和位置信息
7	螺栓—变速器液压模块线束总成	BOLT/SCREW-HARNESS ASM-TCM WRG	73181510	钢铁制，抗拉强度在800兆帕及以上
8	螺栓—变速器输入速度传感器	BOLT/SCREW - SENSOR ASM - M/TRNS INPUT SPD	73181510	钢铁制，抗拉强度在800兆帕及以上
9	变速器液压模块线束总成	ARNESS ASM-TCM WRG	85443020	

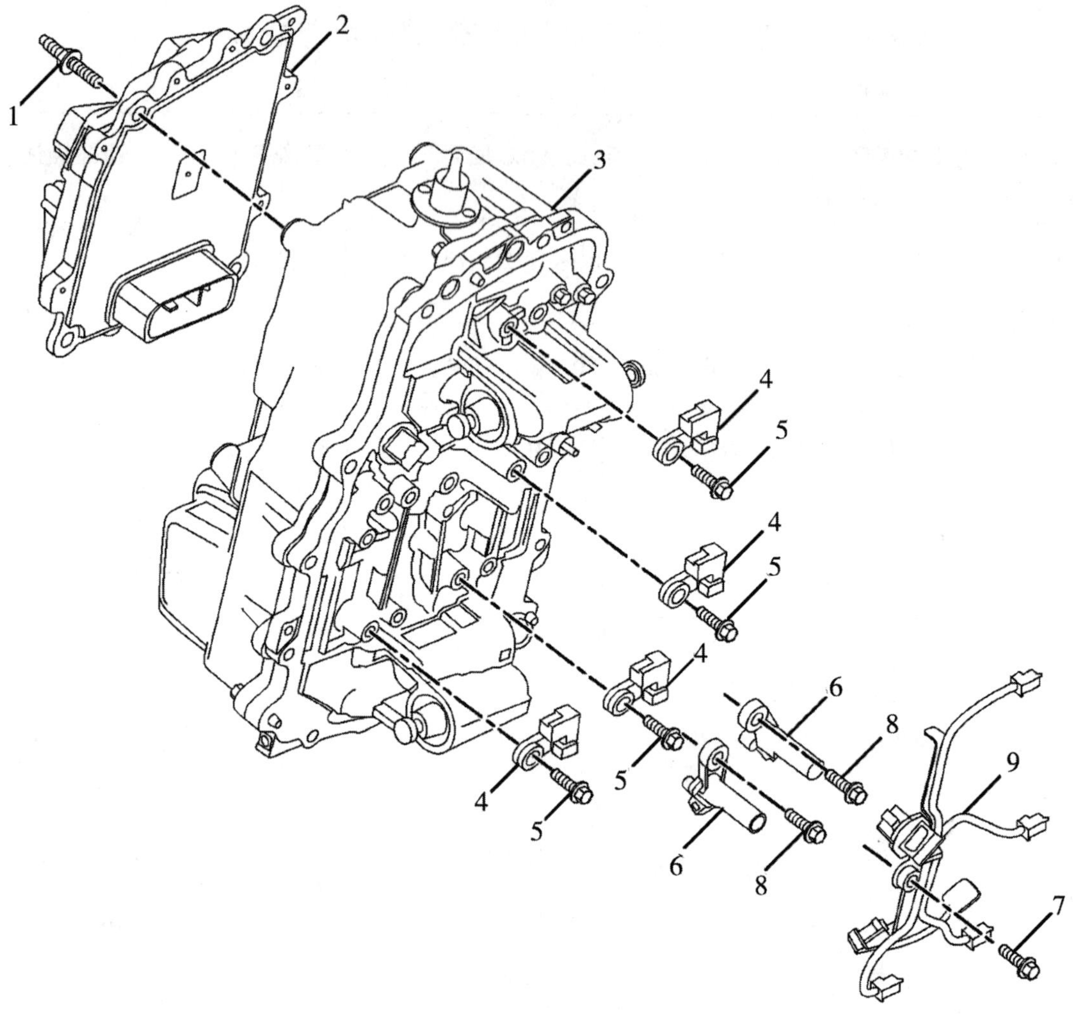

图 2-2-30　双离合自动变速器液压模块和控制模块总成爆炸图

2.2.31 双离合自动变速器 1-3-5-7 输入轴总成

序号	零部件中文名称	零部件英文名称/描述	商品编码	商品描述
1	输入轴轴承锁紧螺栓	BOLT/SCREW-INPUT SHF BRG RET	73181510	钢铁制，抗拉强度在 800 兆帕及以上
2	输入轴后球轴承盖板总成	RETAINER ASM - INPUT SHF BRG (CASE SIDE)	87084091	钢铁制
3	1-3-5-7 输入轴总成	SHAFT ASM-INPUT-1-3-5-7-REV	87084091	钢铁制
4	输入轴大滚针轴承	BEARING ASM-INPUT SHF	84824000	滚针轴承
5	输入轴中滚针轴承	BEARING ASM-INPUT SHF	84824000	滚针轴承
6	输入轴小滚针轴承	BEARING ASM-INPUT SHF	84824000	滚针轴承

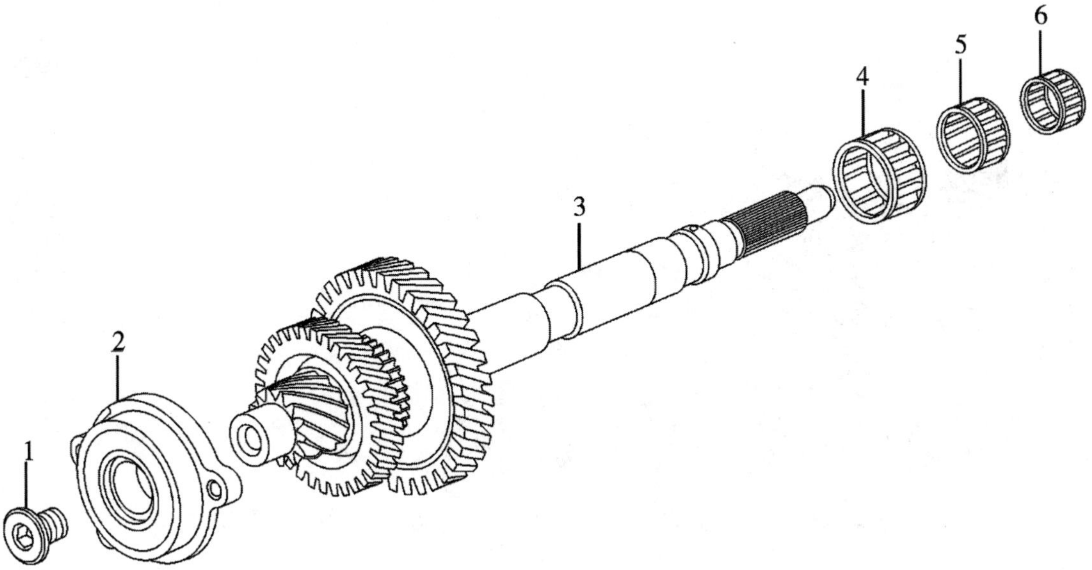

图 2-2-31 双离合自动变速器 1-3-5-7 输入轴总成爆炸图

2.2.32 双离合自动变速器 2-4-6-R 输入轴总成

序号	零部件中文名称	零部件英文名称/描述	商品编码	商品描述
1	2-4-6-R 输入轴总成	SHAFT-INPUT-2-4-6	87084091	钢铁制
2	输入轴前球轴承盖板总成	RETAINER ASM - INPUT SHF BRG (HSG SIDE)	87084091	钢铁制
3	输入轴轴承卡簧	RING-INPUT SHF BRG RET	73182900	钢铁制
4	输入轴油封	SEAL-INPUT SHF	84879000	通用件

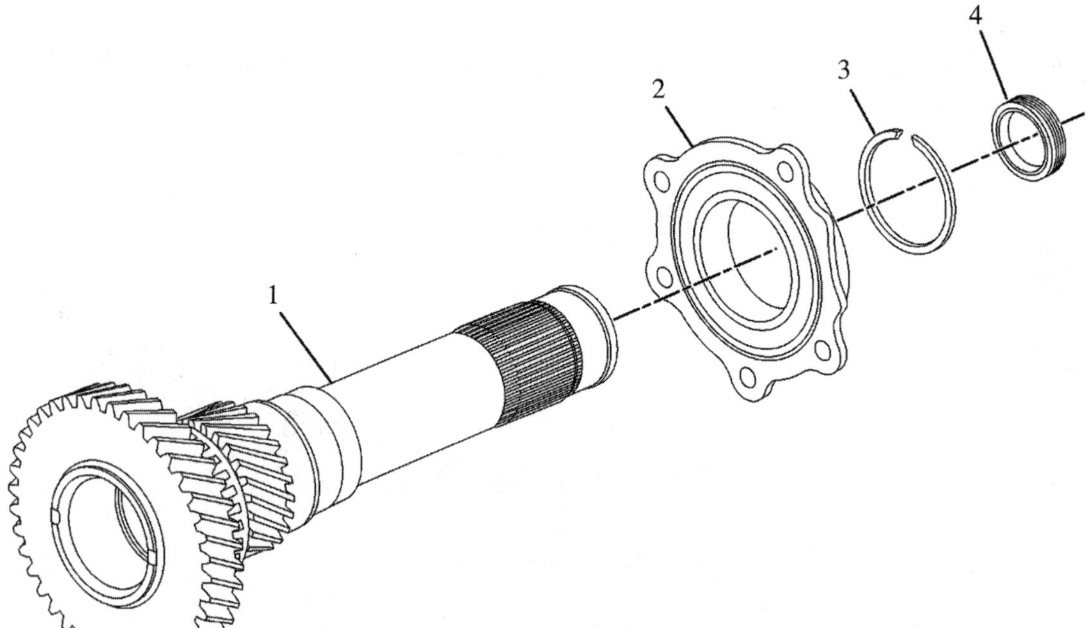

图 2-2-32 双离合自动变速器 2-4-6-R 输入轴总成爆炸图

2.2.33 双离合自动变速器 3-4-5-R 输出轴总成

序号	零部件中文名称	零部件英文名称/描述	商品编码	商品描述
1	内圈—3-4-5-R 输出轴前锥轴承	BEARING ASM-MAIN SHF	84825000	圆柱形滚子轴承
2	3-4-5-R 输出轴总成	3-4-5-R-SHAFT ASM-OUTPUT (UPPER COUNTER SHAFT	87084091	钢铁制

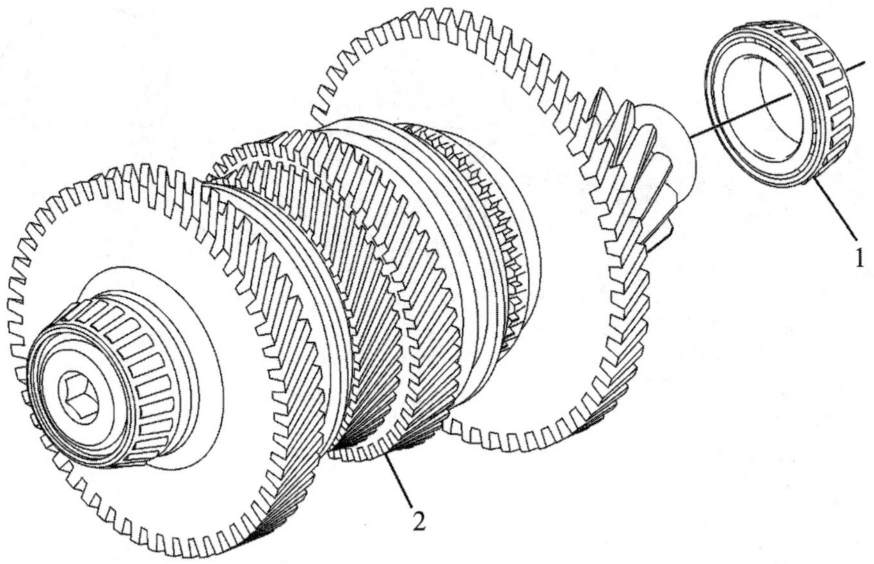

图 2-2-33 双离合自动变速器 3-4-5-R 输出轴总成爆炸图

2.2.34 双离合自动变速器 1-2-6-7 输出轴总成

序号	零部件中文名称	零部件英文名称/描述	商品编码	商品描述
1	内圈—1-2-6-7 输出轴前锥轴承	BEARING ASM-MAIN SHF	84825000	圆柱形滚子轴承
2	1-2-6-7 输出轴总成	1-2-6-7-SHAFT ASM-OUTPUT (LOWER COUNTER SHAFT)	87084091	钢铁制

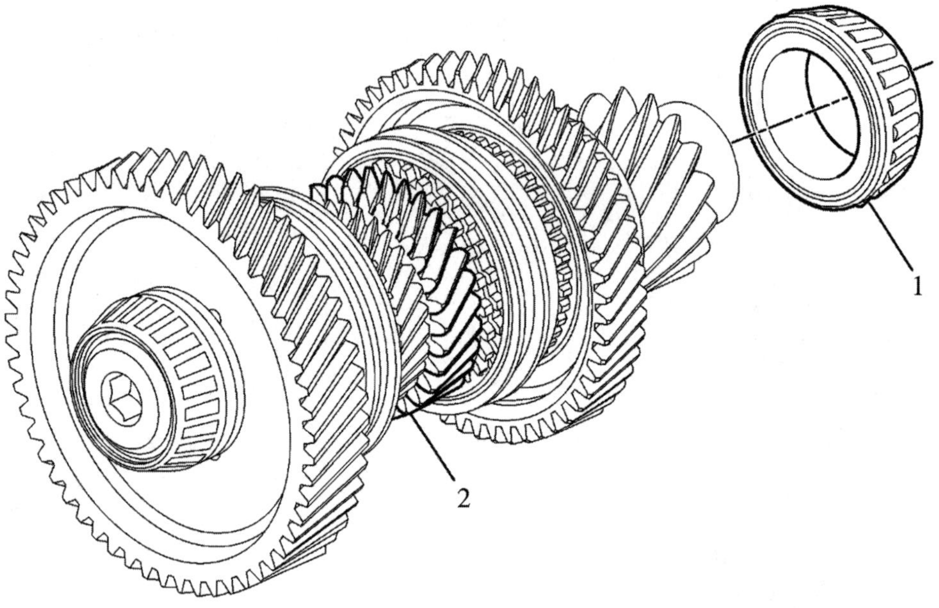

图 2-2-34 双离合自动变速器 1-2-6-7 输出轴总成爆炸图

2.2.35　双离合自动变速器驻车系统

序号	零部件中文名称	零部件英文名称/描述	商品编码	商品描述
1	变速器内部线束总成	HARNESS ASM-TCM WRG	85443020	
2	驻车支架总成	BRACKET ASM -PARK PAWL ACTR	87089999	钢铁制
3	变速器齿轮箱贯通连接头总成	SWITCH ASM-A/TRNS MAN SHFT SHF POSN	85369090	电气接插件
4	换挡轴止动销	PIN-MAN SHFT SHF	73182400	钢铁制
5	换挡轴油封	SEAL-MAN SHFT SHF	84879000	通用件
6	驻车操纵杆总成	ACTUATOR ASM-PARK PAWL	87084091	钢铁制
7	内置模式开关	SWITCH ASM-A/TRNS MAN SHFT SHF POSN	85365000	电气类
8	导向销支架	GUIDE-PARK PAWL ACTR	87089999	钢铁制
9	驻车棘爪支架	BRACKET-PARK PAWL ACTR	87089999	钢铁制
10	螺栓—驻车执行器支架	BOLT/SCREW-PARK PAWL ACTR BRKT	73181510	钢铁制，抗拉强度在 800 兆帕及以上
11	棘爪	PAWL-PARK	87084091	钢铁制
12	螺栓—变速器输出速度传感器	BOLT/SENSOR ASM-A/TRNS OUT-PUT SPD	73181510	钢铁制，抗拉强度在 800 兆帕及以上
13	变速器输出速度传感器	SENSOR ASM-A/TRNS OUTPUT SPD	90318090	用于检测发动机的曲轴转角和位置信息
14	复位弹簧—棘爪	SPRING-PARK PAWL	73209090	钢铁制
15	棘爪轴	SHAFT-PARK PAWL	87084091	钢铁制
16	导向销	PIN-PARK PAWL ACTR GDE	73182400	钢铁制

续表

序号	零部件中文名称	零部件英文名称/描述	商品编码	商品描述
17	换挡定位弹簧总成	SPRING ASM-MAN SHFT DTNT LVR	73209090	钢铁制板簧

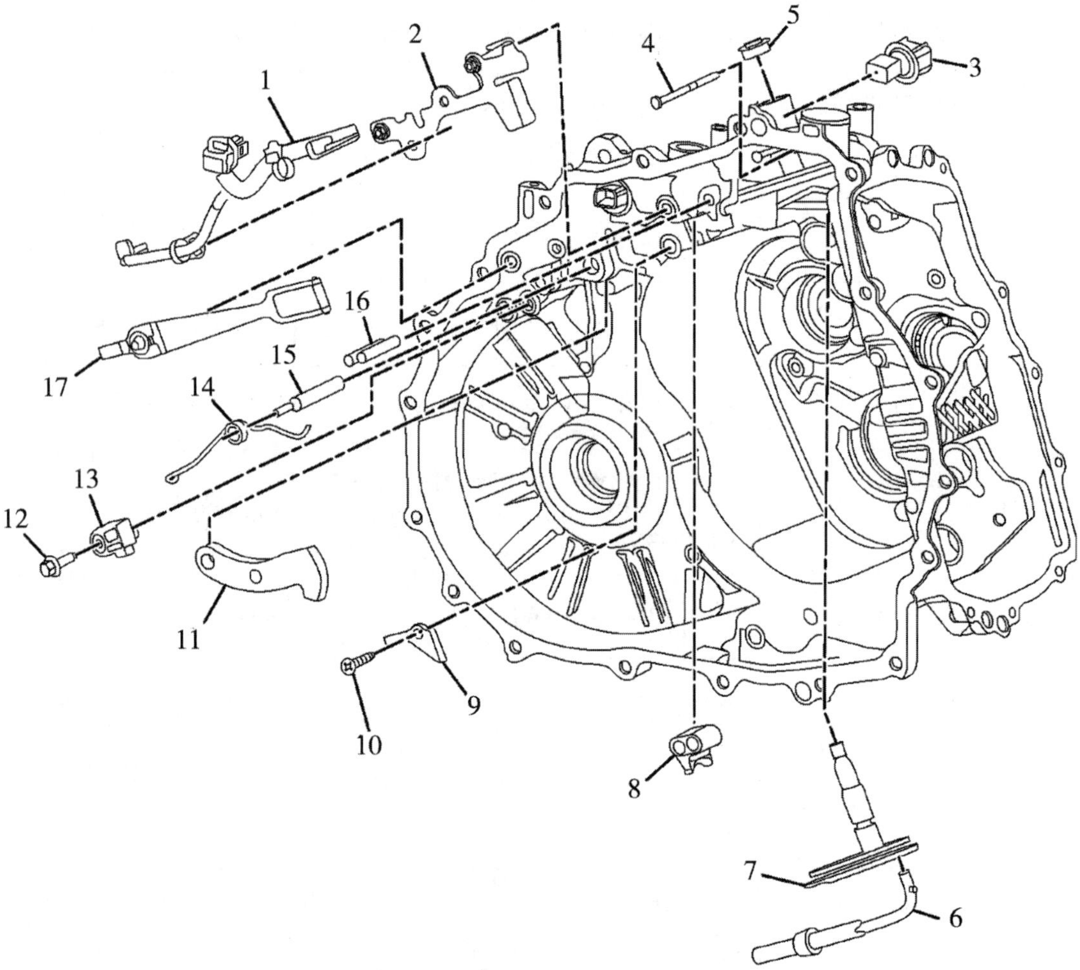

图 2-2-35　双离合自动变速器驻车系统爆炸图

2.2.36 双离合自动变速器差速器总成

序号	零部件中文名称	零部件英文名称/描述	商品编码	商品描述
1	外圈—差速器后锥轴承	CUP-FRT DIFF BRG	84825000	圆柱形滚子轴承
2	差速器总成	CARRIER ASM-FRT DIFF	87084091	
3	内圈—差速器前锥轴承	BEARING ASM-FRT DIFF	84825000	圆柱形滚子轴承

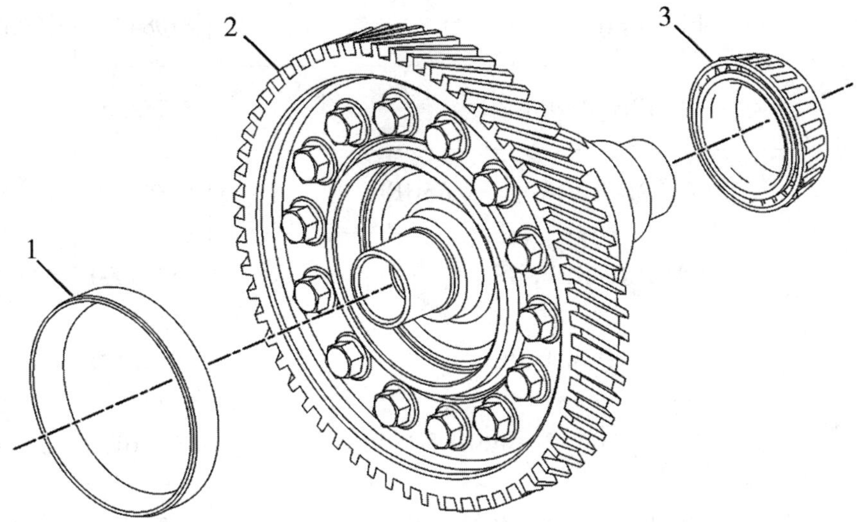

图 2-2-36 双离合自动变速器差速器总成爆炸图

2.2.37 手动变速器总成及附件

序号	零部件中文名称	零部件英文名称/描述	商品编码	商品描述
1	螺栓	M8X25 FIXINGS（M8X25）	73181510	钢铁制，抗拉强度在 800 兆帕及以上
2	拉索支架总成	BRACKET CABLE ABUTMENT ASSEMBLY	87084099	钢铁制
3	铝垫圈	16 ALUMINUM GASKET 16	76161000	铝合金
4	油位孔螺栓	PLUG-OIL LEVEL	73181590	钢铁制，抗拉强度在 800 兆帕以下
5	加放油塞	PLUG FILLER	87084099	钢铁制
6	定排销	DETENT PLUNGER	73182400	钢铁制
7	密封垫圈	M12 M12 BONDED WASHER	84841000	复合材料制
8	倒车灯开关	SWITCH-REVERSE	85365000	电气开关
9	互锁销	INTERLOCK H PIN	73182400	钢铁制
10	铝垫圈	18 ALUMINUM GASKET 18	76161000	铝合金
11	空挡传感器	NEUTRAL POSITION SENSOR	90318090	非光学监测
12	螺栓	M6X12 FIXINGS（M6X12）	73181510	钢铁制，抗拉强度在 800 兆帕及以上
13	手动变速器总成	TRANSMISSION ASM-GEARSHIFT	87084099	

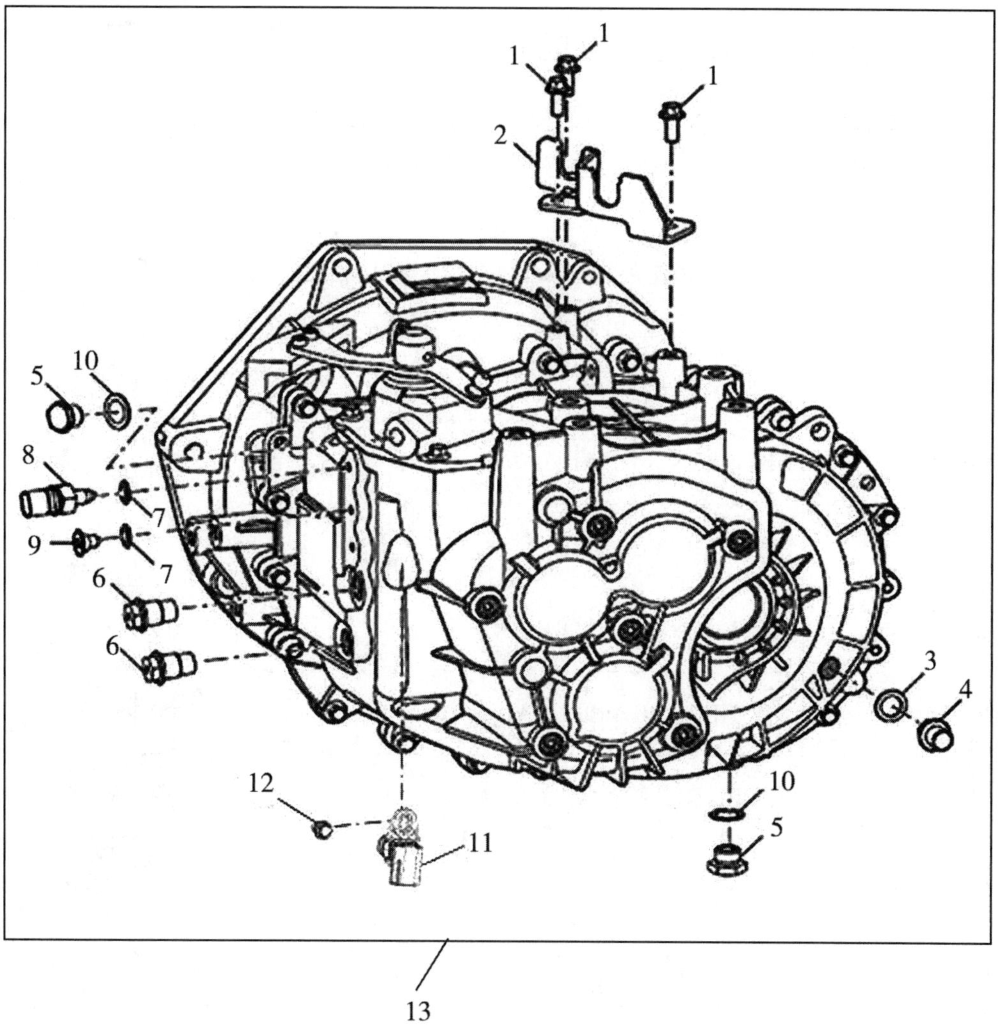

图 2-2-37 手动变速器总成及附件爆炸图

2.2.38 手动变速器差速器总成

序号	零部件中文名称	零部件英文名称/描述	商品编码	商品描述
1	螺栓	M10×22 BOLT（M10×22）BOLT（M10×22）	73181510	钢铁制，抗拉强度在800兆帕及以上
2	锥轴承	DIFFERENTIAL BEARING	84822000	锥形滚子轴承
3	调整垫片	DIFFERENTIAL SHIM	73182200	钢铁制
4	主减速齿轮	FINAL DRIVE GEAR	87085079	钢铁制
5	差速器壳体	DIFFERENTIAL CARRIER	87085079	钢铁制
6	行星齿轮垫片	WASHER，BEVEL GEAR	73182200	钢铁制
7	行星齿轮	BEVEL GEAR	87085079	钢铁制
8	行星轴	CROSS PIN	87085079	钢铁制
9	弹性销	5X40 RETAINING PIN（5X40）	73182400	钢铁制
10	半轴齿轮垫片	WASHER，SIDE GEAR	73182200	钢铁制
11	半轴齿轮	SIDE GEAR	87085079	钢铁制

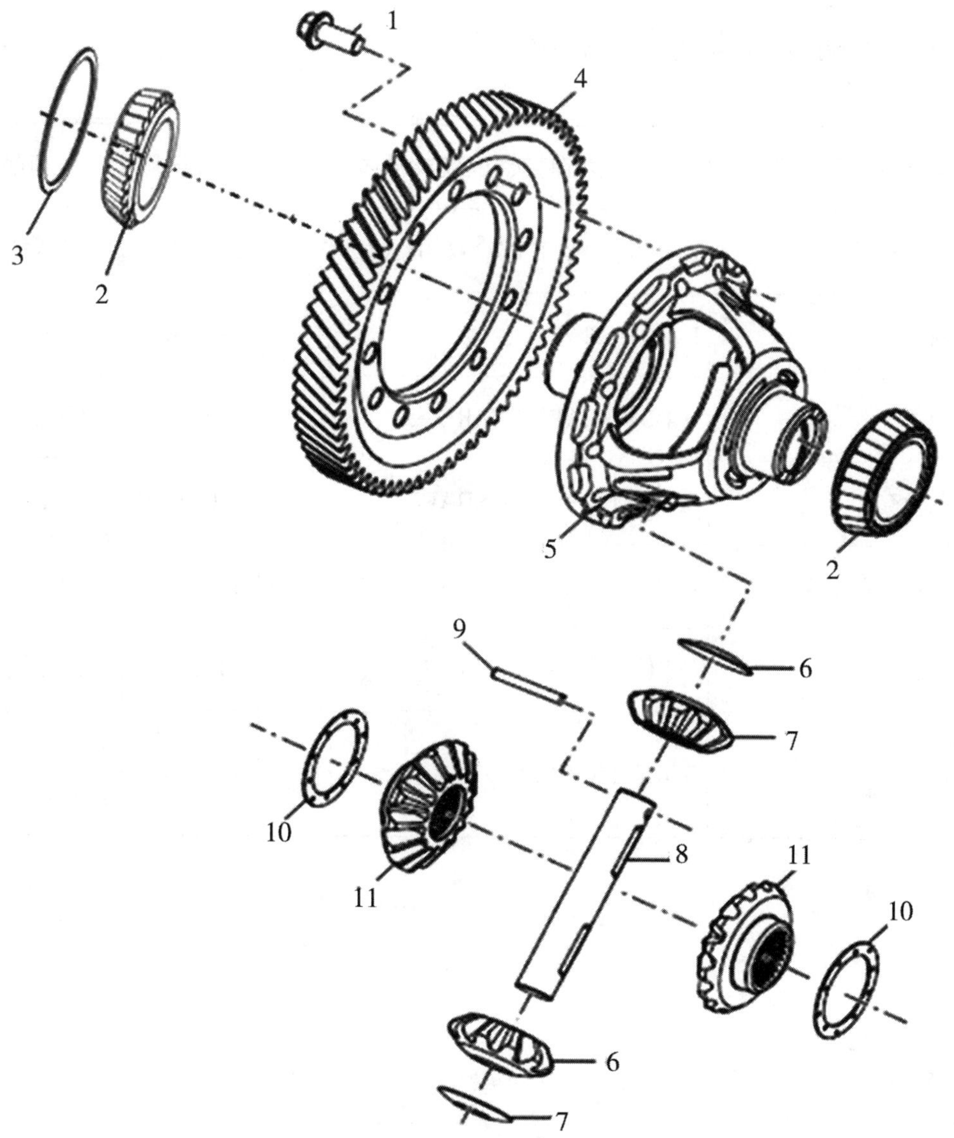

图 2-2-38 手动变速器差速器总成爆炸图

2.2.39 手动变速器输入轴总成

序号	零部件中文名称	零部件英文名称/描述	商品编码	商品描述
1	主动轴后轴承	INPUT SHAFT FRONT BEARING	84821020	深沟球轴承
2	输入轴	INPUT SHAFT	87084099	钢铁制
3	输入轴 3-5 挡齿轮	IUPUT SHAFT GEAR 3-5	87084099	钢铁制
4	输入轴轴套	SPACER，IUPUT SHAFT	87084099	钢铁制
5	输入轴 4-6 挡齿轮	IUPUT SHAFT GEAR 4-6	87084099	钢铁制
6	从动轴后轴承	INPUT SHAFT BACK BEARING	84821020	深沟球轴承
7	锁紧螺栓	BOLT（SPECIAL）	73181510	钢铁制，抗拉强度在 800 兆帕及以上

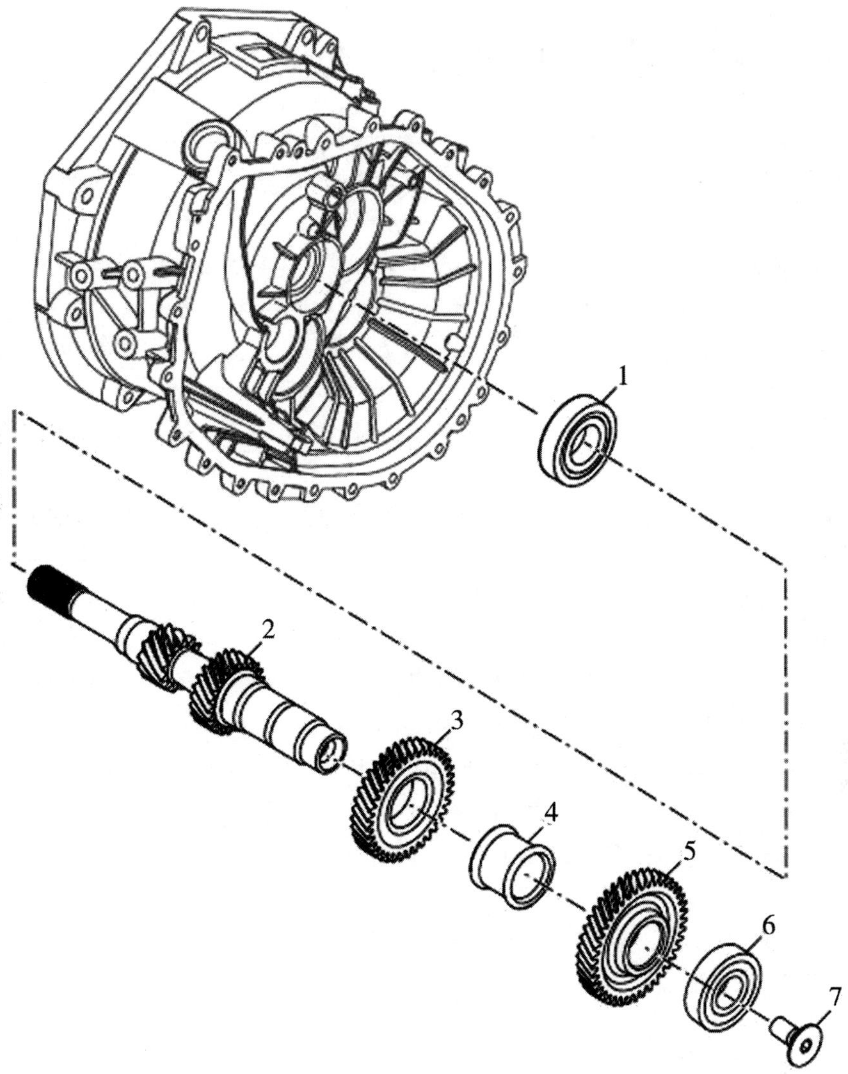

图 2-2-39 手动变速器输入轴总成爆炸图

2.2.40 手动变速器中间轴一总成（1-2-5-6 挡）

序号	零部件中文名称	零部件英文名称/描述	商品编码	商品描述
1	从动轴前轴承	OUTPUT SHAFT FRONT BEARING	84825000	圆柱滚子轴承
2	中间轴一	LAYSHAFT（1-2-5-6）	87084099	钢铁制
3	1 挡滚针轴承总成	1st NEEDLE ROLLER BEARING	84824000	钢铁制
4	输出 1 挡齿轮总成	OUTPUT GEAR ASSEMBLY，1st	87084099	钢铁制
5	1-2 挡齿毂总成	HUB ASSEMBLY 1-2	87084099	钢铁制
6	1-2 挡三锥面系统	1-2 FRICTION RING SYSTEM	87084099	钢铁制
7	2 挡滚针轴承	2nd NEEDLE ROLLER BEARING	84824000	钢铁制
8	输出 2 挡齿轮总成	OUTPUT GEAR ASSEMBLY，2nd	87084099	钢铁制
9	3-5 挡滚针轴承	3-5 NEEDLE ROLLER BEARING	84824000	钢铁制
10	输出 5 挡齿轮总成	OUTPUT GEAR ASSEMBLY，5th	87084099	钢铁制
11	3-4-5-6 挡齿毂总成	HUB ASSEMBLY 3-4-5-6	87084099	钢铁制
12	同步器齿环	SYCHRONISER RING	87084099	钢铁制
13	输出 6 挡齿轮总成	OUTPUT GEAR ASSEMBLY，6th	87084099	钢铁制
14	4-6 挡滚针轴承	4-6 NEEDLE ROLLER BEARING	84824000	钢铁制
15	从动轴后轴承	INPUT SHAFT BACK BEARING	84821020	深沟球轴承
16	锁紧螺栓	BOLT（SPECIAL）	73181510	钢铁制，抗拉强度在 800 兆帕及以上

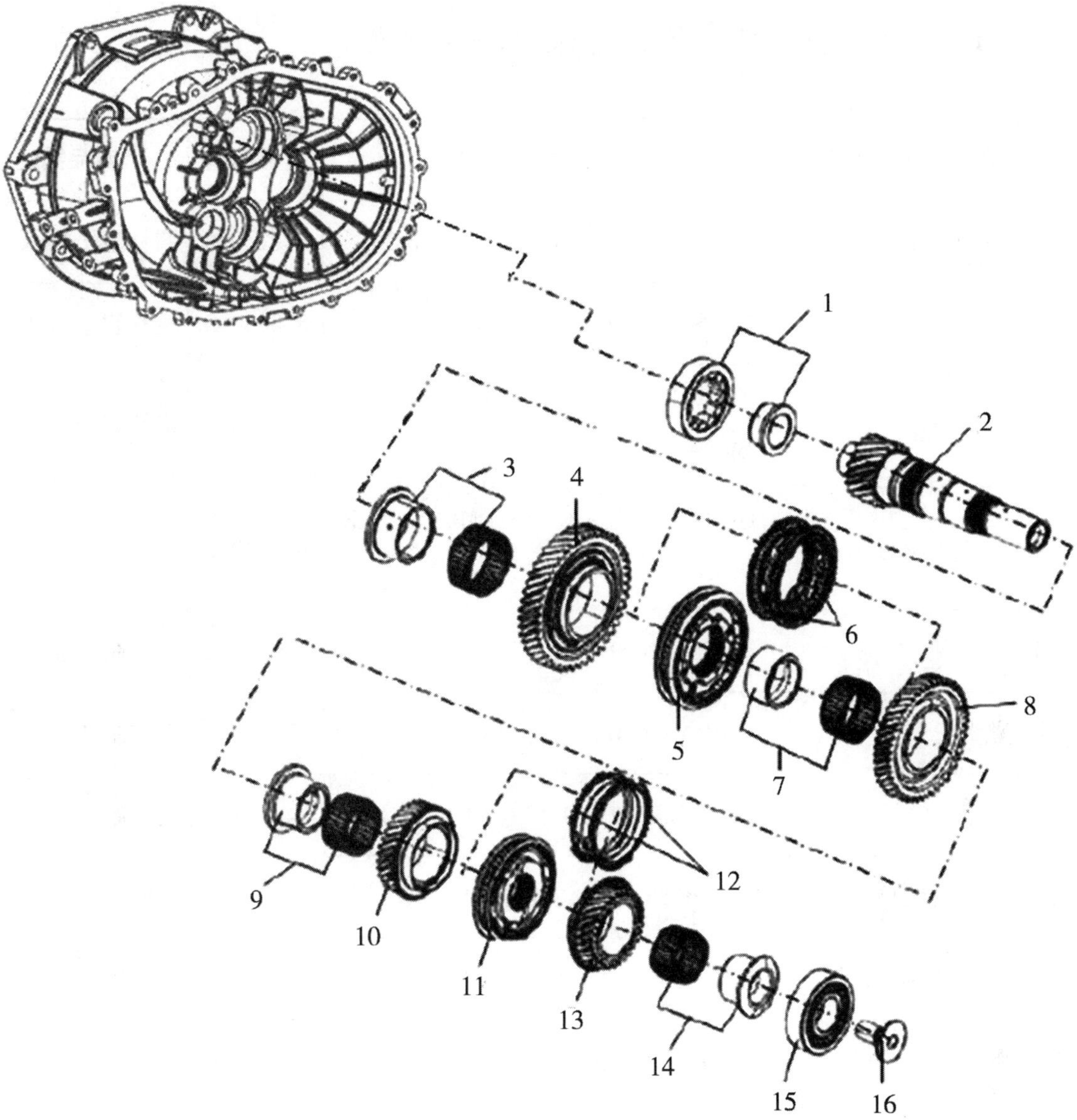

图 2-2-40 手动变速器中间轴一总成（1-2-5-6 挡）爆炸图

2.2.41 手动变速器中间轴二总成（3-4-R 挡）

序号	零部件中文名称	零部件英文名称/描述	商品编码	商品描述
1	从动轴前轴承	OUTPUT SHAFT FRONT BEARING	84825000	圆柱滚子轴承
2	中间轴二	LAYSHAFT（3，4，R）	87084099	钢铁制
3	倒挡滚针轴承	REVERSE NEEDLE ROLLER BEARING	84824000	钢铁制
4	输出倒挡齿轮总成	OUTPUT GEAR ASSEMBLY，REVERSE	87084099	钢铁制
5	同步器齿环	SYCHRONISER RING	87084099	钢铁制
6	倒挡齿毂总成	HUB ASSEMBLY REVERSE	87084099	钢铁制
7	3-5 挡滚针轴承	3-5 NEEDLE ROLLER BEARING	84824000	钢铁制
8	输出 3 挡齿轮总成	OUTPUT GEARASSEMBLY，3rd	87084099	钢铁制
9	3-4-5-6 挡齿毂总成	3-4-5-6 HUB ASSEMBLY	87084099	钢铁制
10	输出 4 挡齿轮总成	OUTPUT GEAR ASSEMBLY，4th	87084099	钢铁制
11	4-6 挡滚针轴承	4-6 NEEDLE ROLLER BEARING	84824000	钢铁制
12	从动轴后轴承	INPUT SHAFT BACK BEARING	84821020	深沟球轴承
13	锁紧螺栓	BOLT（SPECIAL）	73181510	钢铁制，抗拉强度在 800 兆帕及以上

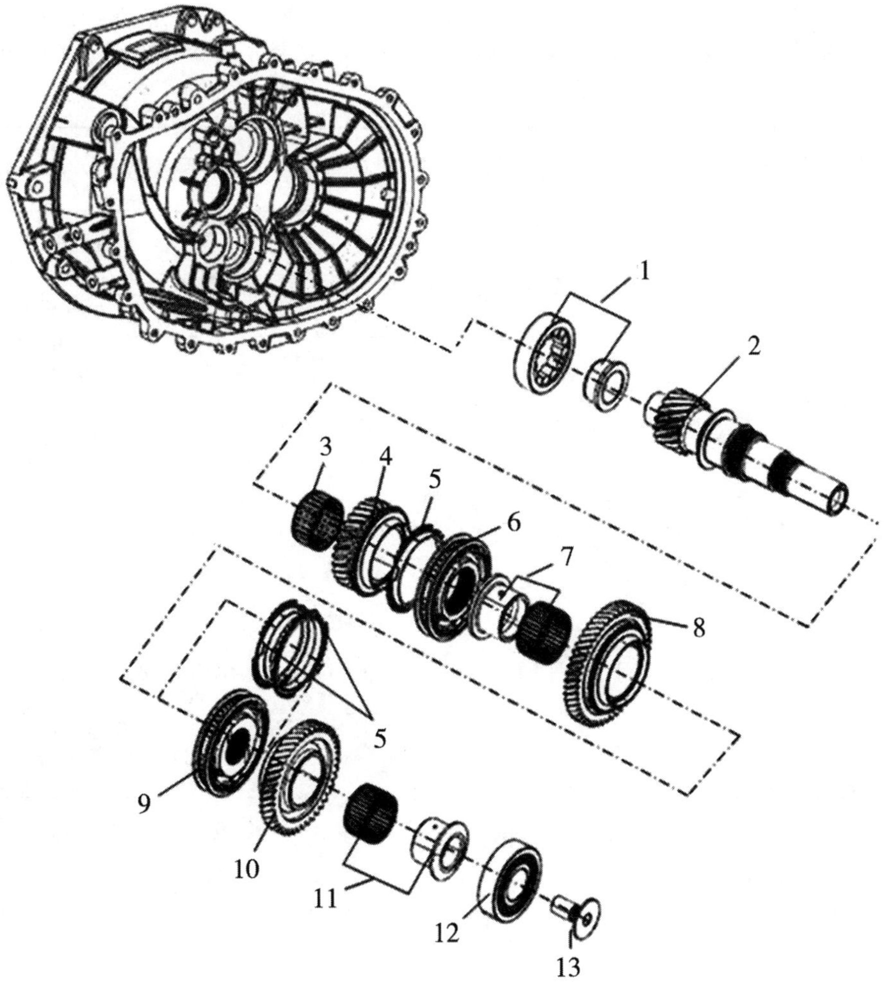

图 2-2-41 手动变速器中间轴二总成（3-4-R 挡）

2.2.42 手动变速器倒挡惰轮总成

序号	零部件中文名称	零部件英文名称/描述	商品编码	商品描述
1	螺栓	M10×35 BOLT（M10×35）	73181510	钢铁制，抗拉强度在800兆帕及以上
2	内六角平头螺栓	M8×30 BOLT，C-HD	73181510	钢铁制，抗拉强度在800兆帕及以上
3	倒挡惰轮轴	REVERSE IDLER SHAFT	87084099	钢铁制
4	垫圈	IDLER SPACER2	73182200	钢铁制
5	倒挡惰轮	REVERSE IDLER GEAR CLUSTER	87084099	钢铁制
6	倒挡惰轮滚针轴承	NEEDLE ROLLER BEARING	84824000	钢铁制
7	推力轴承	THRUST BEARING	84821040	推力球轴承

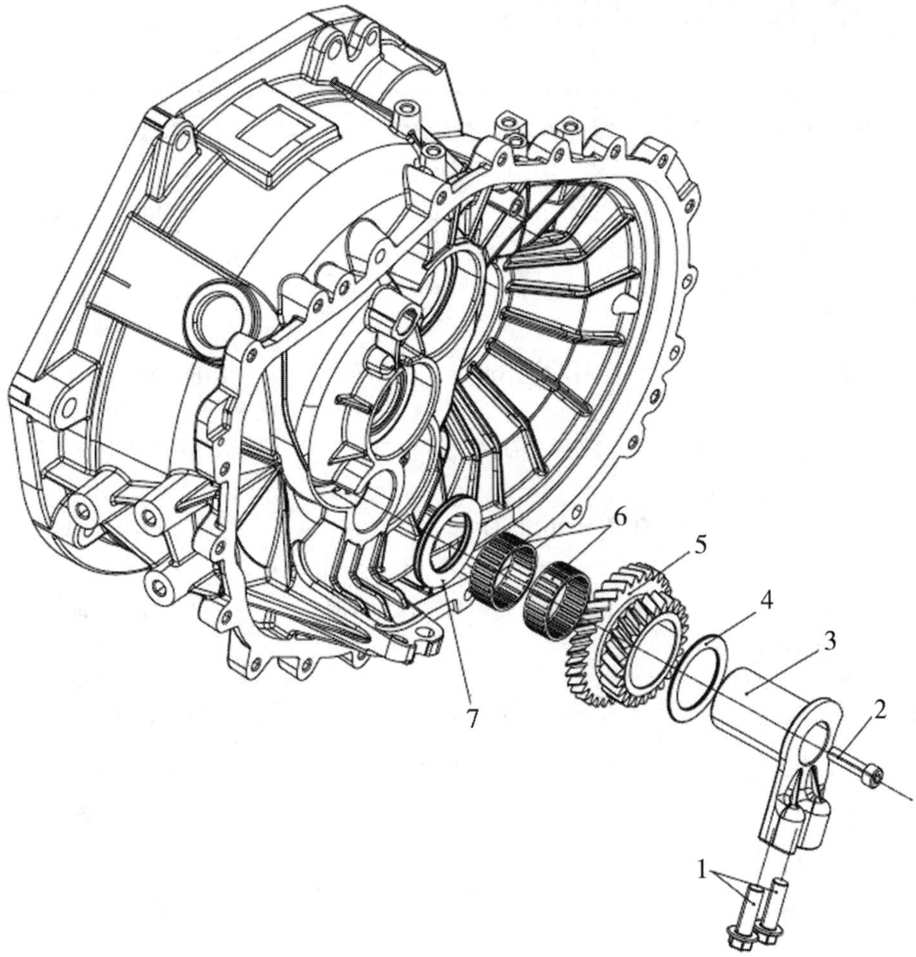

图 2-2-42 手动变速器倒挡惰轮总成爆炸图

2.2.43 手动变速器操纵与壳体

序号	零部件中文名称	零部件英文名称/描述	商品编码	商品描述
1	换挡摇臂总成	SHIFT LEVER ASSEMBLY	87084099	钢铁制
2	弹性销	5×20 PIN（5×20）	73182400	钢铁制
3	选换挡轴油封	SEAL-SELECTOR RAIL	84879000	通用件
4	选换挡轴衬套	15×18 BUSH 1815DP4	87084099	钢铁制
5	换挡盖	SELECTOR HOUSING	87084099	铝合金
6	选挡摇臂总成	ASSEMBLY，GROSS GATE LEVER	87084099	钢铁制
7	螺栓	M8×25 FIXINGS（M8×25）	73181510	钢铁制，抗拉强度在800兆帕及以上
8	卡簧	CIRCLIP	73182900	钢铁制
9	选换挡轴直线轴承	LINEAR BEARING - SHIFT CONTROL SHAFT	84821090	滚珠轴承
10	选换挡轴	SHIFT RAIL	87084099	钢铁制
11	换挡控制销	SHIFT PIN	73182400	钢铁制
12	选换挡套筒	SHIFT CONTROL BARREL	87084099	钢铁制
13	选挡摇臂轴衬套一	7×12 BUSH BB1207DP4	87084099	钢铁制
14	内选挡摇臂总成	ASSEMBLY，GROSS GATE LEVER IN-TERNAL	87084099	钢铁制
15	选挡摇臂轴衬套二	10×12 BUSH 1210DP4	87084099	钢铁制
16	换挡盖定位销	DOWEL（SELECTOR MECHANISM）	73182400	钢铁制
17	拨叉轴衬套	15×15 BUSH（15×15）	87084099	钢铁制
18	卷簧销	（5×26）PIN（5×26）	73182400	钢铁制

续表1

序号	零部件中文名称	零部件英文名称/描述	商品编码	商品描述
19	1-2 挡拨叉	SHIFT FORK（1-2）	87084099	钢铁制
20	拨叉轴一	SHIFT RAIL（1-2）	87084099	钢铁制
21	5-6 挡拨叉	SHIFT FORK（5-6）	87084099	钢铁制
22	倒挡拨叉	SHIFT FORK（REVERSE）	87084099	钢铁制
23	拨叉轴二	SHIFT RAIL（3-4-R）	87084099	钢铁制
24	3-4 挡拨叉	SHIFT FORK（3-4）	87084099	钢铁制
25	定位销	DOWEL（CLUTH HOUSING TO MAIN CASE）	73182400	钢铁制
26	通气盖	VENT COVER	87089390	塑料制
27	离合器壳体	CLUTH HOUSING	87089390	铝合金
28	导油嘴	OIL FEED，LAYSHAFT 1-2	87084099	塑料制
29	输入轴油封	SEAL-INPUT SHAFT	84879000	通用件
30	螺栓	M8×30 FIXINGS（M8×30）	73181510	钢铁制，抗拉强度在 800 兆帕及以上
31	磁钢	MAGNET	85051190	
32	变速器主壳体	TRANSMISSION MAIN CASE	87084099	铝合金
33	轴承盖板总成	BEARING RETAINING PLATE ASSEMBLY	87084099	钢铁制
34	密封垫圈	M8 SEALING WASHER M8	84841000	复合材料制
35	内六角花型圆柱头螺栓	M8×25 FIXINGS，RETAINING PLATE	73181510	钢铁制，抗拉强度在 800 兆帕及以上
36	选换挡轴滚针轴承	BEARING-NEEDLE ROLLER	84824000	钢铁制
37	差速器半轴油封	SEAL-DIFFERENTIAL HOUSING	84879000	通用件

续表2

序号	零部件中文名称	零部件英文名称/描述	商品编码	商品描述
38	卷簧销	（5×30）PIN（5×30）	73182400	钢铁制
39	空挡传感器信号块	BLOCK	87084099	钢铁制

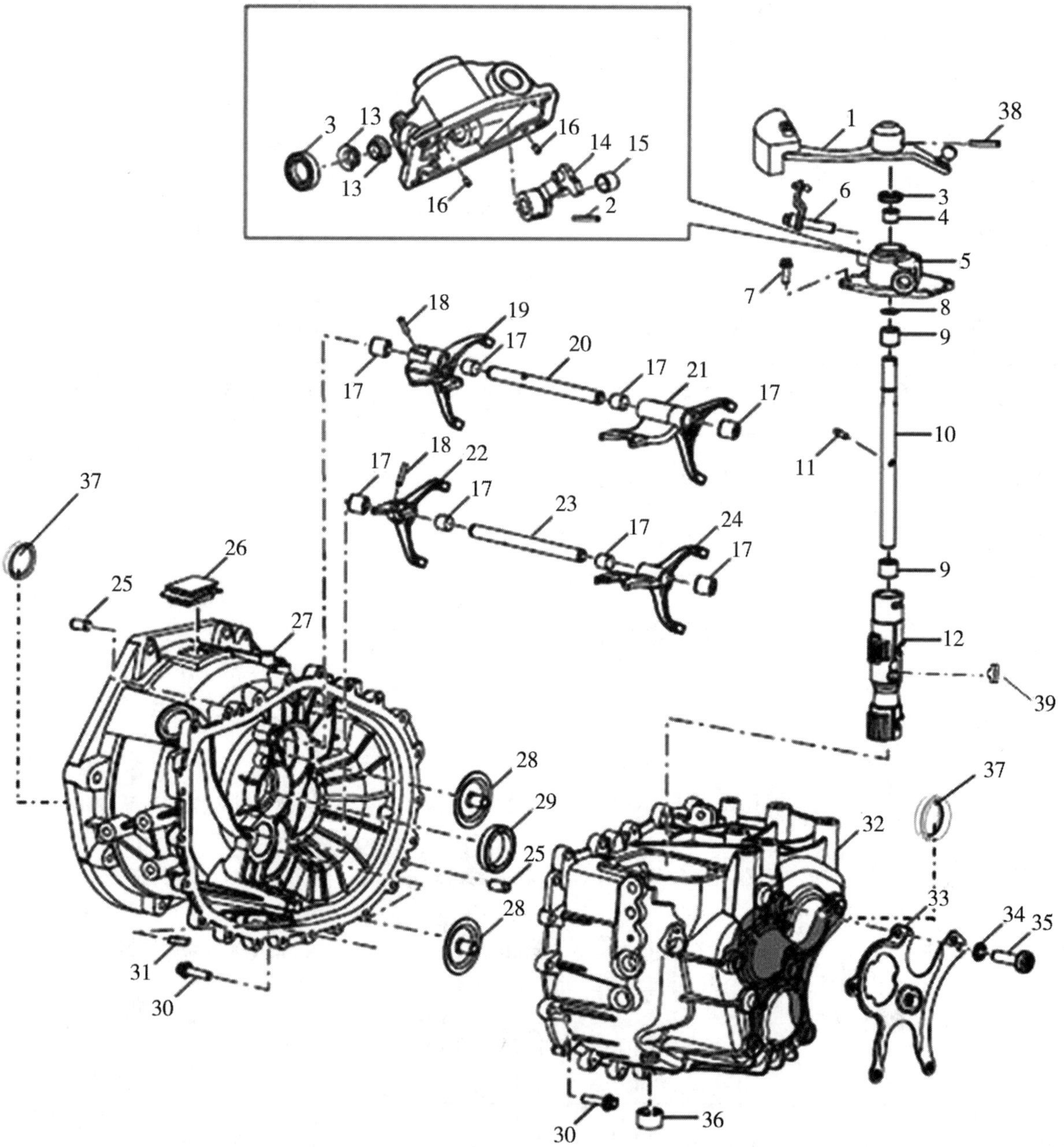

图 2-2-43　手动变速器操纵与壳体爆炸图

2.2.44 离合器

序号	零部件中文名称	零部件英文名称/描述	商品编码	商品描述
1	离合器驱动盘总成	PLATE ASM-CLU DRVN	87089390	
2	离合器压盘总成	PLATE ASM-CLU PRESS	87089390	
3	离合器螺栓	BOLT/SCREW	73181510	钢铁制，抗拉强度在800兆帕及以上
4	分离轴承	BEARING	84821020	深沟球轴承
5	轴承安装座	BEARING LINING	87089390	
6	管路接头	PIPE JOINT	39174000	塑料制
7	O型圈	O RING	40169390	硫化橡胶制
8	导向套	GUILD RING	87089390	钢铁制
9	选换挡盖总成	COVER ASM-SHFT CONT HSG	87089390	
10	衬套	BUSH	87089390	钢铁制
11	密封橡胶圈	SEALING RING	40169390	硫化橡胶制
12	缸体	CYLINDER	87089390	
13	三通放气阀总成	ELBOW ASM-CLU ACTR CYL PIPE	84818040	

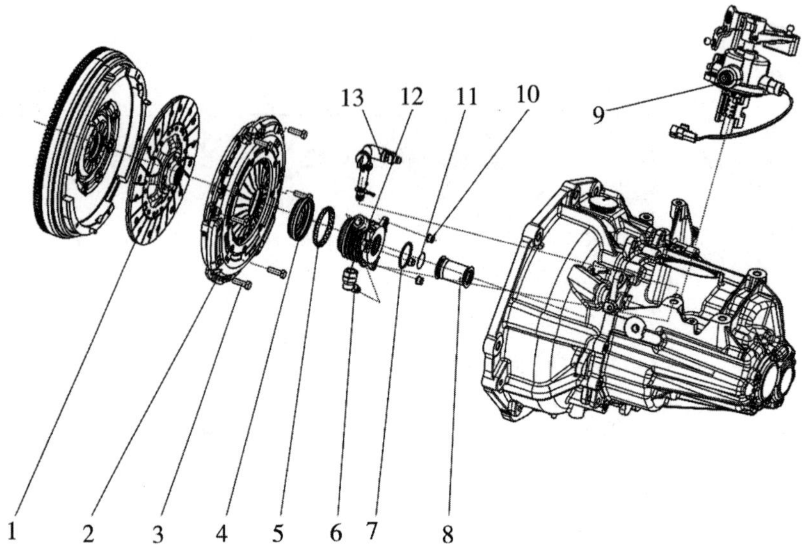

图 2-2-44　离合器爆炸图

2.3 电驱动系统

混合动力汽车（HYBRID ELECTRICAL VEHICLE，HEV）是指同时装备两种动力来源——热动力源（由传统的汽油机或者柴油机产生）与电动力源（电池与电动机）的汽车。通过在混合动力汽车上使用电机，使得动力系统可以按照整车的实际运行工况要求灵活调控，而发动机保持在综合性能最佳的区域内工作，从而降低油耗与排放。

混合动力电动汽车的动力系统主要由控制系统、驱动系统、辅助动力系统和电池组等部分构成。

混合动力汽车根据电动机和发动机的驱动方式不同，分为串联式、并联式和分路式三种类型。

混合动力汽车的电驱动系统主要由电动机、控制器、功率变换器、传感器、电池组等构成。

1. 电动机用于实现电能与机械能的转换，一般按要求具有电动和发电两项功能。

2. 控制器主要起调节电机运行状态，使其满足整车不同运行要求的目的。

3. 功率变换器的作用是按电动机驱动电流要求，将蓄电池的直流电转换为相应等级的直流、交流或脉冲电源。

2.3.1 驱动电机控制模块

序号	零部件中文名称	零部件英文名称/描述	商品编码	商品描述
1	驱动电机电池控制模块托盘	DRV MOT BAT CONT MDL TRAY	87089999	
2	电力电子箱（PEB）	POWER ELECTRONICS BOX	85044030	两相直流电转化为三相高压电
3	螺母—PEB 托盘	NUT-PEB TRAY	73181600	钢铁制
4	螺栓—PEB 托盘	BOLT-PEB TRAY	73181510	钢铁制，抗拉强度在 800 兆帕及以上
5	驱动电机电池控制模块支架	DRV MOT BAT CONT MDL BRKT	87089999	
6	螺栓—PEB 托盘支架	BOLT-BRACKET PEB TRAY	73181510	钢铁制，抗拉强度在 800 兆帕及以上

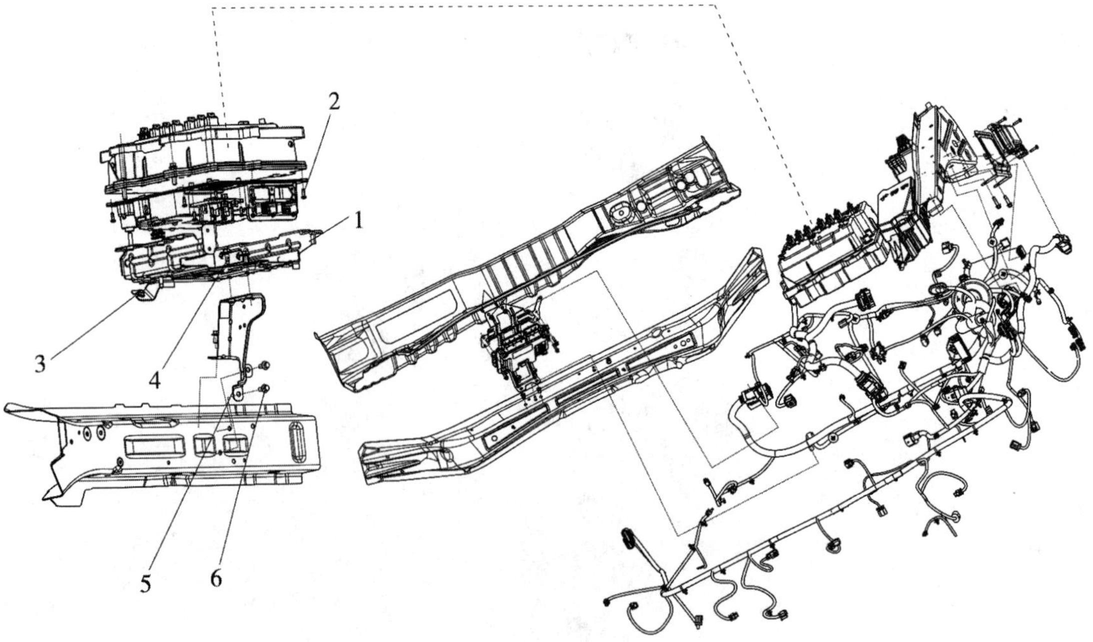

图 2-3-1　驱动电机控制模块爆炸图

2.3.2 动力电池

序号	零部件中文名称	零部件英文名称/描述	商品编码	商品描述
1	动力电池托盘总成	TRAY ASM-POW BAT	87089999	
2	螺钉—动力电池托盘	SCREW-POW BAT TRAY	73181510	钢铁制，抗拉强度在800兆帕及以上
3	动力电池支架	BRACKET-POW BAT	87089999	
4	螺栓—动力电池	BOLT-POW BAT	73181510	钢铁制，抗拉强度在800兆帕及以上
5	动力电池上盖	COVER-POW BAT UPR	85079090	
6	动力电池托盘总成	TRAY ASM-POW BAT	87089999	
7	螺栓—低压充电接插件	BOLT-LV CHG CONN	73181510	钢铁制，抗拉强度在800兆帕及以上
8	接插件端板	CONNECTOR PLATE	85389000	
9	低压线束接插件	CONNECTOR-LV HARN	85369011	电气连接器，用于工作电压不超过36伏的电路
10	充电高压线接插件	CONNECTOR-CHARGE HV HARN	85369019	电气连接器，用于工作电压超过36伏的电器
11	主高压线接插件	CONNECTOR-HV HARN	85369019	电气连接器，用于工作电压超过36伏的电器
12	电池接地线	ESS GROUND	85444219	有接头，额定电压不超过80伏
13	螺栓—电池接地线	BOLT-ESS GROUND	73181510	钢铁制，抗拉强度在800兆帕及以上
14	空调高压线接插件	CONNECTOR-ACP HV HARN	85369019	电气连接器，用于工作电压超过36伏的电器

续表

序号	零部件中文名称	零部件英文名称/描述	商品编码	商品描述
15	螺栓—空调高压接插件	BOLT-ACP HV HARN CONN	73181510	钢铁制，抗拉强度在800兆帕及以上
16	螺栓—接插件端板	BOLT-CONN PLT	73181510	钢铁制，抗拉强度在800兆帕及以上
17	动力电池屏蔽罩	SHIELD-POW BAT	85079090	
18	螺栓—动力电池屏蔽罩	BOLT-POW BAT SHLD	73181510	钢铁制，抗拉强度在800兆帕及以上
19	螺栓—主高压线接插件	BOLT-HV HARN CONN	73181510	钢铁制，抗拉强度在800兆帕及以上
20	螺母—接插件端板	NUT-CONN PLT	73181600	钢铁制
21	螺栓—动力电池	BOLT-POW BAT	73181510	钢铁制，抗拉强度在800兆帕及以上
22	动力电池托盘总成	TRAY ASM-POW BAT	87089999	
23	动力电池模块	MODULE-POW BAT	85076000	锂电池
24	手动维修开关支架	BRACKET-MANUAL SERVICE DISCONNECT（MSD）	85389000	
25	手动维修开关压边	SUPPORT-MSD BRKT	85389000	
26	螺栓—手动维修开关压边	BOLT-MSD SUPT BRKT	73181510	钢铁制，抗拉强度在800兆帕及以上
27	螺栓—保险丝盒	BOLT-FUSE BOX	73181510	钢铁制，抗拉强度在800兆帕及以上
28	手动维修开关基座	BASE-MSD	85389000	
29	手动维修开关插头	PLUG-MSD	85369090	
30	手动维修开关密封圈	SEAL-MSD	40169310	硫化橡胶制

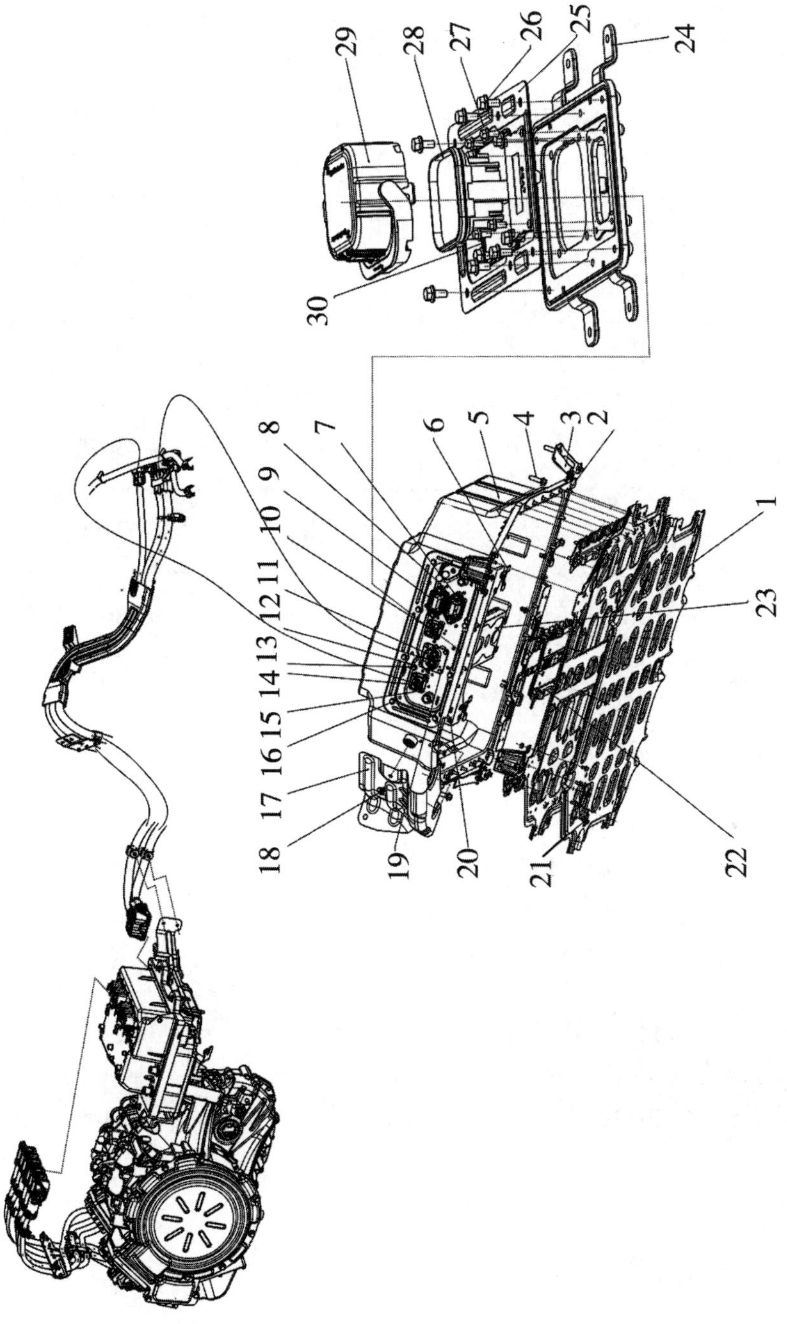

图 2-3-2 动力电池爆炸图

2.3.3 电驱动单元（EDU）

序号	零部件中文名称	零部件英文名称/描述	商品编码	商品描述
1	低压线束	VALVE BLOCK HARNESS	85443020	
2	TM 电机定子	TM STATOR	85030090	
3	TM 电机转子	TM ROTOR	85030090	
4	C2 离合器	C2 CLUTCH	87089390	
5	TM 后盖	TM COVER	87089999	
6	高压线束	HV HARNESS	85443020	
7	压力传感器	PRESSURE SENSOR	90262090	
8	压力比例阀	PRESSURE PROPORTIONAL VALVE	84818040	其他阀门
9	流量阀	FLOW VALVE	84818039	
10	液压盖	HYDAULIC COVER	87089999	
11	蓄能器	ACCUMULATOR	87089999	
12	位置传感器	POSITON SENSOR	90318090	
13	TM 壳体	TM HOUSING	87089999	
14	C2 油缸	PISTON ASSY-CLUTH RELEASE，C2	84122100	液压油缸
15	TM 旋变定子	RESOLVER STATOR，TM	85030090	
16	中间轴总成	INTERMEDIATE SHAFT ASSY	87089999	
17	输入轴总成	INPUT SHAFT ASSY	87089999	
18	ISG 电机转子	ISG ROTOR	85119090	

续表

序号	零部件中文名称	零部件英文名称/描述	商品编码	商品描述
19	C1 离合器	C1 CLUTCH	87089390	
20	C1 油缸	PISTON ASSY-CLUTH RELEASE，C1	84122100	液压油缸
21	ISG 旋变定子	RESOLVER STATOR，ISG	85119090	
22	ISG 电机定子	ISG STATOR	85119090	
23	ISG 壳体	ISG HOUSING	85119090	
24	差速器总成	ASSEMBLY，FINAL DRIVE，TRANSX-LE	87089999	
25	驻车机构总成	ASSY PARKING BRAKE	87083099	
26	油泵	PUMP	84133029	输出功率在 132.39 千瓦（180 马力）以下的发动机用
27	油泵电机	PUMP MOTOR	85013100	输出功率不超过 750 瓦
28	单向阀	CHECK VALVE	84813000	
29	堵头 6 毫米	PLUG-TO SUIT 6mm	87089999	铝合金
30	堵头 4 毫米	PLUG-TO SUIT 4mm	87089999	铝合金
31	堵头 5 毫米	PLUG-TO SUIT 5mm	87089999	铝合金
32	格莱圈	GLYD RING	40169310	硫化橡胶制

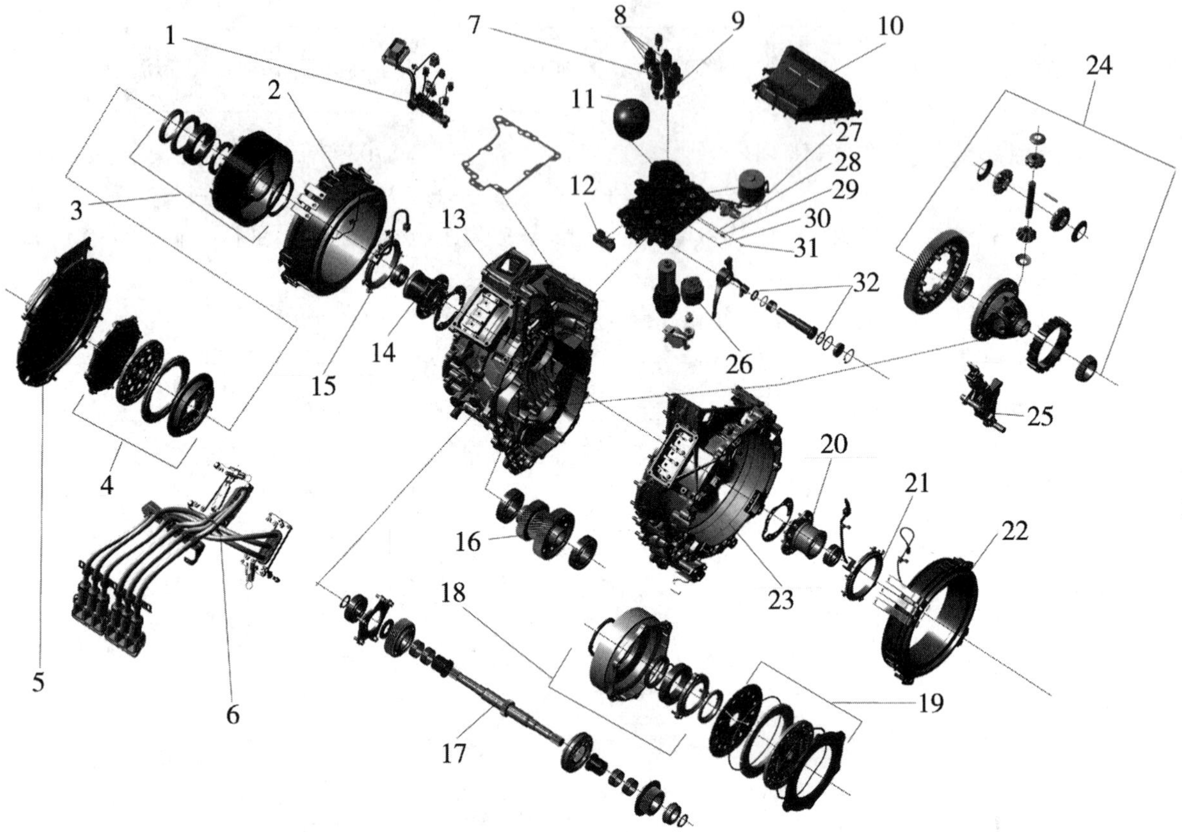

图 2-3-3　电驱动单元（EDU）爆炸图

2.3.4 整车控制单元（HCU）

序号	零部件中文名称	零部件英文名称/描述	商品编码	商品描述
1	高压线束接插件	CONNECTOR-HV HARNESS	85369019	电气连接器，用于工作电压超过 36 伏的电路
2	螺栓—整车控制单元支架	BOLT/SCREW - VEH CONT UNIT BRKT	73181510	钢铁制，抗拉强度在 800 兆帕及以上
3	整车控制单元总成	MODULE ASM-VEH CONT UNIT	90328990	自动控制
4	螺栓—整车控制单元	BOLT/SCREW-VEH CONT UNIT	73181510	钢铁制，抗拉强度在 800 兆帕及以上
5	整车控制单元支架总成	BRACKET ASM-VEH CONT UNIT	87089999	

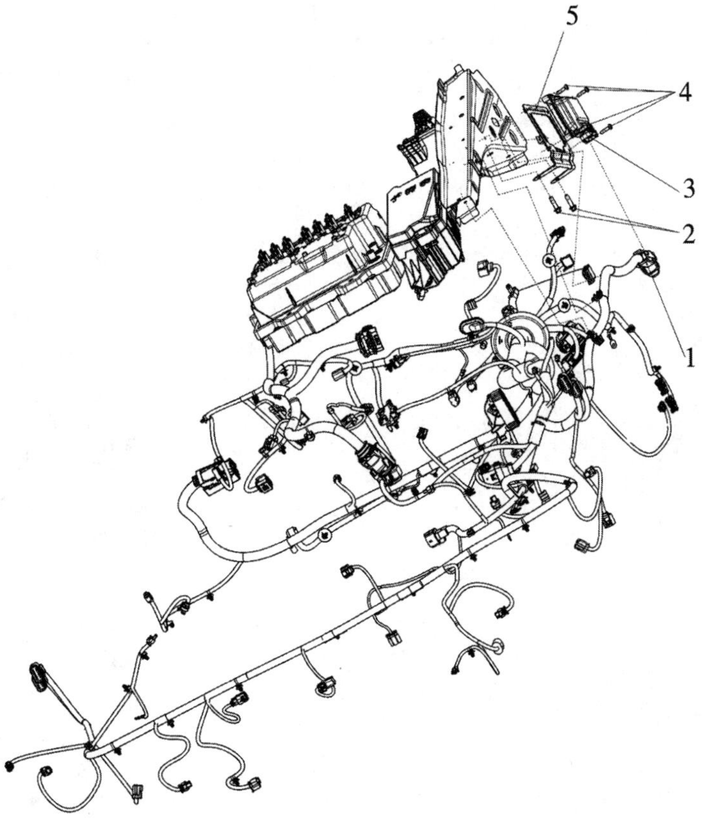

图 2-3-4 整车控制单元（HCU）爆炸图

2.3.5 高压线束

序号	零部件中文名称	零部件英文名称/描述	商品编码	商品描述
1	高压接插件—ESS 至 PEB	HV CONNECTOR-ESS TO PEB	85369019	电气连接器，用于工作电压超过36伏的电器
2	高压线束（ESS 至 PEB）	HV HARNESS（ESS TO PEB）	85443020	
3	卡扣—PEB 托盘支架	CLIP-TO PEB BRACKET	39269090	塑料制
4	螺栓—高压线束支架	BOLT-HV HARNESS BRACKET	73181590	钢铁制，抗拉强度小于800兆帕
5	支架—高压线束（ESS 至 PEB）	BRACKET-HV HARNESS（ESS TO PEB）	87089999	
6	高压接插件—至 ACP	HV CONNECTOR-TO ACP	85369019	电气连接器，用于工作电压超过36伏的电器
7	扎带—高压线束（ESS 至 ACP）	CLIP-HV HARNESS（ESS TO ACP）	39269090	塑料制
8	支架—高压线束（ESS 至 ACP）	BRACKET-HV HARNESS（ESS TO ACP）	87089999	
9	高压线束（ESS 至 ACP）	HV HARNESS（ESS TO ACP）	85443020	
10	支架—高压线束	BRACKET-HV HARNESS	87089999	
11	扎带—至隔热罩固定点	CLIP-TO HEAT SHIELD FASTENER	39269090	塑料制
12	螺栓—高压线束	BOLT-HV HARNESS	73181590	钢铁制，抗拉强度小于800兆帕
13	塑料护线盒	CABLE CHANNEL	39269090	塑料制
14	支架—高压线束	BRACKET-HV HARNESS	87089999	

续表

序号	零部件中文名称	零部件英文名称/描述	商品编码	商品描述
15	塑料护线盒	CABLE CHANNEL	39269090	塑料制
16	慢速充电口	SLOW CHARGING SOCKET	85366900	
17	电子锁接插件	ELECTRONIC LOCK CONNECTOR	85369011	电气连接器，用于工作电压不超过36伏的电器
18	扎带—慢速充电口线束	CLIP - SLOW CHARGING SOCKET HV HARNESS	39269090	塑料制
19	慢速充电口线束	SLOW CHARGING SOCKET HV HARNESS	85443020	
20	管夹—慢速充电口线束	CLIP - SLOW CHARGING SOCKET HV HARNESS	39269090	塑料制
21	过孔防水橡胶件	GROMMET	40169990	硫化橡胶制
22	高压接插件—ESS 至充电器	HV HARNESS-ESS TO CHARGER	85369019	电气连接器，用于工作电压超过36伏的电器
23	高压接插件—充电器至充电口	HV HARNESS-CHARGER TO SLOW CHARGING SOCKET	85369019	电气连接器，用于工作电压超过36伏的电器

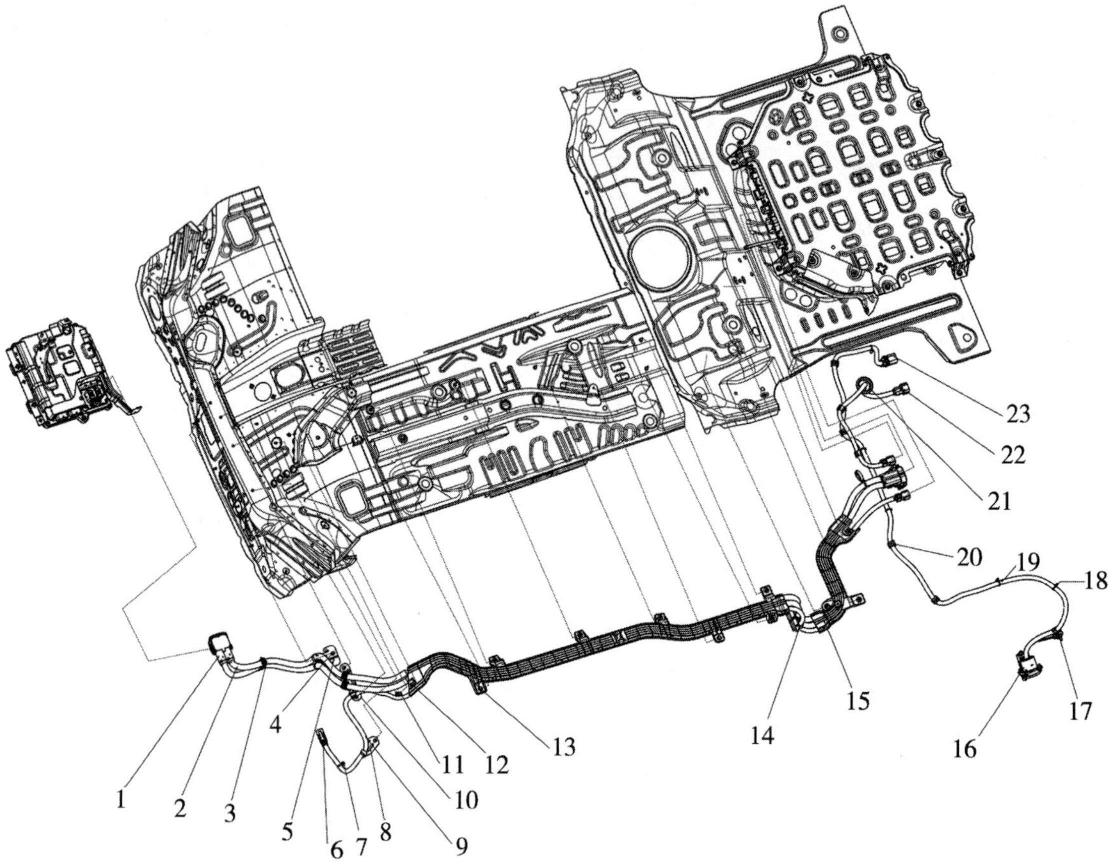

图 2-3-5　高压线束爆炸图

2.3.6 车载充电器

序号	零部件中文名称	零部件英文名称/描述	商品编码	商品描述
1	螺钉—车载充电器	BOLT-CHARGER	73181510	钢铁制，抗拉强度在800兆帕及以上
2	车载充电器	CHARGER	85044099	
3	螺母—车载充电器	NUT-CHARGER	73181600	钢铁制

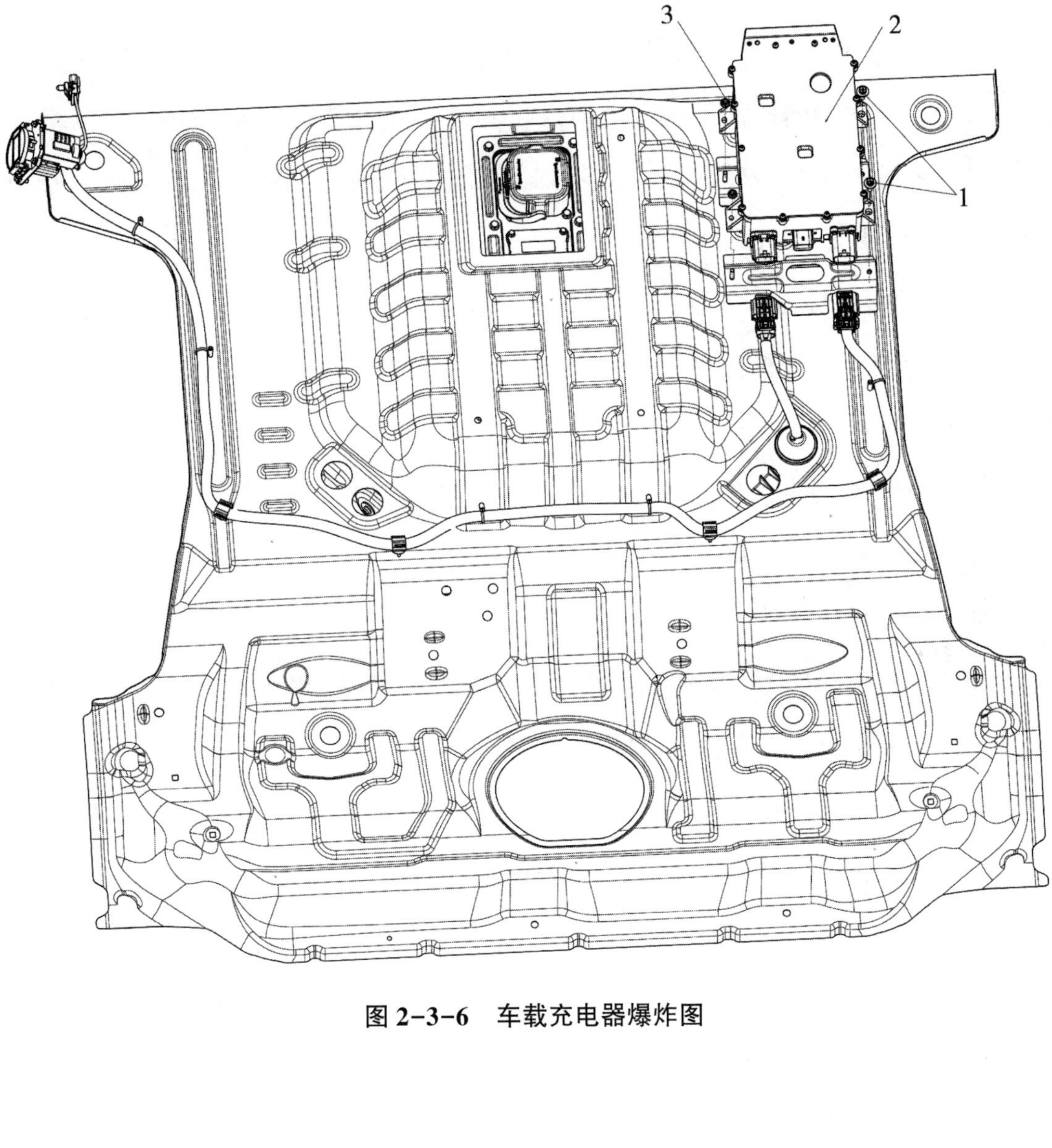

图 2-3-6 车载充电器爆炸图

2.4 底 盘

乘用车的转向系统、悬架、车桥、轮胎和车轮、传动装置、制动系统等，俗称为底盘。底盘是接受发动机的动力，使汽车运动并按驾驶员的操纵而正常行驶的部件。

1. 乘用车转向系统是用来保持或改变汽车行驶方向的机构，在转向行驶时，还要保证各转向轮之间有协调的转角关系，驾驶员通过操纵转向系统，使汽车保持在直线或转弯的运动状态，或者使上述两种运动状态相互转换。转向系统可分为机械转向系统、动力转向系统两类。

机械转向系统由转向操作机构（方向盘和转向轴）、转向器和转向传动机构组成。

动力转向系统是在机械转向系统的基础上，加设转向加力装置而构成的。按动力来源不同，可分为液压式和气压式两类。

2. 悬架的功能是缓和、抑制由不平路面引起的振动和冲击，保证乘员乘坐舒适和所运货物的完好，除传递汽车垂直力外，还要传递其他方向的力和力矩，保证车轮和车身（或车架）之间有确定的运动关系。

悬架一般由弹性元件、减震器和导向机构组成，有的还装有辅助弹性元件横向稳定器等。常见的弹性元件有钢板弹簧、螺旋弹簧、扭杆弹簧、气体弹簧和橡胶弹簧等。悬架可分为非独立式悬架和独立式悬架两类。

非独立式悬架的结构特点是两侧车轮由一根整体式车桥相连，车轮连同车桥一起通过弹性悬架悬挂在车架（或车身）下面。

独立式悬架则是每一侧车轮单独地通过弹性悬架悬挂在车架（或车身）下面。独立式悬架广泛地应用于乘用车中，其种类有横臂式、纵臂式、麦弗逊式等。

3. 轮胎和车轮的作用是支撑整车，缓和由路面传来的冲击力，通过轮胎和路面之间的摩擦来产生驱动力和制动力。汽车就是依据轮胎及车轮传递的力和力矩来实现约定的承载和完成规范的运动。车轮按结构可分为辐板式和辐条式。充气轮胎按组成结构分为有内胎轮胎和无内胎轮胎两种；按胎体中帘线排列方向，分为普通斜交轮胎和子午线轮胎。

4. 乘用车的发动机动力，是经离合器、变速器的输出轴传递到汽车驱动桥后驱动汽车。因为输出轴和驱动桥之间有一定的距离，中间必须通过传动装置才能把它们连接起来。传动装置的功能，就是满足汽车行驶过程中相对位置不断变化的需要，并顺利地将动力通过传动轴输送到驱动车桥的主减速器和差速器。传动装置主要由各种万向节、传动轴和中间轴承等零部件组成。

车桥通过悬架和车架（或承载式车身）相连，两端安装车轮，用来传递车架（或承载式车身）与车轮之间的各方向作用力及其力矩。根据悬架结构形式不同，车桥分为整体式和断开式两种。根据车桥上车轮的受力情况，又可分为转向桥、驱动桥、转向驱动桥和支持桥等。

5. 制动系统是行车制动、应急制动、驻车制动等的总称。其功能是使乘用车减低速度或停止行驶，或使已停驶的汽车保持不动。

制动系统由制动器和制动驱动机构组成，制动驱动机构包括供能装置、控制装置、传动装置和制动力调节装置等。

制动系统按制动力源分为液压式和气压式。液压式由制动主缸、助力器、管路和轮缸组成；气压式由空气压缩机、制动控制阀、储气筒、压力阀和制动气室组成。现代汽车还增加防抱死制动系统（ABS）。较完善的制动系统还包括制动力调节装置、报警装置和压力保护装置等。汽车上常用的制动器有鼓式和盘式两种。

6. 防抱死制动系统（ABS）是由轮速传感器、控制器和压力调节装置组成，能有效地防止制动时由于车轮抱死而使汽车失去方向稳定性或转向能力的危险，并缩短制动距离，从而提高了高速行驶的安全。

2.4.1 离合器踏板和油缸

序号	零部件中文名称	零部件英文名称/描述	商品编码	商品描述
1	离合器踏板总成	PEDAL ASM-CLU	87089390	
2	离合器主缸总成	CYLINDER ASM-CLU MAS	87089390	
3	卡箍—离合器主缸低压管	CLIP-CLU M/CYL LOW HS/PP	73269019	不锈钢制
4	离合器低压软管	HOSE/PIPE ASM-CLU M/CYL LOW	40091100	硫化橡胶制，未经加强或未与其他材料合制，未装有附件
5	卡箍—离合器主缸低压管	CLIP-CLU M/CYL LOW HS/PP	73269019	不锈钢制
6	制动储液罐总成	RESERVOIR ASM-BRK M/CYL	87089390	
7	离合器硬管卡夹	CLIP-CLU ACTR CYL PIPE	39269090	塑料制
8	离合器硬管总成	PIPE ASM-CLU ACTR CYL	87089390	钢铁制
9	离合器管路安装支架	BRACKET-CLU HS/PP	87089999	
10	螺栓—离合器管路支架	BOLT/SCREW-CLU HS/PP BRKT	73181510	钢铁制，抗拉强度在 800 兆帕及以上
11	离合器高压软管	HOSE/PIPE ASM-CLU HIGH	40091200	硫化橡胶制，未经加强或未与其他材料合制，装有附件

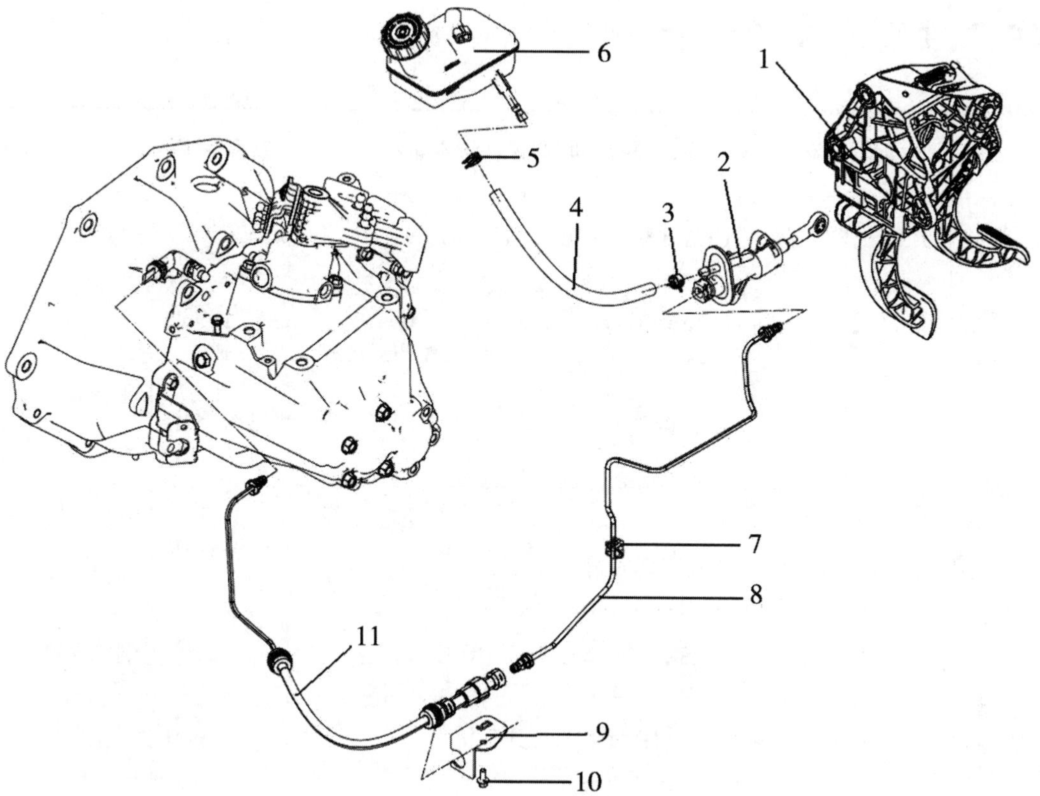

图 2-4-1 离合器踏板和油缸爆炸图

2.4.2 排气系统软管

序号	零部件中文名称	零部件英文名称/描述	商品编码	商品描述
1	卡箍—三元催化器	CLAMP-3WAY CTLTC CONV	73269019	钢铁制
2	三元催化器总成	CONVERTER ASM-3WAY CTLTC	84213930	
3	螺栓—催化器支架	BOLT/SCREW-CTLTC CONV BRKT	73181510	钢铁制，抗拉强度在800兆帕及以上
4	催化器支架	BRACKET-CTLTC CONV	87089999	钢铁制，安装在发动机上
5	垫片—前排气管	GASKET-EXH FRT PIPE	73182200	钢铁制
6	螺母—前排气系统	NUT-EXH FRT PIPE	73181600	钢铁制
7	前排气管柔性节	PIPE ASM-FRT EXH FLEX	87089200	钢铁制
8	前排气管吊耳	INSULATOR-EXH FRT PIPE HNGR	40169990	硫化橡胶制
9	螺栓—前排气管吊耳	BOLT/SCREW - EXH FRT PIPE HNGR	73181510	钢铁制，抗拉强度在800兆帕及以上
10	排气管隔热罩簧片螺母	NUT-EXH PIPE H/SHLD SPR	73181600	钢铁制
11	垫片—排气管	GASKET-EXH PIPE	73182200	钢铁制
12	中排气管消声器法兰	FLANGE-EXH MID PIPE MUFF	73079100	钢铁制
13	中排气管消声器总成	MUFFLER ASM-EXH MID PIPE	87089200	
14	中排气管消声器吊耳	INSULATOR-EXH MID PIPE MUFF HNGR	40169990	硫化橡胶制
15	中排气管消声器吊耳	INSULATOR-EXH MID PIPE MUFF HNGR	40169990	硫化橡胶制
16	排气尾管衬垫	GASKET-EXH TAIL PIPE	87089200	钢铁制

续表

序号	零部件中文名称	零部件英文名称/描述	商品编码	商品描述
17	螺母—排气尾管	NUT-EXH TAIL PIPE	73181600	钢铁制
18	后排气消音器总成	MUFFLER ASM-EXH RR PIPE	87089200	
19	后排气消音器吊耳	INSULATOR - EXH RR PIPE MUFF HNGR	40169990	硫化橡胶制
20	排气管隔热罩簧片螺母	NUT-EXH PIPE H/SHLD SPR	73181600	钢铁制
21	排气后消音器隔热罩	SHIELD-EXH RR PIPE MUFF HT	87089200	
22	催化器支架	BRACKET-CTLTC CONV	87089999	钢铁制，安装在发动机上
23	螺栓—催化器支架	BOLT/SCREW-CTLTC CONV BRKT	73181510	钢铁制，抗拉强度在800兆帕及以上
24	螺母—催化器支架	NUT-CTLTC CONV BRKT	73181600	钢铁制

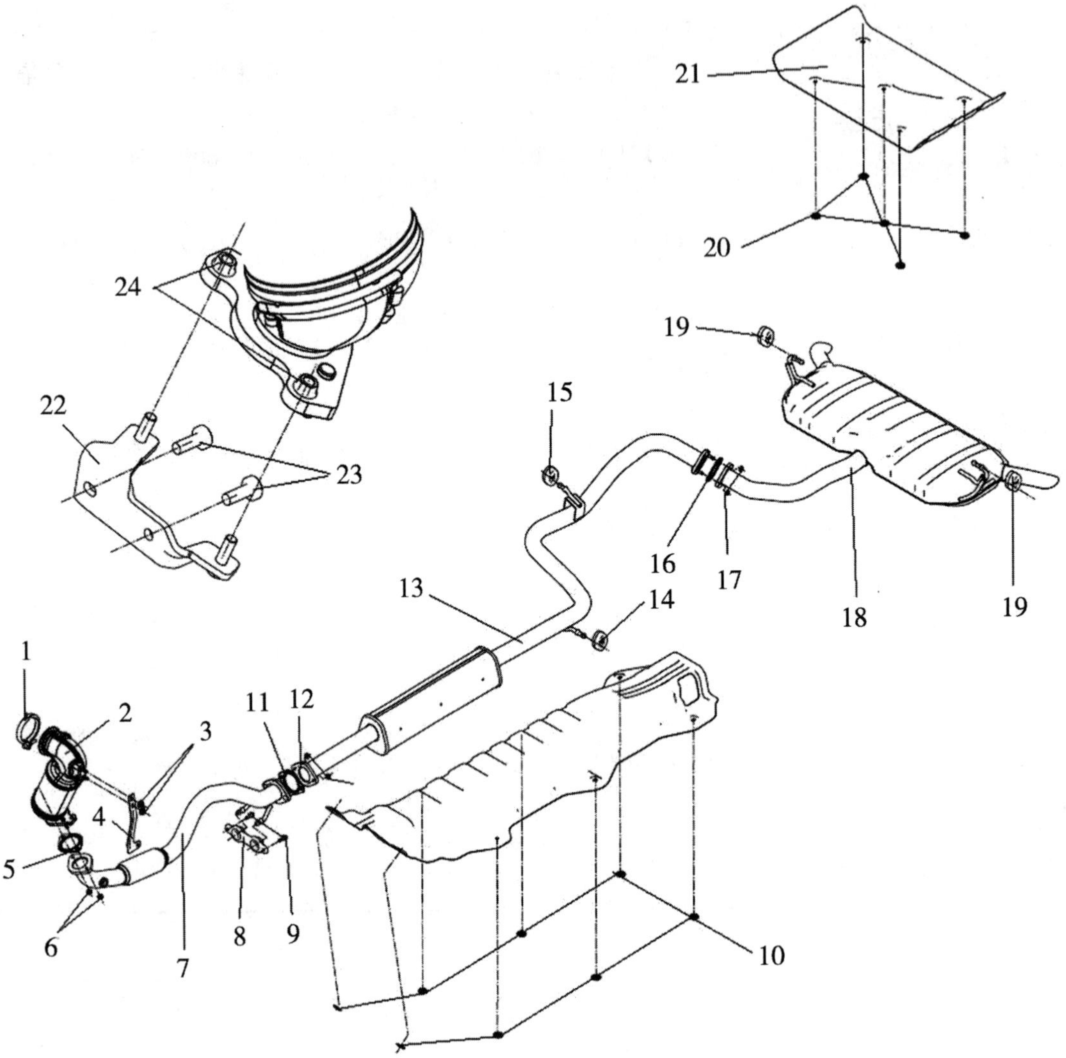

图 2-4-2　排气系统软管爆炸图

2.4.3 制动踏板和主缸安装（一）

序号	零部件中文名称	零部件英文名称/描述	商品编码	商品描述
1	制动真空管接头	CONNECTOR-P/B BOOS VAC HOSE	39174000	塑料制
2	制动真空软管总成	HOSE ASM-P/B BOOS VAC	87083099	
3	制动真空管卡扣	CLIP-P/B BOOS VAC PIPE	39269090	塑料制
4	电子真空泵开关	SWITCH-ELEC VAC PUMP	85365000	电气开关
5	制动储液罐安装螺母	NUT-BRK M/CYL RSVR	73181600	钢铁制
6	制动助力器密封垫	SEAL-P/B BOOS	39269090	塑料制
7	制动踏板安装座	BRACKET ASM-BRK PED	87083099	
8	制动踏板旋转轴卡簧	SPRING-BRK PED OTR	73182900	钢铁制
9	制动踏板旋转轴衬套	BUSHING-BRK PED PIV SHAFT	87083099	塑料制
10	制动踏板臂套管	TUBE-BRK PED PIV SHAFT	87083099	钢铁制
11	制动踏板旋转轴衬套	BUSHING-BRK PED PIV SHAFT	87083099	
12	制动踏板旋转轴	SHAFT-BRK PED PIV	87083099	钢铁制
13	制动踏板罩	COVER-BRK PED	87083099	塑料制
14	制动踏板臂	LEVER-BRK PED	87083099	
15	制动踏板回转销	PIN-BRK PED PIV	73182400	钢铁制
16	制动踏板回转销销孔衬套	BUSHING-BRK PED PIV PIN	87083099	塑料制
17	制动踏板锁销	PIN-BRK PED LKG	73182400	钢铁制
18	制动踏板安装螺母	NUT-BRK PED	73181600	钢铁制

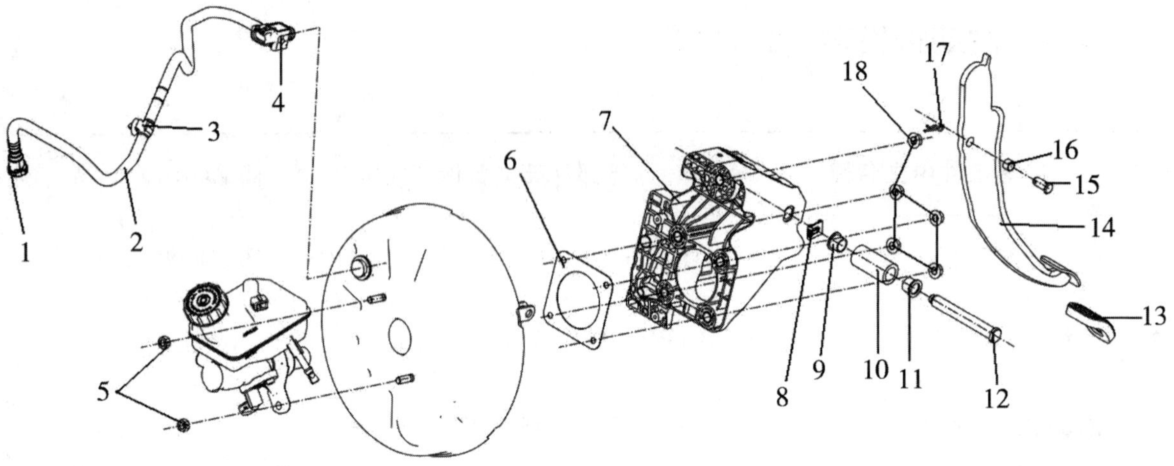

图 2-4-3　制动踏板和主缸安装（一）爆炸图

2.4.4 制动踏板和主缸安装（二）

序号	零部件中文名称	零部件英文名称/描述	商品编码	商品描述
1	制动调节器单元总成	MODULATOR ASM-BRK	87083099	
2	制动调节器单元上支架	BRACKET-BRK MOD UPR	87082990	安装在前舱车身上
3	螺栓—制动调节器单元上支架固定	BOLT/SCREW-BRK MOD UPP BRKT	73181510	钢铁制，抗拉强度在 800 兆帕及以上
4	螺栓—制动调节器单元下支架固定	BOLT/SCREW-BRK MOD LWR BRKT	73181510	钢铁制，抗拉强度在 800 兆帕及以上
5	制动调节器单元下支架	BRACKET-BRK MOD LWR	87082990	安装在前舱车身上
6	螺栓—调节器单元	BOLT/SCREW-BRK MOD	73181590	钢铁制，抗拉强度在 800 兆帕以下
7	制动调节器单元缓冲	SPACER-BRK MOD	40169990	硫化橡胶制
8	螺栓—制动调节器单元下支架固定	BOLT/SCREW-BRK MOD LWR BRKT	73181510	钢铁制，抗拉强度在 800 兆帕及以上
9	螺栓—调节器单元	BOLT/SCREW-BRK MOD	73181590	钢铁制，抗拉强度在 800 兆帕以下

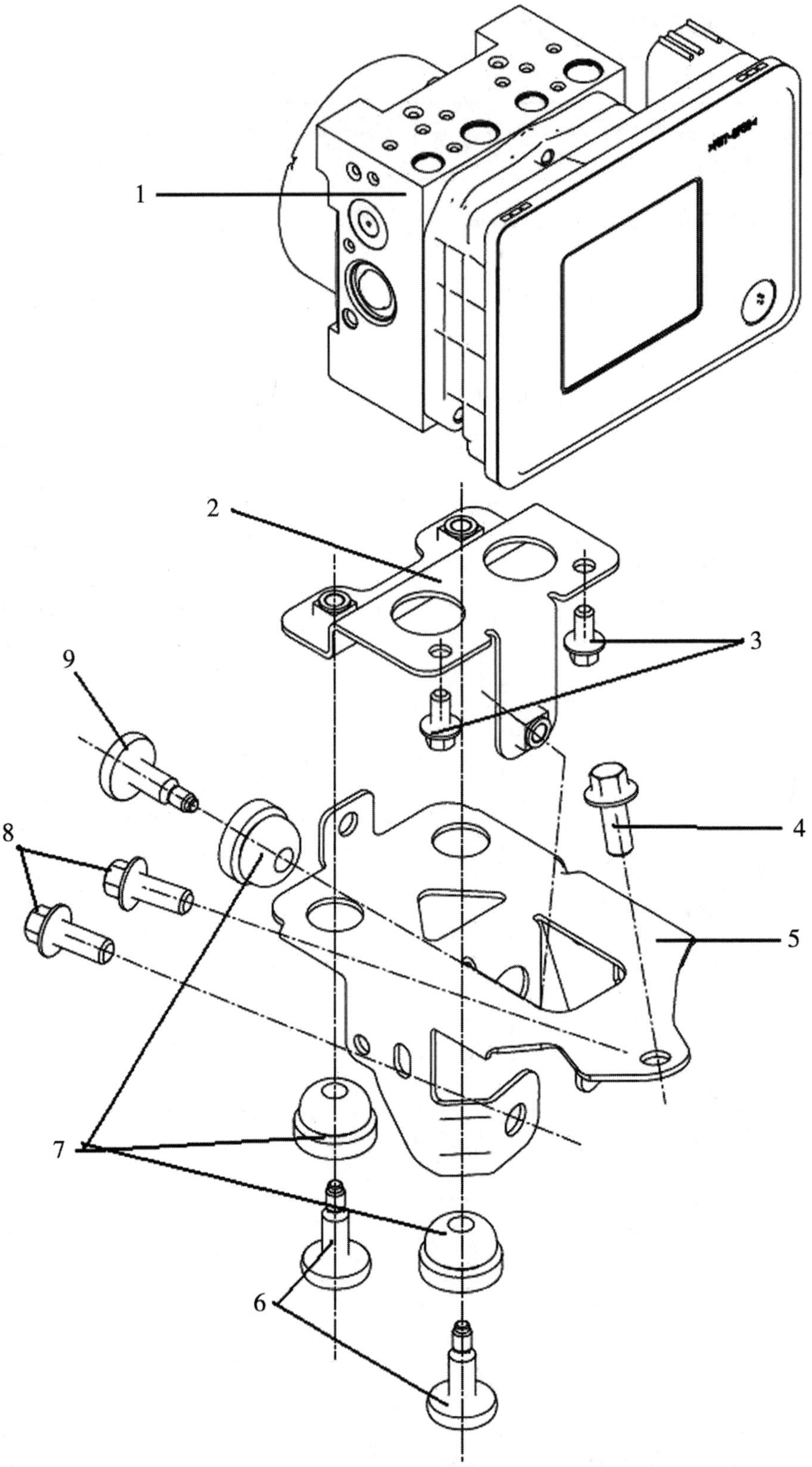

图 2-4-4　制动踏板和主缸安装（二）爆炸图

2.4.5 驻车制动系统

序号	零部件中文名称	零部件英文名称/描述	商品编码	商品描述
1	驻车制动操纵杆总成	LEVER ASM-PARK BRK	87083099	
2	驻车制动操纵杆安装支架	BRACKET ASM-PARK BRK	87083099	
3	驻车制动拉索平衡器总成	EQUALIZER ASM-PARK BRK CBL	87083099	
4	制动卡钳拉线座	BRACKET-BRK CLPR PARK BRK CBL	87083099	
5	驻车制动拉索防尘罩	BOOT-PARK BRK CBL	87083099	
6	制动卡钳转臂	RETAINER-BRK CLPR PARK BRK CBL	87083099	
7	驻车制动拉索总成	CABLE ASM-PARK BRK	87083099	
8	驻车制动拉索支架固定螺栓	BOLT/SCREW-PARK BRK CBL BRKT	73181510	钢铁制，抗拉强度在 800 兆帕及以上
9	驻车制动拉索支架	BRACKET-PARK BRK CBL	87089999	
10	驻车制动拉索卡扣	CLIP-PARK BRK CBL	39269090	塑料制
11	驻车制动拉索密封圈	SEAL-PARK BRK CBL	40169390	硫化橡胶制
12	驻车制动拉索安装螺母	NUT-PARK BRK CBL	73181600	钢铁制
13	驻车制动拉索总成	CABLE ASM-PARK BRK	87083099	
14	驻车制动拉索支架	BRACKET-PARK BRK CBL	87089999	
15	驻车制动拉索支架固定螺栓	BOLT/SCREW - PARK BRK CBL BRKT	73181510	钢铁制，抗拉强度在 800 兆帕及以上

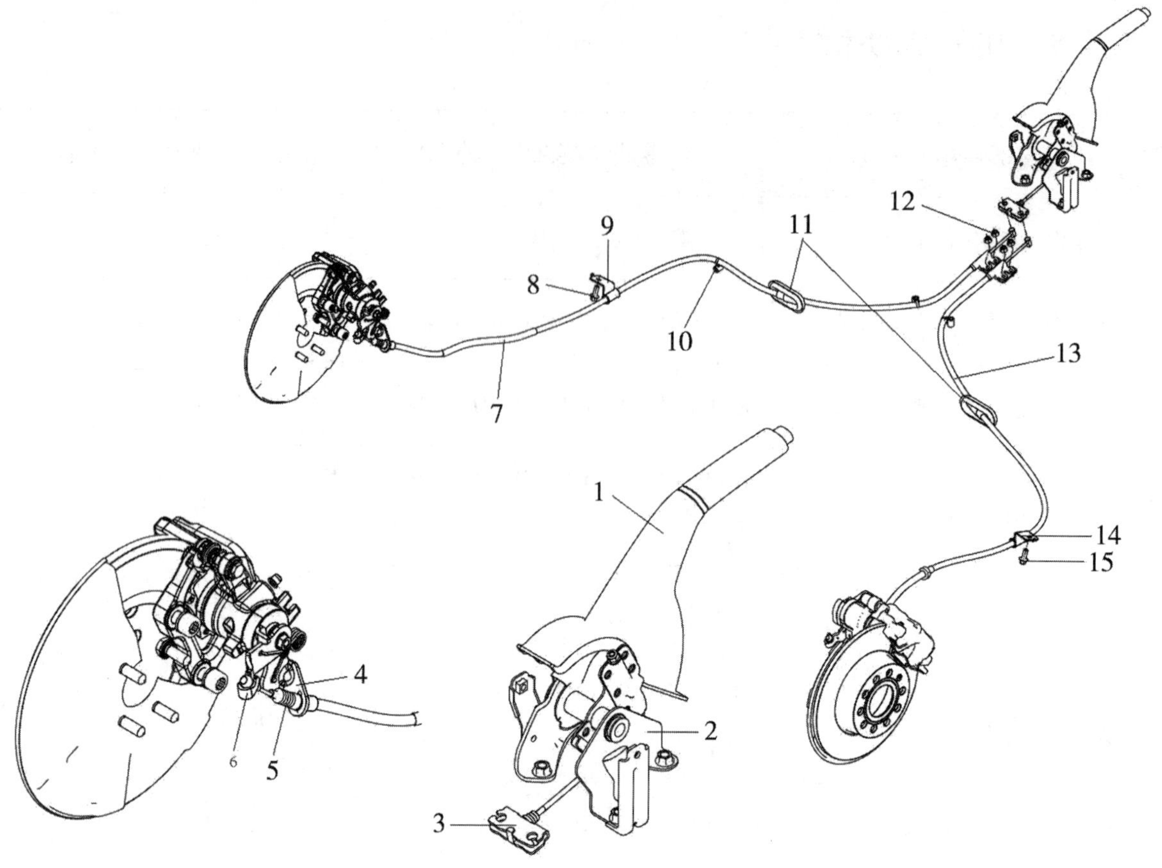

图 2-4-5　驻车制动系统爆炸图

2.4.6 驻车制动总成

序号	零部件中文名称	零部件英文名称/描述	商品编码	商品描述
1	后制动钳支架	BRACKET-RR BRK CLPR	87083099	
2	螺栓—后制动钳导向销	BOLT/SCREW-RR BRK CLPR GDE PIN	73181510	钢铁制，抗拉强度在800兆帕及以上
3	后制动钳导销总成	PIN ASM-RR BRK CLPR GDE	73182400	钢铁制
4	护罩—后制动钳导向销	BOOT-RR BRK CLPR GDE PIN	40169990	硫化橡胶制
5	后制动钳壳体放气螺钉防尘帽	CAP-RR BRK CLPR HSG BLEDR BOLT	40169990	硫化橡胶制
6	螺钉—后制动排气阀	BOLT/SCREW-RR BRK BLEDR VLV	73181510	钢铁制，抗拉强度在800兆帕及以上
7	后制动钳壳体进油口防尘保护塞	CAP-RR BRK CLPR HSG OIL FEED	87083099	塑料制
8	后制动系统摩擦片总成	PAD ASM-RR BRK SYS	87083010	复合材料

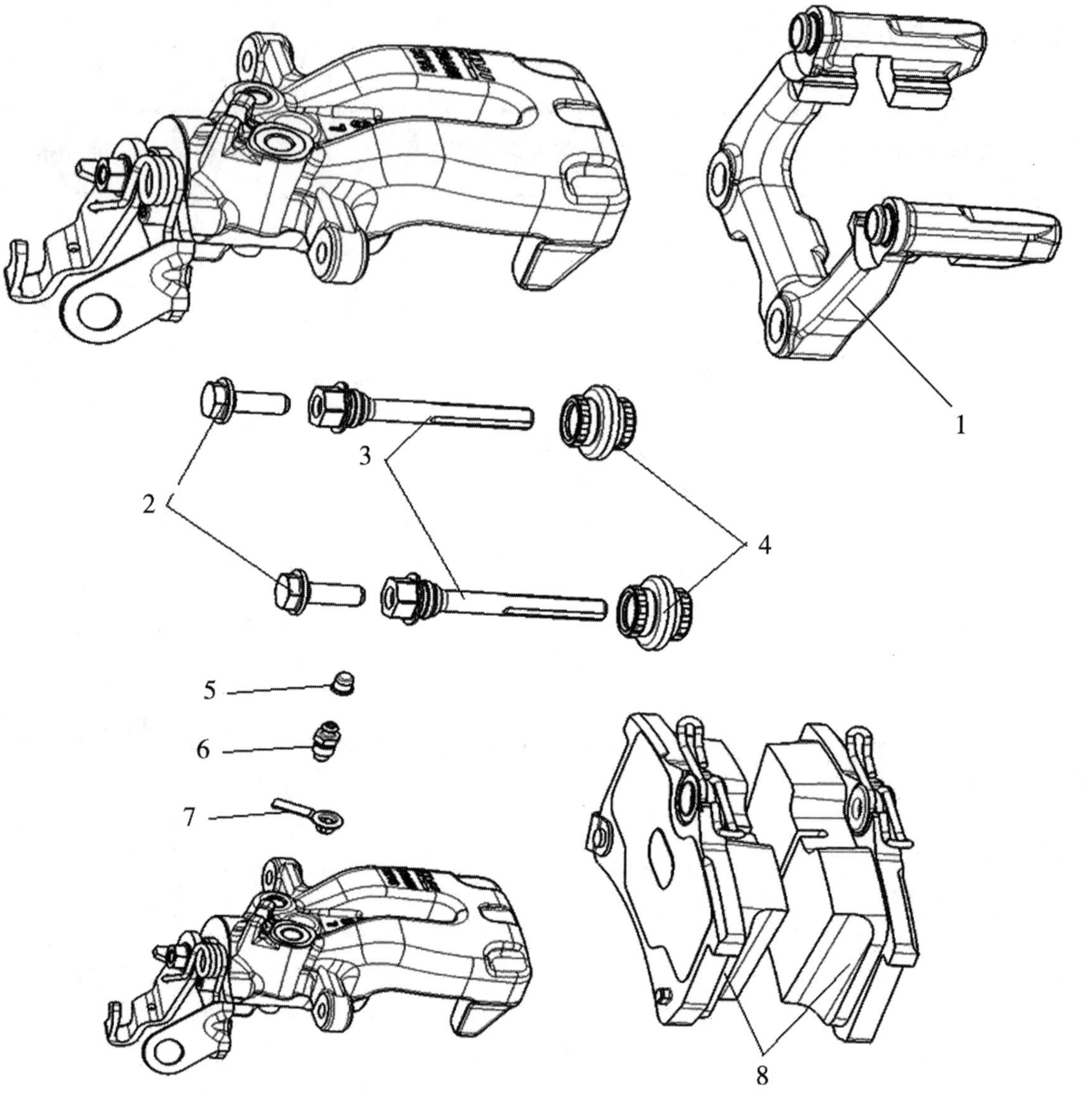

图 2-4-6　驻车制动总成爆炸图

2.4.7 制动主缸

序号	零部件中文名称	零部件英文名称/描述	商品编码	商品描述
1	制动主缸带储液罐总成	CYLINDER ASM-BRK M/CYL WITH BRK M/CYL RSVR	87083099	
2	制动储液罐盖总成	CAP ASM-BRK M/CYL RSVR	87083099	
3	制动储液罐总成	RESERVOIR ASM-BRK M/CYL	87083099	
4	制动储液罐连接销	PIN-BRK M/CYL RSVR	73182400	钢铁制
5	制动灯信号传感器	SENSOR-BRK LP SIG	90318090	非光学检测
6	螺栓—制动灯信号传感器	BOLT/SCREW-BRK LP SIG SEN	73181510	钢铁制，抗拉强度在 800 兆帕及以上
7	储液罐液位报警接插件	CONNECTOR-BRK FLUID LVL IND	85369011	电气连接件
8	（第一）活塞组件	PISTON KIT	87083099	
9	（第二）活塞组件	PISTON KIT	87083099	

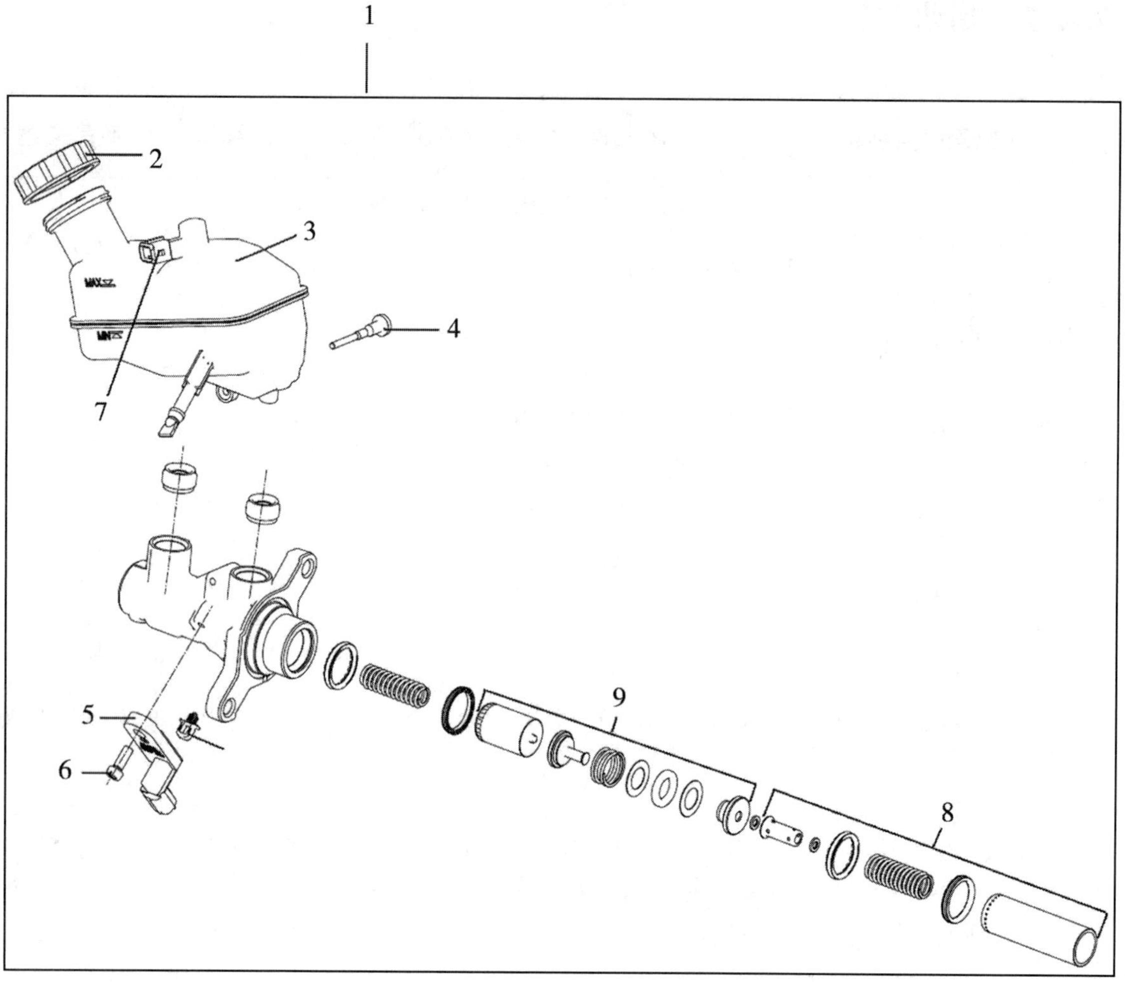

图 2-4-7　制动主缸爆炸图

2.4.8 制动助力器

序号	零部件中文名称	零部件英文名称/描述	商品编码	商品描述
1	制动助力器	BOOSTER-P/B	87083099	
2	真空助力器接头密封件	SEAL-P/B BOOS	40169390	硫化橡胶制
3	制动助力器真空度传感器	SENSOR -P/B BOOS VAC	90262090	

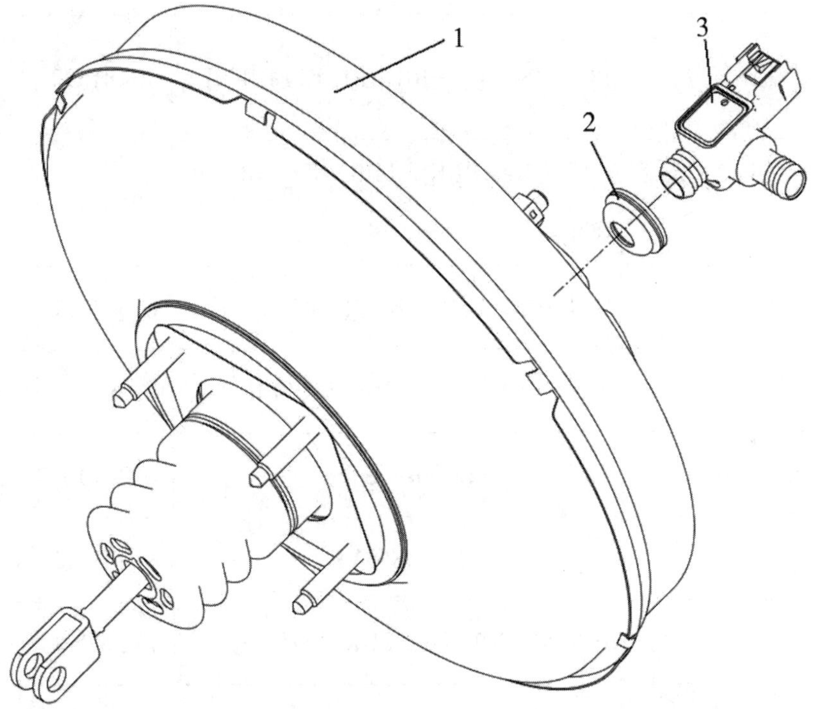

图 2-4-8 制动助力器爆炸图

2.4.9 后制动卡钳

序号	零部件中文名称	零部件英文名称/描述	商品编码	商品描述
1	螺栓—驻车电机安装	BOLT/SCREW-PARK MOT	73181510	钢铁制，抗拉强度在800兆帕及以上
2	驻车电机总成	MOTOR ASM-PARK	85013100	直流电机，输出功率不超过750瓦
3	护罩—后制动钳导向销	BOOT-RR BRK CLPR GDE PIN	87083099	塑料制
4	后制动钳导销总成	PIN ASM-RR BRK CLPR GDE	73182400	钢铁制
5	螺钉—后制动排气阀	BOLT/SCREW-RR BRK BLEDR VLV	73181590	钢铁制，抗拉强度在800兆帕以下
6	后制动钳壳体放气螺栓防尘帽	CAP - RR BRK CLPR HSG BLEDR BOLT	40169990	硫化橡胶制
7	后制动钳壳体总成	HOUSING ASM-RR BRK CLPR	87083099	钢铁制
8	后制动钳支架总成	BRACKET ASM-RR BRK CLPR	87083099	钢铁制
9	后制动系统摩擦片总成	PAD ASM-RR BRK SYS	87083010	复合材料
10	后制动系统摩擦片总成	PAD ASM-RR BRK SYS	87083010	复合材料
11	后制动钳止动弹簧	SPRING-RR DISC BRK PAD	73209090	钢铁制

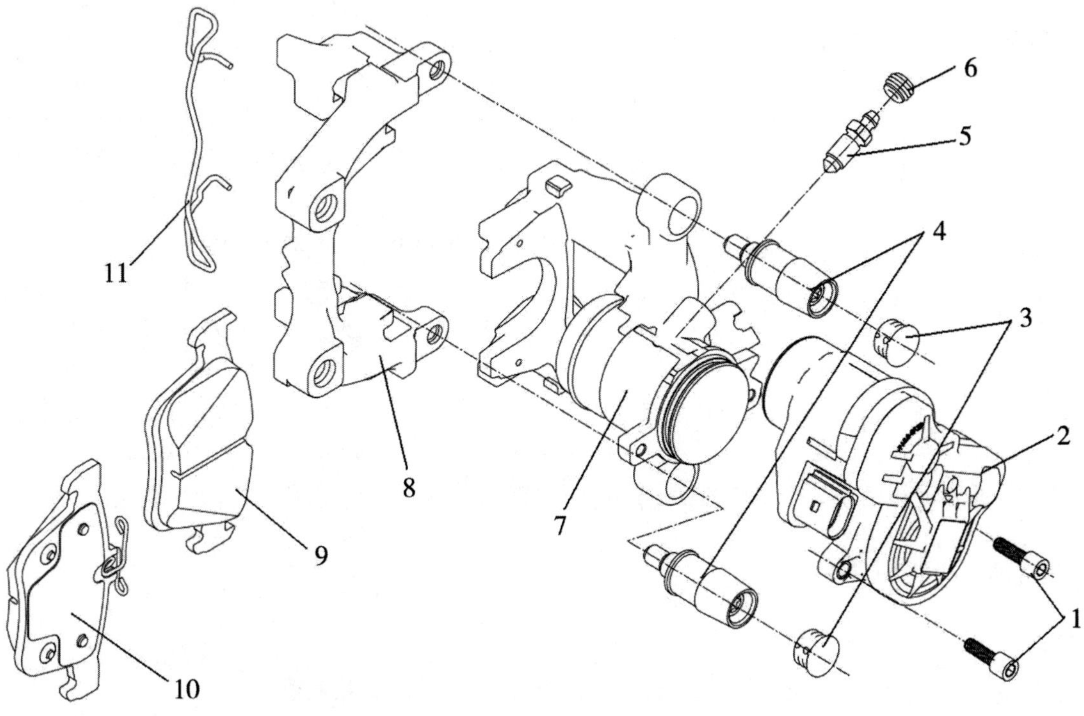

图 2-4-9 后制动卡钳爆炸图

2.4.10 前制动卡钳

序号	零部件中文名称	零部件英文名称/描述	商品编码	商品描述
1	前制动钳壳体总成	HOUSING ASM-FRT BRK CLPR	87083099	
2	活塞—前制动钳	PISTON-FRT BRK CLPR	87083099	
3	密封圈—前制动钳活塞	SEAL-FRT BRK CLPR PS	40169390	硫化橡胶制
4	护罩—前制动钳活塞	BOOT-FRT BRK CLPR PSTN	40169990	硫化橡胶制
5	前制动钳壳体进油口防尘保护塞	CAP-FRT BRK CLPR HSG OIL FEED	87083099	
6	前制动钳壳体放气螺钉防尘帽	CAP-FRT BRK CLPR HSG BLEDR BOLT	40169990	硫化橡胶制
7	螺栓—前制动排气阀	BOLT/SCREW - FRT BRK BLEDR VLV	73181590	钢铁制，抗拉强度在800兆帕以下
8	前制动钳导向销保护盖	CAP-FRT BRK CLPR GDE PIN	87083099	
9	前制动钳导向销套筒	SLEEVE-FRT BRK CLPR GDE PIN	40169990	硫化橡胶制
10	前制动钳导销	PIN-FRT BRK CLPR GDE	73182400	钢铁制
11	密封圈	SEAL-FRT BRK CLPR PS	40169390	硫化橡胶制
12	摩擦片	PAD ASM-FRT BRK	87083010	复合材料

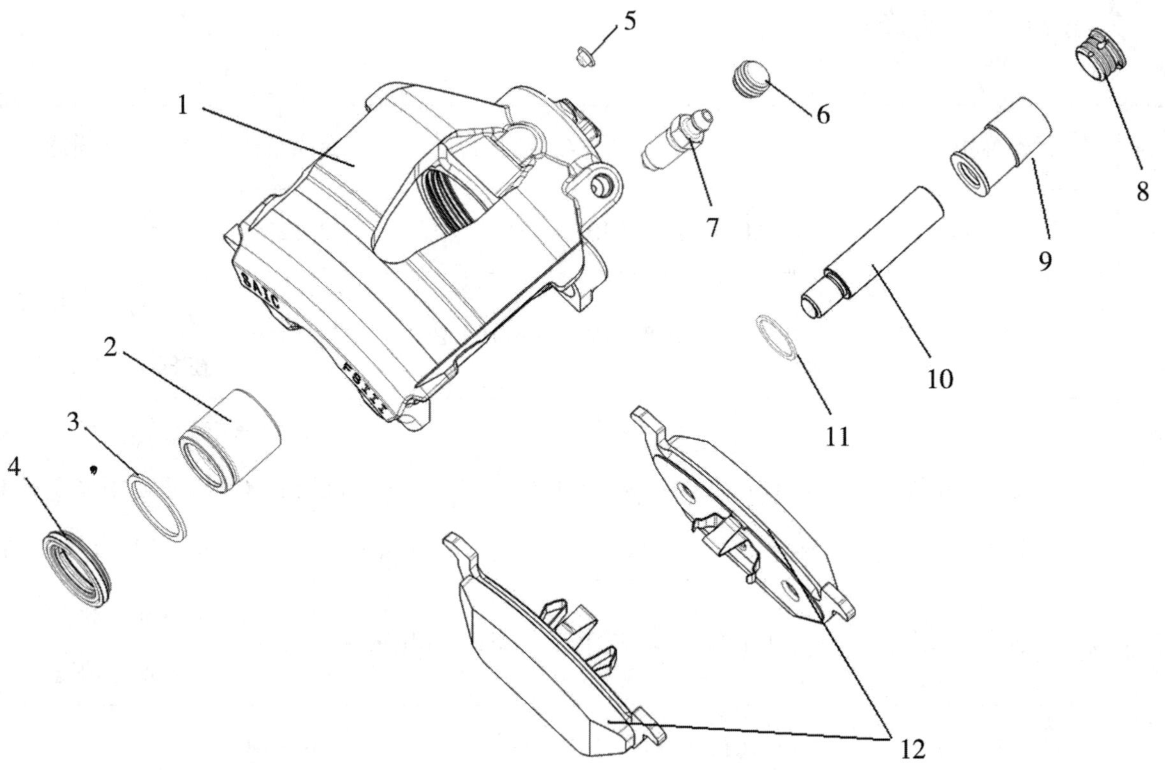

图 2-4-10 前制动卡钳爆炸图

2.4.11 制动管

序号	零部件中文名称	零部件英文名称/描述	商品编码	商品描述
1	（右）前制动软管垫片	SPACER-FRT BRK HOSE	73182200	钢铁制
2	前制动软管空心螺栓	BOLT/SCREW-FRT BRK HOSE	73181590	钢铁制，抗拉强度在800兆帕以下
3	（右）前制动软管	HOSE ASM-FRT BRK	40091200	硫化橡胶制，未经加强或未与其他材料合制，装有附件
4	螺栓—前制动软管支架	BOLT/SCREW-FRT BRK HOSE BRKT	73181590	钢铁制，抗拉强度在800兆帕以下
5	（右）前制动软管支架	BRACKET-FRT BRK HOSE	87083099	
6	（右）前制动软管接头	CONNECTOR-FRT BRK HOSE	73079900	钢铁制
7	（右）前制动软管接头卡簧	CIRCLIP-FRT BRK HOSE CONN	73182900	钢铁制
8	（右）前制动硬管接头	CONNECTOR-FRT BRK PP	73079900	钢铁制
9	前制动硬管管夹	CLIP-FRT BRK PP	39269090	塑料制
10	（右）前制动硬管	PIPE ASM-FRT BRK	87083099	双层钢管
11	（右）轮速传感器卡扣	CLIP-FRT WHL SPD SEN	39269090	塑料制
12	螺栓—轮速传感器	BOLT/SCREW-FRT WHL SPD SEN	73181510	钢铁制，抗拉强度在800兆帕及以上
13	（右）前轮速传感器支架	BRACKET-FRT WHL SPD SEN	87083099	钢铁制
14	螺栓—前轮速传感器支架	BOLT/SCREW-FRT WHL SPD SEN BRKT	73181510	钢铁制，抗拉强度在800兆帕及以上
15	前轮速传感器线堵盖	PLUG-FRT WHL SPD SEN HARN	40169990	硫化橡胶制

续表1

序号	零部件中文名称	零部件英文名称/描述	商品编码	商品描述
16	(右)前轮速传感器线束总成	HARNESS ASM-FRT WHL SPD SEN	85443020	
17	前制动硬管管夹	CLIP-FRT BRK PP	39269090	塑料制
18	主缸制动硬管	PIPE ASM-BRK M/CYL	87083099	双层钢管
19	主缸制动硬管接头	FITTING-BRK M/CYL PP	73079900	钢铁制
20	制动主缸总成	CYLINDER ASM-BRK M/CYL	87083099	
21	(左)后制动硬管	PIPE ASM-RR BRK	87083099	双层钢管
22	(右)后制动硬管管夹	CLIP-RR BRK PIPE	39269090	塑料制
23	(右)后制动硬管	PIPE ASM-RR BRK	87083099	双层钢管
24	(右)后制动硬管接头	FITTING-RR BRK PIPE	73079900	钢铁制
25	前制动硬管管夹	CLIP-FRT BRK PP	39269090	塑料制
26	后制动硬管(短)管夹	CLIP-RR BRK PIPE	39269090	塑料制
27	前制动硬管接头	FITTING-FRT BRK PIPE	73079900	钢铁制
28	前制动硬管管夹	CLIP-FRT BRK PP	39269090	塑料制
29	前轮速传感器线束接插件	CONNECTOR-FRT WHL SPD SEN HARN	85369011	电路连接器
30	制动调节器单元总成	MODULATOR ASM-BRK	87083099	
31	(左)后制动硬管接头	FITTING-RR BRK PIPE	73079900	钢铁制
32	(左)前制动软管接头	CONNECTOR-FRT BRK HOSE	73079900	钢铁制
33	(左)前制动软管接头卡簧	CIRCLIP-FRT BRK HOSE CONN	73182900	钢铁制

续表2

序号	零部件中文名称	零部件英文名称/描述	商品编码	商品描述
34	（左）前制动软管支架	BRACKET-FRT BRK HOSE	87083099	
35	（左）前制动软管	HOSE ASM-FRT BRK	40091200	硫化橡胶制，未经加强或未与其他材料合制，装有附件
36	（左）前制动软管垫片	SPACER-FRT BRK HOSE	73182200	钢铁制
37	（左）前制动软管空心螺栓	BOLT/SCREW-FRT BRK HOSE	73181590	钢铁制，抗拉强度在800兆帕以下
38	螺栓—前制动软管支架	BOLT/SCREW - FRT BRK HOSE BRKT	73181510	钢铁制，抗拉强度在800兆帕及以上
39	（左）前轮速传感器支架	BRACKET-FRT WHL SPD SEN	87083099	钢铁制
40	螺栓—前轮速传感器支架	BOLT/SCREW-FRT WHL SPD SEN BRKT	73181510	钢铁制，抗拉强度在800兆帕及以上
41	前轮速传感器线卡扣	CLIP-FRT WHL SPD SEN HARN	39269090	塑料制
42	前轮速传感器线胶套	RUBBER-FRT WHL SPD SEN HARN	40169990	硫化橡胶制
43	（左）前轮速传感器线束总成	HARNESS ASM-FRT WHL SPD SEN	85443020	
44	螺栓—前轮速传感器	BOLT/SCREW-FRT WHL SPD SEN	73181510	钢铁制，抗拉强度在800兆帕及以上
45	后制动硬管（长）接头	FITTING-RR BRK PIPE	73079900	钢铁制
46	（左）后制动硬管（长）	PIPE ASM-RR BRK	87083099	双层钢管
47	（右）后制动硬管（长）	PIPE ASM-RR BRK	87083099	双层钢管
48	后制动硬管管夹	CLIP-RR BRK PP	39269090	塑料制
49	（右）后制动硬管（长）	PIPE ASM-RR BRK	87083099	双层钢管

续表3

序号	零部件中文名称	零部件英文名称/描述	商品编码	商品描述
50	(右)后制动软管	HOSE ASM-RR BRK	40091200	硫化橡胶制，未经加强或未与其他材料合制，装有附件
51	(右)后制动软管接头	CONNECTOR-RR BRK HOSE	73079900	钢铁制
52	后制动软管接头卡簧	CIRCLIP-RR BRK HOSE CONN	73182900	钢铁制
53	螺栓—后轮速传感器	BOLT/SCREW-RR WHL SPD SEN	73181510	钢铁制，抗拉强度在800兆帕及以上
54	后轮速传感器线卡扣	CLIP-RR WHL SPD SEN	39269090	塑料制
55	(右)后轮速传感器线束总成	HARNESS ASM-RR WHL SPD SEN	85443020	
56	(左)后制动软管	HOSE ASM-RR BRK	40091200	硫化橡胶制，未经加强或未与其他材料合制，装有附件
57	后轮速传感器线卡扣	CLIP-RR WHL SPD SEN	39269090	塑料制
58	(左)后轮速传感器线束总成	HARNESS ASM-RR WHL SPD SEN	85443020	
59	螺栓—轮速传感器	BOLT/SCREW-FRT WHL SPD SEN	73181510	钢铁制，抗拉强度在800兆帕及以上

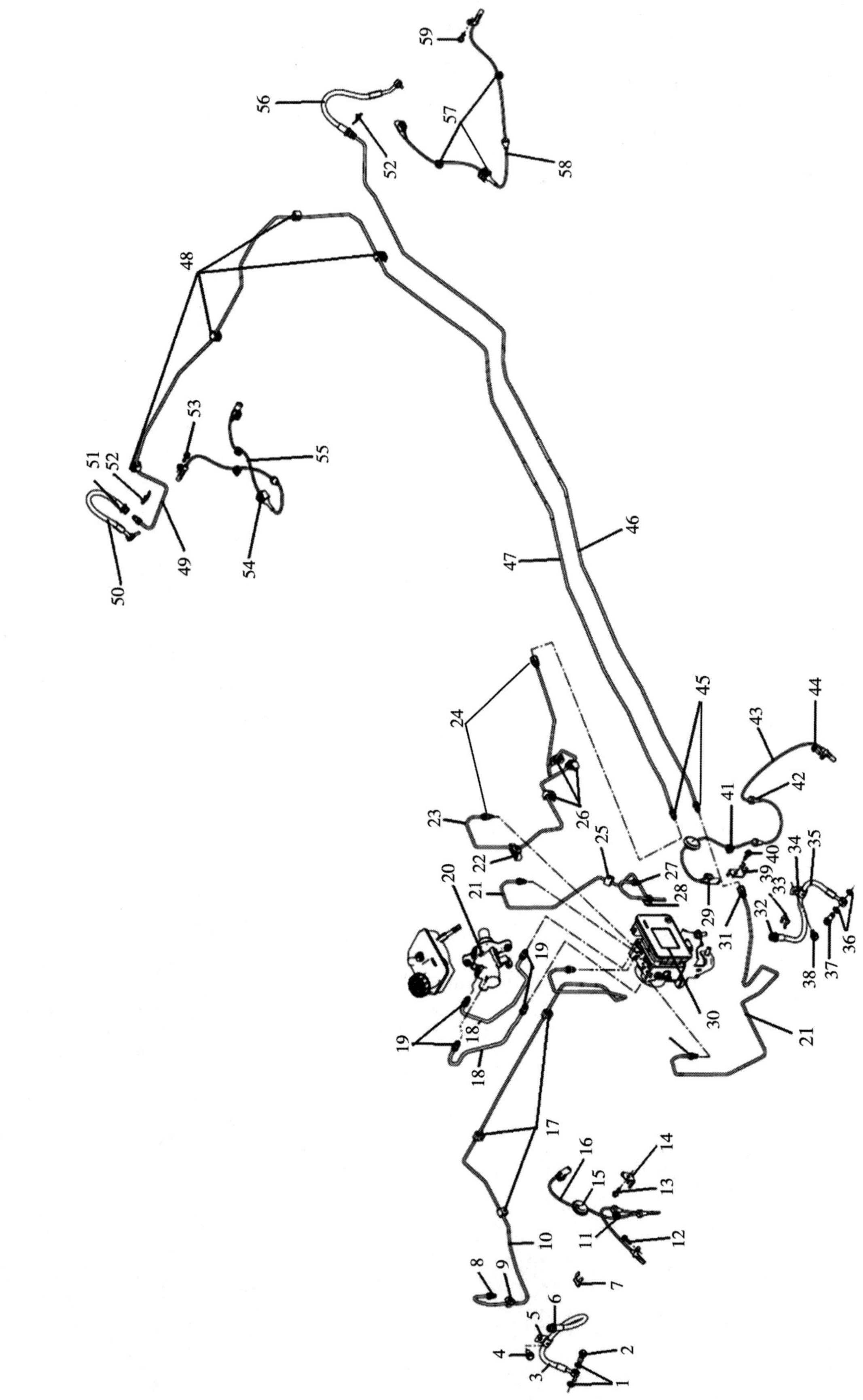

图 2-4-11　制动管爆炸图

2.4.12 车轮和车轮罩

序号	零部件中文名称	零部件英文名称/描述	商品编码	商品描述
1	平衡块	WEIGHT-WHL BAL	87087091	铝合金
2	车轮	WHEEL	87087091	铝合金
3	轮胎气门	VALVE-TIRE	84813000	止回阀
4	车轮螺栓	BOLT/SCREW-WHL	73181510	钢铁制，抗拉强度在800兆帕及以上
5	车轮螺栓帽	CAP-WHL BOLT	87087091	塑料制
6	轮胎饰盖总成	COVER ASM-WHL TR	87087091	
7	车轮轮胎	TIRE	40111000	新的充气橡胶轮胎
8	备胎轮胎	SPARE TIRE	40111000	新的充气橡胶轮胎
9	备胎车轮	SPARE WHEEL	87087099	钢铁制
10	备胎气门	VALVE-SPA TIRE	84813000	止回阀
11	车轮和轮胎总成	TIRE & WHEEL ASM	87087091	铝合金

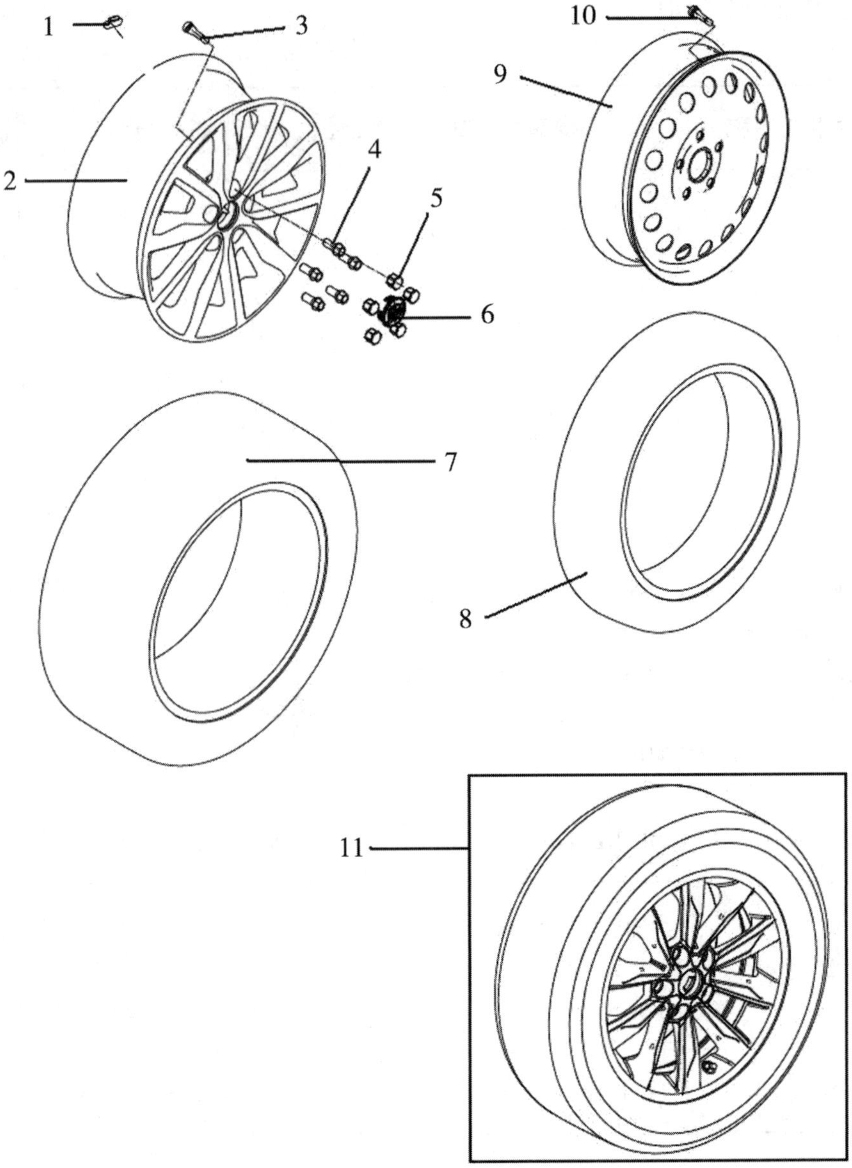

图 2-4-12　车轮和车轮罩爆炸图

2.4.13 前悬架

序号	零部件中文名称	零部件英文名称/描述	商品编码	商品描述
1	前悬架转向节	KNUCKLE-STRG	87089490	钢铁制
2	螺母—前下控制臂球头	NUT-FRT LWR CONT ARM BALL	73181600	钢铁制
3	螺栓—前减振器下部	BOLT/SCREW-FRT S/ABS LWR	73181510	钢铁制，抗拉强度在800兆帕及以上
4	锁紧螺母—前桥驱动半轴	NUT-F/AXL SHAF	73181600	钢铁制
5	前轴轮毂轴承	BEARING -S/KNU	84821090	滚珠轴承
6	前减振器柱	STRUT-FRT SUSP	87088010	钢铁制
7	前减振器辅簧防尘罩总成	COVER ASM-FRT S/ABS SPR	87088010	
8	前减振器弹簧	SPRING-FRT	73202090	钢铁制螺旋弹簧
9	螺母—前减振器上部	NUT-FRT S/ABS UPP	73181600	钢铁制
10	前减振器柱轴承	BEARING-FRT S/ABS STRUT	84821090	滚珠轴承
11	螺母—前减振器上部到车身	NUT-FRT S/ABS UPP	73181600	钢铁制
12	前减振器顶部支承总成	MOUNT ASM-FRT S/ABS UPR	87088010	钢铁制
13	前减振器防锈盖	CAP-FRT S/ABS INSL	40169990	硫化橡胶制
14	前减振器辅簧	SPRING-FRT S/ABS	87088010	非金属
15	前减振器下弹簧垫	PAD-FRT S/ABS LWR SPR	40169390	硫化橡胶制
16	螺母—前减振器下部	NUT-FRT S/ABS LWR	73181600	钢铁制

续表

序号	零部件中文名称	零部件英文名称/描述	商品编码	商品描述
17	前稳定杆连接球头固定器	RETAINER-FRT STAB SHF LINK	87088010	钢铁制
18	螺栓—前下控制臂球头	BOLT/SCREW - FRT LWR CONT ARM BALL	73181510	钢铁制，抗拉强度在 800 兆帕及以上
19	螺栓—前悬架转向节	BOLT/SCREW-FRT S/KNU	73181510	钢铁制，抗拉强度在 800 兆帕及以上
20	前稳定杆连接杆总成	LINK ASM-FRT STAB SHF	87088010	钢铁制
21	螺母—前下控制臂	NUT-FRT LWR CONT ARM	73181600	钢铁制
22	前悬架稳定杆总成	SHAFT ASM-FRT STAB	87088010	钢铁制
23	螺栓—前悬架稳定杆夹紧支架	BOLT/SCREW-FRT STAB SHF LINK BRKT	73181510	钢铁制，抗拉强度在 800 兆帕及以上
24	前悬架稳定杆支架总成	BRACKET ASM-FRT STAB SHF	87088010	钢铁制
25	前悬架下控制臂衬套	BUSHING-FRT LWR CONT ARM	40169990	硫化橡胶制
26	螺栓—前下控制臂	BOLT/SCREW - FRT LWR CONT ARM	73181510	钢铁制，抗拉强度在 800 兆帕及以上
27	前悬架下控制臂前衬套	BUSHING - FRT LWR CONT ARM FRT	40169990	硫化橡胶制
28	前下控制臂总成	ARM ASM-FRT LWR CONT	87088010	钢铁制
29	螺母—前下控制臂球头连接件	NUT - FRT LWR CONT ARM BALL JOINT	73181600	钢铁制
30	前下控制臂球头连接件总成	JOINT ASM - FRT LWR CONT ARM BALL	87088010	钢铁制
31	螺栓—前下控制臂球头连接件	BOLT/SCREW - FRT LWR CONT ARM BALL JOINT	73181510	钢铁制，抗拉强度在 800 兆帕及以上

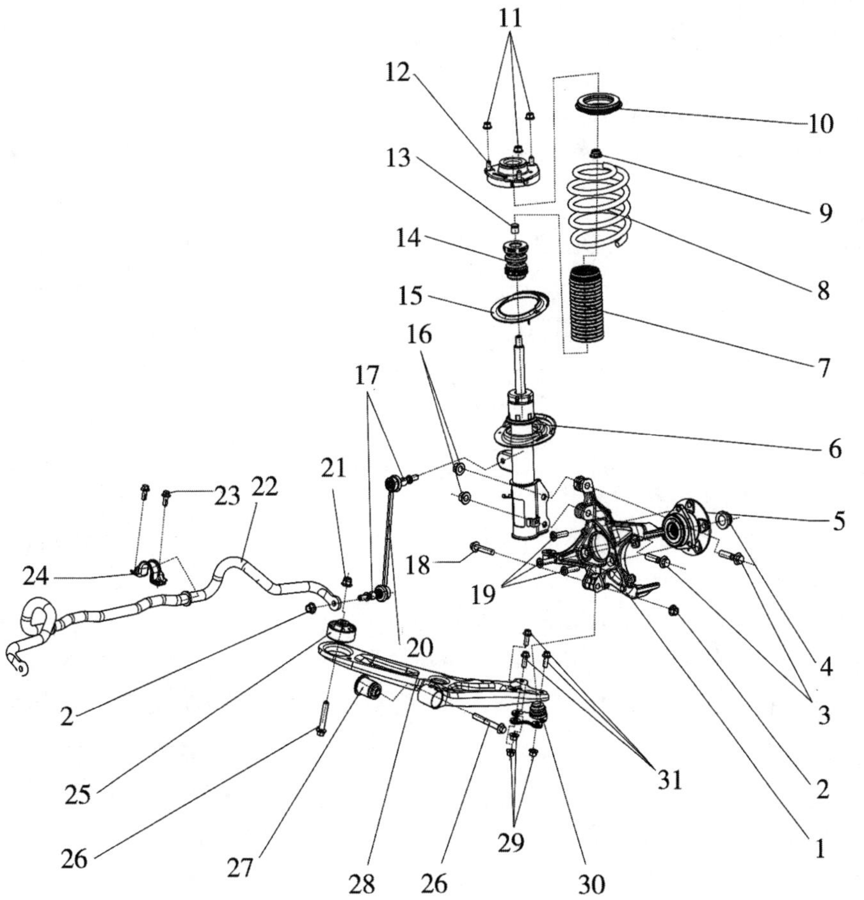

图 2-4-13　前悬架爆炸图

2.4.14 机械转向机

序号	零部件中文名称	零部件英文名称/描述	商品编码	商品描述
1	滚针轴承	NEEDLE BEARING	84824000	钢铁制
2	齿轮止推环	STOP RING	87089490	钢铁制
3	齿轮螺栓	SCREW NUT	73181510	钢铁制，抗拉强度在800兆帕及以上
4	密封圈	SEALING	40169390	硫化橡胶制
5	压块O型圈	O-RING	40169390	硫化橡胶制
6	调整螺母O型圈	O-RING	40169390	硫化橡胶制
7	调整螺母塞	PLUG	40169990	硫化橡胶制
8	连接件O型圈	O-RING	40169390	硫化橡胶制
9	夹箍（小）	BIG CLIP	73269019	钢铁制
10	保护帽	SMALL CAP	40169990	硫化橡胶制
11	壳体	HOUSING	87089490	钢铁制
12	橡胶衬套	RUBBER BUSH	40169990	硫化橡胶制
13	齿条衬套	BEARING BUSH	40169990	硫化橡胶制
14	O型圈	O-RING	40169390	硫化橡胶制
15	止推环	STOP RING	87089490	钢铁制
16	齿条	RACK	87089490	钢铁制
17	调整螺母	ADJUSTING SCREW	73181600	钢铁制
18	膜片弹簧	PLATE SPRING	73201020	钢铁制，片簧

续表

序号	零部件中文名称	零部件英文名称/描述	商品编码	商品描述
19	连接件	GROOVE STUD	87089490	钢铁制
20	密封帽	COLLAR	87089490	塑料制
21	隔音棉	FOAM	87089490	塑料制
22	横拉杆	TIE ROD	87089490	钢铁制
23	防尘罩	BELLOW	40169990	硫化橡胶制
24	夹箍（大）	HOSE CLIP	73269019	钢铁制
25	球接头（左）	BALL JOINT（LEFT）	87089490	钢铁制
26	球接头（右）	BALL JOINT（RIGHT）	87089490	钢铁制
27	四点接触球轴承	4P BALL BEARING	84821030	角接触轴承
28	铝合金膜片弹簧压块	PRESSURE PIECE	87089490	钢铁制
29	小齿轮	PINION	87089490	钢铁制
30	六角螺母	NUT	73181600	钢铁制

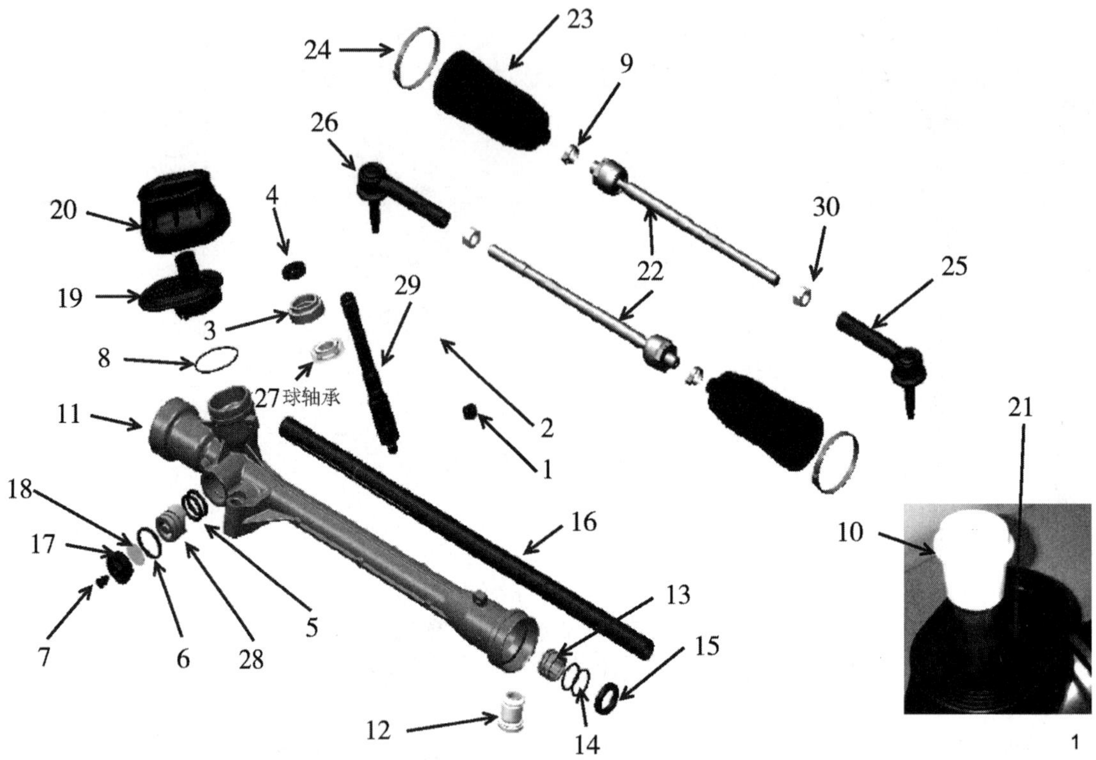

图 2-4-14　机械转向机爆炸图

2.4.15 电子转向管柱

序号	零部件中文名称	零部件英文名称/描述	商品编码	商品描述
1	输出轴	OUTPUT SHAFT	87089490	钢铁制
2	输入轴	INPUT SHAFT	87089490	钢铁制
3	壳体	SERVO HOUSING	87089490	钢铁制
4	电机	MOTOR	85013100	直流电机 500 瓦
5	衬套	BUSH	40169990	硫化橡胶制
6	管子	TUBE	87089490	钢铁制
7	端盖	COVER	40169990	硫化橡胶制
8	螺栓（短）	LOCKING SCREW（SHORT）	73181510	钢铁制，抗拉强度在 800 兆帕及以上
9	位置传感器	ROTOR POSITION SENSOR	90318090	非光学监测
10	线束	SENSOR CABLE	85443020	
11	球轴承	BALL BEARING	84821020	钢铁制
12	滑动轴承	SLIDE BEARING	87089490	钢铁制
13	扭力传感器	TORQUE SENSOR	90318090	
14	感应单元	MAGNET	90318090	
15	支架	BRACKET	87089490	钢铁制
16	轮毂	HUB	87089490	塑料制
17	控制单元	CONTROL UNIT	90328990	自动控制装置
18	波形弹簧	WAVE SPRING	73209090	钢铁制

续表1

序号	零部件中文名称	零部件英文名称/描述	商品编码	商品描述
19	轴承衬套	BEARING BUSH	87089490	塑料制
20	扭杆	TORSION BAR	87089490	钢铁制
21	蜗轮	WORM GEAR	87089490	塑料制
22	轴承座	WASHER	87089490	塑料制
23	卡簧	CIRCLIP	73182900	钢铁制
24	蜗杆	WORM	87089490	钢铁制
25	螺栓	FLAT HEAD BOLT	73181510	钢铁制，抗拉强度在 800 兆帕及以上
26	速度感应单元	SPEED MAGNET	90292010	电子电器件
27	螺钉	SCREW	73181510	钢铁制，抗拉强度在 800 兆帕及以上
28	联轴器	COLLAR	87089490	塑料制
29	螺栓	SCREW BOLT	73181510	钢铁制，抗拉强度在 800 兆帕及以上
30	调节螺母	ADJUST SCREW	73181600	钢铁制
31	球	BALL	84829100	钢铁制抛光钢珠，直径 5 毫米（±0.001 毫米）
32	连接短销	PIN	73182400	钢铁制
33	上摆动节叉	UPPER SWING YOKE	87089490	钢铁制
34	固定节叉 D30	FIX，FORGE，D30	87089490	钢铁制
35	滑动轴承管	BALL BEARING SLIDE TUBE	87089490	钢铁制
36	下摆动节叉	LOWER SWING YOKE	87089490	钢铁制

续表2

序号	零部件中文名称	零部件英文名称/描述	商品编码	商品描述
37	固定节叉 D22	FIX，FORGE，D22	87089490	钢铁制
38	滑动轴承轴	BALL BEARING SLIDE SHAFT	87089490	钢铁制
39	十字轴	SPIDER	87089490	钢铁制
40	滚针轴承	NEEDLEBEARING	84824000	钢铁制
41	密封圈	SEAL	40169390	硫化橡胶制
42	挡圈	SAFETY STOP RING	73182900	钢铁制
43	钢球（X21）	BALL（X21）	84829100	钢铁制抛光钢珠，直径 5 毫米（±0.001 毫米）
44	滚道（X6）	RACE WAY（X6）	87089490	钢铁制
45	弹簧（X3）	SPRING（X3）	73202090	钢铁制，螺旋弹簧
46	运输夹	CLIP	73269019	钢铁制
47	安装支架	MOUNTING BRACKET	87089490	钢铁制
48	U 形支架	BRACKET U	87089490	钢铁制
49	左剪切块	LEFT CAPSULE	87089490	钢铁制
50	右剪切块	RIGHT CAPSULE	87089490	钢铁制
51	吸能带	STRAP	87089490	钢铁制
52	螺钉	SCREW	73181510	钢铁制，抗拉强度在 800 兆帕及以上
53	吸能带扣	STRAP CLIP	87089490	钢铁制
54	上轴承	BEARING UPPER	84821030	钢铁制，角接触轴承
55	护罩支架	SHROUD FIX BRACKET	87089490	钢铁制

续表3

序号	零部件中文名称	零部件英文名称/描述	商品编码	商品描述
56	M6 螺栓	M6 BOLT	73181510	钢铁制，抗拉强度在 800 兆帕及以上
57	螺母座	PLASTIC NUT	87089490	钢铁制
58	上柱管	UPPER TUBE	87089490	钢铁制
59	轴承卡簧	SNAP RING	73182900	钢铁制
60	轴向止挡片	TELESCOPE SOFT STOP	87089490	钢铁制
61	径向止挡片	RAKE SOFT STOP	87089490	钢铁制
62	径向弹簧	RAKE SPRING	73202090	钢铁制
63	左摩擦片总成	LEFT FRICTION PLATE SUB – ASS'Y	87089490	钢铁制
64	右摩擦片总成	RIGHT FRICTION PLATE SUB – ASS'Y	87089490	钢铁制
65	调节手柄总成	LEVEL ASS'Y	87089490	钢铁制
66	固定凸轮	FIXED CAM	87089490	钢铁制
67	活动架	MOBILE RACK	87089490	钢铁制
68	塑料扣	PLASTIC CLIP	87089490	塑料制
69	滚针轴承	NEEDLE BEARING	84824000	钢铁制
70	锁紧螺母	LOCKING NUT	73181600	钢铁制
71	调节弹簧	ADJUSTING SPRING	73202090	钢铁制螺旋弹簧
72	弹簧塑料扣	SPRING PLASTIC CLIP	87089490	塑料制
73	下柱管总成	TUBE BODY ASS'Y , LOWER	87089490	钢铁制

续表4

序号	零部件中文名称	零部件英文名称/描述	商品编码	商品描述
74	上转向轴	SHAFT , UPPER, 16 TEETH	87089490	钢铁制
75	锁套	LOCK COLLAR	87089490	钢铁制
76	公差环	TOLERANCE RING	87089490	钢铁制
77	扎带	NYLON TIE CABLE	87089490	钢铁制
78	卡簧	SNAP RING	73182900	钢铁制
79	六角头螺栓	HEXAGON BOLT	73181510	钢铁制，抗拉强度在 800 兆帕及以上
80	塞子	PLUG	87089490	钢铁制
81	锁紧螺钉	LOCK SCREW	73181510	钢铁制，抗拉强度在 800 兆帕及以上

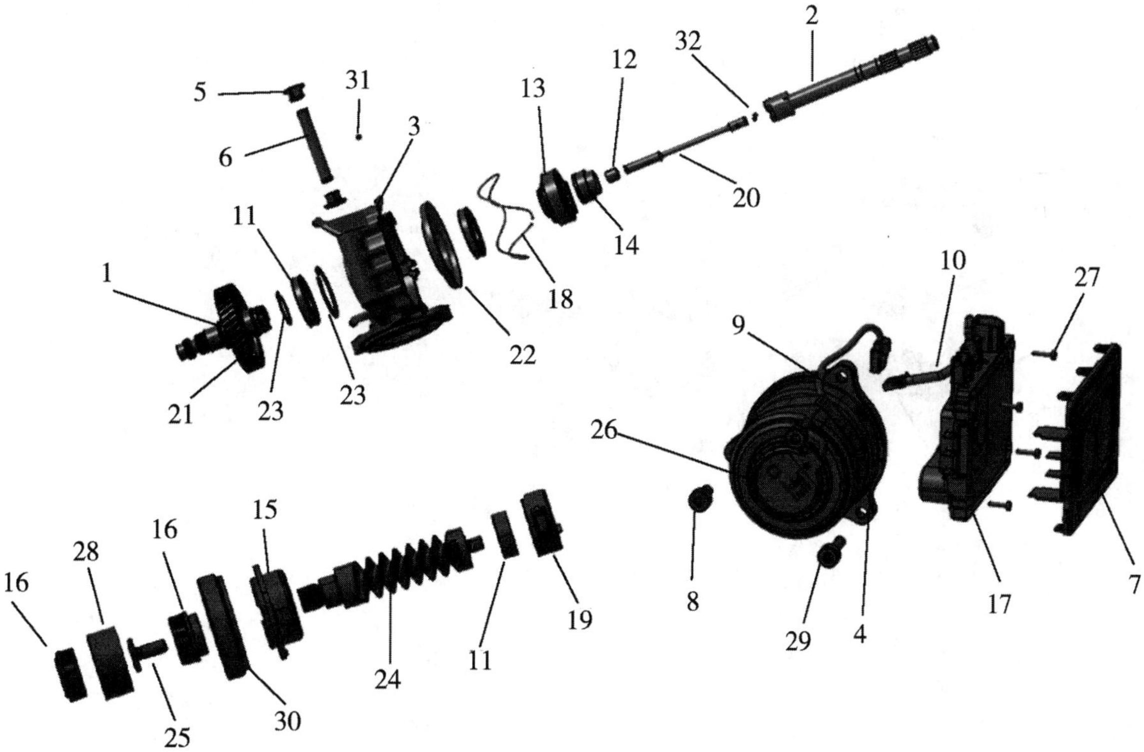

图 2-4-15 电子转向管柱驱动单元爆炸图

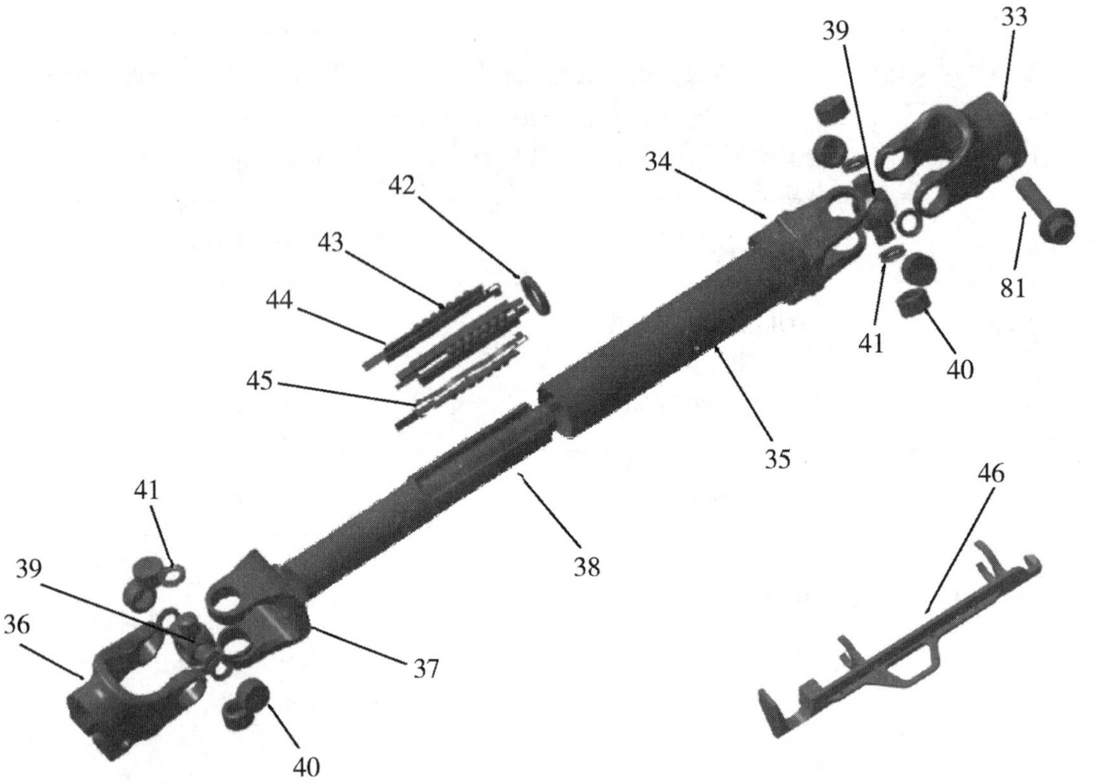

图 2-4-16　电子转向管柱中间轴爆炸图

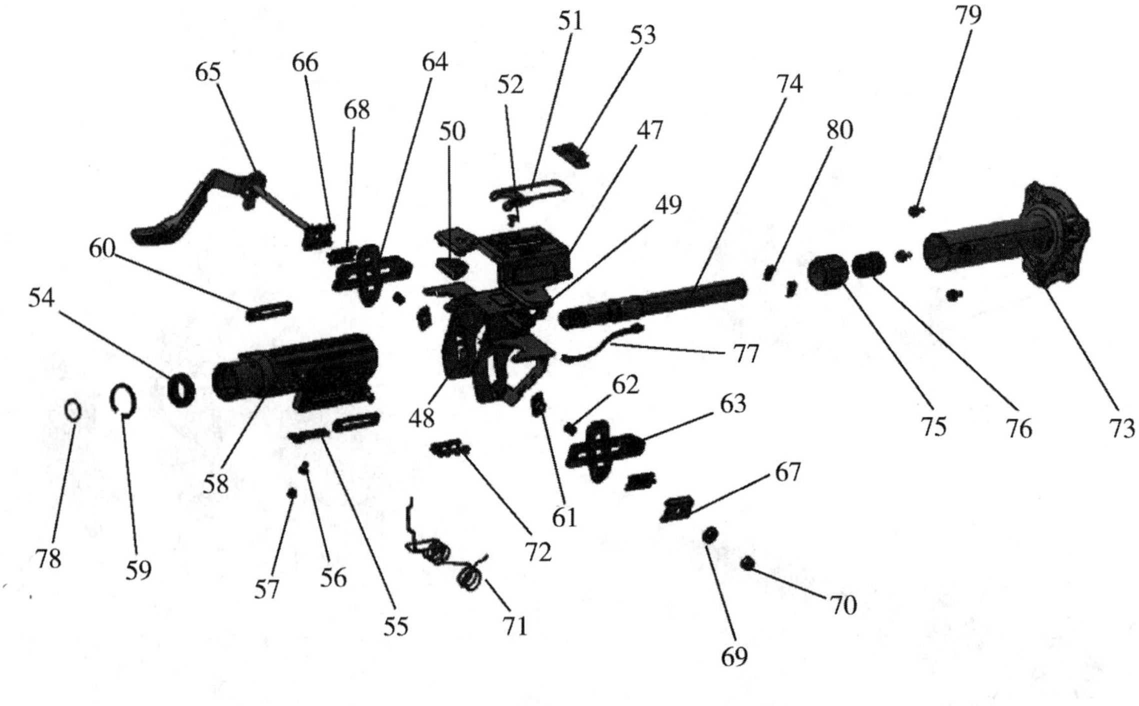

图 2-4-17　电子转向管柱上柱管爆炸图

2.4.16 液压转向系统

序号	零部件中文名称	零部件英文名称/描述	商品编码	商品描述
1	扭杆	TORSION BAR	87089490	钢铁制
2	阀芯	VALVE ROTOR	84819010	钢铁制
3	密封圈	SEAL	40169390	硫化橡胶制
4	轴承	BEARING	84821020	深沟球轴承
5	阀壳	HOUSING	84819010	钢铁制
6	塞子	PLUG	87089490	塑料制
7	压板	DOWNHOLD DEVICE	87089490	钢铁制
8	螺钉	SCREW	73181510	钢铁制，抗拉强度在800兆帕及以上
9	阀套	VALVE SLEEVE	84819010	钢铁制
10	油管	PIPE	40091200	硫化橡胶制，未经加强或未与其他材料合制，装有附件
11	衬套	BUSH	87089490	塑料制
12	活塞导向套	PISTON ROD GUIDE	40169990	硫化橡胶制
13	卡圈	RING	73182900	钢铁制
14	齿轮	PINION	87089490	钢铁制
15	夹箍	CLIP	73269019	钢铁制
16	螺母	NUT	73181600	钢铁制
17	卡簧	RING	73182900	钢铁制

续表

序号	零部件中文名称	零部件英文名称/描述	商品编码	商品描述
18	O 型圈	O-RING	40169390	硫化橡胶制
19	卡板	CLIP	73269019	钢铁制
20	防尘罩	BELLOW	40169990	硫化橡胶制
21	壳体	HOUSING	87089490	钢铁制
22	缸筒	TUBE	87089490	钢铁制
23	横拉杆总成	TIE ROD ASSY	87089490	钢铁制
24	压块	PRESSURE PIECE	87089490	钢铁制
25	压缩弹簧	SPRING	73202090	钢铁制螺旋弹簧
26	调整螺母	SCREW	73181600	钢铁制
27	齿条	RACK	87089490	钢铁制
28	外球头总成	OUTER BALL JOINT	87089490	钢铁制

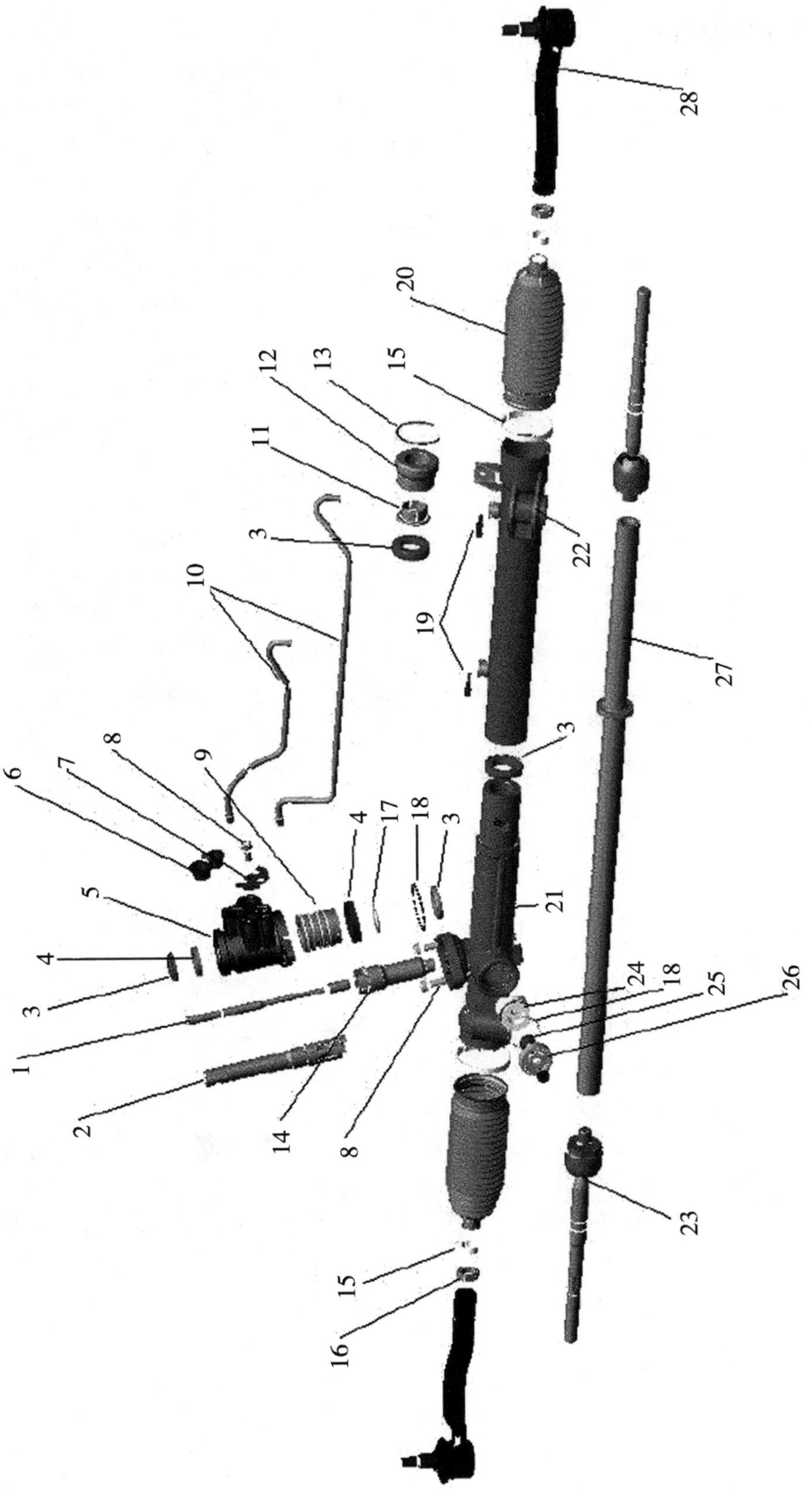

图 2-4-18 液压转向系统爆炸图

2.4.17 前轮驱动轴

序号	零部件中文名称	零部件英文名称/描述	商品编码	商品描述
1	齿圈	ABS RING	87085079	冶金粉末制
2	外星轮	OUT RACE	87085079	钢铁制
3	卡紧环	CIRCLIP	73182900	钢铁制簧环
4	球笼	CAGE	87085079	钢铁制
5	内星轮	INNER RACE	87085079	钢铁制
6	钢球	BALL	84829100	钢铁制，抛光钢球
7	大夹箍	CLAMP（LARGE）	73269019	钢铁制
8	护套	BOOT	40169990	硫化橡胶制
9	小夹箍	CLAMP（SMALL）	73269019	钢铁制
10	实轴	BARSHAFT	87085079	钢铁制
11	标签	LABEL	48211000	纸质印制
12	小夹箍	CLAMP（SMALL）	73269019	钢铁制
13	护套	BOOT	40169990	硫化橡胶制
14	护套衬圈	ADAPTOR	40169990	硫化橡胶制
15	大夹箍	CLAMP（LARGE）	73269019	钢铁制
16	三销节总成	TRIPOD ASSY	87085079	钢铁制
17	卡簧	CIRCLIP	73182900	钢铁制
18	三销轴叉（左）	TULIP（LIGHT）	87085079	钢铁制

续表

序号	零部件中文名称	零部件英文名称/描述	商品编码	商品描述
19	连接环	CIRCLIP	73182900	钢铁制簧环
20	堵盖	COVER	87085079	钢铁制
21	三销轴叉（右）	TULIP（RIGHT）	87085079	钢铁制
22	防尘盖	DUST SHIELD	87085079	钢铁制
23	连接环	CIRCLIP	73182900	钢铁制簧环
24	O 型圈	SEAL RING	40169390	硫化橡胶制
25	卡簧	CIRCLIP	73182900	钢铁制
26	轴承	BEARING	84821020	深沟球轴承
27	轴承支架	BRACKET	87085079	钢铁制
28	连接轴	LINKSHAFT	87085079	钢铁制
29	标签	LABEL	48211000	纸质印制

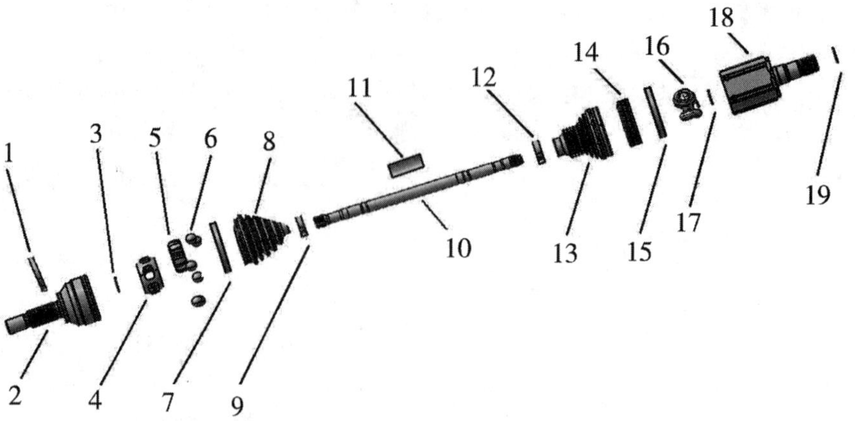

图 **2-4-19**　左前轮驱动轴爆炸图

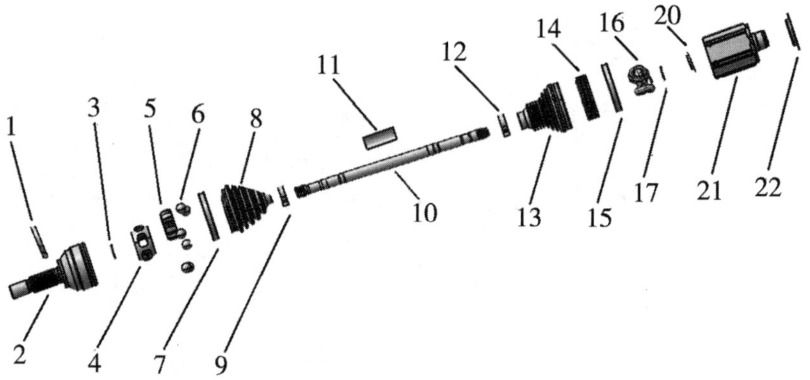

图 **2-4-20**　右前轮驱动轴爆炸图

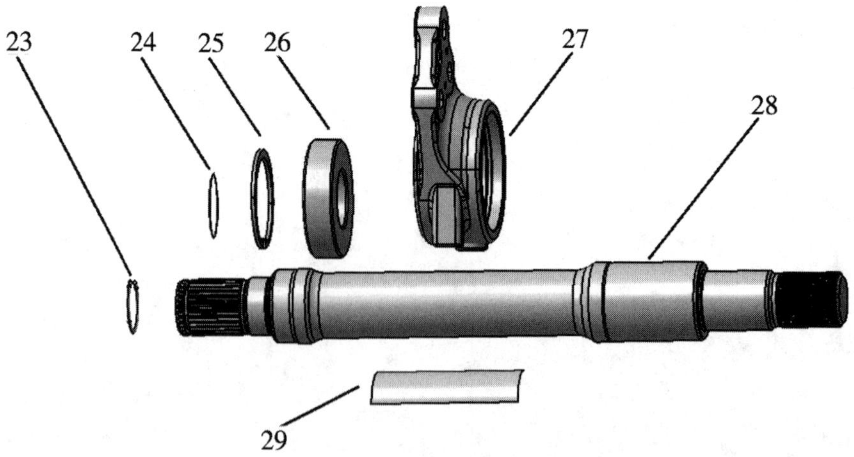

图 **2-4-21**　前轮驱动轴爆炸图

2.4.18 中间传动轴和零件

序号	零部件中文名称	零部件英文名称/描述	商品编码	商品描述
1	排气阀	VENT VALVE	40169990	硫化橡胶制
2	端盖	COVER	87085079	钢铁制
3	垫圈	GASKET SEAL	45041000	软木制
4	外星轮	OUTER RACE	87085079	钢铁制
5	球笼	CAGE	87085079	钢铁制
6	钢球	STEEL BALL	84829100	钢铁制，抛光钢珠，最大直径 ø16.679 毫米；最小直径 ø16.659 毫米；标称直径 ø16.669 毫米
7	内星轮	INNER RACE	87085079	钢铁制
8	油脂	GREASE	34031900	含有 10%石油中提取的油类
9	密封圈	GASKET SEAL	40169390	硫化橡胶制
10	护套盖	CAP	87085079	钢铁制
11	护套	BOOT	40169990	硫化橡胶制
12	夹箍	CLAMP	73269019	钢铁制
13	挡圈	CIRCLIP	87085079	钢铁制
14	前轴管焊接件	FRONT TUBE WELDING ASSY	87085079	钢铁制
15	O 型圈	O RING	40169390	硫化橡胶制
16	油脂	GREASE	34031900	含有 15%石油中提取的油类

续表

序号	零部件中文名称	零部件英文名称/描述	商品编码	商品描述
17	轴承	BRACKET BEARING	84821020	深沟球轴承
18	橡胶圈	BRACKET RUBBER	40169390	硫化橡胶制
19	支承架	BRACKET SUPPORT	87085079	钢铁制
20	防尘盖	DUST SHIELD	87085079	钢铁制
21	后轴管焊接件	REAR TUBE WELDING ASSY	87085079	钢铁制
22	定位套内外套管	CENTERING BUSHING	87085079	钢铁制
23	定位套橡胶件	CENTERING RUBBER	40169990	硫化橡胶制
24	螺母	NUT	73181600	钢铁制
25	挠性联轴器	RUBBER COUPLING	87085079	钢铁制
26	挠性联轴器衬套	RUBBER COUPLING BUSHING	87085079	钢铁制
27	螺栓垫片组件	BOLT AND WASHER ASSY	73182200	钢铁制

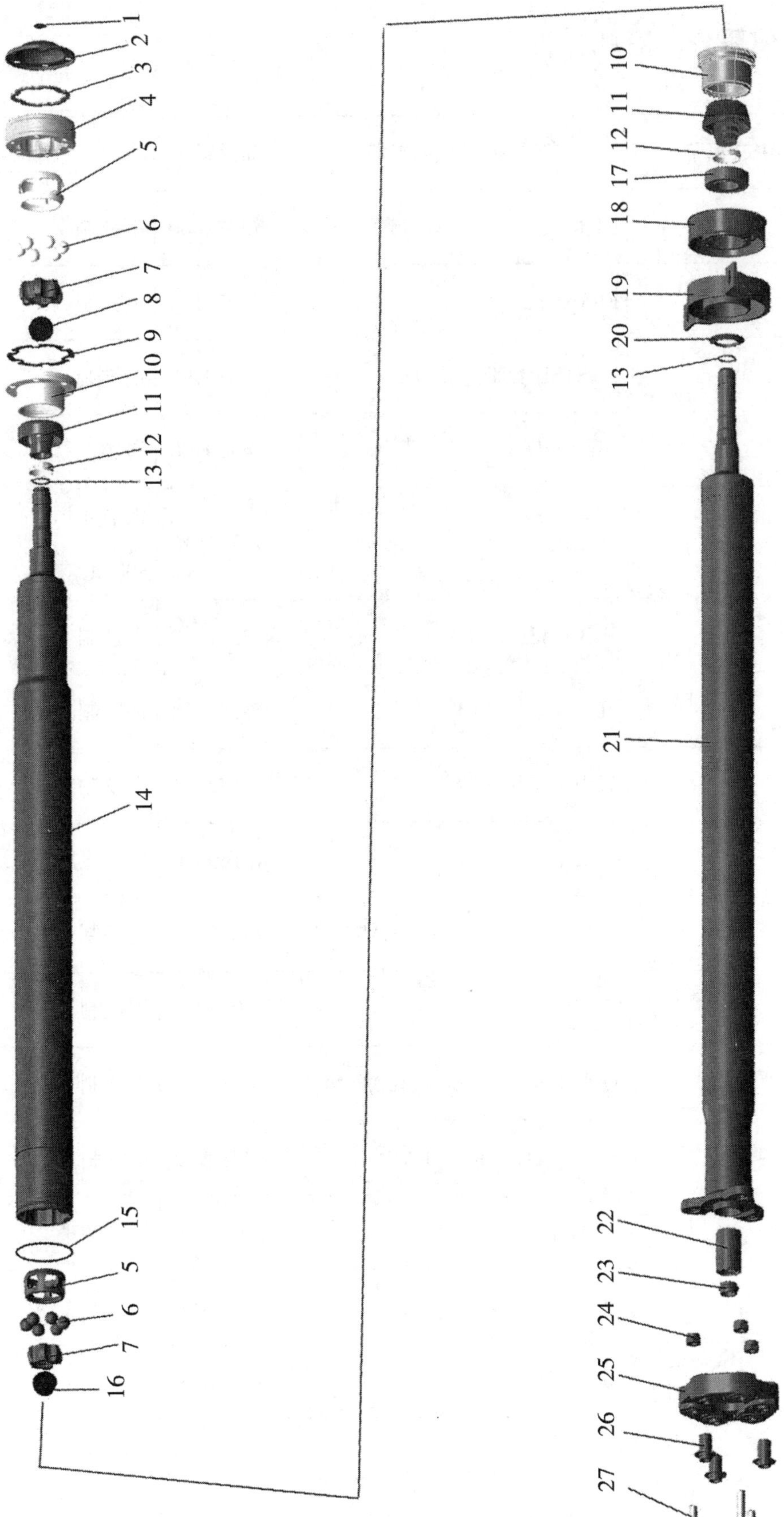

图 2-4-22 中间传动轴和零件爆炸图

2.4.19 前桥分动器和零件

序号	零部件中文名称	零部件英文名称/描述	商品编码	商品描述
1	螺母	NUT	73181600	钢铁制
2	法兰	FLANGE	73079100	钢铁制
3	防尘盖	DUSTSHIELD	87089999	钢铁制
4	油封	OIL SEAL	84879000	通用件
5	法兰螺钉	FLANGE BOLT	73181510	钢铁制，抗拉强度在800兆帕及以上
6	分动器副壳体	SUB CASE	87089999	钢铁制
7	销	PIN	73182400	钢铁制
8	调整垫片	ADJUSTABLE SHIM	73182200	钢铁制
9	O型圈	O RING SEAL	40169390	硫化橡胶制
10	圆锥滚子轴承	TAPERED ROLLER BEARING	84822000	钢铁制
11	弹性隔套	SPRING SPACER	87089999	钢铁制
12	圆锥滚子轴承	TAPERED ROLLER BEARING	84822000	钢铁制
13	准双曲面小齿轮	SMALL HYPOID GEAR	87089999	钢铁制
14	中间轴斜齿轮	GEAR	87089999	钢铁制
15	销	PIN	73182400	钢铁制
16	分动器壳盖	CASE COVER	87089999	钢铁制
17	垫片	GASKET	73182200	钢铁制
18	磁性螺塞	MAGNET PLUG	87089999	钢铁制

续表

序号	零部件中文名称	零部件英文名称/描述	商品编码	商品描述
19	螺塞	PLUG FILLER	87089999	钢铁制
20	法兰螺钉	FLANGE BOLT	73181510	钢铁制，抗拉强度在800兆帕及以上
21	壳盖油封	OIL SEAL	84879000	通用件
22	球轴承	BALL BEARING	84821020	钢铁制
23	半轴油封	DUST SEAL	84879000	通用件
24	输入轴斜齿轮	INPUT GEAR	87089999	钢铁制
25	油封	OIL SEAL	84879000	通用件
26	分动器壳体	CASE	87089999	钢铁制
27	通气塞	VENT PLUG	87089999	钢铁制
28	衬套	BUSH	87089999	钢铁制
29	轴用弹性挡圈	SNAP RING	73182900	钢铁制
30	准双曲面大齿轮	BIG HYPOID PINION	87089999	钢铁制

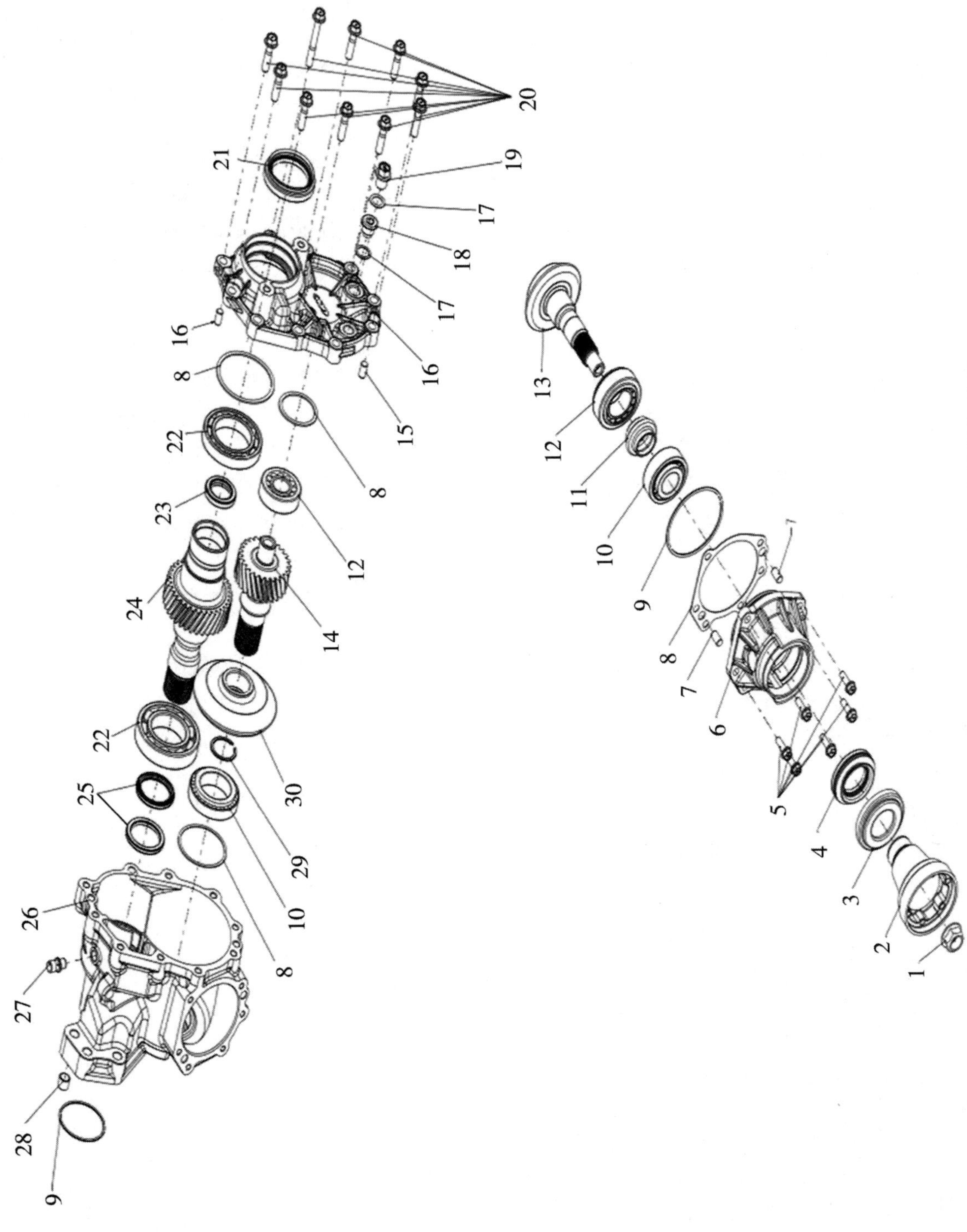

图 2-4-23　前桥分动器和零件爆炸图

2.4.20 后桥差速器和零件

序号	零部件中文名称	零部件英文名称/描述	商品编码	商品描述
1	法兰螺钉	FLANGE BOLT	73181510	钢铁制，抗拉强度在800兆帕及以上
2	螺钉	BOLT	73181510	钢铁制，抗拉强度在800兆帕及以上
3	螺塞	PLUG FILLER	87085079	钢铁制
4	磁性螺塞	MAGNET PLUG	87085079	钢铁制
5	垫片	GASKET	73182200	钢铁制
6	后桥壳盖	COVER	87085079	钢铁制
7	通气塞	VENT PULG	87085079	钢铁制
8	挡油板	BAFFLE PLATE	87085079	钢铁制
9	油封	OIL SEAL	84879000	通用件
10	调整垫片	ADJUSTABLE SHIM	73182200	钢铁制
11	轴承	BEARING	84822000	锥形滚子轴承
12	准双曲面小齿轮	SMALL HYPOID GEAR	87085079	钢铁制
13	圆锥滚子轴承	TAPERED ROLLER BEARING	84822000	钢铁制
14	弹性隔套	SPRING SPACER	87085079	钢铁制
15	螺母	LOCK NUT	73181600	钢铁制
16	弹性垫圈	WAVE WASHER	73182100	钢铁制
17	扭矩管理器内核	CPLG ASSY-ELEC	87085079	钢铁制

续表

序号	零部件中文名称	零部件英文名称/描述	商品编码	商品描述
18	扭矩管理器壳盖	COVER	87085079	钢铁制
19	轴承	BEARING	84821020	深沟球轴承
20	油封	DUST SEAL	84879000	通用件
21	防尘盖	DUST COVER	87085079	钢铁制
22	法兰	FLANGE	73079100	钢铁制
23	螺母	NUT	73181600	钢铁制
24	线束组件	WIRING HARNESS SUB	85443020	
25	支架	HARNESS BRACKET	87085079	钢铁制
26	螺钉	BOLT	73181510	钢铁制
27	准双曲面大齿轮	BIG HYPOID GEAR	87085079	钢铁制
28	半轴齿轮垫片	GEAR WASHER	73182200	钢铁制
29	半轴齿轮	SIDE GEAR	87085079	钢铁制
30	行星齿轮垫片	WASHER	73182200	钢铁制
31	行星齿轮	GEAR	87085079	钢铁制
32	壳体	CASE	87085079	钢铁制
33	半轴齿轮	SIDEGEAR	87085079	钢铁制
34	半轴齿轮垫片	WASHER	73182200	钢铁制
35	行星齿轮轴	GEAR SHAFT	87085079	钢铁制
36	后桥壳体	CASE	87085079	钢铁制

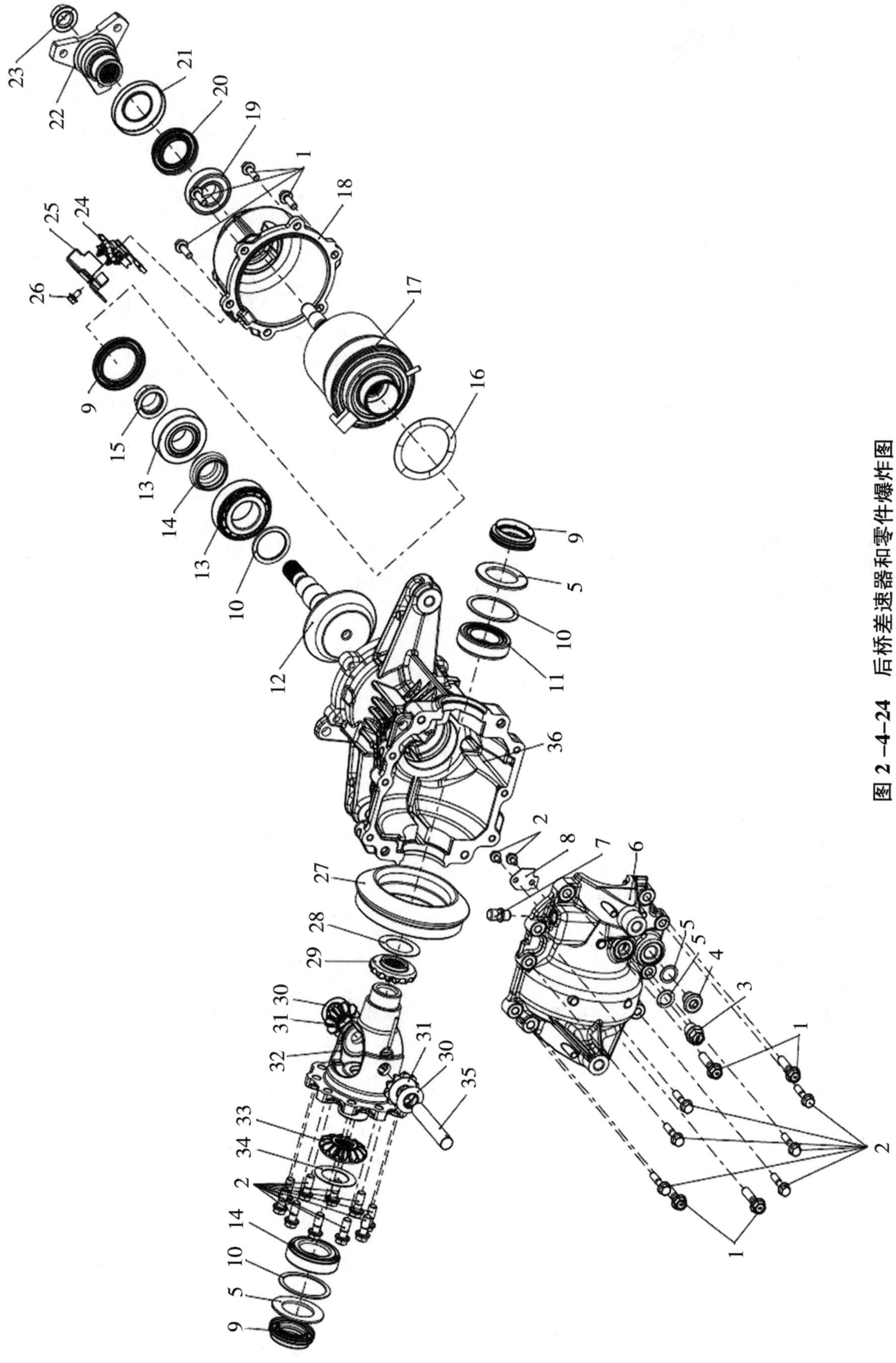

图 2-4-24　后桥差速器和零件爆炸图

2.4.21 后悬架

序号	零部件中文名称	零部件英文名称/描述	商品编码	商品描述
1	螺母—后悬架下控制臂内部	NUT-RR SUSP LWR CONT ARM INR	73181600	钢铁制
2	垫圈—后悬架下控制臂内	WASHER - RR SUSP LWR CONT ARM INR	73182200	钢铁制
3	螺栓—后悬下控制臂	BOLT/SCREW-RR SUSP LWR CONT ARM	73181510	钢铁制，抗拉强度在800 兆帕及以上
4	后悬架弹簧总成	SPRING ASM-RR SUSP	73202090	钢铁制，螺旋弹簧
5	后悬架减振器总成	STRUT ASM-RR SUSP	87088010	
6	螺栓—后悬上控制臂	BOLT/SCREW-RR SUSP UPR CONT ARM	73181510	钢铁制，抗拉强度在800 兆帕及以上
7	后轮毂轴承总成	BEARING ASM-RR WHL	84821090	钢铁制
8	螺栓—后悬心轴	BOLT/SCREW-RR SUSP SPDL	73181510	钢铁制，抗拉强度在800 兆帕及以上
9	后轮毂闷盖	CAP-RR WHL HUB	87088010	钢铁制
10	螺栓—后悬架纵臂	BOLT/SCREW - RR SUSP TRAILING ARM	73181510	钢铁制，抗拉强度在800 兆帕及以上
11	后纵臂安装支架	BRACKET-RR SWING ARM MTG	87082990	安装在前舱车身上
12	螺母—后悬架连杆外部	NUT-RR SUSP LINK OTR	73181600	钢铁制
13	垫圈—后悬架连杆内	WASHER-RR SUSP LINK INR	73182200	钢铁制
14	后悬架上控制臂总成	ARM ASM-RR SUSP UPR CONT	87088010	钢铁制
15	后悬车轮支架总成	CARRIER ASM-RR SUSP WHL	87088010	装在后悬位置上，连接副车架、减震器和轮毂轴承

续表

序号	零部件中文名称	零部件英文名称/描述	商品编码	商品描述
16	衬套—后悬架纵臂	BUSHING-RR SUSP TRAILING ARM	87088010	
17	后悬架纵臂防尘罩	CAP-RR SUSP TRAILING ARM	87088010	
18	后悬架稳定杆支架	BRACKET-RR STAB SHF	87089999	钢铁制
19	后悬架稳定杆衬套	BUSHING-RR STAB SHF	40169990	硫化橡胶制
20	后悬架稳定杆总成	SHAFT ASM-RR SUSP STAB	87088010	
21	螺栓—后稳定杆	BOLT/SCREW-RR STAB SHF	73181510	钢铁制，抗拉强度在800兆帕及以上
22	后悬架纵臂总成	ARM ASM-RR SUSP TRAILING	87088010	
23	后前束连杆总成	REAR TOE LINK ASSY	87088010	钢铁制
24	后悬连接杆	LINK-RR SUSP	87088010	钢铁制

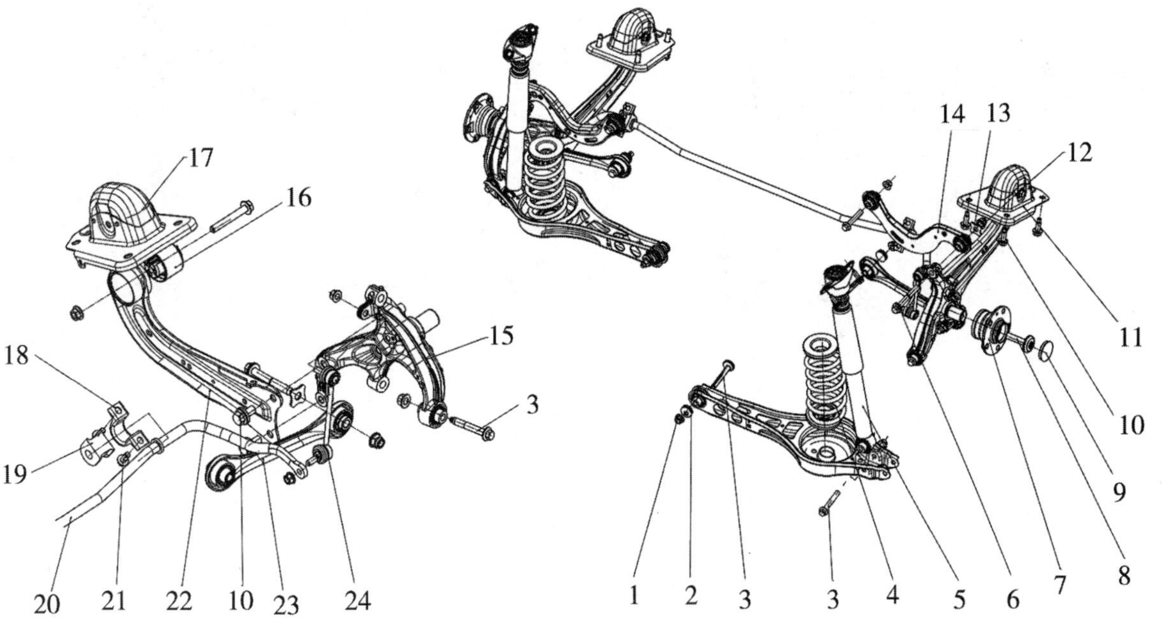

图 2-4-25 后悬架爆炸图

2.4.22 制动压力调节器

序号	零部件中文名称	零部件英文名称/描述	商品编码	商品描述
1	制动调节器模块总成	MODULATOR ASM-BRK	87083099	
2	制动调节器单元上支架	BRACKET-BRK MOD UPP	87082990	钢铁制，安装在前舱车身上
3	螺栓—调节器单元	BOLT/SCREW-BRK MOD	73181510	钢铁制，抗拉强度在800兆帕及以上
4	制动调节器单元下支架	BRACKET-BRK MOD LWR	87082990	钢铁制，安装在前舱车身上

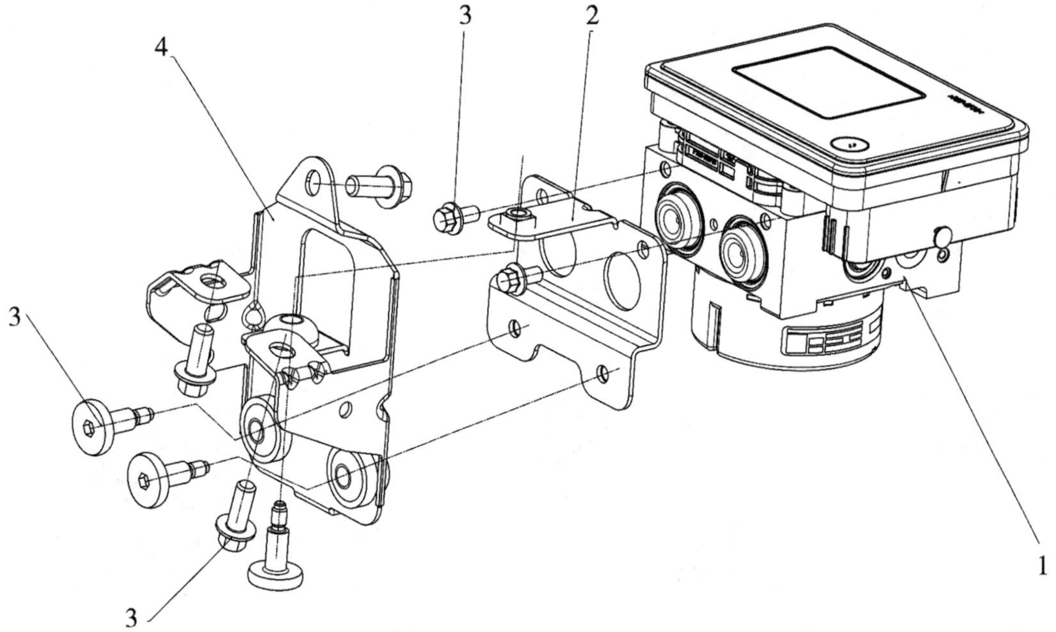

图 2-4-26 制动压力调节器爆炸图

2.5 车 身

乘用车车身是供驾驶员操作，以及容纳乘客和物品的场所。主要功能是为乘员提供安全、舒适的乘坐环境，隔绝振动、噪声、废气的侵袭，以及不受外界恶劣气候的影响。

乘用车车身按发动机舱、客舱和行李舱在外形上形成的空间形态，可分为两厢式和三厢式车身；按车身与车架的关系，可分为承载式（无独立车架的整体结构）车身和非承载式（悬置于车架上的车身结构）车身。

乘用车车身一般由车身本体、车身外装件、车身内装件等组成。车身本体包括发动机舱、客舱和行李舱，通常由纵梁、横梁、地板、前围、侧围、后围、地板、车顶和车门等系统组成。车身内装件及外装件有前、后保险杠，后视镜，门锁，玻璃升降器，遮阳板等。

1. 地板位于车身的底部，它由骨架、板件、地毯及有关车身附件等组成。

2. 前围位于客舱的前部，它由发动机罩、前横梁、前挡泥板、前围板、前风窗玻璃及有关车身附件等组成。

3. 侧围位于发动机舱、客舱和行李舱的两侧，它由支柱、板件、侧窗及有关车身附件等组成。

4. 后围位于客舱的后部，它由行李舱盖、后围板、后窗玻璃及有关车身附件等组成。

5. 车顶盖位于客舱的上部，它是由骨架、板件、内饰及有关车身附件等组成。车顶有闭顶和敞顶之分，闭顶又有设天窗和不设天窗之分。

6. 车门是由板件、内饰、玻璃及车门附件等组成。三厢式乘用车有侧门，两厢式乘用车还有后车门。

7. 保险杠的主要功能是在乘用车发生纵向碰撞时能吸收部分的能量，以保护车身本体。此外，在保险杠上还装有牌照、灯等零件。

8. 后视镜是驾驶员在其座位上直接获取乘用车后方、侧方和下方等外部信息的工具。它的功能是使驾驶员获得保证满足行车安全的视野。后视镜按安装位置分为内后视镜、外后视镜和下后视镜三种；按镜面形状分为平面镜、球面镜和双曲率镜三大系列。

9. 乘用车门锁是控制车门可靠锁紧和安全开启系统的总称。它由锁体总成、外手柄总成、内手柄总成、锁环总成（或挡块总成）、锁芯总成及联动部件组成。门锁可分为手动门锁、自动门锁和防盗门锁等类型。

10. 乘用车的车门除后门外，车窗玻璃都需要升降。车门玻璃升降系统的功能，一是支承保护玻璃，二是使玻璃升降自如并能随意停位。车门玻璃升降系统包括玻璃升降，玻璃支承，导向、保护部件（玻璃托架和导轨）及玻璃升降操纵机构等。按其操纵方式可分为手动式和电动式两种。

2.5.1 散热器格栅

序号	零部件中文名称	零部件英文名称/描述	商品编码	商品描述
1	螺钉—散热器格栅到前保险杠	BOLT/SCREW-RAD GRL BPR	73181510	钢铁制
2	散热器上格栅	GRILLE-RAD UPR	87082990	
3	前标牌基座	MOUNT-FRT LIC PLT EMB	87082990	

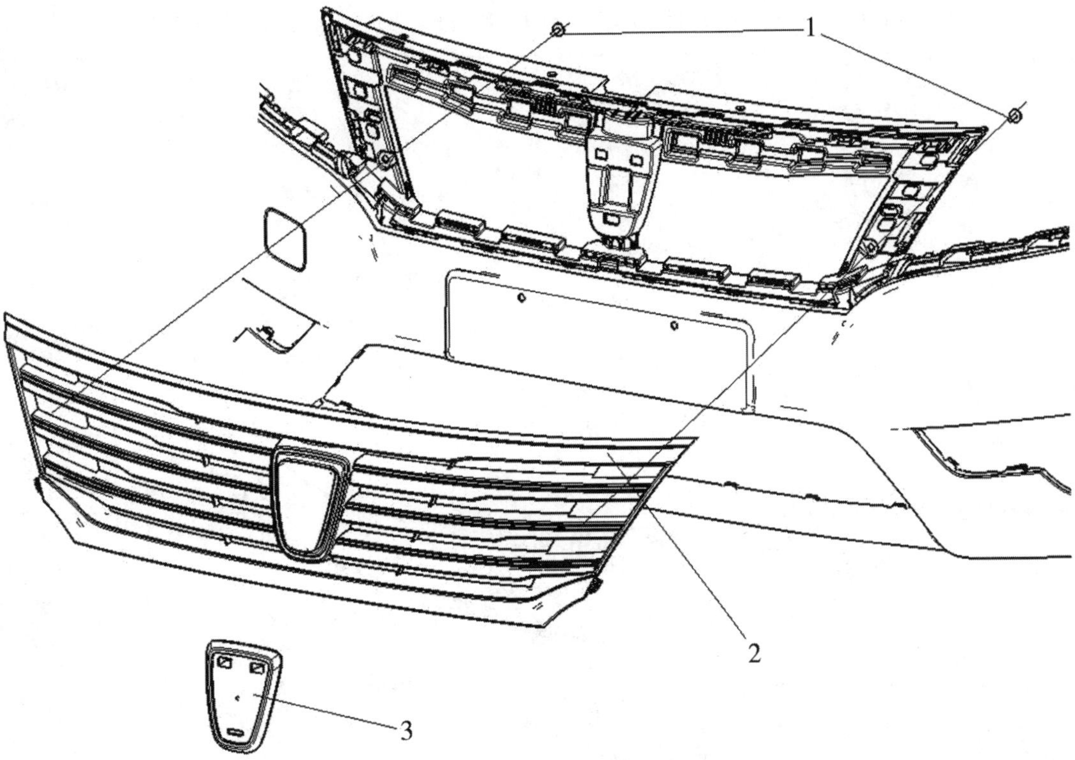

图 2-5-1 散热器格栅爆炸图

2.5.2 散热器格栅和发动机舱盖锁闩

序号	零部件中文名称	零部件英文名称/描述	商品编码	商品描述
1	前标牌基座	MOUNT-FRT LIC PLT EMB	87082990	
2	散热器格栅本体	GRILLE-RAD	87082990	
3	螺钉—前标牌	BOLT/SCREW-FRT LIC PLT EMB	73181590	钢铁制，抗拉强度在800兆帕以下
4	螺钉—散热器格栅到前保险杠	BOLT/SCREW-RAD GRL BPR	73181590	钢铁制，抗拉强度在800兆帕以下
5	发动机罩锁扣杆	ROD-HOOD PRIM LAT STKR	87082990	钢铁制

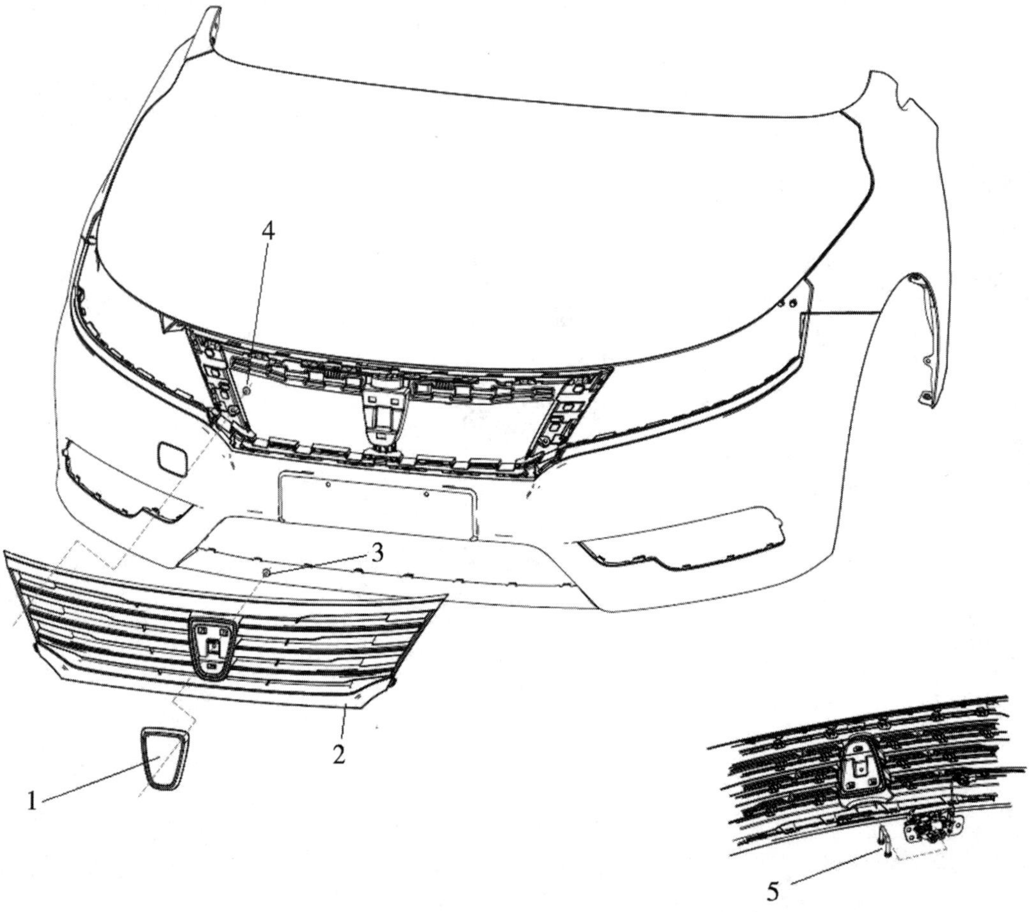

图 2-5-2 散热器格栅和发动机舱盖锁闩爆炸图

2.5.3 散热器安装和相关零件

序号	零部件中文名称	零部件英文名称/描述	商品编码	商品描述
1	卡钉—散热器气流侧导流板	RETAINER-RAD AIR SI DFL	39269090	塑料制
2	环境温度传感器	SENSOR ASM-AMB AIR TEMP	90251910	
3	冷却系统导风罩总成	SHROUD ASM-RAD CLG	87082990	
4	冷凝器总成	CONDENSER ASM-A/C	84159090	用于空调
5	散热器上减震垫	INSULATOR-RAD UPR	40169990	硫化橡胶制
6	冷却系统中冷器总成	COOLER ASM-CHRG AIR	87089190	
7	冷却系统散热器	RADIATOR ASM	87089110	
8	散热器下减震垫	INSULATOR-RAD LWR	40169990	硫化橡胶制

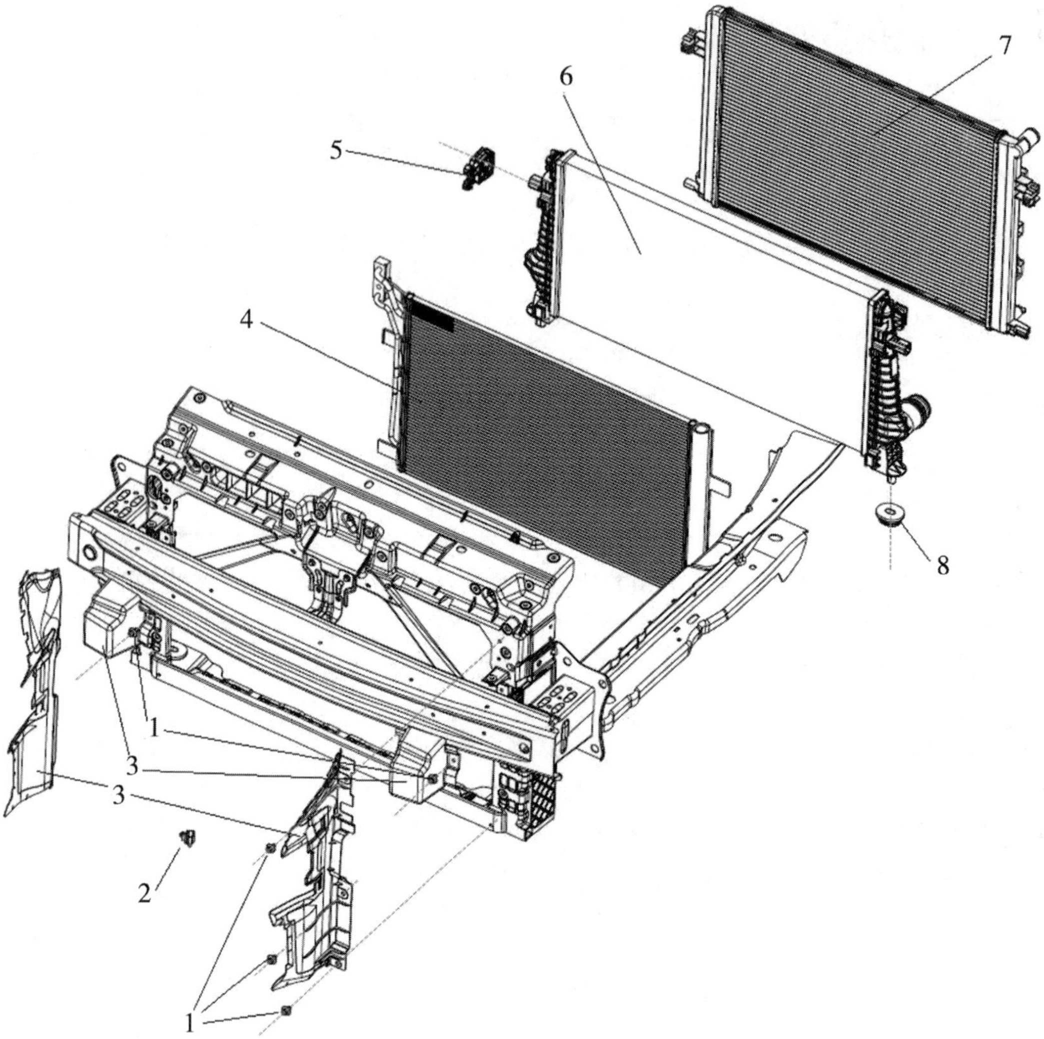

图 2-5-3 散热器安装和相关零件爆炸图

2.5.4 前保险杠

序号	零部件中文名称	零部件英文名称/描述	商品编码	商品描述
1	前保险杠外格栅	GRILLE-FRT BPR FASCIA OTR	87081000	
2	散热器格栅饰条	MOLDING-RAD GRL	87081000	
3	螺母—前保险杠支架	NUT-FRT BPR FASCIA BRKT	73181600	钢铁制
4	前保险杠下格栅	GRILLE-FRT BPR FASCIA LOWER	87081000	
5	前保险杠饰条	FINISHER-FRT BPR	87081000	
6	前涂装保险杠总成	FASCIA ASM-FRT BPR	87081000	
7	前保险杠支架	BRACKET-FRT BPR FASCIA	87081000	
8	螺栓/螺钉—前保险杠支架	BOLT/SCREW - FRT BPR FASCIA BRKT	73181590	钢铁制，抗拉强度在 800 兆帕以下
9	螺母—前保险杠支架	NUT-FRT BPR FASCIA BRKT	39269090	塑料制
10	螺母—前保险杠	NUT-FRT BPR FASCIA	73181600	钢铁制
11	螺栓/螺钉—前保险杠上支架	BOLT/SCREW - FRT BPR FASCIA UPR BRKT	73181510	钢铁制，抗拉强度在 800 兆帕及以上
12	螺栓/螺钉—前保险杠	BOLT/SCREW-FRT BPR FASCIA	73181510	钢铁制，抗拉强度在 800 兆帕及以上
13	前保险杠支架	BRACKET-FRT BPR FASCIA	87081000	
14	螺钉—前保险杠缓冲梁	BOLT/SCREW-FRT BPR IMP BAR	73181510	钢铁制，抗拉强度在 800 兆帕及以上
15	螺栓—前大灯支架加强板	BOLT/SCREW-HDLP BRKT REINF	73181510	钢铁制，抗拉强度在 800 兆帕及以上
16	前保险杠缓冲梁总成	BAR ASM-FRT BPR IMP	87081000	

续表

序号	零部件中文名称	零部件英文名称/描述	商品编码	商品描述
17	螺钉—空调进气格栅面板	BOLT/SCREW-AIR INL GRL PNL	73181510	钢铁制，抗拉强度在800兆帕及以上

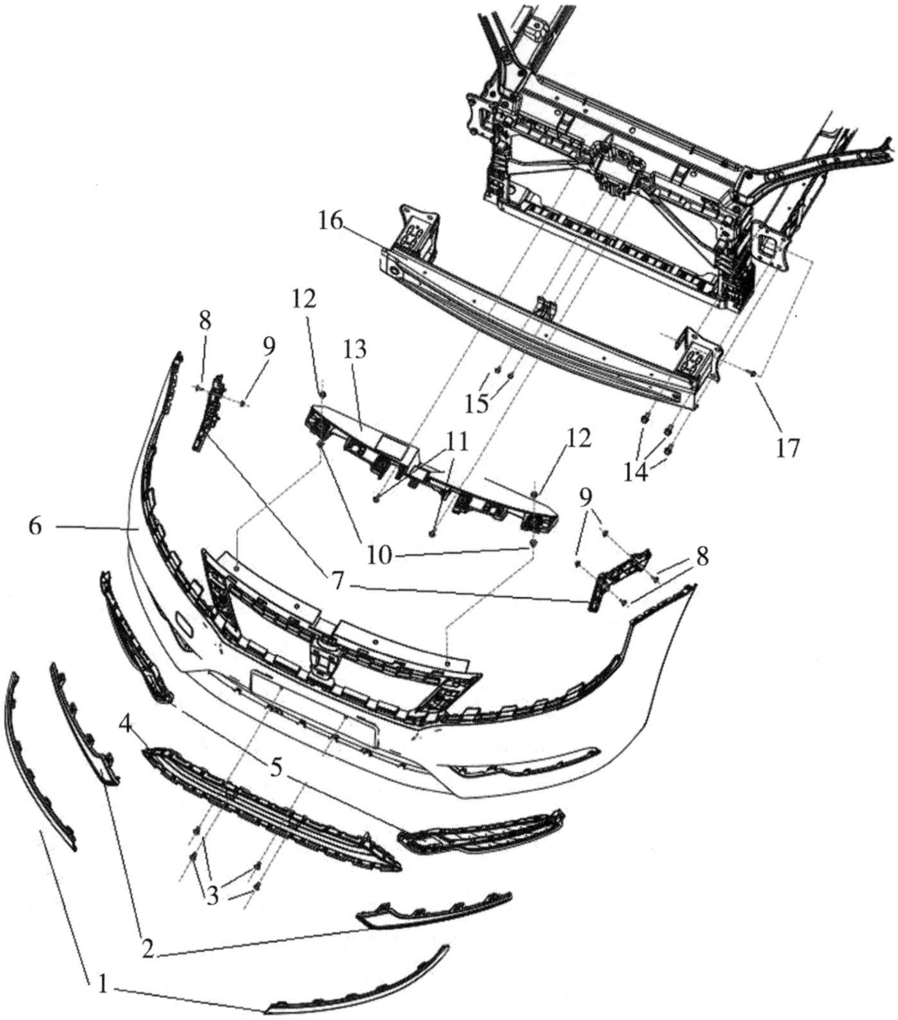

图 2-5-4　前保险杠爆炸图

2.5.5 后保险杠

序号	零部件中文名称	零部件英文名称/描述	商品编码	商品描述
1	后保险杠饰条	FINISHER-RR BPR	87081000	
2	开尾销—后保险杠	SCRIVET-RR BPR FASCIA	39269090	塑料制
3	后保险杠下蒙皮	FASCIA-RR BPR LWR	87081000	
4	后保险杠蒙皮	FASCIA-RR BPR	87081000	
5	螺栓/螺钉—后保险杠	BOLT/SCREW-RR BPR FASCIA	73181590	钢铁制，抗拉强度在800兆帕以下
6	螺栓/螺钉—后保险杠支架	BOLT/SCREW-RR BPR FASCIA BRKT	73181590	钢铁制，抗拉强度在800兆帕以下
7	螺母—后保险杠安装支架	NUT-RR BPR FASCIA BRKT	39269090	塑料制
8	螺栓/螺钉—后保险杠支架	BOLT/SCREW-RR BPR FASCIA BRKT	73181590	钢铁制，抗拉强度在800兆帕以下
9	螺母—后保险杠	NUT-RR BPR FASCIA	39269090	塑料制
10	后保险杠安装支架	BRACKET-RR BPR FASCIA MTG	87081000	
11	螺钉—后保险杠缓冲梁	BOLT/SCREW-RR BPR IMP BAR	73181510	钢铁制，抗拉强度在800兆帕及以上
12	后保险杠缓冲梁总成	BAR ASM-RR BPR IMP	87081000	
13	螺母—后轮罩衬板	NUT-RR W/H PNL LNR	39269090	塑料制，抗拉强度在800兆帕以下
14	螺柱—后轮罩衬板	STUD-RR W/H PNL LNR	73181590	钢铁制
15	卡扣—后轮罩衬板	CLIP-RR W/H PNL LNR	39269090	塑料制
16	后轮罩衬板总成	LINER ASM-FRT W/H RR	87082990	

续表

序号	零部件中文名称	零部件英文名称/描述	商品编码	商品描述
17	后保险杠下安装支架	BRACKET-RR BPR FASCIA LWR MTG	87082990	
18	螺母—后保险杠缓冲梁	NUT-RR BPR IMP BAR	73181600	钢铁制

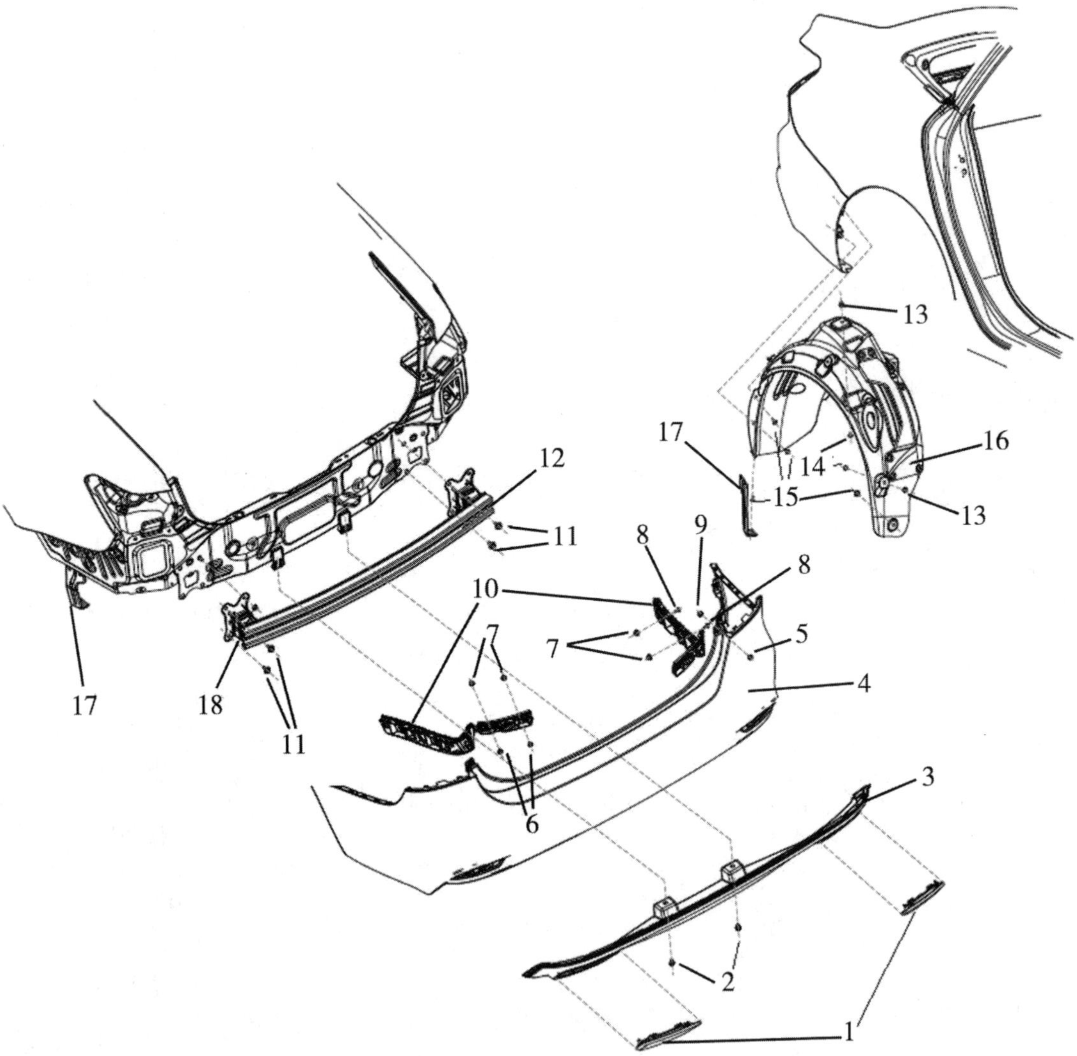

图 2-5-5　后保险杠爆炸图

2.5.6 备胎箱

序号	零部件中文名称	零部件英文名称/描述	商品编码	商品描述
1	行李箱地毯总成	CARPET ASM-R/CMPT FLR PNL	57029200	化纤针刺地毯
2	千斤顶总成	JACK ASM	84254910	机械式
3	车轮扳手	WRENCH-WHL	82041100	钢铁制
4	拖钩	EYE-TOW	73181300	钢铁制
5	车轮螺栓帽拆卸工具	TOOL-WHL NUT CAP REMOVAL	39269090	塑料制
6	螺栓—备胎固定	BOLT/SCREW-SPA WHL STOW	73181510	钢铁制，抗拉强度在800兆帕及以上
7	工具箱箱体	CONTAINER-TOOL	87082990	钢铁制
8	千斤顶手柄	HANDLE-JK	84311000	钢铁制
9	三角警告牌总成	REFLECTOR ASM - DISABLED VEH WRNG TRIANGLE	39269090	塑料制
10	工具箱	TOOL KIT	87082990	钢铁制
11	备胎隔垫	SPACER - SPA WHL	39269090	塑料制
12	轮胎	TIRE	87087099	完整车轮
13	堵塞—车身	PLUG-BODY HOLE	39269090	塑料制

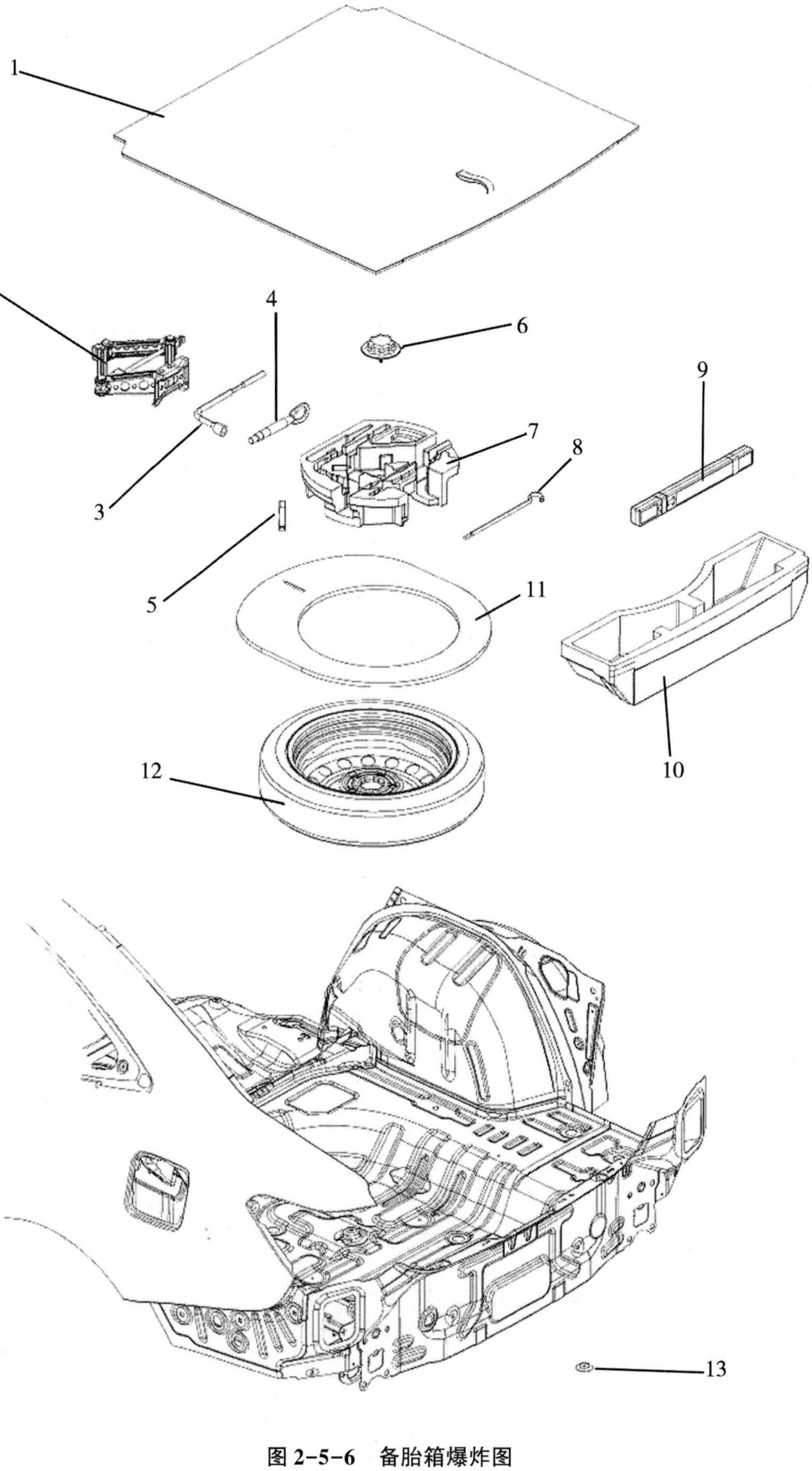

图 2-5-6　备胎箱爆炸图

2.5.7 前端钣金件

序号	零部件中文名称	零部件英文名称/描述	商品编码	商品描述
1	发动机罩外板	HOOD	87082953	
2	卡扣—发动机罩撑杆	CLIP-HOOD HOLD OPEN ROD	39269090	塑料制
3	发动机盖缓冲块	BUMPER-HOOD	40169990	硫化橡胶制
4	发动机罩内板	PANEL-HOOD INR	87082959	
5	卡扣—发动机盖隔热罩	CLIP-HOOD SHIELD	39269090	塑料制
6	螺栓—发动机罩铰链加强板	BOLT/SCREW-HOOD HGE REINF	73181510	钢铁制，抗拉强度在800兆帕及以上
7	发动机罩铰链总成	HINGE ASM-HOOD	83021000	钢铁制
8	螺母—发动机罩铰链（发动机罩侧）	NUT-HOOD HGE（HOOD SI）	73181600	钢铁制
9	发动机罩后部密封条	WEATHERSTRIP ASM-HOOD RR	40169390	硫化橡胶制
10	空调进气格栅面板侧密封件	SEAL-AIR INL GRL PNL SI	39269090	塑料制
11	螺栓—前排气管支架	BOLT/SCREW - EXH FRT PIPE BRKT	73181510	钢铁制，抗拉强度在800兆帕及以上
12	蓄电池托盘总成	TRAY ASM-BAT	87089999	
13	蓄电池固定压块	RETAINER-BAT HOLDN	87089999	
14	发动机撑杆固定卡扣	CLIP-HOOD HOLD OPEN ROD	39269090	塑料制
15	发动机罩撑杆总成	ROD ASM-HOOD HOLD OPEN	87082990	
16	卡夹—发动机底部导流板	CLIP-ENG UND DFL	73269019	钢铁制
17	小腿保护板总成	PANEL ASM-LEG CTHR	87082990	
18	螺栓—发动机罩锁	BOLT/SCREW-HOOD LAT	73181590	钢铁制，抗拉强度在800兆帕以下
19	发动机罩锁总成	LATCH ASM-HOOD	83012090	钢铁制

续表

序号	零部件中文名称	零部件英文名称/描述	商品编码	商品描述
20	发动机罩主锁开启拉索总成	CABLE ASM-HOOD PRIM LAT REL	87082990	
21	高音喇叭总成	HORN ASM - GENERIC （HIGH NOTE）	85123011	
22	螺钉—高低音喇叭支架	BOLT/SCREW-HORN BRKT	73181510	钢铁制，抗拉强度在 800 兆帕及以上
23	发动机罩主锁开启拉索总成	CABLE ASM-HOOD PRIM LAT REL	87082990	
24	发动机罩开启拉索手柄总成	HANDLE ASM-HOOD PRIM LAT REL CBL	87082990	
25	蓄电池前支架	BRACKET-BAT FRT	87089999	
26	螺栓—蓄电池托盘支架	BOLT/SCREW-BAT TRAY BRKT	73181510	钢铁制，抗拉强度在 800 兆帕及以上
27	螺钉—蓄电池托盘	BOLT/SCREW-BAT TRAY	73181510	钢铁制，抗拉强度在 800 兆帕及以上
28	前翼子板	FENDER-FRT	87082957	
29	前翼子板前下支架	BRACKET-F/FDR FRT LWR	87082990	
30	螺栓—前翼子板前支架	BOLT/SCREW-F/FDR FRT BRKT	73181510	钢铁制，抗拉强度在 800 兆帕及以上
31	前翼子板吸音垫	INSULATOR ASM-F/FDR	87082990	
32	螺母—前轮罩衬板	NUT-FRT W/H LNR	73181590	钢铁制，抗拉强度在 800 兆帕以下
33	前轮罩前部衬板	LINER-FRT W/H FRT	87082990	
34	开尾销—前轮罩衬板	RIVET-FRT W/H LNR	39269090	塑料制
35	螺钉—前轮罩护衬板	BOLT/SCREW-FRT W/H LNR	73181590	钢铁制，抗拉强度在 800 兆帕以下
36	卡扣—前轮罩衬板	CLIP-FRT W/H LNR	39269090	塑料制
37	开尾销—前轮罩衬板	RIVET-FRT W/H LNR	39269090	塑料制

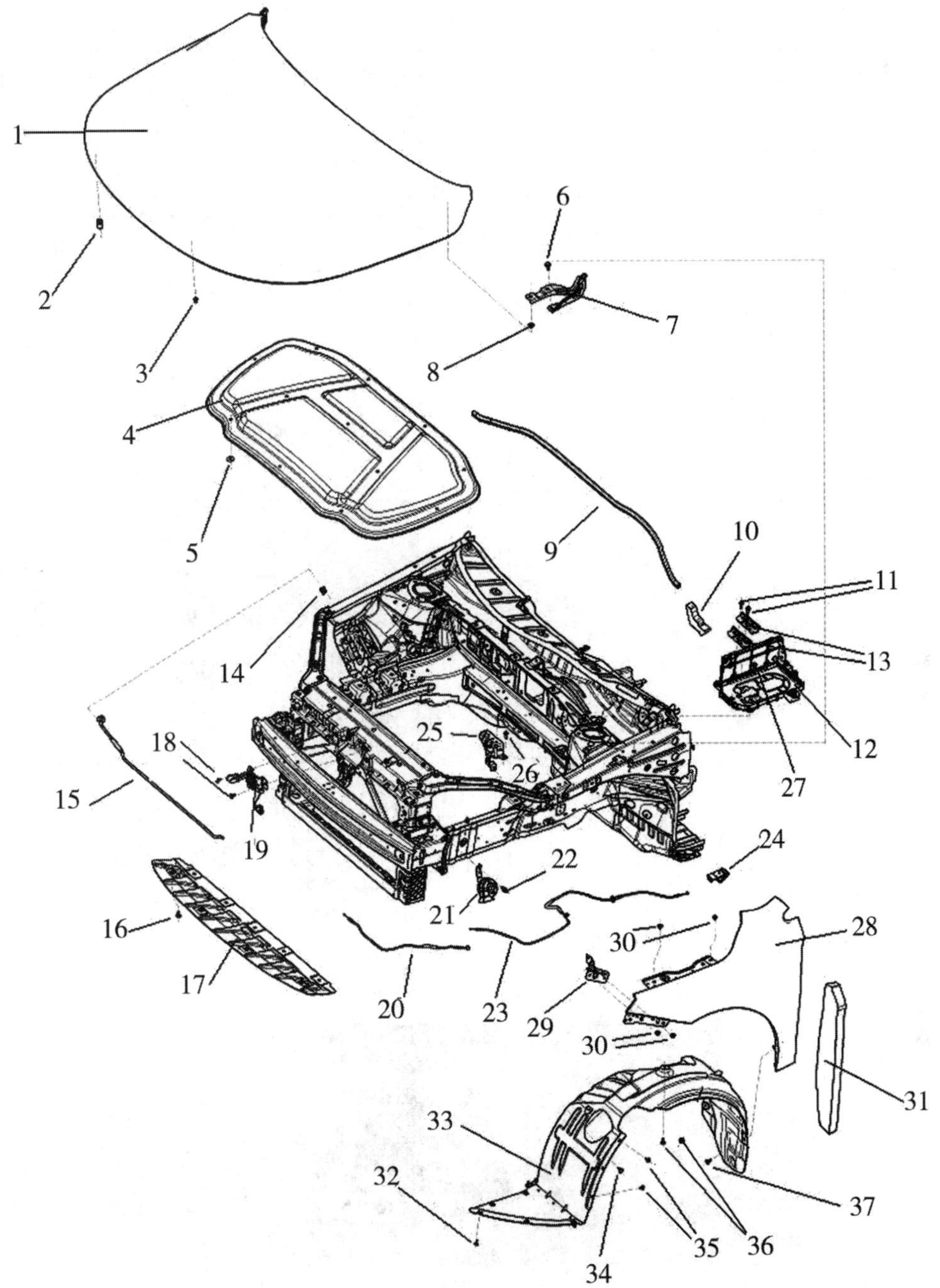

图 2-5-7 前端钣金件爆炸图

2.5.8 标签

序号	零部件中文名称	零部件英文名称/描述	商品编码	商品描述
1	壶盖标识	CAP LABEL	39199090	塑料制
2	燃油加注标签	FUEL FIL LABEL	39199090	塑料制
3	制冷器标签	REFRIG CHRG LABEL	39199090	塑料制

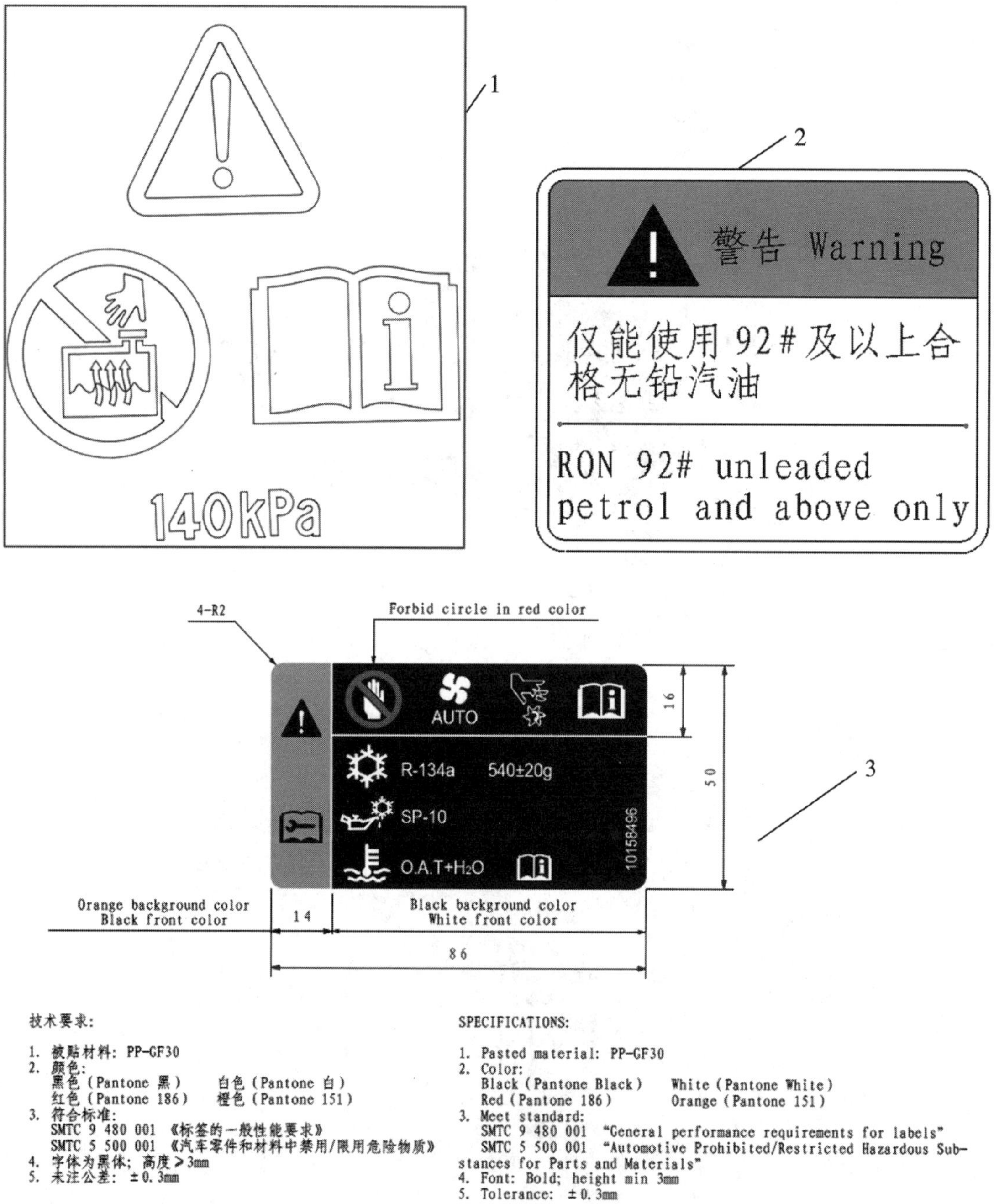

图 2-5-8 相关标签

2.5.9 前端翼子板和轮罩

序号	零部件中文名称	零部件英文名称/描述	商品编码	商品描述
1	螺栓—前翼子板前下支架	BOLT/SCREW - F/FDR FRT LWR BRKT	73181510	钢铁制，抗拉强度在 800 兆帕及以上
2	前翼子板前下支架	BRACKET-F/FDR FRT LWR	87082990	
3	螺栓—前翼子板前支架	BOLT/SCREW-F/FDR FRT BRKT	73181510	钢铁制，抗拉强度在 800 兆帕及以上
4	前翼子板	FENDER-FRT	87082957	
5	螺母—前翼子板挡板	NUT-F/FDR REINF	73181600	钢铁制
6	螺栓—前翼子板前支架	BOLT/SCREW-F/FDR FRT BRKT	73181510	钢铁制，抗拉强度在 800 兆帕及以上
7	前翼子板吸音垫	INSULATOR ASM-F/FDR	87082990	
8	前翼子板下支架总成	BRACKET ASM-F/FDR LWR	87082990	
9	铆钉—前轮罩扰流板	RIVET	76161000	铝制铆钉
10	前轮罩扰流板	DEFLECTOR-FRT W/H AIR	87082990	
11	前轮罩前部衬板	LINER-FRT W/H FRT	87082990	
12	卡扣—前轮罩衬板	CLIP-FRT W/H LNR	39269090	塑料制
13	螺钉—前轮罩护衬板	BOLT/SCREW-FRT W/H LNR	73181590	钢铁制，抗拉强度在 800 兆帕以下
14	螺母—前轮罩衬板	NUT-FRT W/H LNR	39269090	塑料制

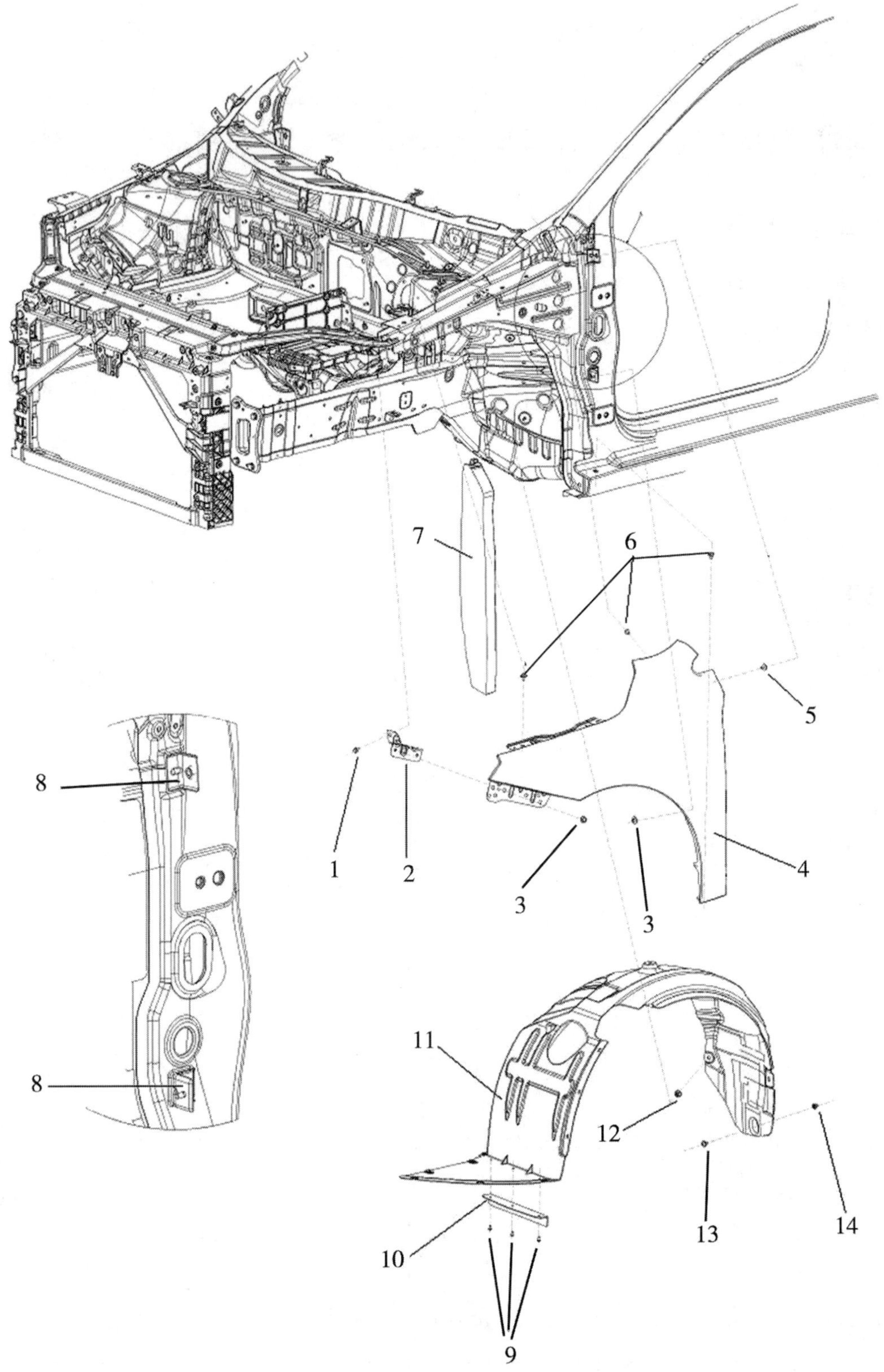

图 2-5-9　前端翼子板和轮罩爆炸图

2.5.10 发动机舱盖钣金件和五金件

序号	零部件中文名称	零部件英文名称/描述	商品编码	商品描述
1	发动机罩后部密封条	WEATHERSTRIP ASM-HOOD RR	40169390	硫化橡胶制
2	空调进气格栅面板	PANEL -AIR INL GRL	87082990	
3	空调进气格栅面板侧密封件	SEAL PAD-PLNM PNL SD	39269090	塑料制
4	发动机罩撑杆总成	ROD ASM-HOOD HOLD OPEN	87082990	
5	卡扣—发动机罩撑杆	CLIP-HOOD HOLD OPEN ROD	73269019	钢铁制
6	发动机罩锁总成	LATCH ASM-HOOD	87082990	机械锁机构
7	螺栓—发动机罩锁	BOLT/SCREW-HOOD LAT	73181510	钢铁制，抗拉强度在800兆帕及以上
8	螺栓—前大灯支架加强板	BOLT/SCREW - HDLP BRKT RE-INF	73181510	钢铁制，抗拉强度在800兆帕及以上
9	小腿保护板总成	PANEL ASM-LEG CTHR	87082990	
10	螺栓—小腿保护支架	BOLT/SCREW- LEG CTHR BRKT	73181510	钢铁制，抗拉强度在800兆帕及以上
11	发动机罩主锁开启拉索总成	CABLE ASM - HOOD PRIM LAT REL	87082990	
12	发动机罩开启拉索连接块	SHUTTLE-HOOD PRIM LAT REL CBL	87082990	
13	发动机罩主锁开启拉索总成	CABLE ASM - HOOD PRIM LAT REL	87082990	
14	发动机罩开启拉索手柄总成	HANDLE ASM-HOOD PRIM LAT REL CBL	87082990	
15	螺钉—发动机罩开启拉索手柄	BOLT/SCREW-HOOD PRIM LAT REL CBL HDL	73181510	钢铁制，抗拉强度在800兆帕及以上

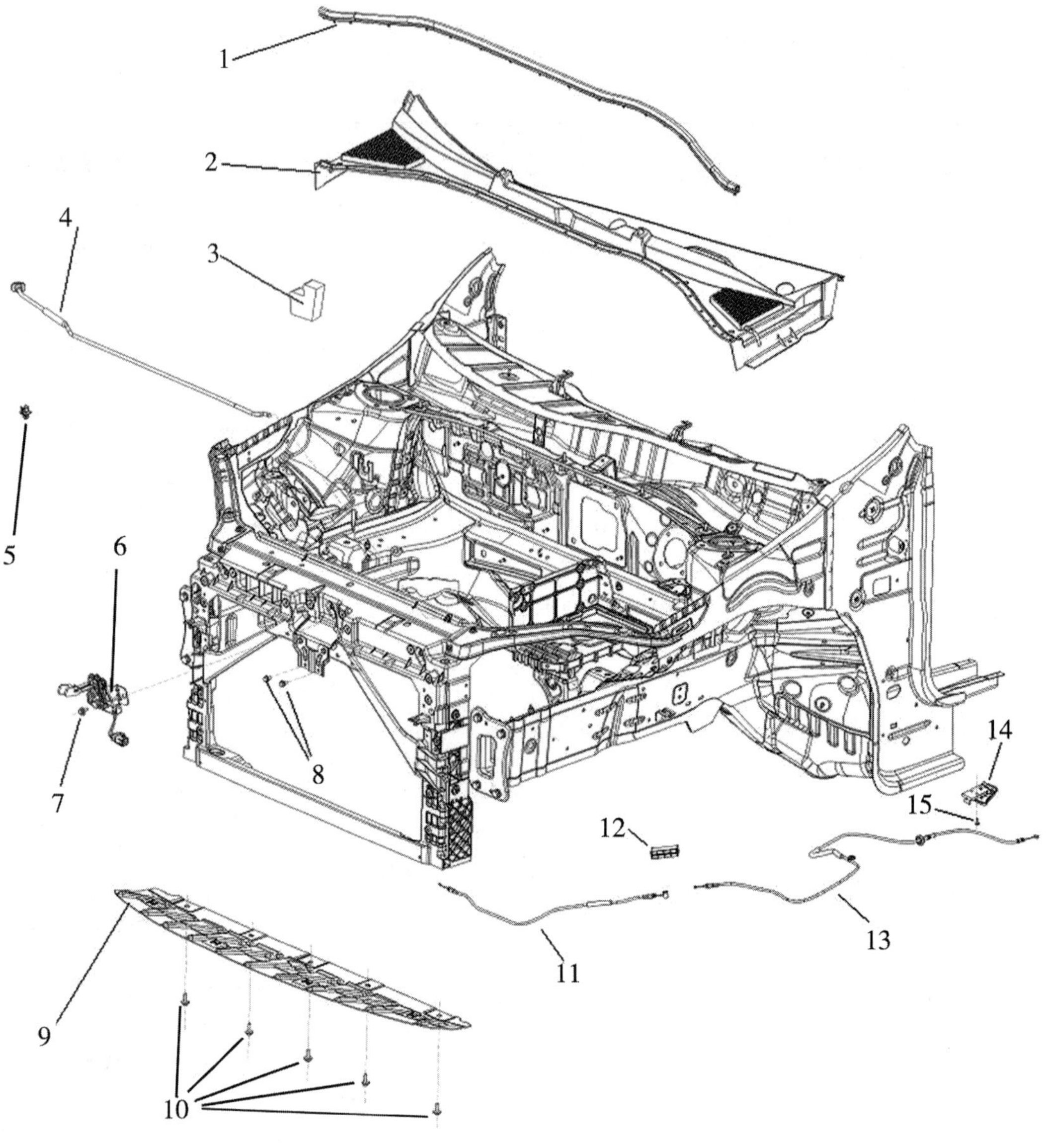

图 2-5-10　发动机舱盖钣金件和五金件爆炸图

2.5.11 风窗玻璃刮水器电机

序号	零部件中文名称	零部件英文名称/描述	商品编码	商品描述
1	螺母	NUT	73181600	钢铁制
2	减速器壳体	REDUCTOR HOUSING	85129000	钢铁制
3	斜齿轮	BEVEL SHEEL	84839000	钢铁制
4	斜齿轮轴	BEVEL SHEEL AXLE	84831090	传动轴
5	刷架总成	BRUSH BRACKET ASSEMBLY	85129000	钢铁制
6	密封圈	SEAL	40169390	硫化橡胶制
7	包封盖板	SEAL COVER	85129000	钢铁制
8	定子	STATOR	85030090	电机功率50瓦

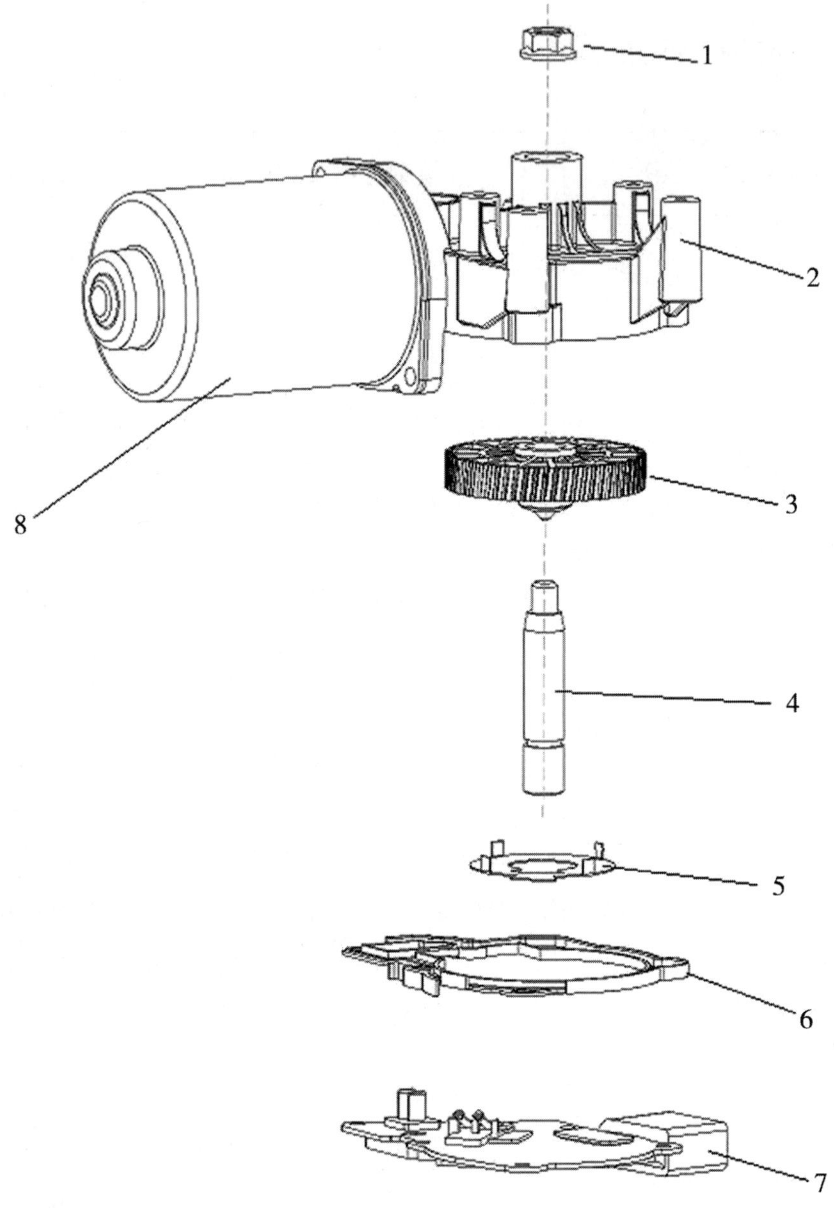

图 2-5-11　风窗玻璃刮水器电机爆炸图

2.5.12 仪表板（一）

序号	零部件中文名称	零部件英文名称/描述	商品编码	商品描述
1	仪表板横梁总成	BAR ASM-I/P TIE	87082990	钢铁制
2	螺栓—仪表板横梁总成	BOLT/SCREW-I/P TIE BAR	73181510	钢铁制，抗拉强度在 800 兆帕及以上
3	螺栓—仪表板上体	BOLT/SCREW-I/P UPR T/PNL	73181510	钢铁制，抗拉强度在 800 兆帕及以上
4	仪表板横梁撑臂	BRACE-I/P TIE BAR	87082990	钢铁制
5	螺钉—仪表板横梁连接板	BOLT/SCREW-I/P TIE BAR ANC PLT	73181510	钢铁制，抗拉强度在 800 兆帕及以上
6	螺钉—组合仪表	BOLT/SCREW-INST CSTR	73181510	钢铁制，抗拉强度在 800 兆帕及以上
7	仪表板饰条总成	MOLDING ASM-I/P	87082990	
8	组合仪表饰盖	COVER-I/P CSTR TR	87082990	
9	中央面板总成	PANEL ASM-I/P CTR TR	87082990	
10	仪表板上饰条总成	MOLDING ASM-I/P UPR	87082990	
11	仪表板中央储物盒 USB 饰盖	COVER-I/P STOW USB	87082990	
12	阳光温度传感器饰盖	COVER - SUN LOAD TEMP SEN OPG	87082990	
13	仪表板驾驶侧端盖总成	CAP ASM-I/P DRVR SI	87082990	
14	螺钉—仪表板侧饰板	BOLT/SCREW-I/P SI T/PNL	73181510	钢铁制，抗拉强度在 800 兆帕及以上
15	仪表板大灯开关盖板	MOLDING-I/P HDLP SW	87082990	

续表1

序号	零部件中文名称	零部件英文名称/描述	商品编码	商品描述
16	仪表板骨架	CARRIER-I/P	87082990	
17	仪表板副驾驶侧端盖总成	CAP ASM-I/P PASS SI	87082990	
18	螺栓—仪表板安装（车身侧）	BOLT/SCREW-I/P（BODY SI）	73181510	钢铁制，抗拉强度在 800 兆帕及以上
19	仪表板转向管柱下饰盖总成	COVER ASM-I/P STRG COL LWR TR	87082990	
20	仪表板转向管柱上饰盖总成	COVER ASM-I/P STRG COL UPR TR	87082990	
21	螺钉—转向管柱下饰盖	BOLT/SCREW - I/P STRG COL LWR TR CVR	73181510	钢铁制，抗拉强度在 800 兆帕及以上
22	手套箱门内板总成	PANEL ASM-I/P COMPT DR INR	87082990	
23	手套箱灯灯泡	BULB-I/P COMPT LP	85392930	白炽灯泡
24	手套箱灯堵盖	COVER-I/P COMPT LP	87082990	
25	螺钉—手套箱	BOLT/SCREW-I/P COMPT	73181510	钢铁制，抗拉强度在 800 兆帕及以上
26	手套箱总成	COMPARTMENT ASM-I/P	87082990	
27	手套箱开门止位片总成	STOP ASM-I/P COMPT DR	87082990	
28	点火与起动开关盖板	PLATE-IGN & START SW	87082990	
29	卡扣—仪表板副驾驶侧封闭板	CLIP-I/P PASS SI T/PNL	39269090	塑料制
30	螺钉—仪表板驾驶侧封闭板	BOLT/SCREW - I/P DRVR SI T/PNL	73181510	钢铁制，抗拉强度在 800 兆帕及以上
31	仪表板副驾驶侧封闭板	PANEL-I/P PASS SI TR	87082990	

续表2

序号	零部件中文名称	零部件英文名称/描述	商品编码	商品描述
32	仪表板驾驶侧封闭板	PANEL-I/P DRVR SI TR	87082990	
33	驾驶侧挡脚板	DRIVE SIDE CLOSURE PANEL ASSEMBLY	87082990	
34	驾驶侧储物盒总成	STOWAGE ASM-I/P DRVR	87082990	
35	驾驶员膝部挡板	IP DRIVER SIDE PANEL	87082990	
36	储物盒	DSL PEINFORCEMENT BRACKET	87082990	
37	卡扣—中控台饰条	CLIP-F/FLR CNSL MLDG	73181510	钢铁制
38	卡扣—前围板内隔音垫	CLIP-DA PNL INR INSL	39269090	塑料制
39	前围板内隔音垫	INSULATOR-DA PNL INR	87082990	

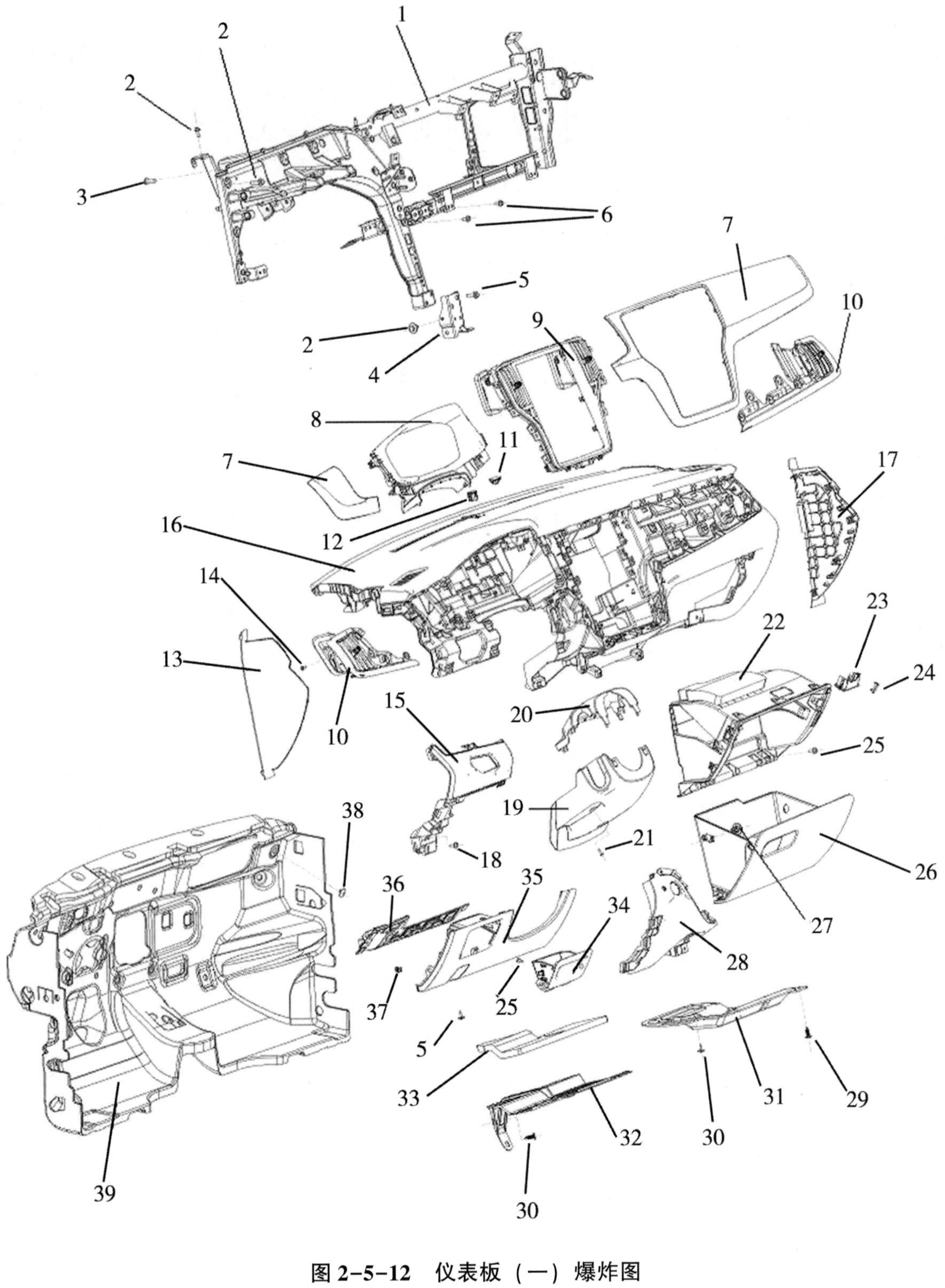

图 2-5-12　仪表板（一）爆炸图

2.5.13 仪表板（二）

序号	零部件中文名称	零部件英文名称/描述	商品编码	商品描述
1	仪表板上体骨架总成	CARRIER ASM-I/P UPR	87082990	
2	仪表板前围密封条	SEAL-DA PNL PLNM FRT EDGE	39269090	塑料制
3	前除霜风道	DUCT-W/S DEFR OTLT	84159090	
4	仪表板驾驶侧除霜格栅	BAFFLE-I/P DRVR DEFR	87082990	
5	仪表板骨架	CARRIER-I/P	87082990	
6	仪表托架螺栓	BOLT IP REINF BRKT	73181510	钢铁制，抗拉强度在800兆帕及以上
7	仪表板乘客侧除霜格栅	BAFFLE-I/P PASS DEFR	87082990	
8	仪表板组合仪表安装支架	COMPARTMENT ASM-I/P CSTR LWR	87082990	
9	螺钉—仪表板组合仪表安装支架	BOLT/SCREW-INST CSTR BRKT	73181510	钢铁制，抗拉强度在800兆帕及以上
10	吸音棉	INSULATION	87082990	PET+丙烯酸（背胶）
11	螺栓—仪表板娱乐系统和横梁	BOLT/SCREW-I/P RDO&C/BAR	73181510	钢铁制，抗拉强度在800兆帕及以上
12	插片螺母	NUT	73181600	钢铁制
13	吸音棉	INSULATION	87082990	PET+丙烯酸（背胶）
14	螺栓—仪表板下体	BOLT/SCREW-I/P LWR T/PNL	73181510	钢铁制，抗拉强度在800兆帕及以上
15	仪表板下体骨架	CARRIER-I/P LWR	87082990	

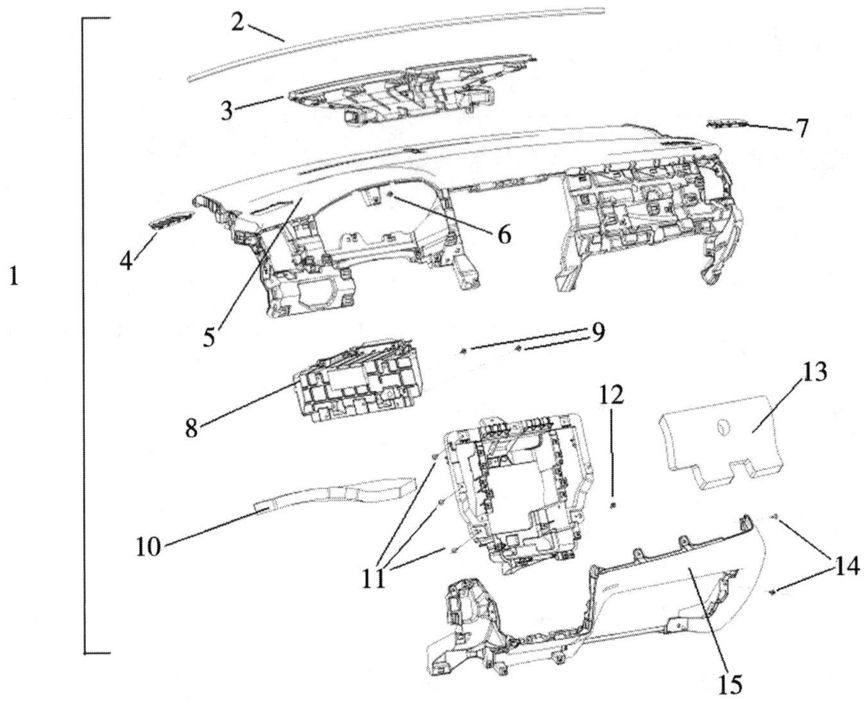

图 2-5-13　仪表板（二）爆炸图

2.5.14 仪表板（三）

序号	零部件中文名称	零部件英文名称/描述	商品编码	商品描述
1	发动机舱保险丝盒上盖	COVER-F/CMPT FUSE BLK UPR	85389000	
2	发动机舱保险丝盒总成	BLOCK ASM-F/CMPT FUSE	85371090	保险丝，继电器
3	发动机舱保险丝盒下盖	COVER-F/CMPT FUSE BLK LWR	85389000	
4	乘客舱保险丝盒下盖	COVER - PASS CMPT FUSE BLK LWR	85389000	
5	乘客舱保险丝盒总成	BLOCK ASM-PASS CMPT FUSE	85371090	保险丝，继电器
6	螺钉—乘客舱保险丝盒固定	BOLT/SCREW-PASS CMPT FUSE BLK	73181590	钢铁制，抗拉强度在800兆帕以下
7	仪表板安全气囊总成	AIRBAG ASM-INFL RST I/P MDL	87089500	
8	螺钉—仪表板安全气囊	BOLT/SCREW-INFL RST I/P MDL	73181510	钢铁制，抗拉强度在800兆帕及以上
9	螺钉—发动机舱保险丝盒	BOLT/SCREW - F/CMPT FUSE BLK	73181510	钢铁制，抗拉强度在800兆帕及以上
10	仪表板骨架	CARRIER-I/P	87082990	
11	网关模块总成	MODULE ASM - SERIAL DATA GATEWAY	85176239	
12	无钥匙进入和启动控制模块	MODULE-PEPS CONT	85371090	
13	手套箱灯堵盖	COVER-I/P COMPT LP	87082990	
14	手套箱灯灯泡	BULB-I/P COMPT LP	85392130	卤钨灯
15	导航显示器模块总成	DISPALY-10. 4	85269110	
16	螺钉—收音机	BOLT/SCREW-RDO	73181510	钢铁制，抗拉强度在800兆帕及以上

续表

序号	零部件中文名称	零部件英文名称/描述	商品编码	商品描述
17	低频防盗接收线圈	ANTENNA ASM - IGN LK CYL THEFT DTRNT SEN	85291090	
18	点火与起动开关总成	SWITCH ASM-IGN & START	85365000	
19	组合仪表总成	CLUSTER ASM-INST	87082990	
20	转向管柱组合开关总成	SWITCH ASM-STRG COL	85371090	
21	大灯水平调节开关总成	SWITCH ASM-HDLP LVLG ADJ	85365000	
22	车身控制模块总成	MODULE ASM-BODY CONT	90328990	
23	螺栓	BOLT/SCREW	73181510	钢铁制，抗拉强度在800兆帕及以上

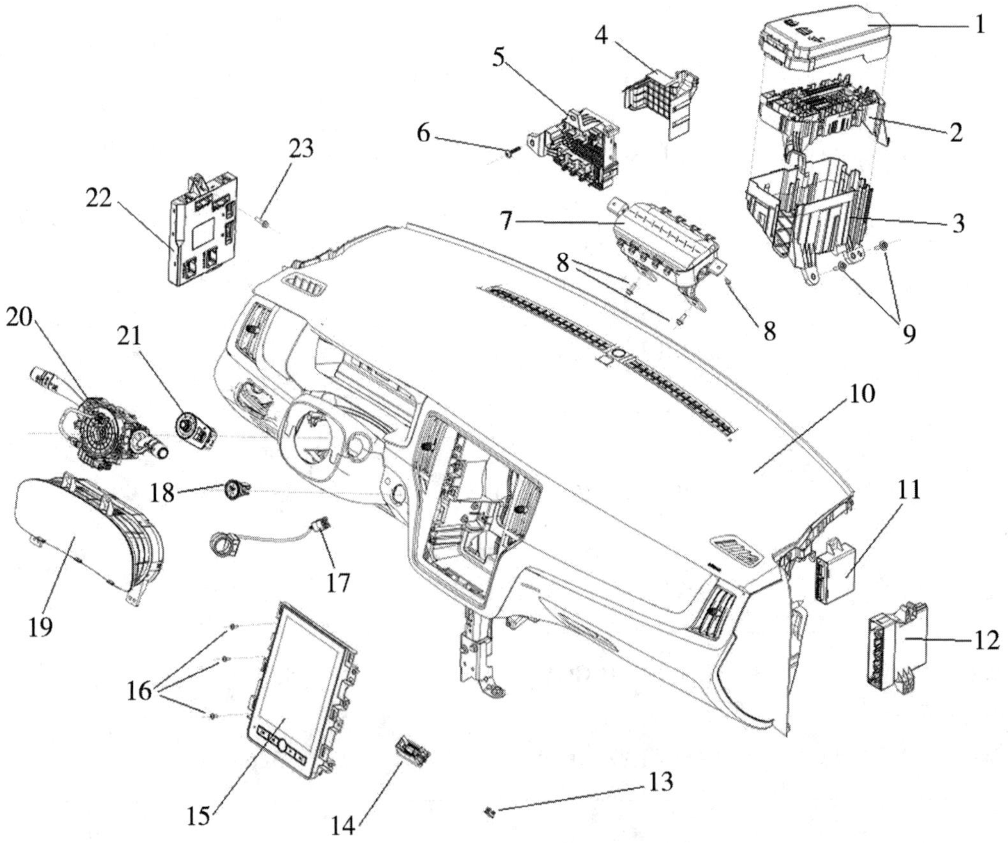

图 2-5-14 仪表板（三）爆炸图

2.5.15 遥控门锁系统

序号	零部件中文名称	零部件英文名称/描述	商品编码	商品描述
1	遥控钥匙	KEY-DR LK REM	85269200	
2	智能钥匙电路板总成	BOARD ASM-SMART KEY PRINT CIRC	85269200	已包含所有遥控功能
3	螺栓—无钥匙进入和启动控制模块	BOLT/SCREW- PEPS CONT MDL	73181510	钢铁制，抗拉强度在 800 兆帕及以上
4	无钥匙进入和启动控制模块	MODULE-PEPS CONT	85371090	该模板不接收无线信号
5	车身线束	HARNESS ASM-BODY WRG	85443020	

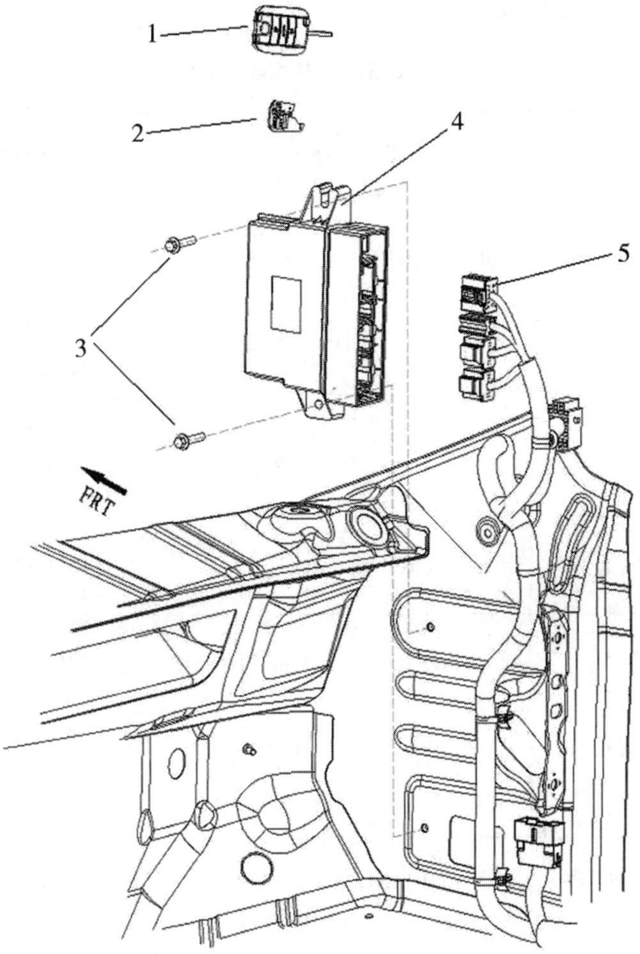

图 2-5-15 遥控门锁系统爆炸图

2.5.16 风窗玻璃刮水器系统

序号	零部件中文名称	零部件英文名称/描述	商品编码	商品描述
1	风窗玻璃雨刮器轴盖	CAP-WSW ARM NUT	85129000	
2	螺母—风窗玻璃刮水器刮杆	NUT-WSW ARM	73181600	钢铁制
3	风窗洗涤喷嘴软管总成	HOSE ASM-WSWA NOZ	40091100	硫化橡胶制，未经加强或未与其他材料合制，未装有附件
4	风窗玻璃刮水器刮杆总成	ARM ASM-WSW	85129000	
5	风窗玻璃刮水器刮片总成	BLADE ASM-WSW	85129000	
6	螺栓—空调进气格栅	BOLT/SCREW-AIR INL GRL	73181510	钢铁制
7	风窗洗涤喷嘴总成	NOZZLE ASM-WSWA	84249000	
8	螺栓—空调进气格栅	BOLT/SCREW-AIR INL GRL	73181510	钢铁制，抗拉强度在 800 兆帕及以上
9	进气栅板密封条	SEALING STRIP - AIR INL GRL PNL	39269090	塑料制
10	空调进气格栅面板	PANEL -AIR INL GRL	87082990	
11	空调进气格栅面板密封件	SEAL-AIR INL GRL PNL	40169390	硫化橡胶制
12	发动机罩后部密封条	WEATHERSTRIP ASM-HOOD RR	40169390	硫化橡胶制
13	空调进气格栅下支撑板总成	SUPPORT ASM-AIR INL GRL PNL LWR	87082990	
14	螺母—空调进气格栅面板	NUT-AIR INL GRL PNL	73181600	钢铁制
15	风窗玻璃刮水器电机	MOTOR ASM-WSW	85013100	直流电机 50 瓦

续表

序号	零部件中文名称	零部件英文名称/描述	商品编码	商品描述
16	螺钉—风窗玻璃刮水器模块	BOLT/SCREW-WSW SYS MDL	73181510	钢铁制，抗拉强度在800兆帕及以上
17	风窗玻璃刮水器电机连杆	LINK-WSW MOT	85129000	钢铁制
18	卡扣—风窗洗涤软管	CLIP-WSWA PUMP HOSE	39269090	塑料制
19	风窗洗涤软管	HOSE-WSWA	40091100	硫化橡胶制，未经加强或未与其他材料合制，未装有附件
20	螺钉—风窗洗涤壶安装	BOLT/SCREW-WSWA SOLV CNT-NR	73181510	钢铁制，抗拉强度在800兆帕及以上
21	索环—风窗洗涤泵	GROMMET-WSWA PUMP	40169990	硫化橡胶制
22	风窗洗涤泵总成	PUMP ASM-WSWA	84136029	回转式齿轮泵机械式
23	风窗洗涤壶	CONTAINER-WSWA SOLV	84249090	塑料制
24	索环—风窗洗涤液壶壶颈	GROMMET-WSWA SOLV CNTNR NECK	40169990	硫化橡胶制
25	风窗洗涤壶壶颈	NECK-WSWA SOLV CNTNR	84249090	
26	风窗洗涤壶盖	CAP-WSWA SOLV CNTNR	84249090	
27	螺栓—风窗洗涤系统	BOLT/SCREW-WSWA SYS MDL	73181510	钢铁制，抗拉强度在800兆帕及以上
28	风窗洗涤液壶总成	CONTAINER ASM-WSWA SOLV	84249090	

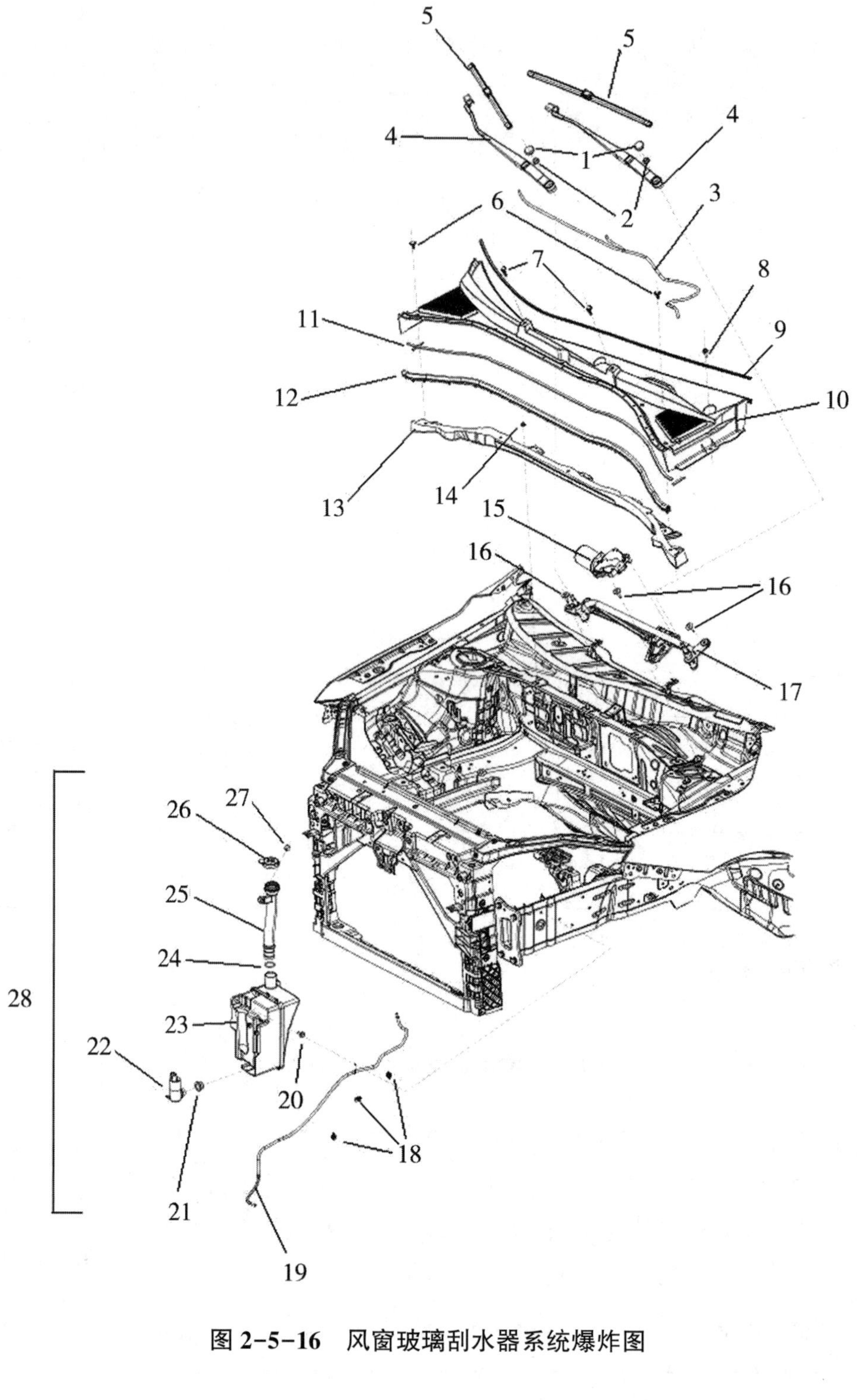

图 2-5-16　风窗玻璃刮水器系统爆炸图

2.5.17 风窗玻璃刮水器模块总成

序号	零部件中文名称	零部件英文名称/描述	商品编码	商品描述
1	风窗玻璃刮水器电机	MOTOR ASM-WSW	85013100	直流电机 50 瓦
2	风窗玻璃雨刮器轴盖	CAP-WSW ARM NUT	85129000	
3	螺母—风窗玻璃刮水器刮杆	NUT-WSW ARM	73181600	钢铁制
4	螺钉—风窗玻璃刮水器模块	BOLT/SCREW - WSW SYS MDL	73181510	钢铁制，抗拉强度在 800 兆帕及以上
5	风窗玻璃刮水器电机连杆	LINK-WSW MOT	85129000	
6	螺钉—风窗玻璃刮水器模块	BOLT/SCREW - WSW SYS MDL	73181510	钢铁制，抗拉强度在 800 兆帕及以上

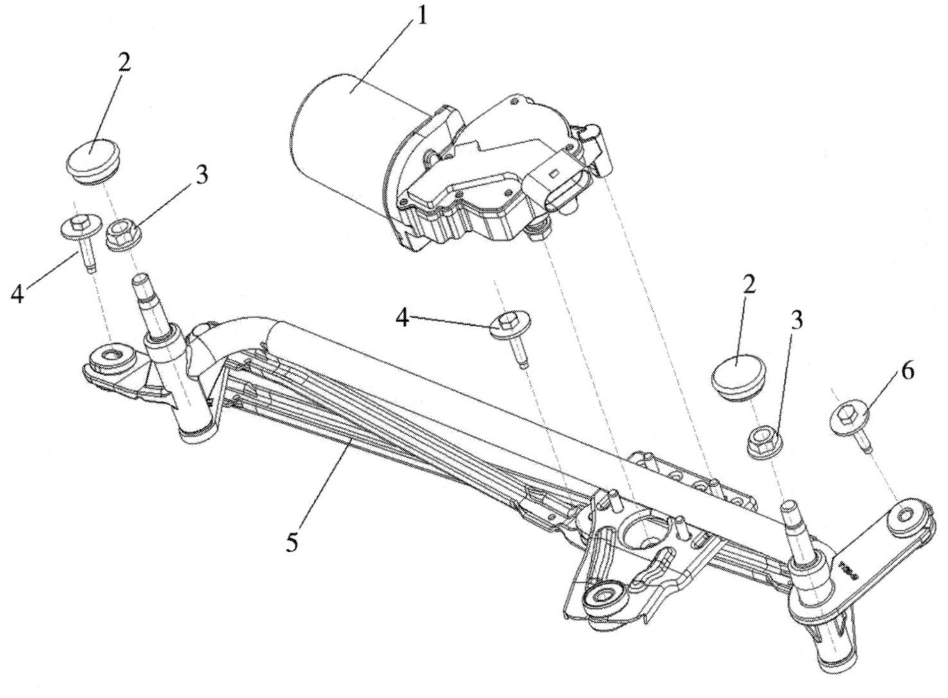

图 2-5-17 风窗玻璃刮水器模块总成爆炸图

2.5.18 风窗玻璃饰件和五金件

序号	零部件中文名称	零部件英文名称/描述	商品编码	商品描述
1	前风窗玻璃	GLASS-W/S	70072190	层压安全玻璃
2	卡扣—前风窗 A 柱饰条	CLIP-BODY H/PLR TR	39269090	塑料制
3	前风窗玻璃隔垫	SPACER-W/S	40169990	硫化橡胶制
4	前风窗 A 柱饰条总成	TRIM ASM-BODY H/PLR	87082990	
5	前风窗玻璃定位销	CLIP-BODY H/PLR TR	39269090	塑料制
6	前风窗玻璃垫条	SEALING STRIP-W/S	40169390	硫化橡胶制
7	进气栅板密封条	SEALING STRIP-AIR INL GRL PNL	40169390	硫化橡胶制
8	前风窗内后视镜基座	BRACKET-W/S I/S RR VIEW MIR	87082990	
9	内后视镜总成	MIRROR ASM-I/S RR VIEW	70091000	玻璃制
10	开尾销—空调进气格栅面板	RIVET-AIR INL GRL PNL	39269090	塑料制

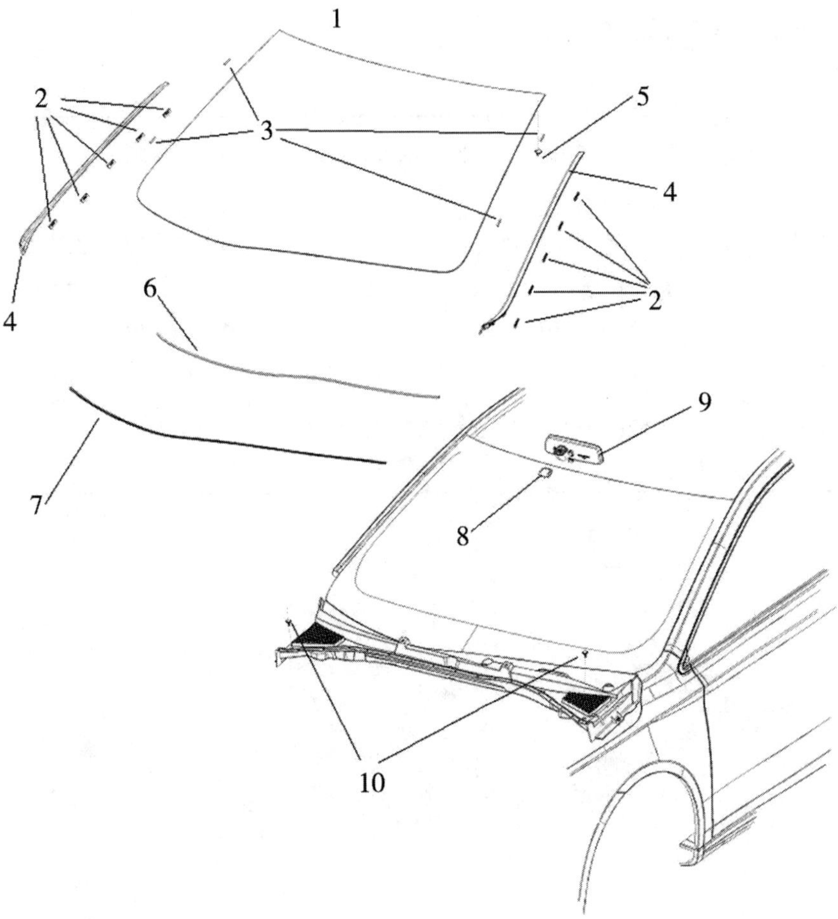

图 2-5-18 风窗玻璃饰件和五金件爆炸图

2.5.19 遮阳板总成（一）

序号	零部件中文名称	零部件英文名称/描述	商品编码	商品描述
1	卡扣—遮阳板固定	CLIP-SUNVISOR	39269090	塑料制，通用零件
2	遮阳板总成	SUNVISOR ASM	87082990	
3	螺栓—遮阳板支架	BOLT/SCREW-SUNVISOR SUPT	73181590	钢铁制，抗拉强度在800兆帕以下

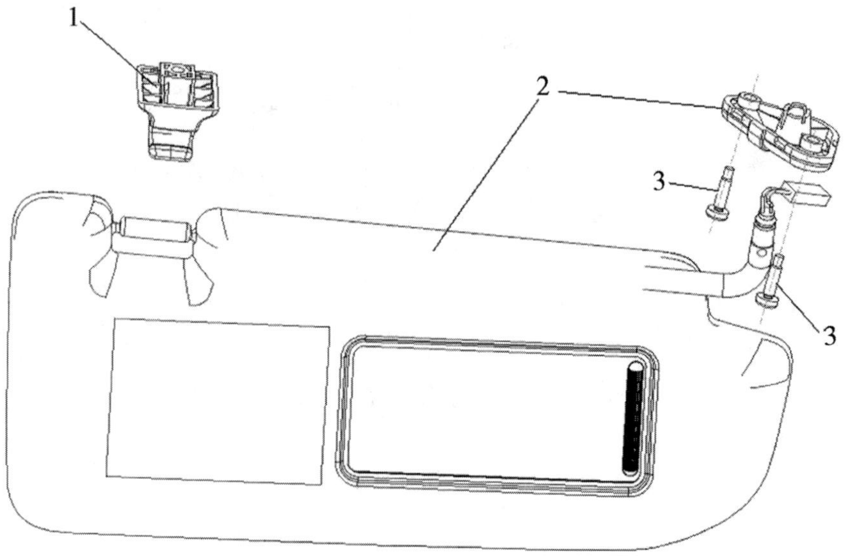

图 2-5-19 遮阳板总成（一）爆炸图

2.5.20 遮阳板总成（二）

序号	零部件中文名称	零部件英文名称/描述	商品编码	商品描述
1	遮阳板固定螺栓盖	COVER-SUNVISOR RET BOLT	87082990	塑料制
2	螺栓—遮阳板支架	BOLT/SCREW-SUNVISOR SUPT	73181510	钢铁制，抗拉强度在800兆帕及以上
3	遮阳板总成	SUNVISOR ASM	87082990	
4	卡扣—遮阳板固定	CLIP-SUNVISOR	39269090	塑料制，通用零件

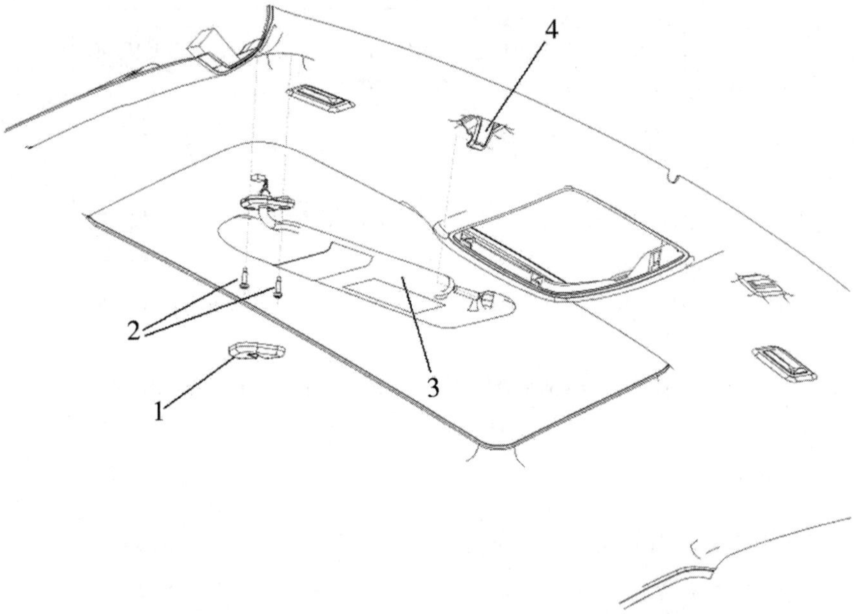

图 2-5-20 遮阳板总成（二）爆炸图

2.5.21 地板控制台

序号	零部件中文名称	零部件英文名称/描述	商品编码	商品描述
1	推钉—中控台前侧饰板	RIVET-F/FLR CNSL FRT SI T/PNL	39269090	塑料制
2	空调罩盖	HVAC COVER	87082990	
3	NVH 吸能块	NVH ABSORBER	87082990	
4	螺栓—中控台前支架	BOLT/SCREW - F/FLR CNSL FRT BRKT	73181510	钢铁制，抗拉强度在 800 兆帕及以上
5	螺钉—手套箱	BOLT/SCREW-I/P COMPT	73181510	钢铁制，抗拉强度在 800 兆帕及以上
6	前部加强板	FRONT REINFORCE BRKT	87082990	
7	电源引出口	POWER OUTLET	85366900	
8	中控台储物盒外罩	CNSL FRONT STORAGE HOUSING	87082990	
9	中控台储物盒外板	CNSL FRONT STORAGE OUTER DOOR	87082990	
10	中控台上饰板	CNSL UPPER PANEL	87082990	
11	中控台中控开关总成	SWITCH ASM-F/FLR CNSL	85371090	
12	电动驻车开关总成	SWITCH ASM-ELEC PARK BRK	85365000	
13	座位扶手外盖板	ARMREST OUTER PLATE	87082990	
14	座位扶手内部基础框架	ARMREST BASE INNER	87082990	
15	限位器	BUMPER	87082990	
16	扶手开关	LATCH_ PANEL	85365000	
17	中控台座位扶手箱	CNSL ARMREST BIN COLD	87082990	

续表

序号	零部件中文名称	零部件英文名称/描述	商品编码	商品描述
18	铰链弹簧	SPRING	73202090	钢铁制螺旋弹簧
19	衬套	SPRING TUBE	87082990	
20	轴	SHAFT	87082990	钢铁制
21	销—中控台扶手	PIN-F/FLR CNSL A/RST	73182400	钢铁制
22	中控台杯托内衬	LINER-F/FLR CNSL CUP HLDR	87082990	
23	中控台侧面储物盒	CNSL SIDE OPEN STORAGE	87082990	
24	中控台后出风口总成	OUTLET ASM-F/FLR CNSL RR AIR	84159090	
25	中控台后侧饰板总成	PANEL ASM-F/FLR CNSL SI RR TR	87082990	
26	中控台壳体	CNSL MAIN	87082990	
27	中控台后安装支架	BRACKET-F/FLR CNSL RR	87082990	
28	螺母—中控台支架	NUT-F/FLR CNSL BRKT	73181600	钢铁制
29	螺钉—中控台总成安装	BOLT/SCREW-F/FLR CNSL	73181510	钢铁制，抗拉强度在800兆帕及以上
30	中控台前安装支架	BRACKET-F/FLR CNSL FRT	87082990	
31	空调盖板	HVAC COVER	87082990	
32	螺栓—中控台总成安装	BOLT/SCREW-F/FLR CNSL	73181510	钢铁制，抗拉强度在800兆帕及以上
33	中控台安装螺钉盖	CAP-F/FLR CNSL BOLT	87082990	

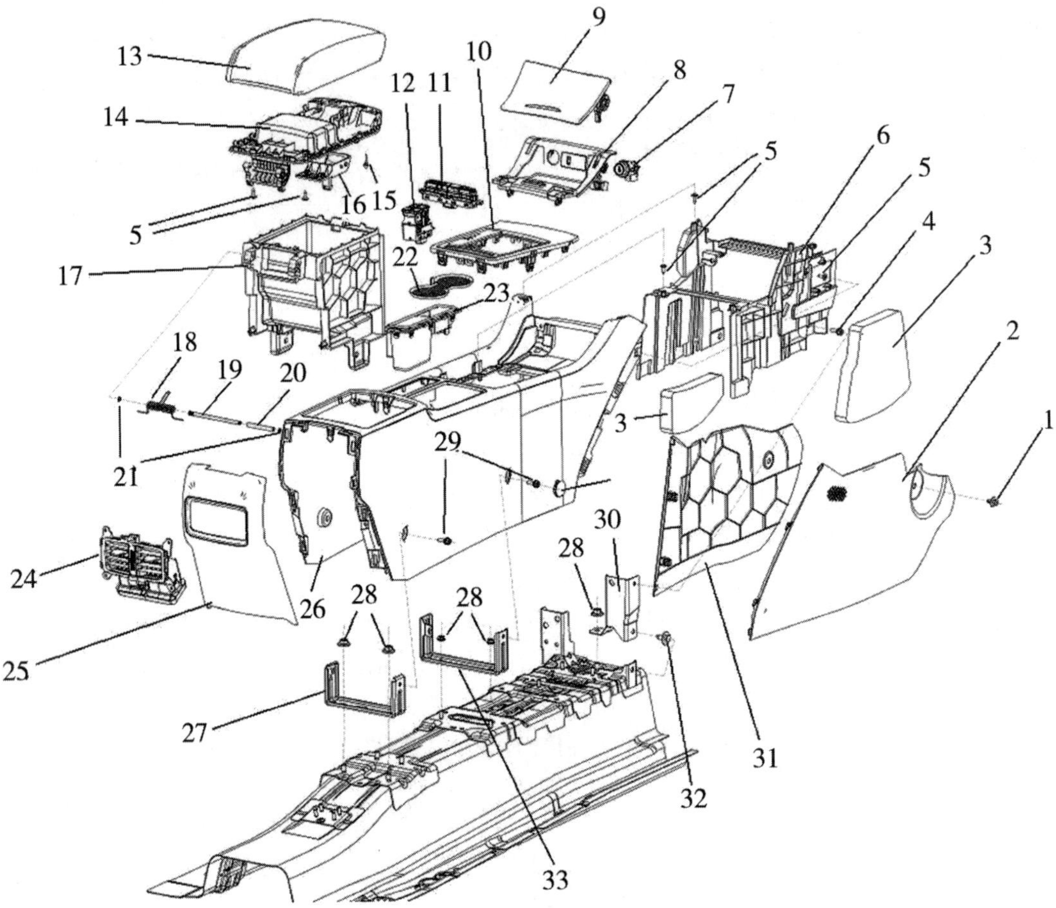

图 2-5-21　地板控制台爆炸图

2.5.22 前门五金件（一）

序号	零部件中文名称	零部件英文名称/描述	商品编码	商品描述
1	前门窗玻璃	WINDOW-FRT S/D	70071190	钢化玻璃
2	螺栓—前门玻璃安装	BOLT/SCREW-FRT S/D WDO	73181510	钢铁制，抗拉强度在 800 兆帕及以上
3	前门窗框后饰板总成	APPLIQUE ASM-FRT S/D WDO FRM RR	87082990	
4	前门窗台内侧密封条	WEATHERSTRIP ASM-FRT S/D WDO INR	40169390	硫化橡胶制
5	前门玻璃窗滑槽密封条	WEATHERSTRIP-FRT S/D WDO	40169390	硫化橡胶制
6	前门玻璃后导轨延伸件	EXTENSION-FRT S/D WDO RR CHAN	87082990	
7	螺栓—前门玻璃导轨	BOLT/SCREW-FRT S/D WDO CHAN	73181510	钢铁制，抗拉强度在 800 兆帕及以上
8	螺栓—前门限位器（车门侧）	BOLT/SCREW-FRT S/D CHK（DR SI）	73181510	钢铁制，抗拉强度在 800 兆帕及以上
9	螺栓—前门限位器（车身侧）	BOLT/SCREW-FRT S/D CHK（BODY SI）	73181510	钢铁制，抗拉强度在 800 兆帕及以上
10	前门限位器总成	CHECK ASM-FRT S/D	87082990	
11	前门锁芯总成	CYLINDER ASM-FRT S/D LK	83016000	钢铁制
12	前门外拉手衬板总成	PLATE ASM-FRT S/D O/S HDL BKG	87082990	
13	前门锁芯拉杆	ROD-FRT S/D LK CYL	83016000	钢铁制
14	前门玻璃升降器总成	REGULATOR ASM-FRT S/D WDO	87082930	
15	螺母—前门玻璃升降器	NUT-FRT S/D WDO REG	73181600	钢铁制
16	螺钉—前门玻璃升降器	BOLT/SCREW-FRT S/D WDO REG	73181510	钢铁制，抗拉强度在 800 兆帕及以上

续表

序号	零部件中文名称	零部件英文名称/描述	商品编码	商品描述
17	螺栓—前门内拉手	BOLT/SCREW-FRT DR S/D I/S HDL	73181510	钢铁制，抗拉强度在 800 兆帕及以上
18	前门内拉手总成	HANDLE ASM-FRT S/D I/S	39263000	塑料制
19	前门内拉手拉索	CABLE -FRT S/D I/S HDL	87082990	
20	卡扣—前门锁连杆	CLIP-FRT S/D LKG ROD	39269090	塑料制
21	前门外拉手拉杆	ROD-FRT S/D O/S HDL	87082990	
22	前门锁体总成	LATCH ASM-FRT S/D	83012010	钢铁制
23	螺栓—前门锁体	BOLT/SCREW-FRT S/D LAT	73181510	钢铁制，抗拉强度在 800 兆帕及以上
24	螺钉—前门锁扣	BOLT/SCREW-FRT S/D LK STKR	73181510	钢铁制，抗拉强度在 800 兆帕及以上
25	前门锁扣	STRIKER-FRT S/D LK	83016000	钢铁制
26	前门外拉手	HANDLE-FRT S/D O/S	39263000	塑料制
27	前门外拉手衬板总成	PLATE ASM-FRT S/D O/S HDL BKG	87082990	
28	螺栓—前门铰链（车身侧）	BOLT/SCREW-FRT S/D HGE（BODY SI）	73181510	钢铁制，抗拉强度在 800 兆帕及以上
29	前门上铰链总成	HINGE ASM-FRT S/D UPR	83021000	钢铁制
30	螺栓—前门铰链（车门侧）	BOLT/SCREW-FRT S/D HGE（DR SI）	73181510	钢铁制，抗拉强度在 800 兆帕及以上
31	螺栓—前门铰链（车身侧）	BOLT/SCREW-FRT S/D HGE（BODY SI）	73181510	钢铁制，抗拉强度在 800 兆帕及以上
32	前门下铰链总成	HINGE ASM-FRT S/D LWR	83021000	钢铁制

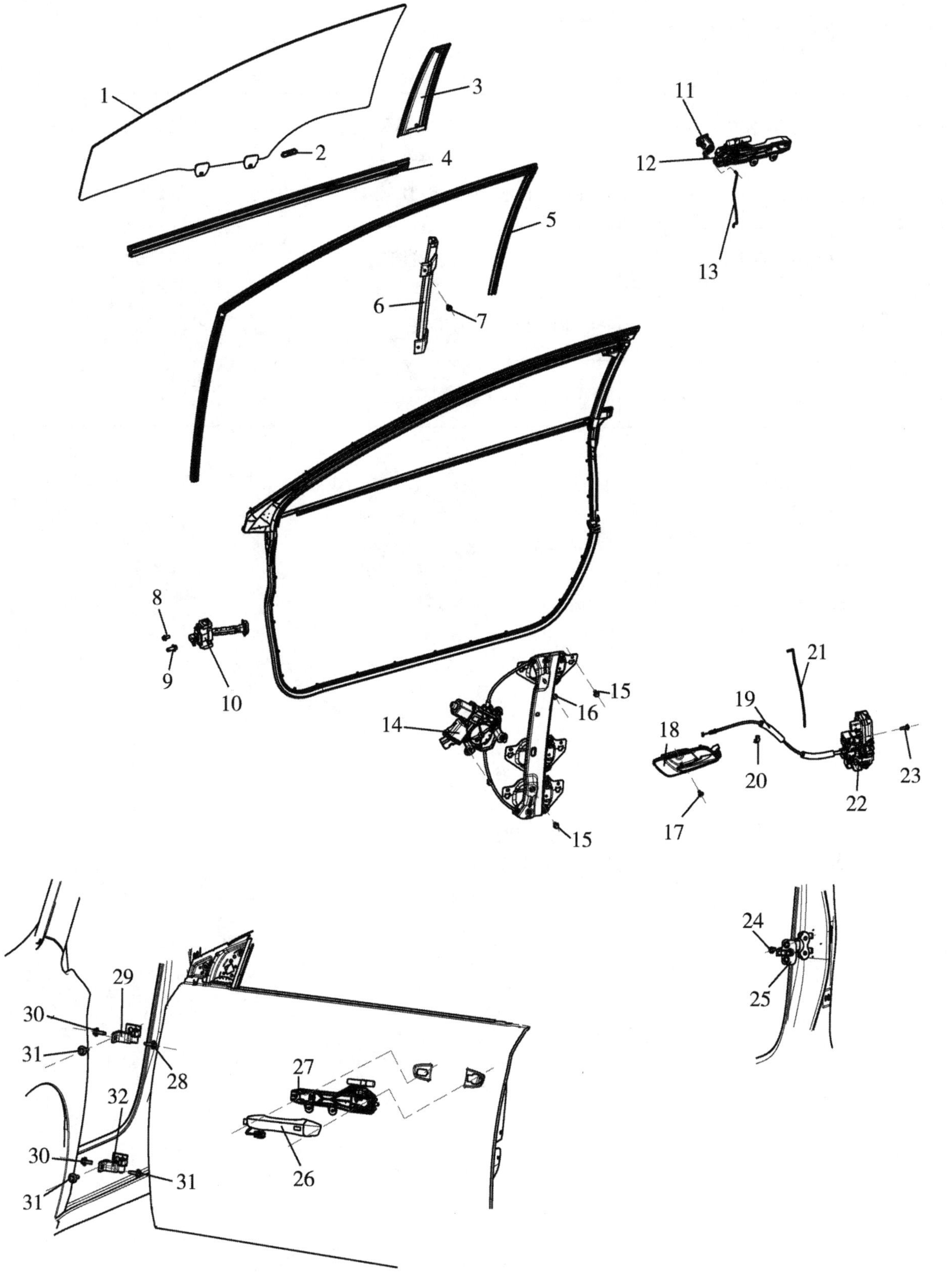

图 2-5-22 前门五金件（一）爆炸图

2.5.23 前门五金件（二）

序号	零部件中文名称	零部件英文名称/描述	商品编码	商品描述
1	前门防水膜	DEFLECTOR-FRT S/D WAT	87082990	
2	前门饰板内饰板	PANEL ASM-FRT S/D INR	87082990	
3	前门外板	PANEL-FRT S/D OTR	87082959	
4	前门总成	DOOR ASM-FRT SI	87082952	

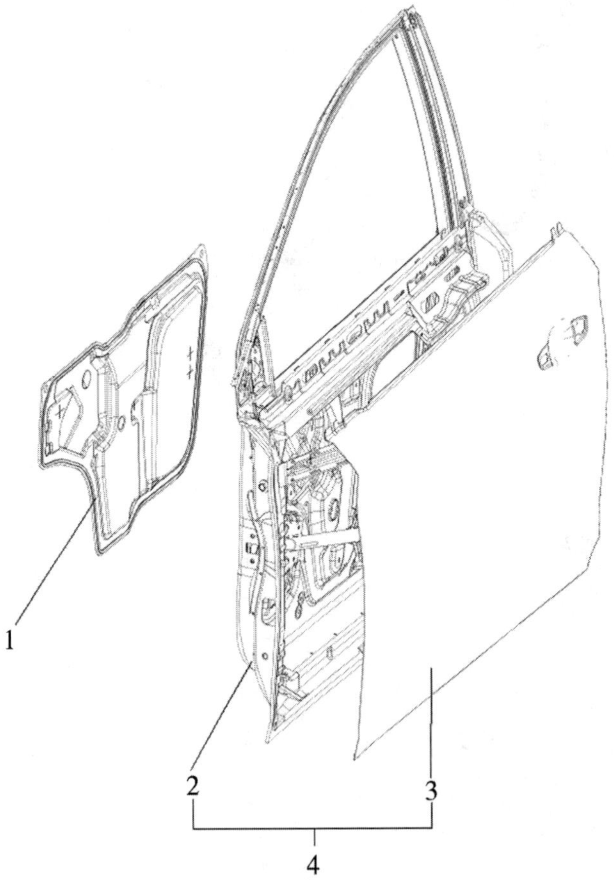

图 2-5-23 前门五金件（二）爆炸图

2.5.24 后门五金件（一）

序号	零部件中文名称	零部件英文名称/描述	商品编码	商品描述
1	螺栓—后门锁体	BOLT/SCREW-RR S/D LAT	73181510	钢铁制，抗拉强度在800兆帕及以上
2	螺钉—后门锁扣	BOLT/SCREW-RR S/D LAT STKR	73181510	钢铁制，抗拉强度在800兆帕及以上
3	后门锁体总成	LATCH ASM-RR S/D	83102010	钢铁制
4	后门锁扣总成	STRIKER ASM-RR S/D LK	83016000	钢铁制
5	螺钉—后门玻璃升降器	BOLT/SCREW-RR S/D WDO REG	73181510	钢铁制，抗拉强度在800兆帕及以上
6	后门玻璃升降器总成	REGULATOR ASM-RR S/D WDO	87082930	
7	后门窗框后饰板支架	REAR BRACKET FRAME RR S/D WDO	87089999	
8	后门窗框后饰板总成	APPLIQUE ASM-RR S/D WDO FRM RR	87082990	
9	螺母—后门玻璃导轨	NUT-RR S/D WDO CHAN	73181600	钢铁制
10	后门玻璃窗滑槽密封条	WEATHERSTRIP-RR S/D WDO	40169390	硫化橡胶制
11	后门窗玻璃	WINDOW-RR S/D	70071190	钢化玻璃
12	螺栓—后门玻璃安装	BOLT/SCREW-RR S/D WDO	73181510	钢铁制，抗拉强度在800兆帕及以上
13	后门窗台内侧密封条	WEATHERSTRIP ASM-RR S/D WDO INR	40169390	硫化橡胶制
14	螺栓—后门铰链（车身侧）	BOLT/SCREW-RR S/D HGE（BODY SI）	73181510	钢铁制，抗拉强度在800兆帕及以上

续表

序号	零部件中文名称	零部件英文名称/描述	商品编码	商品描述
15	螺栓—后门铰链（车门侧）	BOLT/SCREW-RR S/D HGE（DR SI）	73181510	钢铁制，抗拉强度在800兆帕及以上
16	后门上铰链总成	HINGE ASM-RR S/D UPR	83021000	钢铁制
17	后门上铰链加强板总成	FRONT BRACKET FRAME RR S/D WDO	87082990	
18	后门下铰链总成	HINGE ASM-RR S/D LWR	83021000	钢铁制
19	后门下铰链加强板总成	REINFORCEMENT ASM-RR S/D LWR HGE	87082990	
20	螺栓—后门限位器（车门侧）	BOLT/SCREW-RR S/D CHK（DR SI）	73181510	钢铁制，抗拉强度在800兆帕及以上
21	后门限位器支架总成	BRACKET ASM-RR S/D CHK	87089999	
22	后门限位器总成	CHECK ASM-RR S/D	87082990	
23	螺栓—后门限位器（车身侧）	BOLT/SCREW-RR S/D CHK（BODY SI）	73181510	钢铁制，抗拉强度在800兆帕及以上
24	后门外拉手	HANDLE-RR S/D O/S	39263000	塑料制
25	衬垫—后门外拉手后端	INSULATOR-RR S/D O/S HDL RR	87082990	
26	后门外拉手衬板总成	PLATE ASM-RR S/D O/S HDL BKG	87082990	

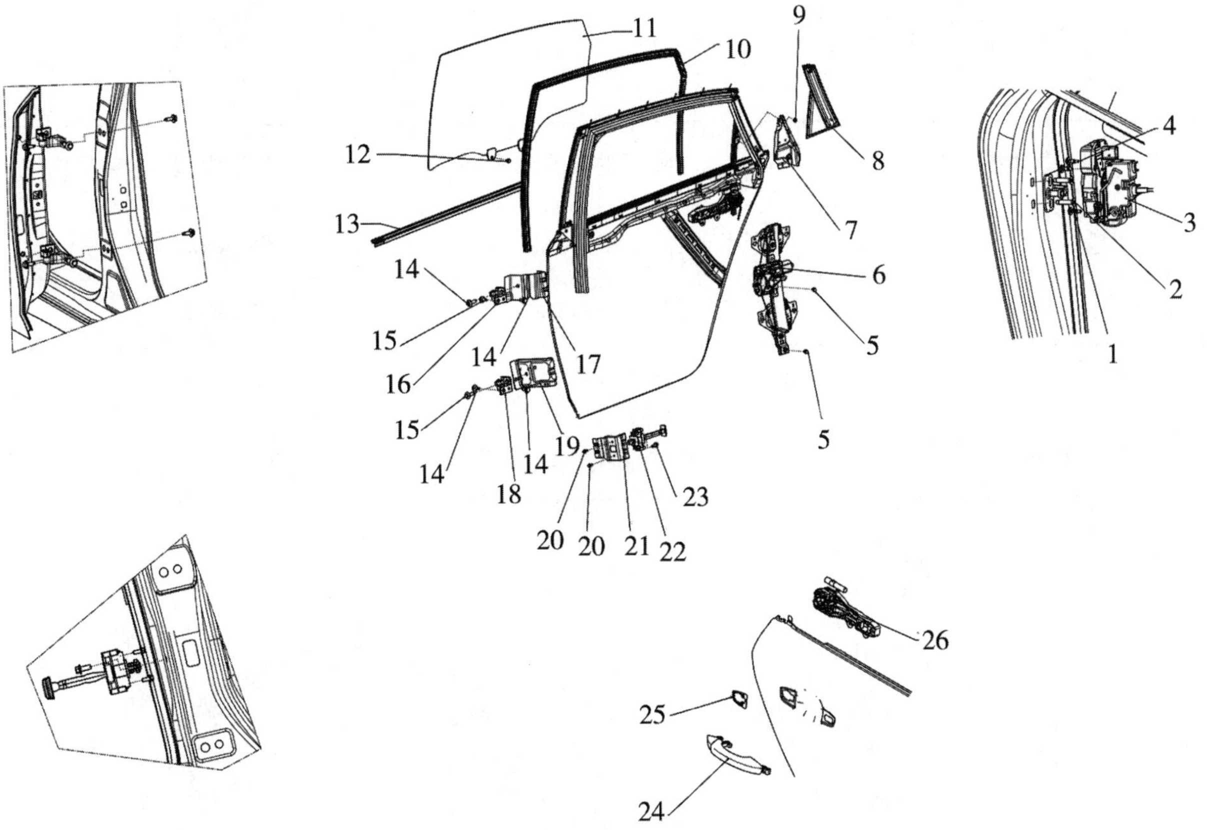

图 2-5-24　后门五金件（一）爆炸图

2.5.25 后门五金件（二）

序号	零部件中文名称	零部件英文名称/描述	商品编码	商品描述
1	门总成	DOOR	87082952	
2	后门外板	PANEL-RR S/D OTR	87082959	
3	后门内板	PANEL-RR S/D INR	87082990	
4	后门饰板隔音垫	INSULATOR-RR S/D T/PNL	87082990	

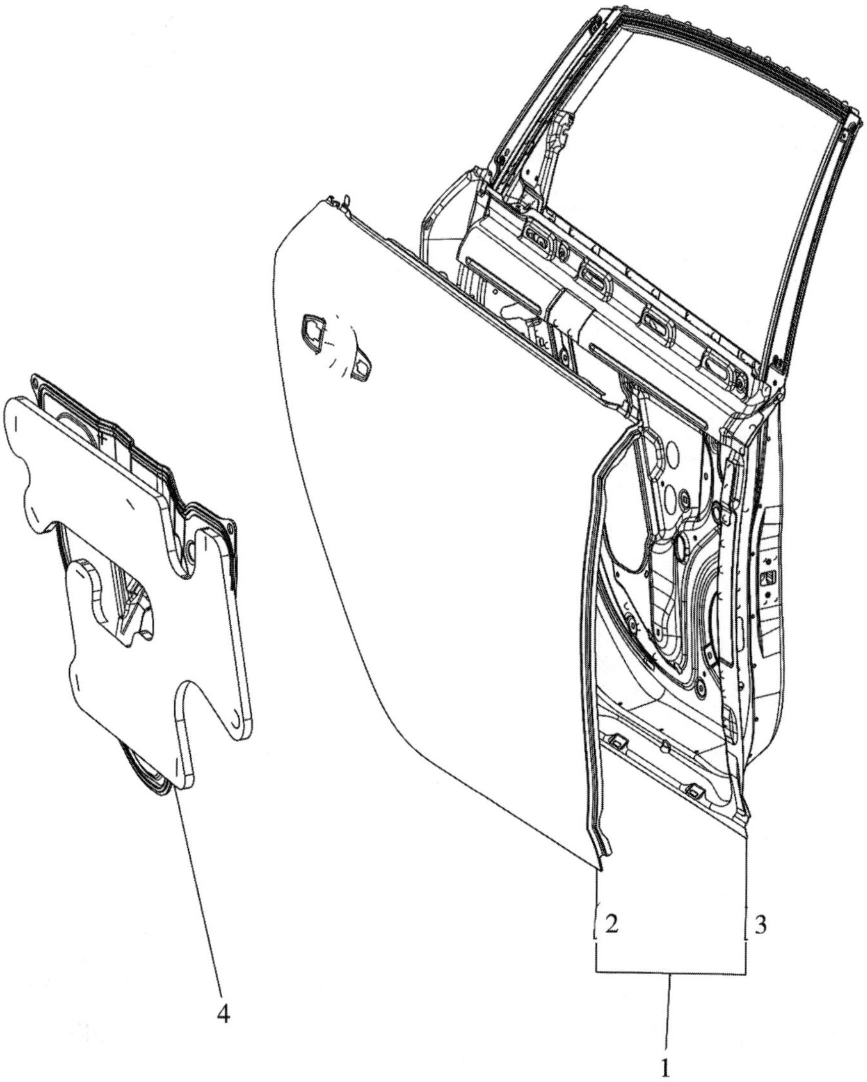

图 2-5-25 后门五金件（二）爆炸图

2.5.26 前门五金件——相关零件

序号	零部件中文名称	零部件英文名称/描述	商品编码	商品描述
1	前门锁扣	STRIKER -FRT S/D LK	83016000	钢铁制
2	螺钉—前门锁扣	BOLT/SCREW-FRT S/D LAT STKR	73181510	钢铁制，抗拉强度在 800 兆帕及以上
3	前门锁体总成	LATCH ASM-FRT S/D	83012010	钢铁制
4	螺栓—前门锁体	BOLT/SCREW-FRT S/D LAT	73181510	钢铁制，抗拉强度在 800 兆帕及以上
5	前门外拉手拉杆	ROD-FRT S/D O/S HDL	87082990	
6	前门外拉手衬板总成	PLATE ASM-FRT S/D O/S HDL BKG	87082990	
7	前门外拉手	HANDLE-FRT S/D O/S	87082990	塑料制
8	前门玻璃后导轨延伸件	EXTENSION - FRT S/D WDO RR CHAN	87082990	
9	螺栓—前门玻璃导轨	BOLT/SCREW-FRT S/D WDO CHAN	73181510	钢铁制，抗拉强度在 800 兆帕及以上
10	前门窗玻璃	WINDOW-FRT S/D	70071190	钢化玻璃
11	前门玻璃窗滑槽密封条	WEATHERSTRIP-FRT S/D WDO	40169390	硫化橡胶制
12	前门上铰链总成	HINGE ASM-FRT S/D UPR	83021000	钢铁制
13	螺栓—前门铰链（车门侧）	BOLT/SCREW-FRT S/D HGE (DR SI)	73181510	钢铁制，抗拉强度在 800 兆帕及以上
14	螺栓—前门铰链（车身侧）	BOLT/SCREW - FRT S/D HGE (BODY SI)	73181510	钢铁制，抗拉强度在 800 兆帕及以上
15	前门下铰链总成	HINGE ASM-FRT S/D LWR	83021000	钢铁制
16	前门限位器总成	CHECK ASM-FRT S/D	87082990	

续表

序号	零部件中文名称	零部件英文名称/描述	商品编码	商品描述
17	螺栓—前门限位器（车门侧）	BOLT/SCREW-FRT S/D CHK（DR SI）	73181510	钢铁制，抗拉强度在 800 兆帕及以上
18	螺栓—前门限位器（车身侧）	BOLT/SCREW - FRT S/D CHK（BODY SI）	73181510	钢铁制，抗拉强度在 800 兆帕及以上
19	前门玻璃升降器总成	REGULATOR ASM-FRT S/D WDO	87082930	
20	螺母—前门玻璃升降器	NUT-FRT S/D WDO REG	73181600	钢铁制
21	螺钉—前门玻璃升降器	BOLT/SCREW-FRT S/D WDO REG	73181510	钢铁制，抗拉强度在 800 兆帕及以上
22	螺栓—前门玻璃安装	BOLT/SCREW-FRT S/D WDO	73181510	钢铁制，抗拉强度在 800 兆帕及以上

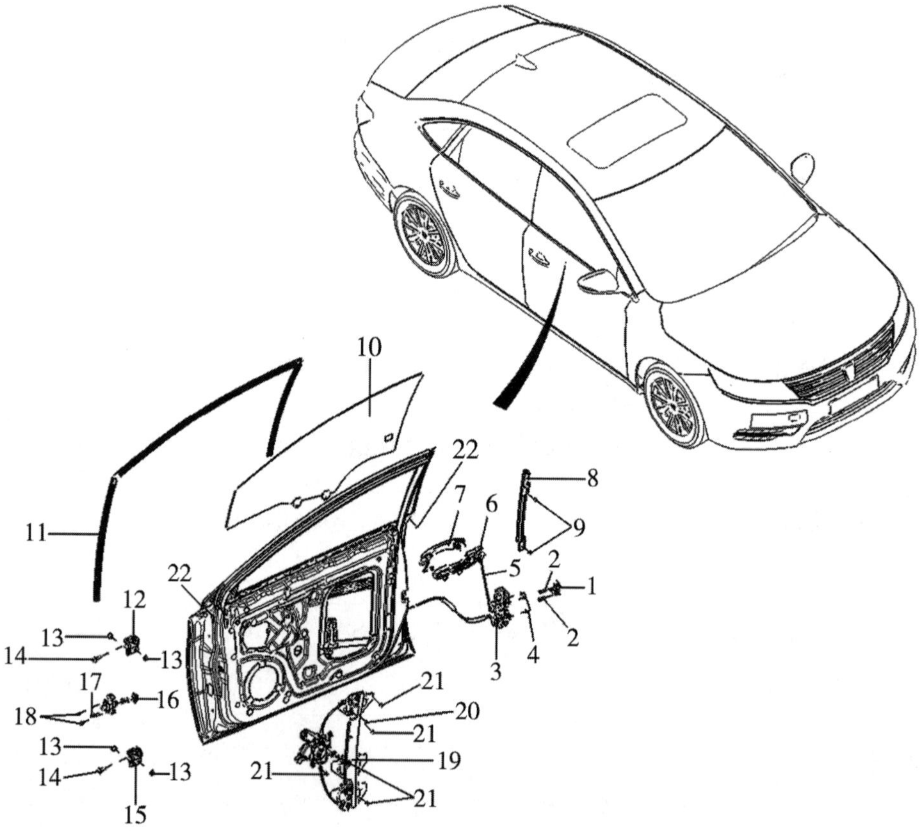

图 2-5-26　前门五金件——相关零件爆炸图

2.5.27 后门五金件——相关零件

序号	零部件中文名称	零部件英文名称/描述	商品编码	商品描述
1	后门锁扣	STRIKER -RR S/D LK	83106000	钢铁制
2	螺钉—后门锁扣	BOLT/SCREW-RR S/D LAT STKR	73181510	钢铁制，抗拉强度在 800 兆帕及以上
3	后门锁体总成	LATCH ASM-RR S/D	83012010	钢铁制
4	螺栓—后门锁体	BOLT/SCREW-RR S/D LAT	73181510	钢铁制，抗拉强度在 800 兆帕及以上
5	后门外拉手拉杆	ROD-RR S/D O/S HDL	87082990	
6	后门外拉手衬板总成	PLATE ASM-RR S/D O/S HDL BKG	87082990	
7	后门外拉手	HANDLE-RR S/D O/S	87082990	塑料制
8	螺栓—后门玻璃安装	BOLT/SCREW-RR S/D WDO	73181510	钢铁制，抗拉强度在 800 兆帕及以上
9	后门窗玻璃	WINDOW-RR S/D	70071190	钢化玻璃
10	后门玻璃后导轨延伸件	EXTENSION-RR S/D WDO RR CHAN	87082990	钢铁制
11	螺栓—后门玻璃导轨	BOLT/SCREW-RR S/D WDO CHAN	73181510	钢铁制，抗拉强度在 800 兆帕及以上
12	后门玻璃窗滑槽密封条	WEATHERSTRIP-RR S/D WDO	40169390	硫化橡胶制
13	后门上铰链总成	HINGE ASM-RR S/D UPR	83021000	钢铁制
14	螺栓—后门铰链（车身侧）	BOLT/SCREW-RR S/D HGE（BODY SI）	73181510	钢铁制，抗拉强度在 800 兆帕及以上
15	后门限位器总成	CHECK ASM-RR S/D	87082990	

续表

序号	零部件中文名称	零部件英文名称/描述	商品编码	商品描述
16	螺栓—后门限位器（车身侧）	BOLT/SCREW-RR S/D CHK（BODY SI）	73181510	钢铁制，抗拉强度在800兆帕及以上
17	后门下铰链加强板总成	REINFORCEMENT ASM-RR S/D LWR HGE	87082990	
18	后门玻璃升降器总成	REGULATOR ASM-RR S/D WDO	87082930	
19	螺钉—后门玻璃升降器	BOLT/SCREW-RR S/D WDO REG	73181510	钢铁制，抗拉强度在800兆帕及以上

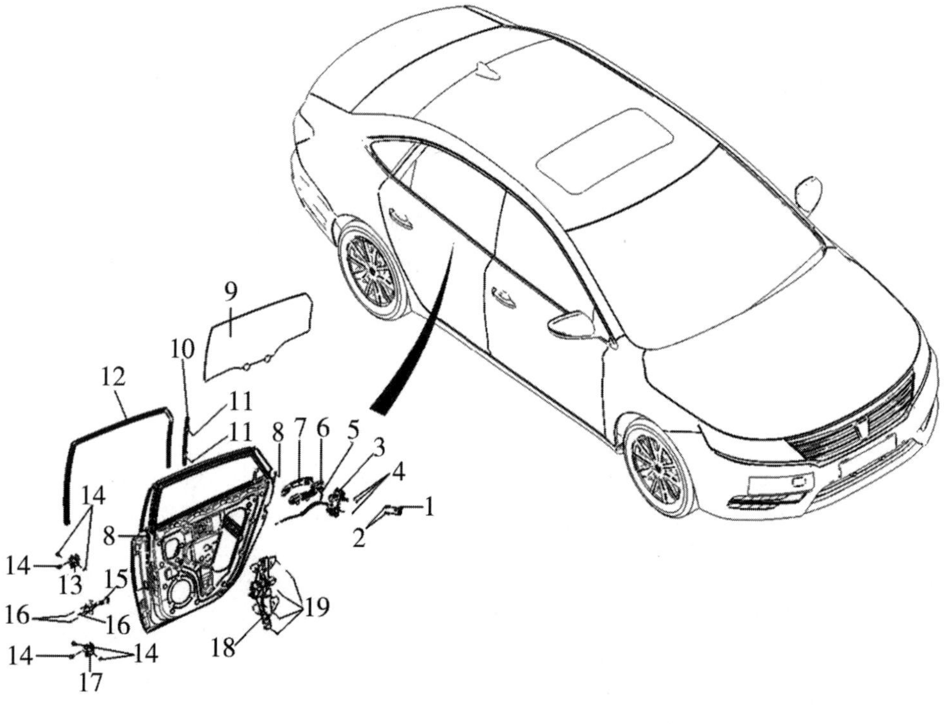

图 2-5-27　后门五金件——相关零件爆炸图

2.5.28 玻璃标识

序号	零部件中文名称	零部件英文名称/描述	商品编码	商品描述
1	前门密封条总成（车身侧）	WEATHERSTRIP ASM-FRT S/D（BODY SI）	40169390	硫化橡胶制
2	三角窗	QUARTER WINDOWS	87082990	带框玻璃窗
3	前风窗玻璃垫条	SEALING STRIP-W/S	39269090	塑料制
4	前门玻璃上饰条总成	MOLDING ASM-FRT S/D WDO UPR RVL	40169390	硫化橡胶制

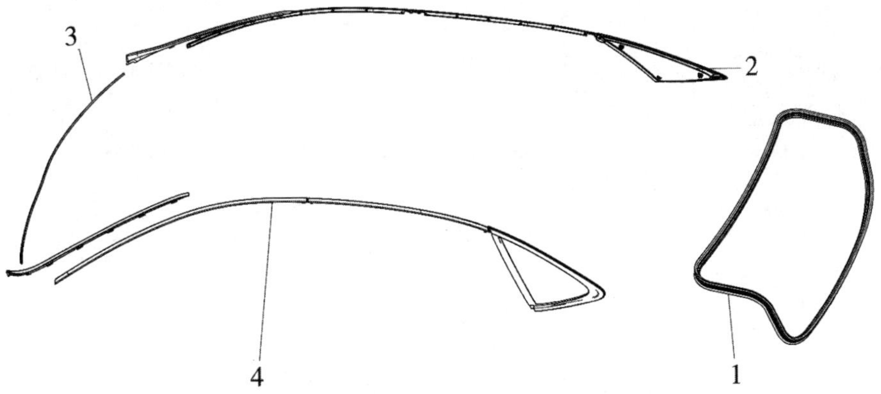

图 2-5-28 玻璃标识爆炸图

2.5.29 外后视镜

序号	零部件中文名称	零部件英文名称/描述	商品编码	商品描述
1	外后视镜总成	MIRROR ASM-O/S RR VIEW	70091000	
2	螺钉—外后视镜	BOLT/SCREW-O/S RR VIEW MIR	73181510	钢铁制，抗拉强度在 800 兆帕及以上
3	外后视镜密封件	SEAL-O/S RR VIEW MIR	40169390	硫化橡胶制
4	外后视镜电机	MOTOR，O/S RR VIEW MIR	85011091	功率小于 37.5 瓦
5	外后视镜罩盖	HOUSING-O/S RR VIEW MIR	87082990	
6	前侧转向灯总成	LAMP ASM-FRT SI T/SIG	85122090	非照明
7	外后视镜基板	O/S RR VIEW MIRROR BASE PLATE	87082990	
8	外后视镜壳体	HOUSING，O/S RR VIEW MIR	87082990	
9	外后视镜托架	BRACKET，O/S RR VIEW MIR	87082990	
10	外后视镜加热器	HEATER，O/S RR VIEW MIR	85168000	
11	外后视镜组件	MIRROR KIT，O/S RR VIEW	70091000	玻璃制

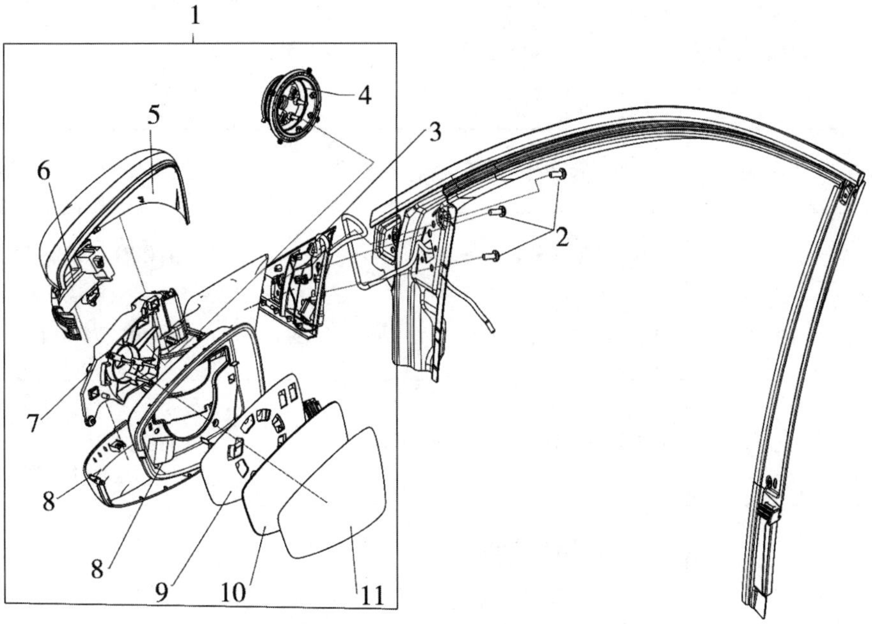

图 2-5-29 外后视镜爆炸图

2.5.30 内后视镜

序号	零部件中文名称	零部件英文名称/描述	商品编码	商品描述
1	内后视镜总成	MIRROR ASM-I/S RR VIEW	70091000	玻璃制
2	卡扣—遮阳板固定	CLIP-SUNVISOR	39269090	塑料制
3	螺栓—遮阳板支架	BOLT/SCREW-SUNVISOR SUPT	73181510	钢铁制，抗拉强度在800兆帕及以上
4	遮阳板底座	SUNVISOR BASE	87082990	
5	遮阳板总成	SUNVISOR ASM	87082990	

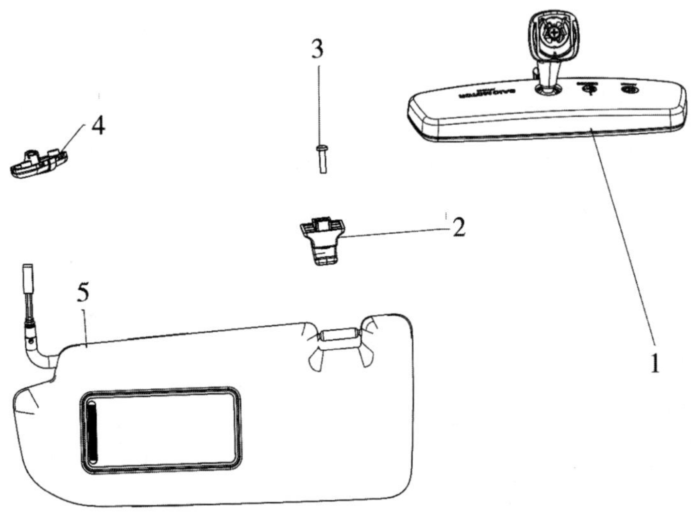

图 2-5-30 内后视镜爆炸图

2.5.31 前门密封条

序号	零部件中文名称	零部件英文名称/描述	商品编码	商品描述
1	螺钉—前门窗台外侧密封条	BOLT/SCREW-FRT S/D WDO OTR W/STR	73181510	钢铁制，抗拉强度在 800 兆帕及以上
2	前门窗台外侧密封条	WEATHERSTRIP ASM - FRT S/D WDO OTR	40169390	硫化橡胶制
3	前门窗台内侧密封条	WEATHERSTRIP ASM - FRT S/D WDO INR	40169390	硫化橡胶制
4	螺钉—前门窗台外侧密封条	BOLT/SCREW-FRT S/D WDO OTR W/STR	73181510	钢铁制，抗拉强度在 800 兆帕及以上
5	前门窗框后饰板总成	APPLIQUE ASM - FRT S/D WDO FRM RR	87082990	
6	前门玻璃窗滑槽密封条	WEATHERSTRIP-FRT S/D WDO	40169390	硫化橡胶制
7	前门窗框饰件	APPLIQUE-FRT S/D WDO FRM	87082990	
8	前门密封条总成（车门侧）	WEATHERSTRIP ASM - FRT S/D (DR SI)	40169390	硫化橡胶制
9	前门密封条总成（车身侧）	WEATHERSTRIP ASM - FRT S/D (BODY SI)	40169390	硫化橡胶制
10	铆钉—前门玻璃上饰条	RIVET-FRT S/D WDO UPR MLDG	73182300	钢铁制

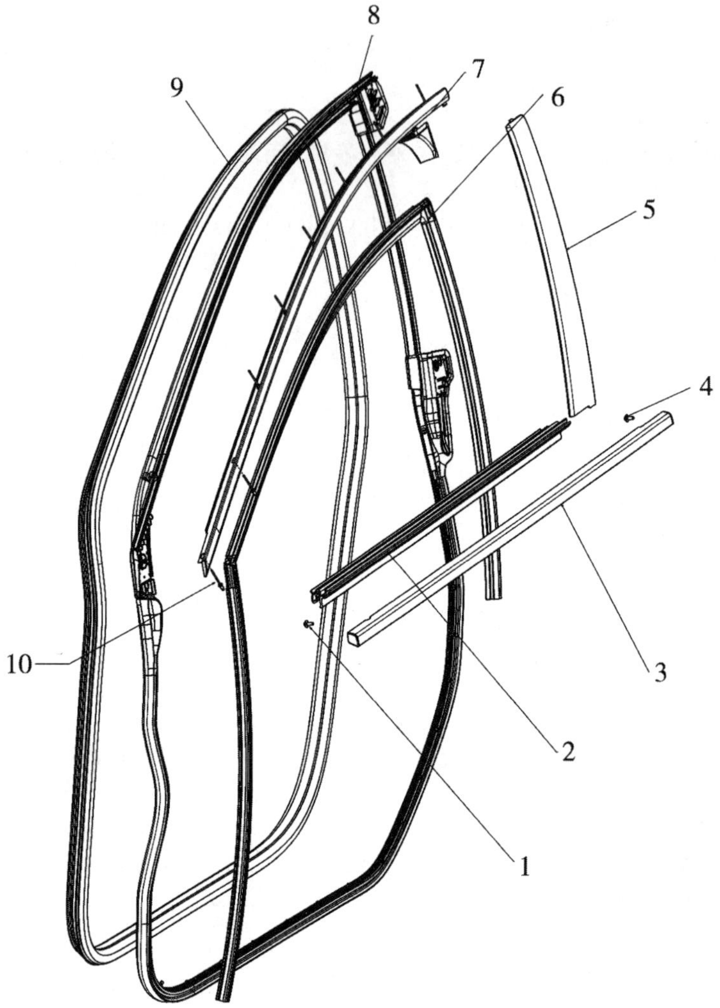

图 2-5-31　前门密封条爆炸图

2.5.32 后门密封条

序号	零部件中文名称	零部件英文名称/描述	商品编码	商品描述
1	后门密封条总成（车身侧）	WEATHERSTRIP ASM - RR S/D (BODY SI)	40169390	硫化橡胶制
2	后门密封条总成（车门侧）	WEATHERSTRIP ASM-RR S/D (DR SI)	40169390	硫化橡胶制
3	后门玻璃窗滑槽密封条	WEATHERSTRIP-RR S/D WDO	40169390	硫化橡胶制
4	铆钉—后门玻璃上饰条	RIVET-RR S/D WDO UPR MLDG	73182300	钢铁制
5	后门窗框前饰板总成	APPLIQUE ASM-RR S/D WDO FRM FRT	87082990	
6	后门玻璃后导轨总成	CHANNEL ASM-RR S/D WDO RR	83023000	钢铁制
7	后门窗框后饰板总成	APPLIQUE ASM-RR S/D WDO FRM RR	87082990	
8	后门窗台外侧密封条	WEATHERSTRIP ASM-RR S/D WDO OTR	40169390	硫化橡胶制
9	螺钉—后门窗台外侧密封条	BOLT/SCREW - RR S/D WDO OTR W/STR	73181510	钢铁制，抗拉强度在 800 兆帕及以上
10	螺栓—前门玻璃安装	BOLT/SCREW-FRTS/D WDO	73181510	钢铁制，抗拉强度在 800 兆帕及以上
11	后门窗台内侧密封条	WEATHERSTRIP ASM-RR S/D WDO INR	40169390	硫化橡胶制
12	螺钉—后门窗台外侧密封条	BOLT/SCREW - RR S/D WDO OTR W/STR	73181510	钢铁制，抗拉强度在 800 兆帕及以上

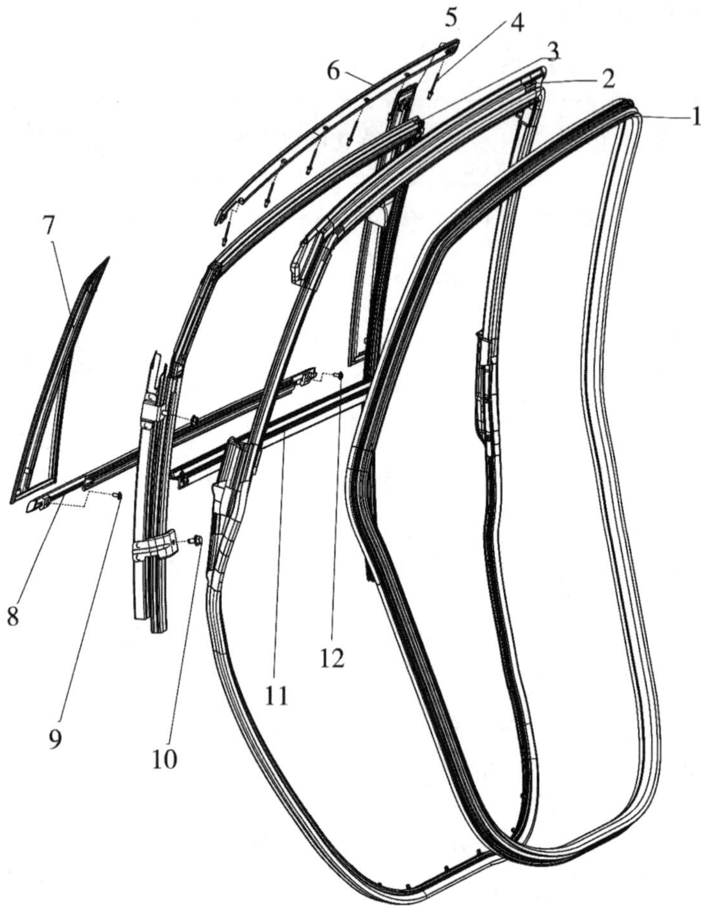

图 2-5-32　后门密封条爆炸图

2.5.33 锁芯组件

序号	零部件中文名称	零部件英文名称/描述	商品编码	商品描述
1	点火锁芯总成	CYLINDER ASM-IGN LK	83012090	钢铁制
2	转向柱锁基座	BEZEL-IGN LK CYL	87089490	
3	点火与起动开关总成	SWITCH ASM-IGN & START	85365000	
4	螺栓—点火锁芯安装	BOLT/SCREW-IGN LK CYL	73181510	钢铁制，抗拉强度在800兆帕及以上
5	前门锁芯总成	CYLINDER ASM-FRT S/D LK	83012090	钢铁制
6	钥匙	KEY-DR LK	83107000	钢铁制，无遥控功能
7	遥控钥匙	KEY-DR LK REM	85269200	

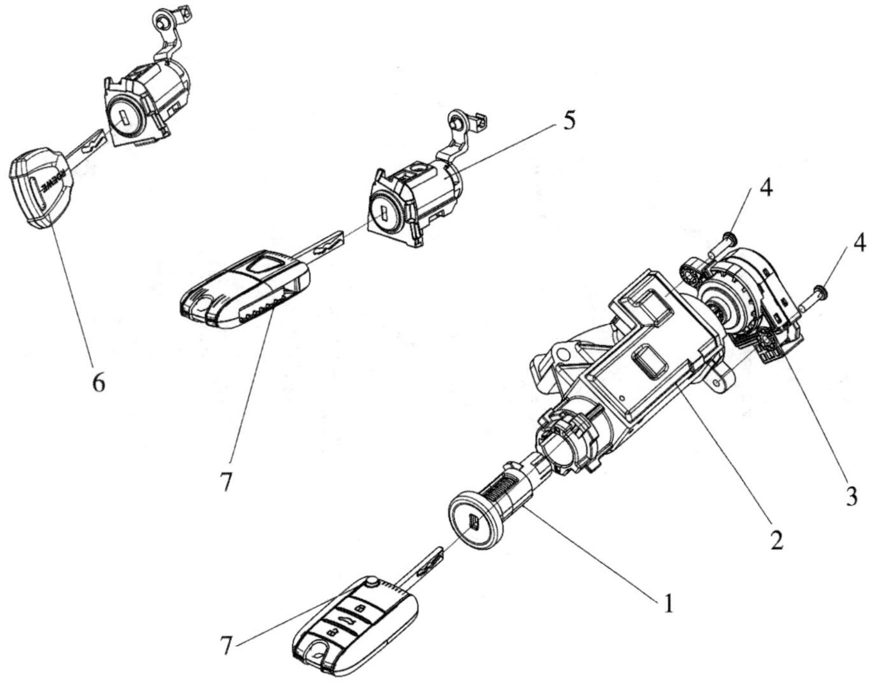

图 2-5-33 锁芯组件爆炸图

2.5.34 密封条

序号	零部件中文名称	零部件英文名称/描述	商品编码	商品描述
1	前门密封条总成（车身侧）	WEATHERSTRIP ASM-FRT S/D（BODY SI）	40169390	硫化橡胶制
2	前门密封条总成（车门侧）	WEATHERSTRIP ASM-FRT S/D（DR SI）	40169390	硫化橡胶制
3	后门密封条总成（车身侧）	WEATHERSTRIP ASM-RR S/D（BODY SI）	40169390	硫化橡胶制
4	后门密封条总成（车门侧）	WEATHERSTRIP ASM-RR S/D（DR SI）	40169390	硫化橡胶制
5	行李箱盖密封条	WEATHERSTRIP ASM-R/CMPT LID	40169390	硫化橡胶制
6	前风窗 A 柱饰条总成	TRIM ASM-BODY H/PLR	87082990	
7	发动机罩后部密封条	WEATHERSTRIP ASM-HOOD RR	40169390	硫化橡胶制

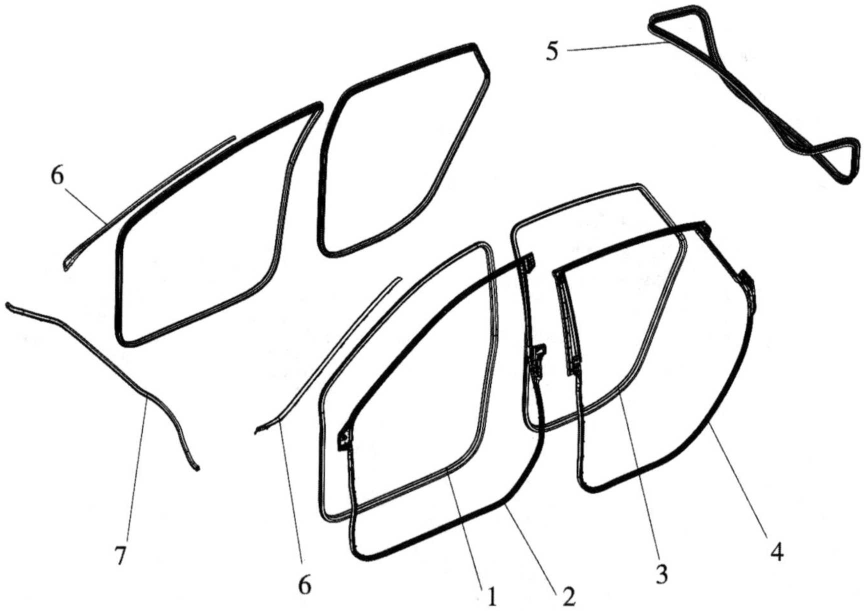

图 2-5-34 密封条爆炸图

2.5.35 控制台

序号	零部件中文名称	零部件英文名称/描述	商品编码	商品描述
1	螺钉—前阅读灯支架	BOLT/SCREW-RDG FRT LP BRKT	73181590	钢铁制，抗拉强度在800兆帕以下
2	前阅读灯总成	LAMP ASM-RDG FRT	85122010	
3	顶控制台总成	CONSOLE ASM-RF	85371090	
4	螺母—前阅读灯	NUT-RDG FRT LP	39269090	塑料制

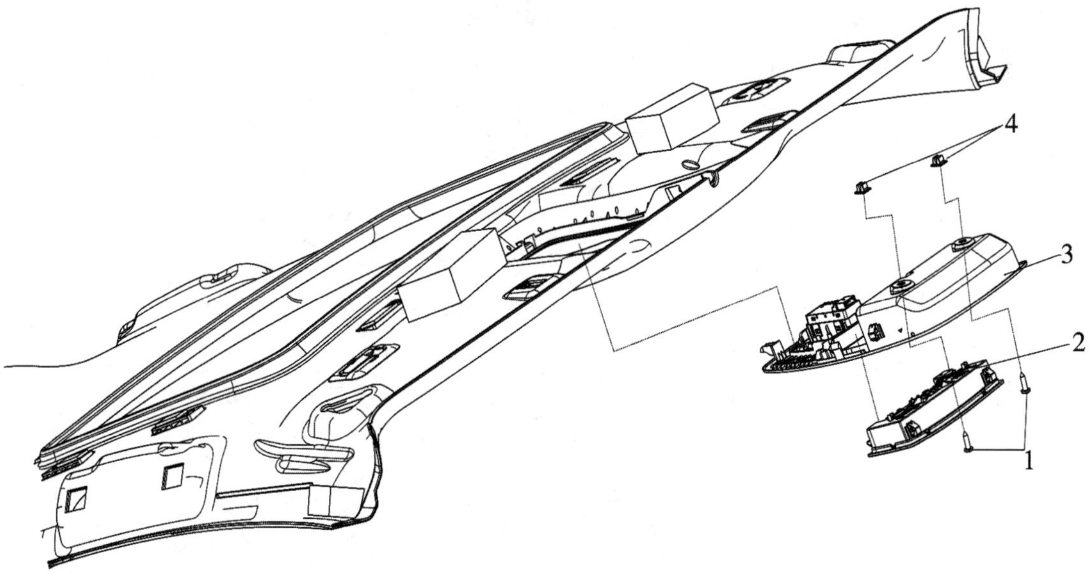

图 2-5-35 控制台爆炸图

2.5.36 后窗

序号	零部件中文名称	零部件英文名称/描述	商品编码	商品描述
1	后风窗玻璃隔垫	SPACER-R/WDO	40169990	硫化橡胶制
2	后风窗玻璃加热线舌片	CONNECTION-R/WDO HEAT	85168000	
3	定位销	PIN	39269090	塑料制
4	后风窗玻璃安装胶带	TAPE-R/WDO	39199090	塑料自粘
5	高位制动灯安装基座	RETAINER-HIGH MT S/LP	87089999	
6	后风窗玻璃	GLASS-R/WDO	70071190	钢化安全玻璃

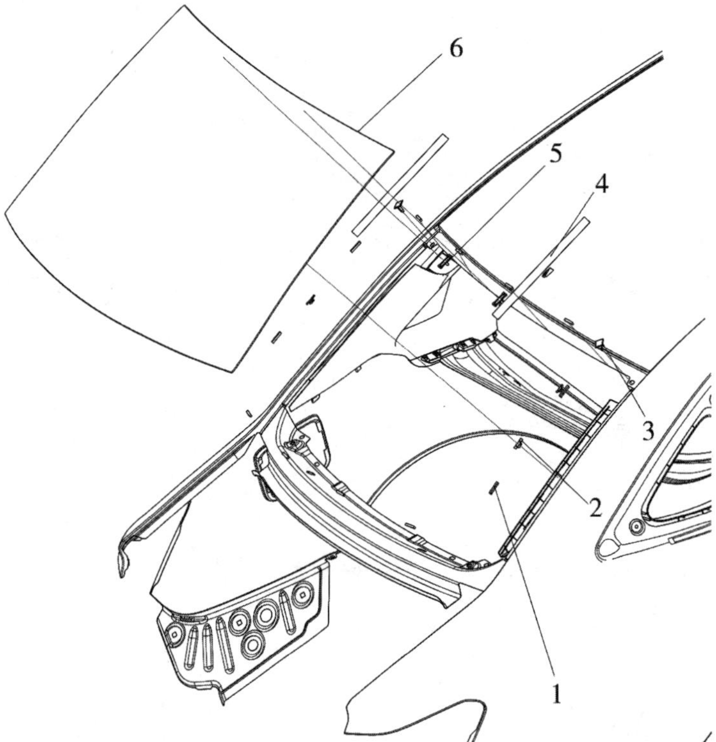

图 2-5-36 后窗爆炸图

2.5.37 车身板

序号	零部件中文名称	零部件英文名称/描述	商品编码	商品描述
1	车身	BODY	87071000	

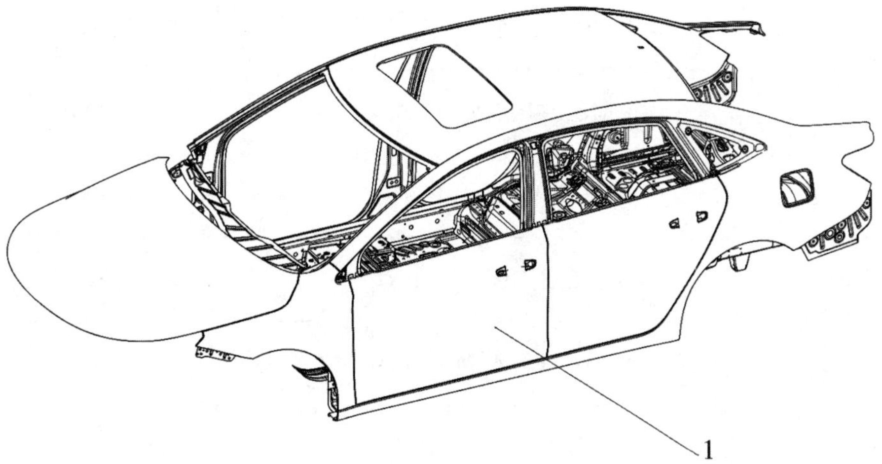

图 2-5-37 车身板爆炸图

2.5.38 车身钣金件前围

序号	零部件中文名称	零部件英文名称/描述	商品编码	商品描述
1	前围板内隔音垫	INSULATOR-DA PNL INR	87082990	
2	卡扣—前围板内隔音垫	CLIP-DA PNL INR INSL	39269090	塑料制
3	辅助防水壁隔音垫	INSULATOR-SECD BHD	87082990	
4	通风板	PANEL-PLNM	87082990	
5	前围板上横梁	BAR-DA PNL UPR CR	87082990	
6	通风板支架	BRACKET-PLNM PNL	87089999	
7	雨刮支架总成	BRACKET ASM-PLNM PNL WSW	87089999	车身零件
8	通风板隔音垫	INSULATOR-PLNM PNL	87082990	
9	卡扣—通风板隔音垫	CLIP-PLNM PNL INSL	39269090	塑料制
10	前围板	PANEL-DA	87082954	
11	前地板中央通道	PANEL-FLR PNL TUN	87082990	
12	卡扣—辅助防水壁隔音垫	CLIP-SECD BHD INSL	39269090	塑料制，通用零件

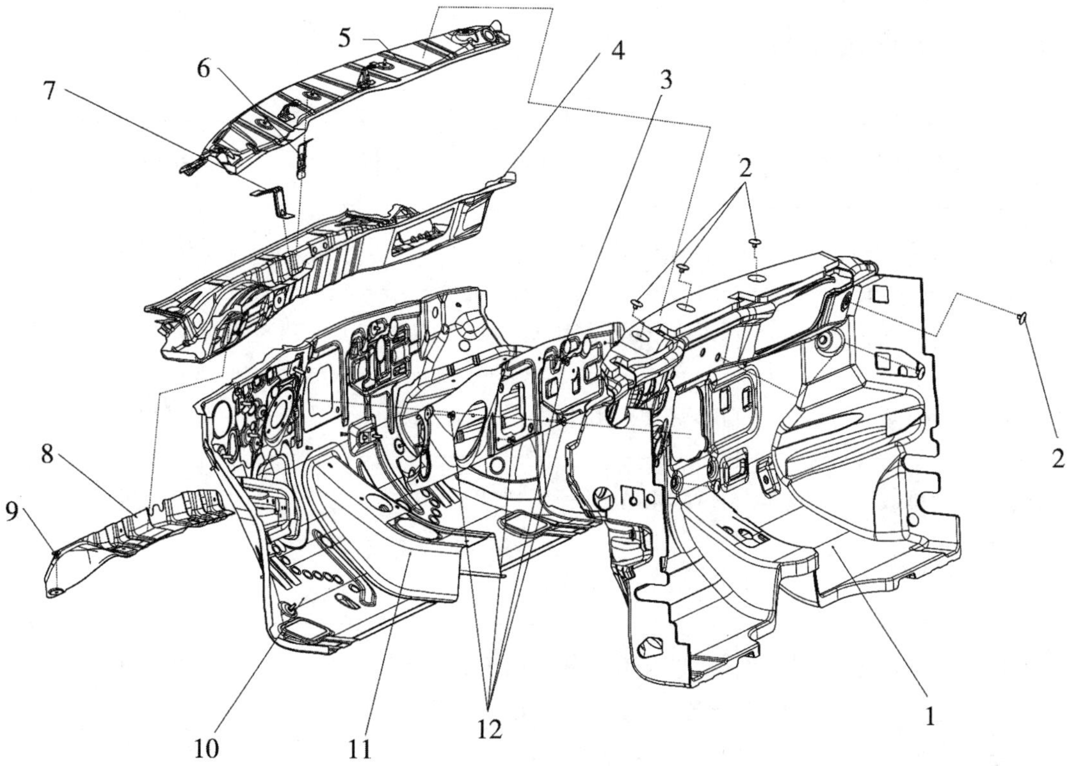

图 2-5-38 车身钣金件前围爆炸图

2.5.39 车顶钣金件

序号	零部件中文名称	零部件英文名称/描述	商品编码	商品描述
1	车顶后横梁	PANEL-RF RR HDR	87082990	
2	D 柱加强板	REINFORCEMENT-QTR INR PNL	87082990	
3	车顶第一中横梁	BOW-RF PNL #1	87082990	
4	车顶前横梁总成	PANEL ASM-RF FRT HDR	87082990	
5	天窗车顶板	PANEL-SUN RF	87082959	
6	顶盖侧前部延伸板	EXTENSION-RF PNL SI FRT	87082990	
7	车顶第一中横梁	BOW-RF PNL #1	87082990	
8	D 柱加强板	REINFORCEMENT-QTR INR PNL	87082990	

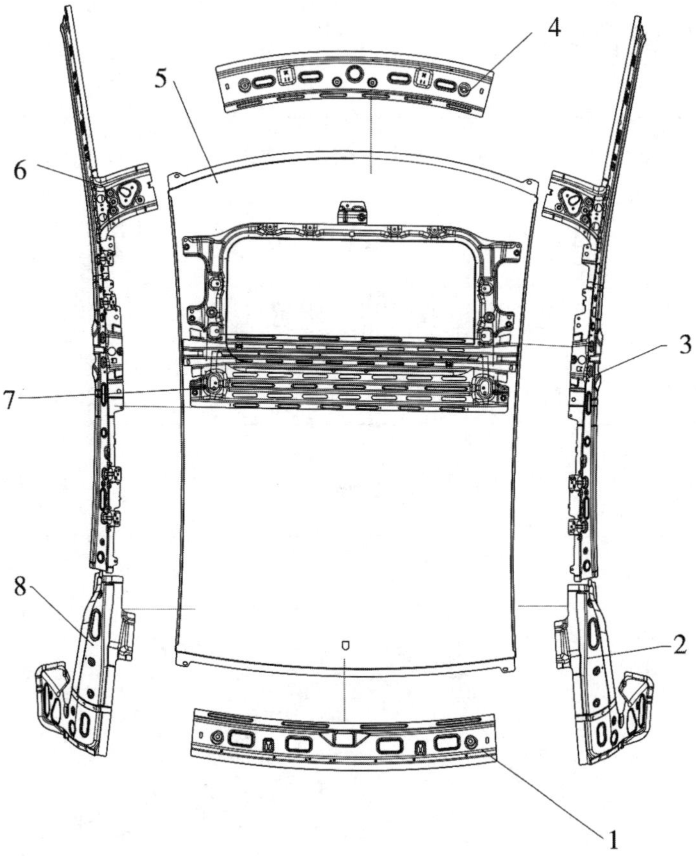

图 2-5-39 车顶钣金件爆炸图

2.5.40 车身和后侧衬套

序号	零部件中文名称	零部件英文名称/描述	商品编码	商品描述
1	后轮罩外板	PANEL-RR W/H OTR	87082990	
2	螺栓—后轮罩衬板	BOLT/SCREW-RR W/H PNL LNR	73181590	钢铁制，抗拉强度在800兆帕以下
3	卡扣—后轮罩衬板	CLIP-RR W/H PNL LNR	39269090	塑料制，通用零件
4	螺柱—后轮罩衬板	STUD-RR W/H PNL LNR	73181590	钢铁制，抗拉强度在800兆帕以下

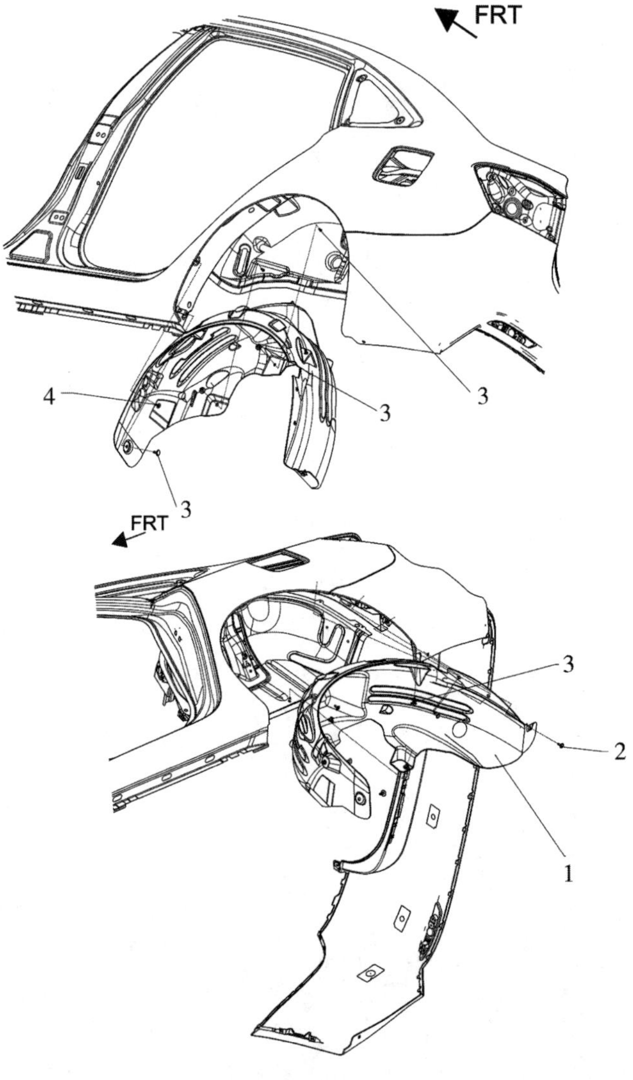

图 2-5-40 车身和后侧衬套爆炸图

2.5.41 车身侧围钣金件（一）

序号	零部件中文名称	零部件英文名称/描述	商品编码	商品描述
1	侧梁外板加强板	REINFORCEMENT-BODY SI OTR PNL	87082990	
2	B 柱外板加强板	REINFORCEMENT-C/PLR OTR	87082990	
3	A 柱上加强板	REINFORCEMENT-BODY H/PLR UPR	87082990	
4	B 柱外部上支撑板	SUPPORT-C/PLR OTR UPP	87082990	
5	膨胀块	BLOCK	39269090	塑料制，通用零件
6	A 柱上部内缓冲块	BLOCK - H/PLR INR UPR	40169990	硫化橡胶制
7	前门槛后部隔板	PLATE-FRT CR SILL RR	87082990	
8	A 柱下缓冲块	BLOCK - H/PLR LWR	40169990	硫化橡胶制
9	A 柱上部铰链加强板	REINFORCEMENT-BODY H/PLR HGE UPR	87082990	
10	前轮罩支架	BRACKET-FRT W/H PNL	87089999	
11	翼子板支架	FENDER BRACKET	87089999	
12	前轮罩支架	BRACKET-FRT W/H PNL	87089999	
13	侧前边梁外板	RAIL-RF OTR FRT SI	87082990	
14	A 柱下部铰链加强板	REINFORCEMENT-BODY H/PLR HGE LWR	87082990	
15	前翼子板下支架总成	BRACKET ASM-F/FDR LWR	87089999	
16	侧围外板下部填充板	FILLER-BODY SI OTR PNL LWR	87082990	
17	前上侧梁封板	PANEL-BODY SI UPR FRT CLSG	87082990	

续表

序号	零部件中文名称	零部件英文名称/描述	商品编码	商品描述
18	前翼子板下支架	BRACKET-F/FDR LWR	87089999	
19	侧围外板	BODYSIDE OUTER	87082951	
20	加油口小门外板	PANEL-F/TNK FIL DR OTR	87082990	
21	加油口小门内板	PANEL-F/TNK FIL DR INR	87082990	
22	加油口壳体总成	HOUSING ASM-F/TNK FIL	87082990	
23	垫圈—加油口小门	GASKET-F/TNK FIL DR	39269090	塑料制
24	尾灯安装板	PANEL-R/CMPT TAIL LAMP	87082990	
25	排水槽延伸板	PANEL-R/WDO DRN	87082990	
26	后侧围饰板支架	BRACKET-BODY SI RR T/PNL	87089999	
27	前门槛后部隔板	PLATE-FRT CR SILL RR	87082990	
28	后地板加强板总成	REINFORCEMENT ASM-R/FLR PNL	87082990	
29	前门槛后部隔板	PLATE-FRT CR SILL RR	87082990	
30	B 柱下部外缓冲块	BLOCK - BC PLR OTR LWR	40169990	硫化橡胶制
31	B 柱下部内缓冲块	BLOCK - BC PLR INR LWR	40169990	硫化橡胶制
32	B 柱外部上支撑板	SUPPORT-C/PLR OTR UPP	87082990	
33	前门槛外加强板	REINFORCEMENT-FRT CR SILL OTR	87082990	
34	A 柱上部铰链加强板	REINFORCEMENT-BODY H/PLR HGE UPR	87082990	
35	A 柱下加强板	REINFORCEMENT-BODY H/PLR LWR	87082990	
36	A 柱下部铰链加强板	REINFORCEMENT-BODY H/PLR HGE LWR	87082990	

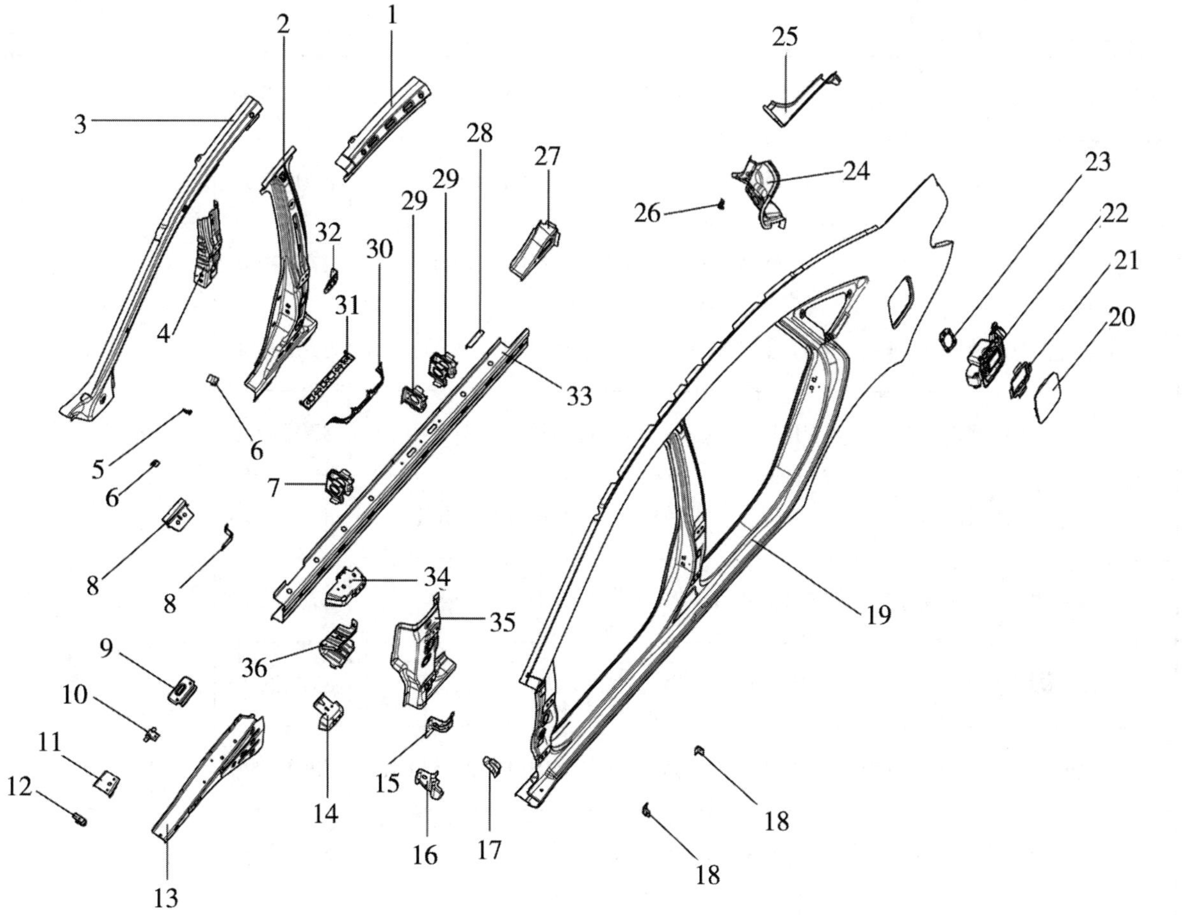

图 2-5-41 车身侧围钣金件（一）爆炸图

2.5.42 车身侧围钣金件（二）

序号	零部件中文名称	零部件英文名称/描述	商品编码	商品描述
1	D 柱加强板	REINFORCEMENT-QTR INR PNL	87082990	
2	D 柱加强板	REINFORCEMENT-QTR INR PNL	87082990	
3	后上侧梁封板	RAIL-ROOF SIDE INR-RH	87082990	
4	前上侧梁封板	PILLAR ASSY-A INR UPR-RH	87082990	
5	顶盖侧前部延伸板	EXTENSION-ROOF SIDE FRT-RH	87082990	
6	螺母板—B 柱撞板	BC PST UPP ST BLT MTG	87082990	
7	B 柱封板	PILLAR-B INR-RH	87082990	
8	后门锁扣安装加强板	REINFORCEMENT-RR S/D LK STKR	87082990	
9	后门锁扣螺母板	PLATE-RR S/D LK STKR	87082990	
10	后外轮罩板焊接支架	BRACKET-RR OTR W/H PNL WLDG	87089999	
11	后轮罩外板	PANEL-RR W/H OTR	87082990	
12	后轮罩—侧围延伸板	EXTENSION-RR W/H OTR PNL	87082990	
13	行李箱盖铰链加强板(车身侧)	REINFORCEMENT - R/CMPT LID HE (BODY SI)	87082990	
14	衣帽架侧前上板	PANEL - R/CMPT STOW SHLF FRT UPR	87082990	
15	后座椅安全带上部支架	BRACKET-R/SEAT BELT UPP	87089999	
16	后侧围和后轮罩板焊接总成	PANEL ASM-QTR INR & RR W/H	87089999	

续表

序号	零部件中文名称	零部件英文名称/描述	商品编码	商品描述
17	螺栓	BOLT/SCREW	73181510	钢铁制，抗拉强度在 800 兆帕及以上
18	后轮罩内板延伸板	EXT-QTR INR & RR W/H PNL BR	87082990	

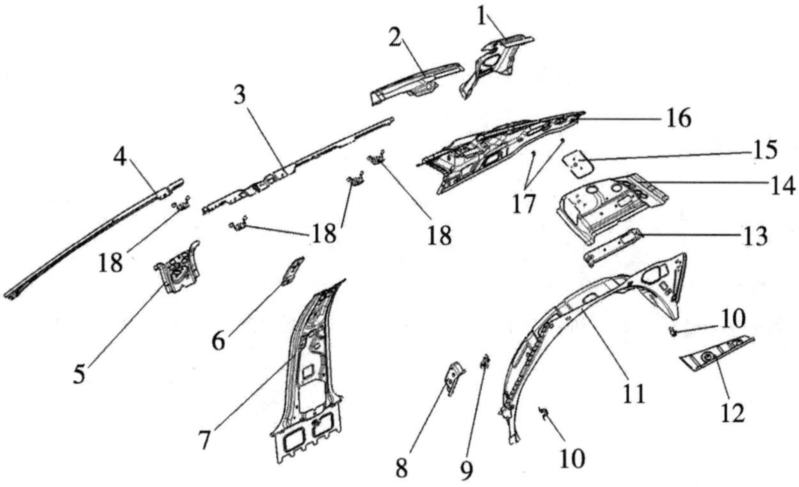

图 2-5-42 车身侧围钣金件（二）爆炸图

2.5.43 车身钣金件——发动机室和前围

序号	零部件中文名称	零部件英文名称/描述	商品编码	商品描述
1	前保险杠缓冲梁	BAR-FRT BPR IMP	87081000	
2	前保险杠缓冲梁后板	PLATE-FRT BPR IMP BAR BKG	87081000	
3	蓄电池压板	BRACKET-BATTERY	87089999	
4	蓄电池前支架	BRACKET-BAT FRT	87089999	
5	前纵梁内板	RAIL-F/CMPT INR SI	87082990	
6	前纵梁外板	RAIL-F/CMPT OTR SI	87082990	
7	前纵梁变速箱悬置支架	SUPPORT-F/CMPT S/RL TRANS MT	87089999	
8	前大灯上安装支架总成	BRACKET ASM-HDLP UPP	87089999	
9	前纵梁变速箱悬置支架	SUPPORT-F/CMPT S/RL TRANS MT	87089999	
10	前悬塔状盖板	PANEL-COWL SI	87082990	
11	框架内板	PANEL-VAL INR	87082990	
12	侧前边梁外板	RAIL-RF OTR FRT SI	87082990	
13	纵梁门槛连接支架	LONGITUDINAL-SILL BRACE PNL	87089999	
14	前纵梁下部	FRONT LONGIT LWR	87082990	
15	前纵梁下部加强板	FRT LONGIT LWR REINF	87082990	
16	CCB 安装支架	CCB BRACKET	87089999	
17	前纵梁内延伸板	EXTENSION-F/CMPT S/RL INR	87082990	
18	前围板下横梁	BAR-DA PNL LWR CR	87082990	

续表

序号	零部件中文名称	零部件英文名称/描述	商品编码	商品描述
19	前围板转向管柱板	PANEL-DA PNL STRG COL	87082990	
20	离合踏板安装支架	CLUTCH PEDAL BRKT	87089999	
21	踏板安装加强板	PEDAL REINF	87082990	
22	前围—A 柱加强板	A POST GUSSET	87082990	
23	前围板	PANEL-DA	87082954	
24	通风板	PANEL-PLNM	87082990	
25	前围板上横梁	BAR-DA PNL UPR CR	87082990	
26	前地板中央通道	PANEL-FLR PNL TUN	87082990	
27	前围—A 柱加强板	A POST GUSSET	87082990	
28	前纵梁内延伸板	EXTENSION-F/CMPT S/RL INR	87082990	
29	前纵梁下部	FRONT LONGIT LWR	87082990	
30	前纵梁下部加强板	FRT LONGIT LWR REINF	87082990	
31	A 柱内板	PANEL-A/PLR INR	87082990	
32	纵梁门槛连接支架	LONGITUDINAL-SILL BRACE PNL	87089999	
33	前悬塔状盖板	PANEL-COWL SI	87082990	

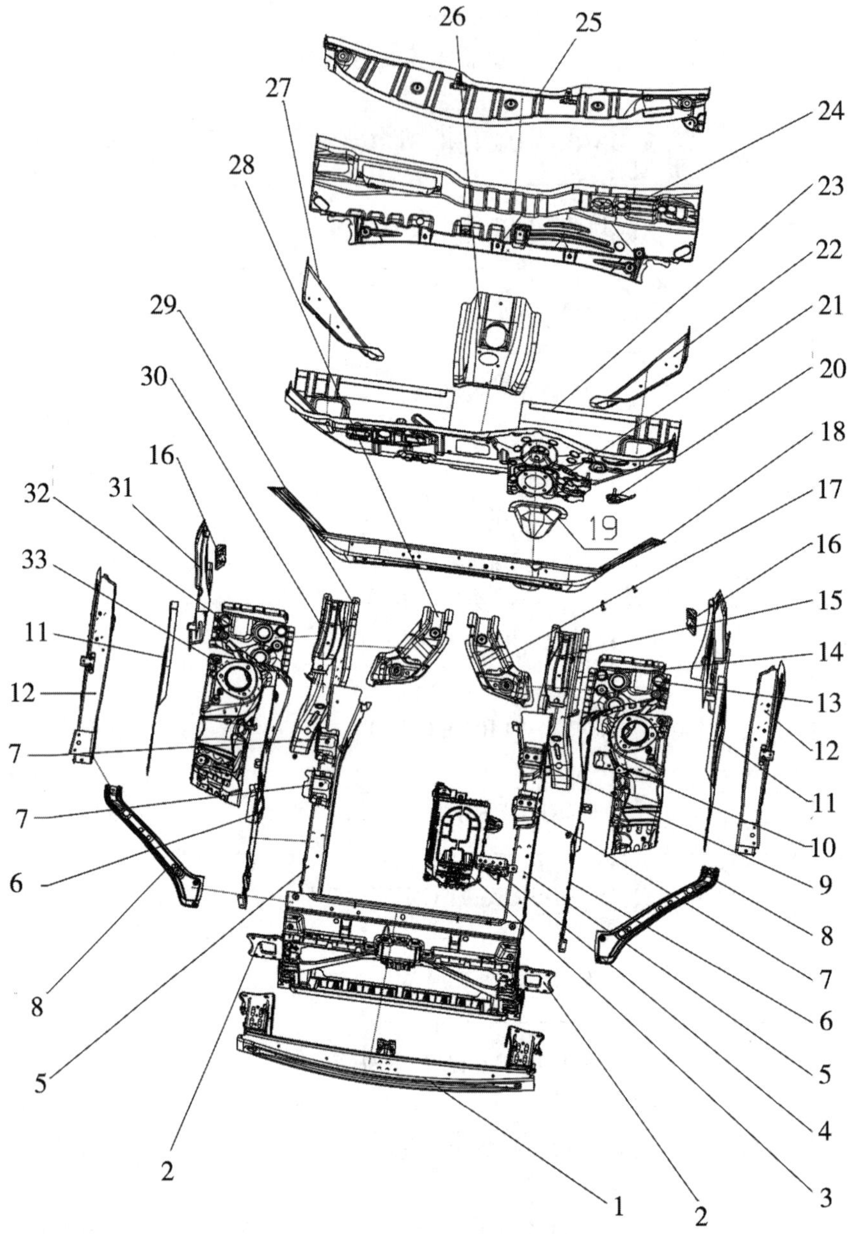

图 2-5-43　车身钣金件——发动机室和前围爆炸图

2.5.44 车身地板钣金件

序号	零部件中文名称	零部件英文名称/描述	商品编码	商品描述
1	地板延伸板纵梁	UNDERFLOOR EXTENSION	87082990	
2	前地板后加强板	REINFORCEMENT-F/FLR PNL RR	87082990	
3	涂装吊点后撑板	REINFORCEMENT DASH LONGITUDINAL EXTENSION LH	87082990	
4	后纵梁下封板	LONGIT RR EXTENSION LOWER LH	87082990	
5	第五横梁侧支撑板	EXTENSION CROSSMEMBER REAR FLOOR NO. 2 LH	87082990	
6	后纵梁加强板	REIF LONGITUDINAL REAR LH	87082990	
7	后门槛延伸板	EXTENSION-U/B RR CR SILL	87082990	
8	门槛外封板	SILL REAR CLOSING PANLE LH	87082990	
9	后副车架前安装支架	REINF LONGITUDINAL SUB FRAME BKT FR_ LH	87089999	
10	扭梁弹簧安装支架	TWIST BEAM SPRING BRKT LH	87089999	
11	后纵梁延伸梁	EXTENSION LONGITUDINAL REAR - LH	87082990	
12	后缓冲梁安装支架	BRACKET-RR BPR IMP BAR	87089999	
13	安全带安装板	SEAT BUCKLE REINF LH	87082990	
14	第五横梁	CROSSMEMBER REAR FLOOR NO2	87082990	
15	后纵梁	RAIL-R/CMPT FLR PNL SI	87082990	
16	备胎舱连接板	EXTENSION SPARE WHEEL WELL	87082990	
17	后座椅板	PANEL-R/FLR R/SEAT	87082990	

续表

序号	零部件中文名称	零部件英文名称/描述	商品编码	商品描述
18	踵板横梁	BAR -R/FLR PNL HEELBOARD CR	87082990	
19	门槛内板左	SILL INNER LH	87082990	
20	前座椅横梁加强板	REINFORCEMENT－F/FLR PNL F/SEAT C/BAR	87082990	
21	前地板支架	BRACKET-F/FLR	87089999	
22	门槛内板右	SILL INNER RH	87082990	
23	前地板前加强板	REINFORCEMENT-F/FLR PNL FRT	87082990	
24	中央通道加强板	REINFORCEMENT-FLR PNL TUN PNL	87082990	
25	前地板	PANEL-F/FLR	87082990	

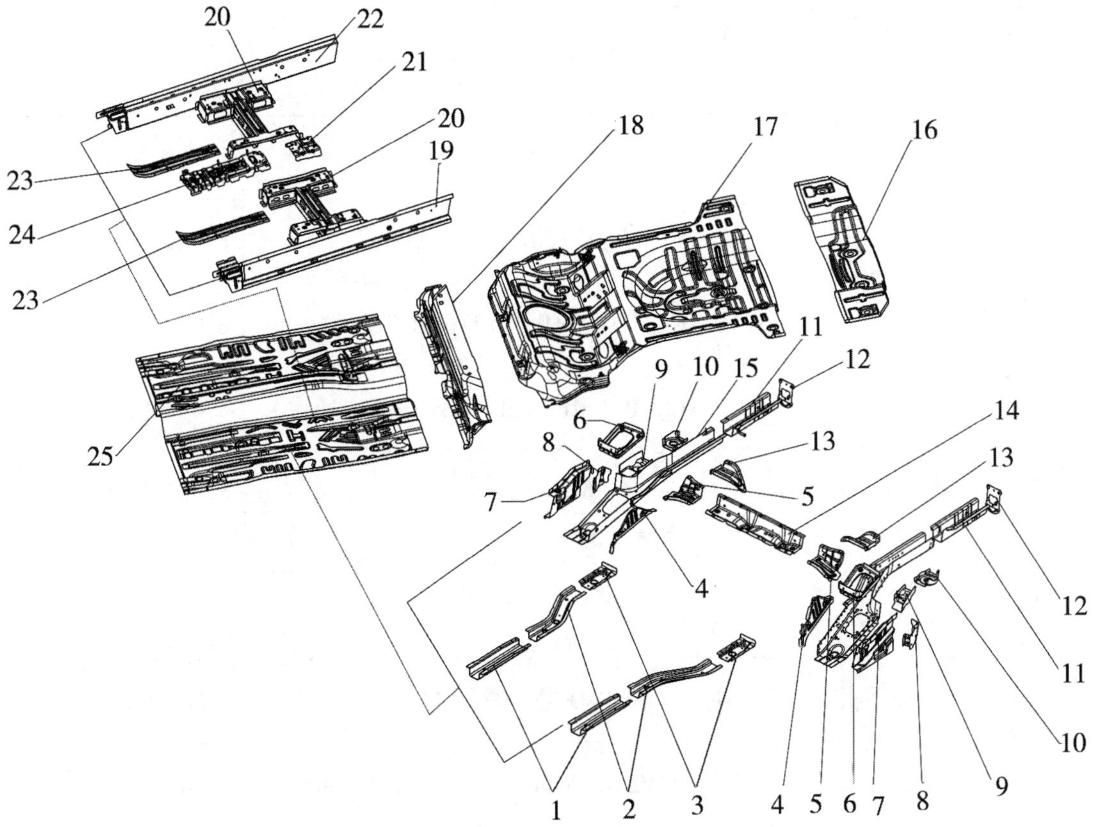

图 2-5-44 车身地板钣金件爆炸图

2.5.45 车身后厢钣金件

序号	零部件中文名称	零部件英文名称/描述	商品编码	商品描述
1	行李箱盖	R/CMPT LID OTR	87082955	
2	行李箱盖上部外板	PANEL-R/CMPT LID OTR UPR	87082959	
3	行李箱盖下部外板	PANEL-R/CMPT LID OTR LWR	87082959	
4	行李箱盖内板	PANEL-R/CMPT LID INR	87082990	
5	行李箱盖内板尾灯支架	BRACKET-R/CMPT LID INR PNL TAIL LAMP	87089999	
6	行李箱盖铰链加强板	REINFORCEMENT-R/CMPT LID HGE	87082990	
7	行李箱盖锁体加强板	REINFORCEMENT-R/CMPT LID LAT	87082990	
8	后衣帽架总成	PANEL ASM-R/WDO TR FIN	87082990	
7	后衣帽架	R/WDO TR FIN PANEL	87082990	
10	衣帽架延伸板加强板	REINFORCEMENT-R/CMPT STOW SHLF EXTN	87082990	
11	衣帽架板	PANEL-R/CMPT STOW SHLF	87082990	
12	衣帽架前横梁加强板	REINFORCEMENT-R/CMPT STOW SHL FRT HDR	87082990	
13	儿童座椅挂扣	HOOK-CHILD ST TOP STRP SN	87082990	
14	儿童座椅挂扣固定板	REINF-CHILD ANCHOR MTG	87082990	
15	儿童座椅安装点	ISO FIX HOOKER BRKT	87082990	

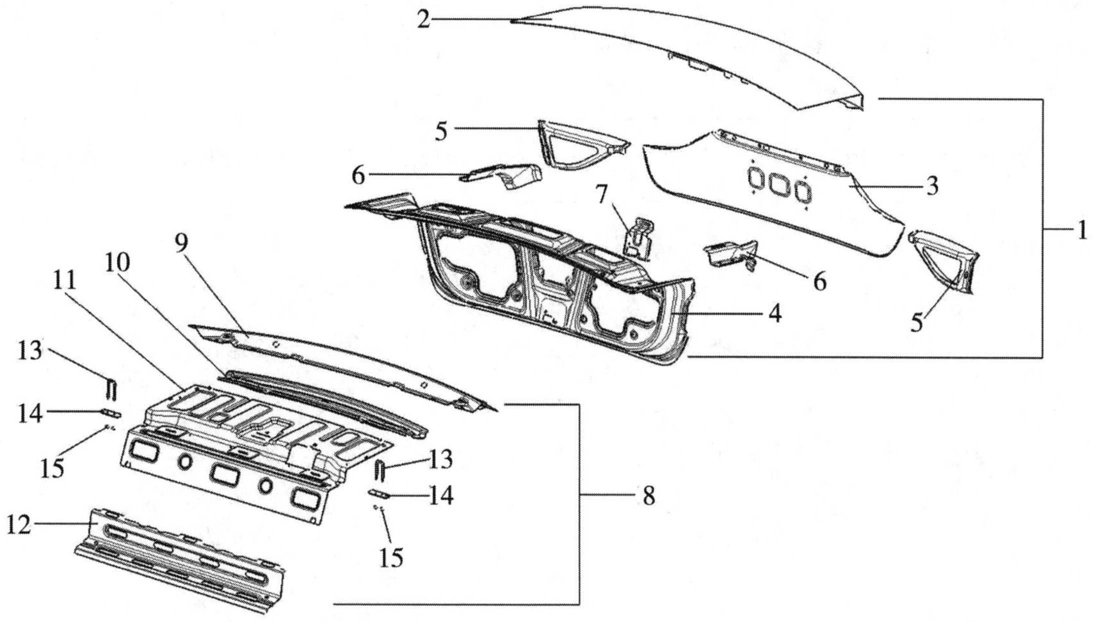

图 2-5-45 车身后厢钣金件爆炸图

2.5.46 车身、车顶和车门钣金件

序号	零部件中文名称	零部件英文名称/描述	商品编码	商品描述
1	天窗车顶板	PANEL-SUN RF	87082959	
2	焊接胶—车顶横梁	ADHESIVE-RF HDR PNL	32141090	丙烯酸和 PE 制，固体状的胶带
3	顶盖加强垫	SPACER-RF HDR PNL	87082990	
4	后门	RR S/D	87082952	
5	后门外板	PANEL-RR S/D OTR	87082959	
6	后门内板	PANEL-RR S/D INR	87082990	
7	前门	FRT S/D	87082952	
8	前门外板	PANEL-FRT S/D OTR	87082959	
9	前门内板	PANEL-FRT S/D INR	87082990	

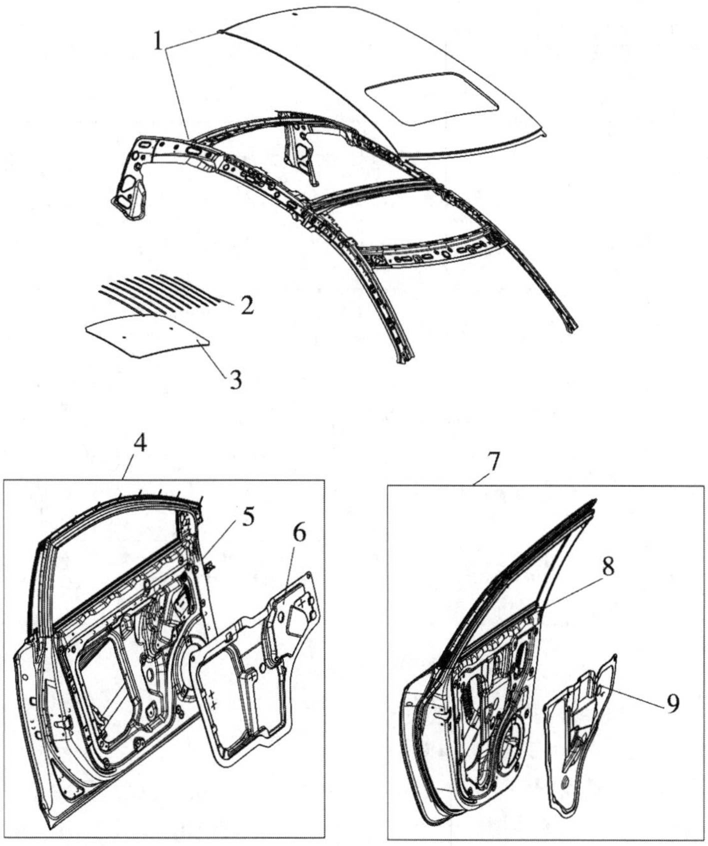

图 2-5-46 车身、车顶和车门钣金件爆炸图

2.5.47 车身钣金件发动机室

序号	零部件中文名称	零部件英文名称/描述	商品编码	商品描述
1	前大灯上安装支架总成	BRACKET ASM-HDLP UPP	87089999	
2	A 柱内板	A PLR INR	87082990	
3	框架内板	SHOTGUN INR	87082990	
4	前地板延伸板	FLOOR FR EXTN	87082990	
5	前副车架后安装支架	FRT SUBFRAME RR MOUNT	87089999	
6	前轮罩	APRON TOWER ASSY	87082990	
7	前纵梁内板	FRONT LONGIT INNER	87082990	
8	发动机安装后支架	BRKT ENGINE MOUNTING RR	87089999	
9	发动机悬置安装支架	BRKT ENGINE MOUNTING	87089999	
10	前缓冲梁安装支架	BRKT MTG FRT BMPR	87089999	
11	前纵梁外板	FRONT LONGIT OUTER	87082990	
12	前纵梁下部	FRONT LONGIT LWR	87082990	

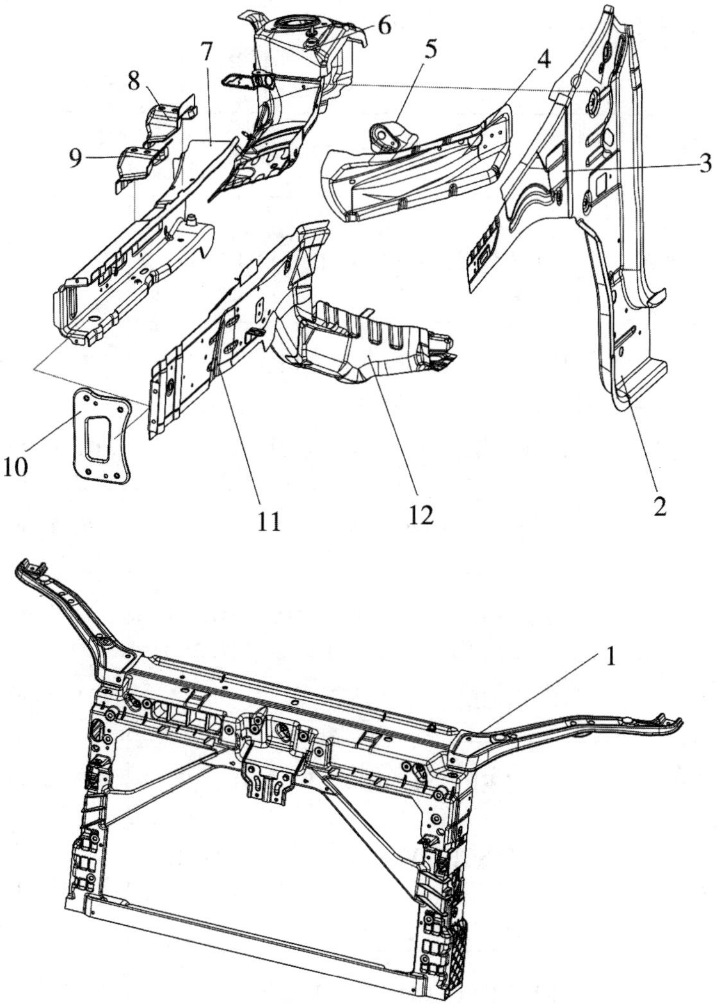

图 2-5-47 车身钣金件发动机室爆炸图

2.5.48 后行李箱盖（一）

序号	零部件中文名称	零部件英文名称/描述	商品编码	商品描述
1	螺栓—行李箱盖铰链	BOLT/SCREW-R/CMPT LID HGE	73181510	钢铁制，抗拉强度在800兆帕及以上
2	行李箱盖铰链总成	HINGE ASM-R/CMPT LID	83021000	钢铁制
3	行李箱盖铰链缓冲块	BUMPER-R/CMPT LID HGE	40169990	硫化橡胶制
4	行李箱盖扭杆	BAR-R/CMPT LID TORS	87082990	
5	卡扣—行李箱盖扭杆	CLIP-R/CMPT LID TORS BAR	39269090	塑料制
6	缓冲块	BUMPER	40169990	硫化橡胶制
7	行李箱盖锁扣总成	STRIKER ASM-R/CMPT LID LAT	83016000	钢铁制
8	螺钉—行李箱盖锁扣	BOLT/SCREW - R/CMPT LID LAT STKR	73181510	钢铁制，抗拉强度在800兆帕及以上
9	行李箱盖锁盖	COVER-R/CMPT LID LAT	83016000	钢铁制
10	螺钉—行李箱盖锁芯安装	BOLT/SCREW-R/CMPT LID LK CYL	73181510	钢铁制，抗拉强度在800兆帕及以上
11	行李箱盖锁体	LATCH ASM-R/CMPT LID	83012090	钢铁制

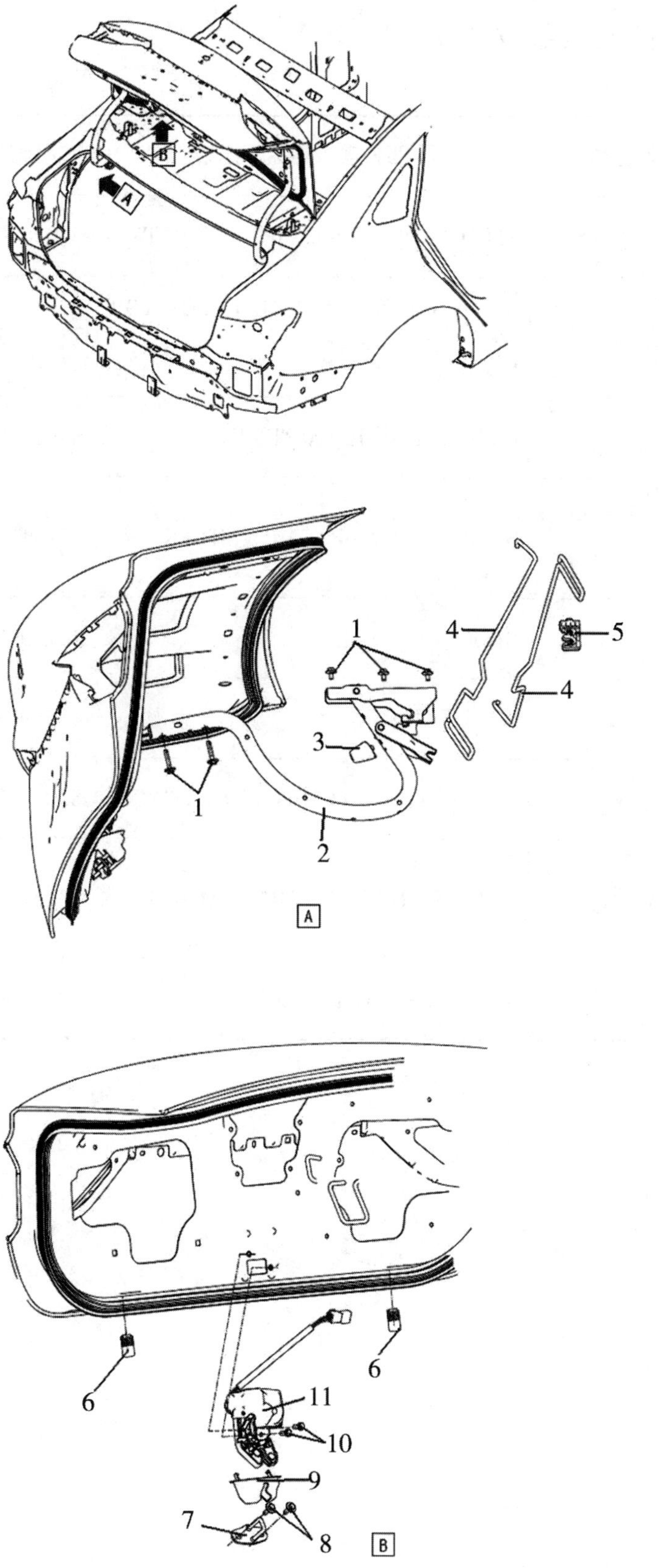

图 2-5-48 后行李箱盖（一）爆炸图

2.5.49 后行李箱盖（二）

序号	零部件中文名称	零部件英文名称/描述	商品编码	商品描述
1	行李箱盖锁扣	STRIKER ASM-R/CMPT LID LAT	83016000	钢铁制
2	螺钉—行李箱盖锁扣	BOLT/SCREW - R/CMPT LID LAT STKR	73181510	钢铁制，抗拉强度在 800 兆帕及以上
3	行李箱盖锁体	LATCH ASM-R/CMPT LID	83012090	钢铁制
4	螺钉—行李箱盖锁芯安装	BOLT/SCREW-R/CMPT LID LK CYL	73181510	钢铁制，抗拉强度在 800 兆帕及以上
5	缓冲块	BLOCK	40169990	硫化橡胶制
6	线束接插件	WRG CONN	85369090	
7	行李箱盖铰链总成	HINGE ASM-R/CMPT LID	83021000	钢铁制
8	螺栓—行李箱盖铰链	BOLT/SCREW-R/CMPT LID HGE	73181510	钢铁制，抗拉强度在 800 兆帕及以上
9	行李箱盖铰链缓冲块	BUMPER-R/CMPT LID HGE	40169990	硫化橡胶制

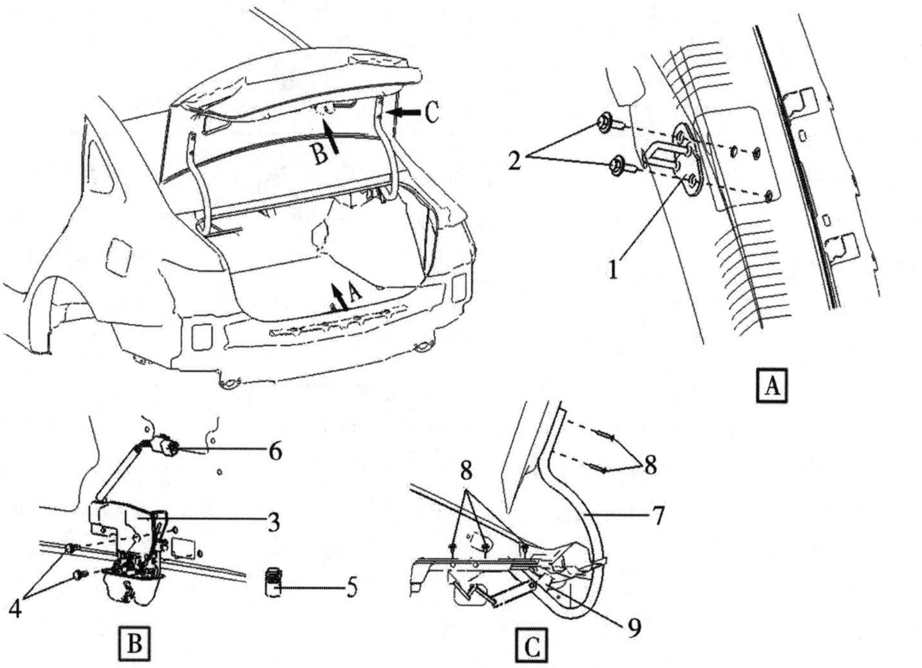

图 2-5-49 后行李箱盖（二）爆炸图

2.5.50 车身上饰条

序号	零部件中文名称	零部件英文名称/描述	商品编码	商品描述
1	前风窗 A 柱饰条	TRIM-BODY H/PLR	87082990	
2	前翼子板字牌	EMBLEM-F/FDR	39269090	塑料制
3	前三角窗饰盖总成	COVER ASM-FRT Q/WDO	87082990	
4	后牌照饰板	PLATE-RR LIC PLT	87082990	
5	后行李箱盖字牌	EMBLEM	39269090	塑料制
6	尾门字牌总成	EMBLEM	39269090	塑料制
7	标牌—后行李箱盖	EMBLEM-R/CMPT LID	39269090	塑料制
8	后行李箱盖字牌	EMBLEM ASM-L/GATE	39269090	塑料制
9	卡扣—前风窗 A 柱饰条	CLIP-BODY H/PLR TR	39269090	塑料制
10	卡扣—后三角窗饰盖	CLIP-Q/WDO CVR	39269090	塑料制
11	螺母—后牌照板	NUT-RR LIC PLT	73181600	钢铁制
12	螺母—后标牌	NUT-RR LIC PLT EMB	73181600	钢铁制

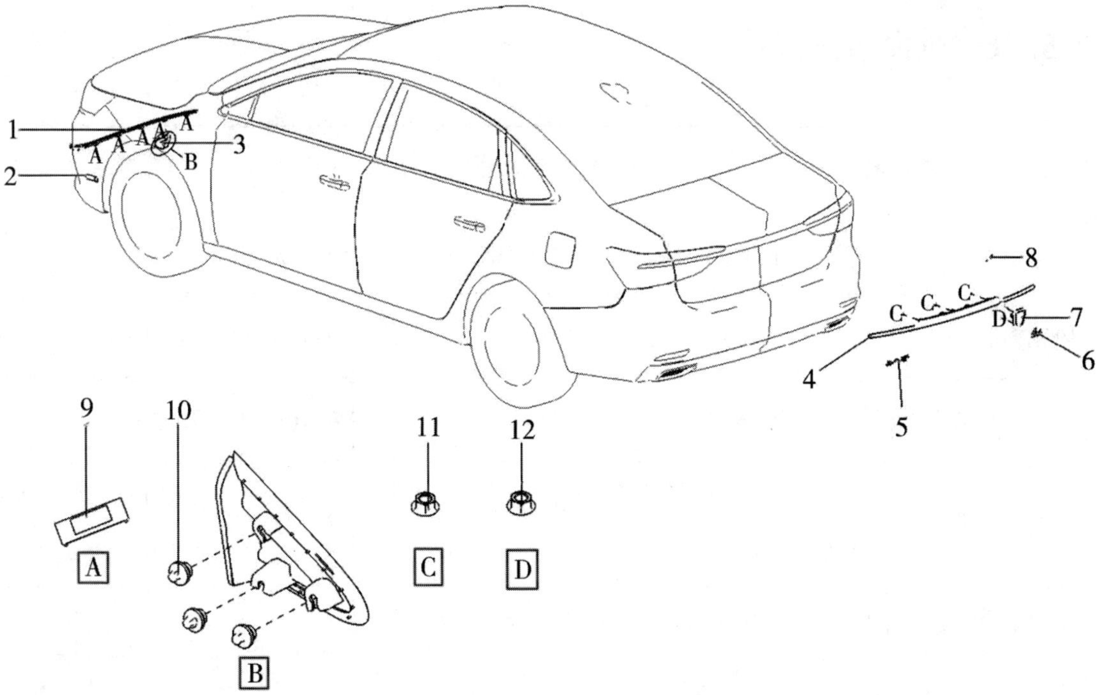

图 2-5-50 车身上饰条爆炸图

2.5.51 风窗清洗液箱

序号	零部件中文名称	零部件英文名称/描述	商品编码	商品描述
1	风窗洗涤壶	CONTAINER-WSWA SOLV	84249090	
2	风窗洗涤泵总成	PUMP ASM-WSWA	84138100	
3	索环—风窗洗涤泵	GROMMET-WSWA PUMP	40169990	硫化橡胶制
4	螺钉—风窗洗涤壶安装	BOLT/SCREW-WSWA SOLV CNT-NR	73181510	钢铁制，抗拉强度在800兆帕及以上
5	索环—风窗洗涤液壶壶颈	GROMMET-WSWA SOLV CNTNR NECK	40169990	硫化橡胶制
6	风窗洗涤壶壶颈	NECK-WSWA SOLV CNTNR	84249090	
7	风窗洗涤壶盖	CAP-WSWA SOLV CNTNR	39235000	塑料制
8	卡扣—风窗洗涤软管	CLIP-WSWA PUMP HOSE	39269090	塑料制
9	螺栓—风窗洗涤系统	BOLT/SCREW-WSWA SYS MDL	73181510	钢铁制，抗拉强度在800兆帕及以上
10	风窗洗涤壶软管总成	HOSE ASM-WSWA SOLV CNTNR	40091100	硫化橡胶制，未经加强或未与其他材料合制，未装有附件

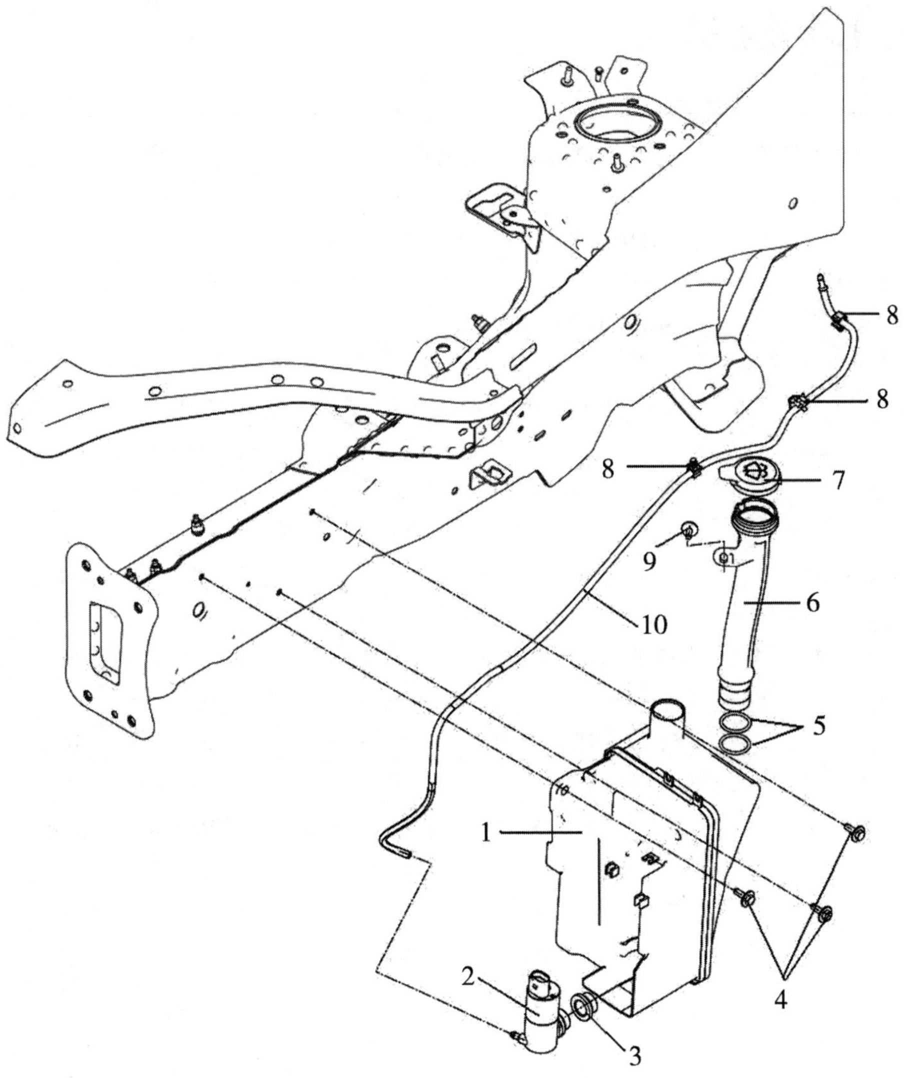

图 2-5-51 风窗清洗液箱爆炸图

2.5.52 行李箱盖把手

序号	零部件中文名称	零部件英文名称/描述	商品编码	商品描述
1	后牌照灯	LAMP ASM-RR LIC PLT	85122010	
2	后牌照饰板支架	BRACKET-RR LIC PLT	87082990	
3	后牌照饰板摄像头盖板	COVER-RR LIC PLT	87082990	
4	后牌照饰板	PLATE-RR LIC PLT	87082990	
5	后牌照饰板胶带	TAPE-RR LIC PLT	39199090	塑料自粘
6	螺母—后牌照板	NUT-RR LIC PLT	73181600	钢铁制
7	后牌照饰板密封条	SEAL-RR LIC PLT	40169390	硫化橡胶制
8	卡扣—后牌照板	CLIP-RR LIC PLT	39269090	塑料制
9	铆螺母	NUT	73181600	钢铁制
10	螺柱—后牌照板	STUD-RR LIC PLT	73181510	钢铁制，抗拉强度在 800 兆帕及以上
11	垫圈—后牌照饰板	WASHER-RR LIC PLT	40169390	硫化橡胶制

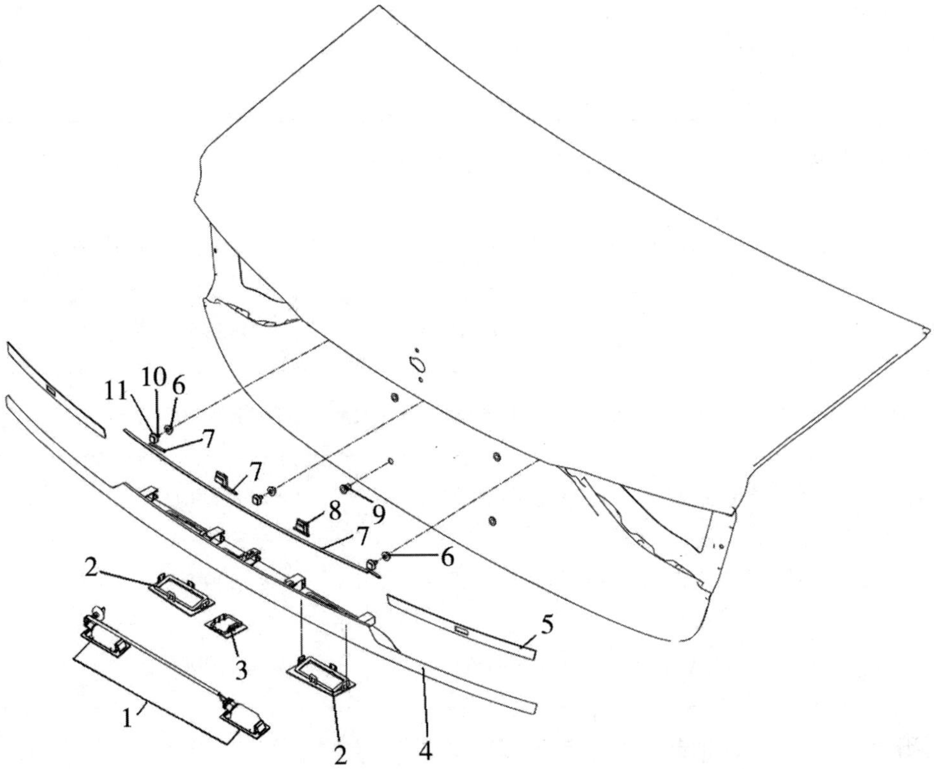

图 2-5-52 行李箱盖把手爆炸图

2.5.53 天窗

序号	零部件中文名称	零部件英文名称/描述	商品编码	商品描述
1	天窗玻璃密封条	SEAL-SUN RF GLS	40169390	硫化橡胶制
2	天窗玻璃板总成	PANEL ASM-SUN RF GLS	87082959	带框天窗
3	天窗后排水管总成	TUBE ASM-SUN RF HSG RR DRN	87082990	
4	天窗排水槽总成	GUTTER ASM-SUN RF HSG DRN	87082990	
5	天窗后排水管总成	TUBE ASM-SUN RF HSG RR DRN	87082990	
6	天窗支架	BRACKET-SUN RF HSG	87082990	
7	天窗遮阳板总成	SUNSHADE ASM-SUN RF	87082990	
8	天窗车顶板	PANEL-SUN RF	87082959	
9	天窗前排水管总成	TUBE ASM-SUN RF HSG FRT DRN	87082990	
10	天窗电机总成	MOTOR ASM-SUN RF	85013100	直流电机 60 瓦
11	天窗框架总成	FRAME ASM-SUN RF	87082959	
12	天窗支架	BRACKET-SUN RF HSG	87082990	
13	天窗开关线束	HARNESS-SUN RF SWITCH	85443020	
14	螺钉—天窗电机	BOLT/SCREW-SUN RF MOTOR	73181510	钢铁制，抗拉强度在 800 兆帕及以上
15	螺钉—天窗总成	BOLT/SCREW-SUN RF WDO	73181510	钢铁制，抗拉强度在 800 兆帕及以上
16	天窗开关总成	SWITCH ASM-SUN RF	85365000	

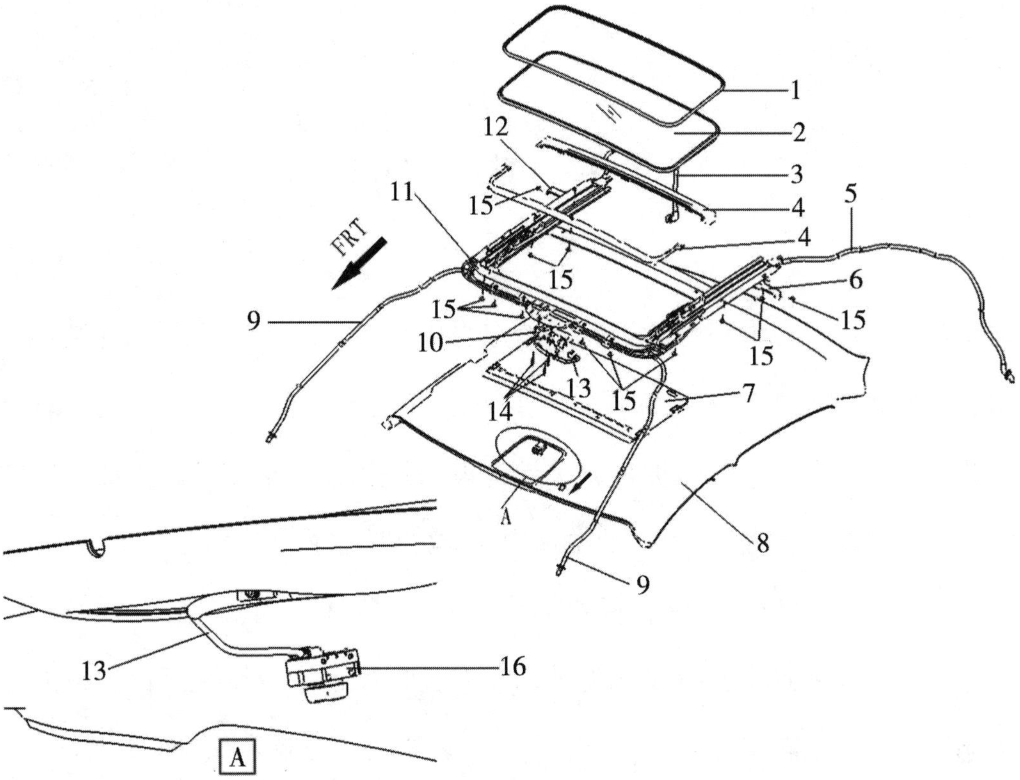

图 2-5-53 天窗爆炸图

2.6 内 饰

内饰是指乘用车车身内部的装饰。一般车身内部可见的，影响外观并装饰、保护或隔音作用的零部件都可以称为内饰件。主要有主仪表板、副仪表板、地毯和行李舱垫、遮阳板、扶手、顶盖内衬、车门护板、乘员约束保护装置、座椅等。内饰布置的合理与否和装饰的优劣程度，会直接影响乘员的乘坐环境和舒适感。

1. 仪表板由主仪表板、副仪表板两部分组成。仪表板位于车室的最前部，面积大，因其总是展现在人的视野中，所以各类乘用车对其造型都十分讲究。仪表板的外面装有仪表和各类操纵件，里面装有空调、音响、视频装置及杂物箱等各类车身附件。

2. 座椅是指客舱内供乘员乘坐的装置，作用是支撑人体，使驾驶操作方便和乘坐舒适。由于乘用车是一种高速运动件，乘员处在前冲、后仰、左摇右摆、上下颠簸的环境中，长途乘坐达几个小时而无法自由活动，因此座椅极大地影响着乘员的乘坐舒适性和安全性。乘用车座椅种类繁多，但不外乎驾驶员座椅和乘客座椅。其中，乘客座椅又可分为前排乘客座椅和后排乘客座椅。

3. 乘员约束保护装置主要指座椅安全带和安全气囊，它们属于被动安全装置。当乘用车发生碰撞或倾翻等意外事故时，它们能最大限度地保护乘员免受伤害。安全带是保护乘员安全最有效且最廉价的装置，我国和世界上许多国家都制定了车辆装备座椅安全带的法规。目前，通过安全气囊与安全带组合使用，对乘员的安全保护已达到了较为理想的效果。

座椅安全带是一种带状结构的约束装置。为确保乘员安全，作为乘员装置之一的座椅安全带，要求当乘用车发生碰撞和翻车事故时，使乘员免受大的减速度，同时约束乘员防止二次冲撞。因此，安全带在减轻乘员伤害程度方面起着十分重要的作用。座椅安全带可以按结构分为二点式和三点式。

安全气囊是一种在乘用车碰撞事故中自动充气膨胀，在二次冲撞中保护乘员，减轻乘员伤害的缓冲保护装置。若以保护作用和安装位置来分，安全气囊分为驾驶员用气囊（转向气囊）、前排乘员用安全气囊（仪表板气囊）、侧撞安全气囊和后座椅安全气囊等。

2.6.1 驾驶员座椅调节器总成

序号	零部件中文名称	零部件英文名称/描述	商品编码	商品描述
1	内饰板	INR SIDE COVER	94019019	
2	右侧板	BENCH BRACKET RT	94019019	
3	右前连接板	FRONT LINKAGE ASSY RT	94019019	
4	右后连接支架	REAR LINK BRKT RT	94019019	
5	右前连接支架	FRONT LINK BRKT RT	94019019	
6	下滑轨	LOWER RAIL ASM	94019019	钢铁制，安装在座椅骨架下
7	上滑轨	UPPER RAIL ASM	94019019	钢铁制，安装在座椅骨架下
8	左前连接支架	FRONT LINK BRKT LF	94019019	
9	左后连接支架	REAR LINK BRKT LF	94019019	
10	调高电机	LIFT MOTOR	85011099	直流电机 14.33 瓦
11	左侧板	BENCH BRACKET LF	94019019	
12	滑道调节按钮	KNOB-D/SEAT ADJR TRK	94019019	
13	靠背调节按钮	KNOB-D/SEAT RECL	94019019	
14	外饰板	OTR SIDE COVER	94019019	
15	开关盒	SWITCH-D/SEAT ADJR&RECL	85365000	电气开关
16	齿板	SECTOR	84839000	
17	电机固定支架	MOTOR MOUNTING BRKT	94019019	

续表

序号	零部件中文名称	零部件英文名称/描述	商品编码	商品描述
18	水平电机	HORZ MOTOR	85013100	直流电机 38 瓦
19	后管	REAR TUBE	94019019	
20	右后连接板	REAR LINKAGE ASSY RT	94019019	
21	水平电机支架	HORZ MOTOR BRKT	94019019	
22	左前连接板	FRONT LINKAGE ASSY LF	94019019	
23	螺钉—内饰板	SCREW-INR SIDE COVER	73181590	钢铁制，抗拉强度在 800 兆帕以下
24	铆钉—侧板	RIVET-BENCH BRACKET	73182300	钢铁制
25	铆钉—前连接板	RIVET-FRONT LINKAGE ASSY	73182300	钢铁制
26	螺钉—连接支架	SCREW-LINK BRKT	73181510	钢铁制，抗拉强度在 800 兆帕及以上
27	螺钉—外饰板	SCREW-OTR SIDE COVER	73181590	钢铁制，抗拉强度在 800 兆帕以下
28	铆钉—右后连接板	RIVET-REAR LINKAGE ASSY RT	73182300	钢铁制
29	螺钉—电机	SCREW-MOTOR	73181510	钢铁制，抗拉强度在 800 兆帕及以上
30	螺钉—开关盒	SCREW-D/SEAT ADJR&RECL SW	73181590	钢铁制，抗拉强度在 800 兆帕以下

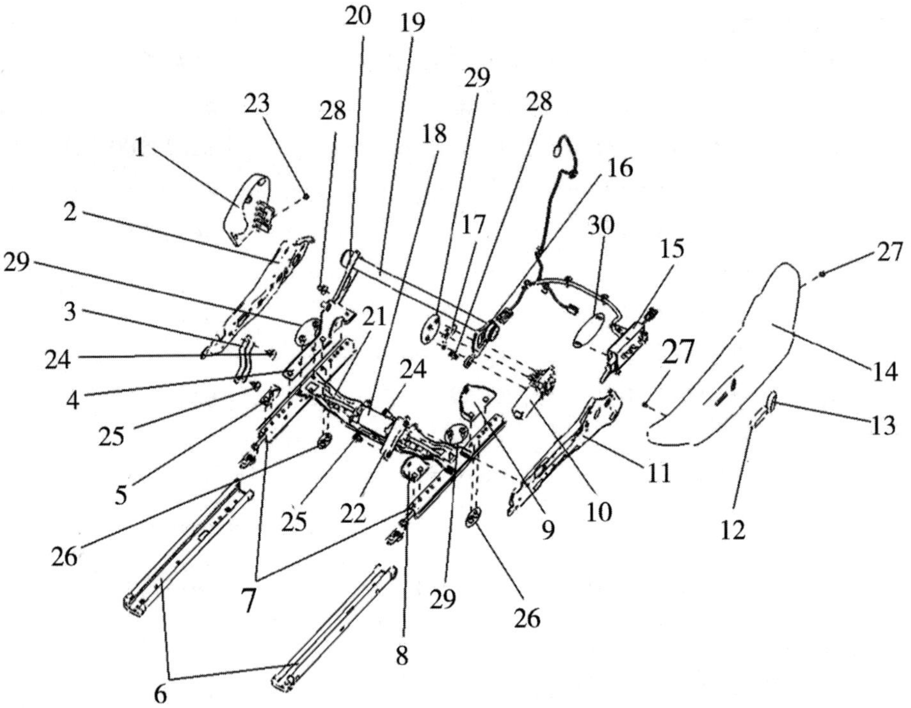

图 2-6-1　驾驶员座椅调节器总成爆炸图

2.6.2 手动驾驶员座椅调节器总成

序号	零部件中文名称	零部件英文名称/描述	商品编码	商品描述
1	内饰板	INR SIDE COVER	94019019	
2	螺钉—内饰板	SCREW-INR SIDE COVER	73181590	钢铁制，抗拉强度在 800 兆帕以下
3	坐垫骨架总成	CUSHION FRAME ASSY	94019019	
4	滑道调节手柄	SINGLE BAR HANDLE	94019019	
5	螺钉—外饰板	SCREW-OTR SIDE COVER	73181590	钢铁制，抗拉强度在 800 兆帕以下
6	外饰板	OTR SIDE COVER	94019019	
7	座椅调高器	SEAT ADJUSTER PUMP MANNUAL	94019011	
8	螺钉—调高泵	SCREW-SEAT ADJUSTER PUMP MANNUAL	73181510	钢铁制，抗拉强度在 800 兆帕及以上

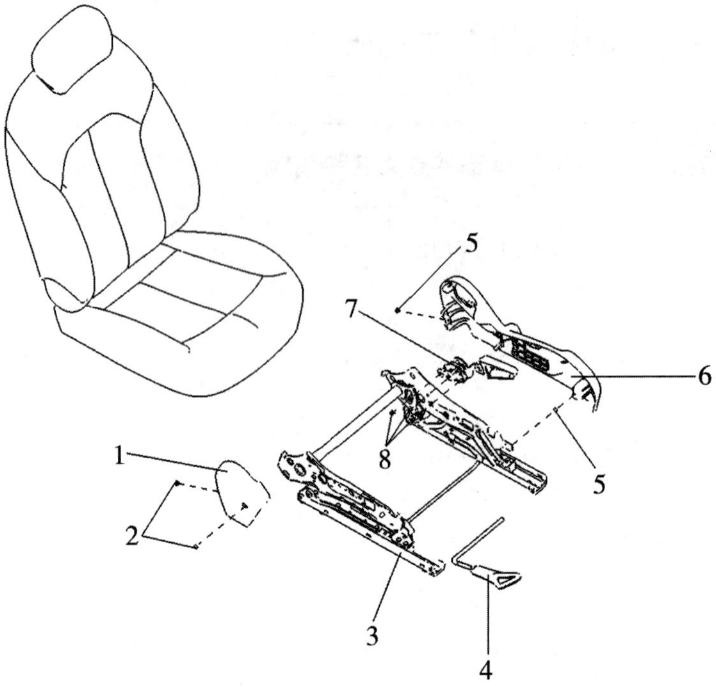

图 2-6-2　手动驾驶员座椅调节器总成爆炸图

2.6.3 车顶顶篷衬层辅助把手

序号	零部件中文名称	零部件英文名称/描述	商品编码	商品描述
1	车顶前拉手总成	HANDLE ASM-R/RL FRT ASST	39263000	塑料制
2	螺钉—车顶拉手	BOLT/SCREW-R/RL ASST HDL	73181510	钢铁制，抗拉强度在 800 兆帕及以上

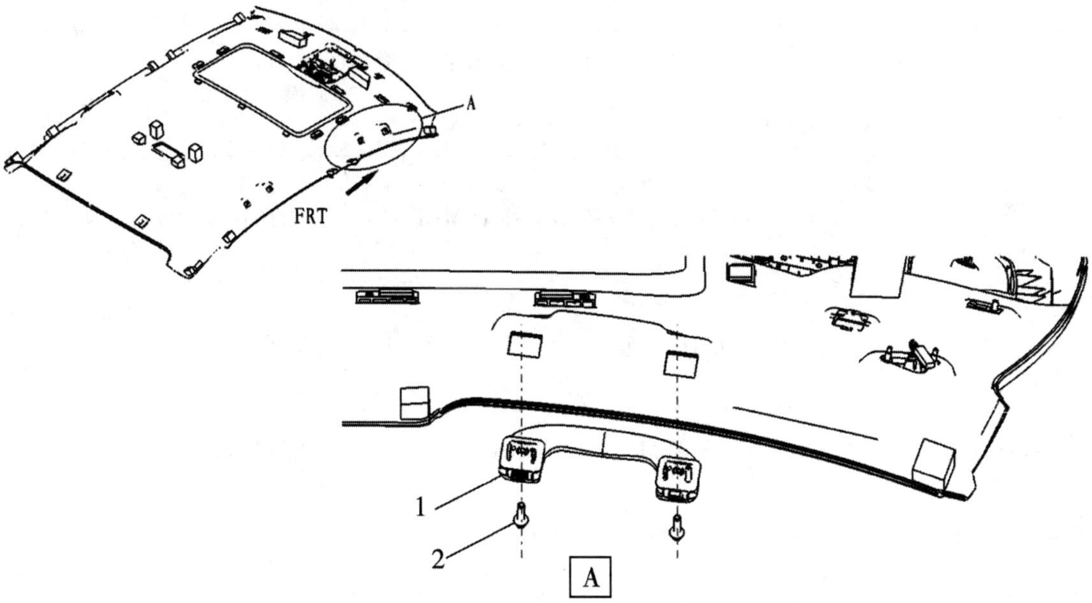

图 2-6-3 车顶顶篷衬层辅助把手爆炸图

2.6.4　充气保护系统

序号	零部件中文名称	零部件英文名称/描述	商品编码	商品描述
1	仪表板安全气囊	AIRBAG ASM-INFL RST I/P MDL	87089500	
2	转向盘安全气囊	AIRBAG ASM-INFL RST STRG WHL MDL	87089500	
3	前座椅侧安全气囊	AIRBAG ASM-INFL RST F/SEAT SI MDL	87089500	
4	车顶侧气帘总成	AIRBAG ASM-INFL RST RF S/RL MDL	87089500	
5	安全气囊诊断控制单元	MODULE ASM-INFL RST SEN & DIAGNC END	85371090	
6	螺钉—仪表板安全气囊	BOLT/SCREW-INFL RST I/P MDL	73181400	钢铁制自攻螺钉
7	螺钉—仪表板安全气囊	BOLT/SCREW-INFL RST I/P MDL	73181510	钢铁制，抗拉强度在 800 兆帕及以上
8	座椅线束总成	HARNESS ASM-SEAT WRG	85443020	
9	车顶侧气帘支架	BRACKET-INFL RST RF S/RL MDL	87089999	
10	车顶侧气帘总成	AIRBAG ASM-INFL RST RF S/RL MDL	87089500	
11	螺钉—安全气囊诊断控制单元	BOLT/SCREW-INFL RST SEN &DIAGN MDL	73181510	钢铁制，抗拉强度在 800 兆帕及以上
12	仪表板线束	HARNESS ASM-I/P WRG	85443020	

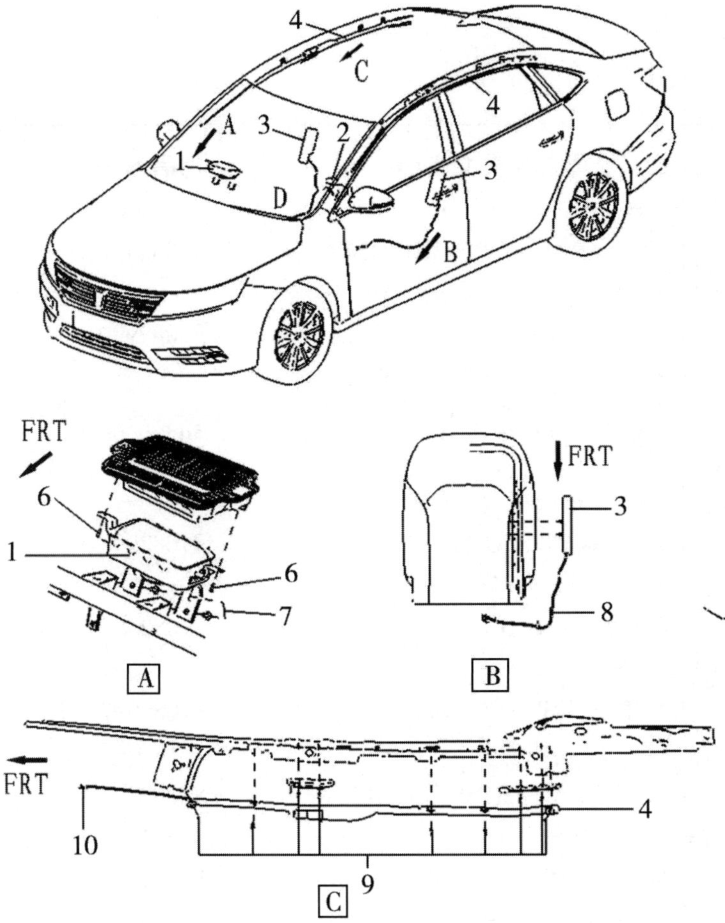

图 2-6-4 充气保护系统爆炸图

2.6.5 前门饰件

序号	零部件中文名称	零部件英文名称/描述	商品编码	商品描述
1	前门饰板上装饰板总成	PANEL ASM-FRT S/D UPR TR	87082990	
2	前门饰板隔音垫	INSULATOR-FRT S/D T/PNL	87082990	
3	前门饰板地图袋	POCKET-FRT S/D MAP	39269090	改性 PP，橡胶增韧
4	前门饰板本体	PANEL-FRT S/D TR	87082990	
5	前门饰板扶手总成	ARMREST ASM-FRT S/D	87082990	
6	前门把手总成	HANDLE ASM-FRT S/D PULL	87082990	塑料制
7	前门饰板中装饰板总成	PANEL ASM-FRT S/D CTR TR	87082990	
8	前门饰板装饰条	MOLDING-FRT S/D T/PNL	87082990	
9	前门内拉手总成	HANDLE ASM-FRT S/D I/S	87082990	塑料制
10	螺栓—前门内拉手	BOLT/SCREW-FRT DR S/D I/S HDL	73181400	钢铁制自攻螺钉
11	前门饰板上装饰板卡扣	CLIP-FRT S/D UPR TR PNL	39269090	塑料制
12	螺钉—前门饰板地图袋	POCKET-FRT S/D MAP	73181400	钢铁制自攻螺钉
13	前门饰板卡扣	CLIP-FRT S/D TR PNL	39269090	塑料制
14	卡扣—前门把手	CLIP-FRT S/D PULL HDL	73269019	钢铁制
15	螺钉—前门饰板把手	BOLT/SCREW-FRT S/D PULL HDL	73181400	钢铁制自攻螺钉

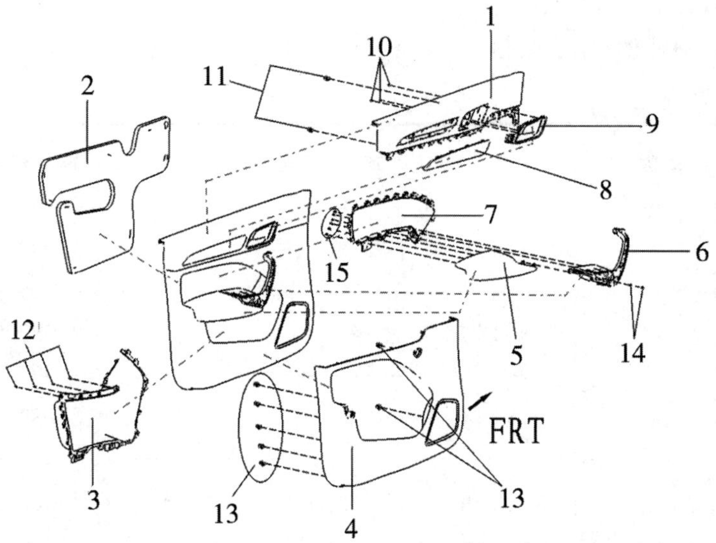

图 2-6-5 前门饰件爆炸图

2.6.6 顶棚和前中后支柱

序号	零部件中文名称	零部件英文名称/描述	商品编码	商品描述
1	顶饰板总成	PANEL ASM-HDLNG TR	87082990	
2	遮阳板总成	SUNVISOR ASM	87082990	
3	顶控制台总成	CONSOLE ASM-RF	87082990	
4	A 柱上饰板总成	PANEL ASM-BODY H/PLR UPR TR	87082990	
5	A 柱下饰板总成	PANEL ASM-BODY H/PLR LWR TR	87082990	
6	前后门槛饰板总成	PLATE ASM-FRT & RR S/D SILL TR	87082990	
7	B 柱下饰板总成	PANEL ASM-C/PLR LWR TR	87082990	
8	B 柱上饰板总成	PANEL ASM-C/PLR UPR TR	87082990	
9	D 柱下饰板总成	PANEL ASM-BODY L/PLR LWR TR	87082990	
10	D 柱上饰板总成	PANEL ASM-BODY L/PLR UPR TR	87082990	
11	行李箱门槛饰板总成	PANEL ASM-R/CMPT SILL TR	87082990	
12	螺栓—遮阳板支架	BOLT/SCREW-SUNVISOR SUPT	73181590	钢铁制，抗拉强度在 800 兆帕以下
13	遮阳板固定螺栓盖	COVER-SUNVISOR RET BOLT	87082990	塑料制
14	卡扣—遮阳板固定	CLIP-SUNVISOR	39269090	塑料制
15	卡扣—A 柱上饰板	CLIP-BODY H/PLR UPR T/PNL	39269090	塑料制
16	卡扣—A 柱上饰板	CLIP-BODY H/PLR UPR T/PNL	73269019	钢铁制
17	卡扣—A 柱下饰板	CLIP-BODY H/PLR LWR T/PNL	39269090	塑料制
18	卡扣—前后门槛饰板	CLIP-FRT&RR S/D SILL TR PLT	73269019	钢铁制

续表

序号	零部件中文名称	零部件英文名称/描述	商品编码	商品描述
19	螺钉—后门槛饰板固定	BOLT/SCREW-RR S/D SILL T/PLT	73181400	钢铁制自攻螺钉
20	卡扣—B 柱下饰板	CLIP-BODY C/PLR LWR T/PNL	73269019	钢铁制
21	卡扣—D 柱下饰板	CLIP-BODY L/PLR LWR T/PNL	73269019	钢铁制
22	螺钉—行李箱门槛饰板	BOLT/SCREW-R/CMPT SILL T/PNL	73181400	钢铁制自攻螺钉
23	卡扣—行李箱门槛饰板	CLIP-R/CMPT SILL T/PNL	73269019	钢铁制
24	卡扣—D 柱上饰板	CLIP-BODY L/PLR UPR T/PNL	39269090	塑料制
25	卡扣—D 柱上饰板	CLIP-BODY L/PLR UPR T/PNL	73269019	钢铁制

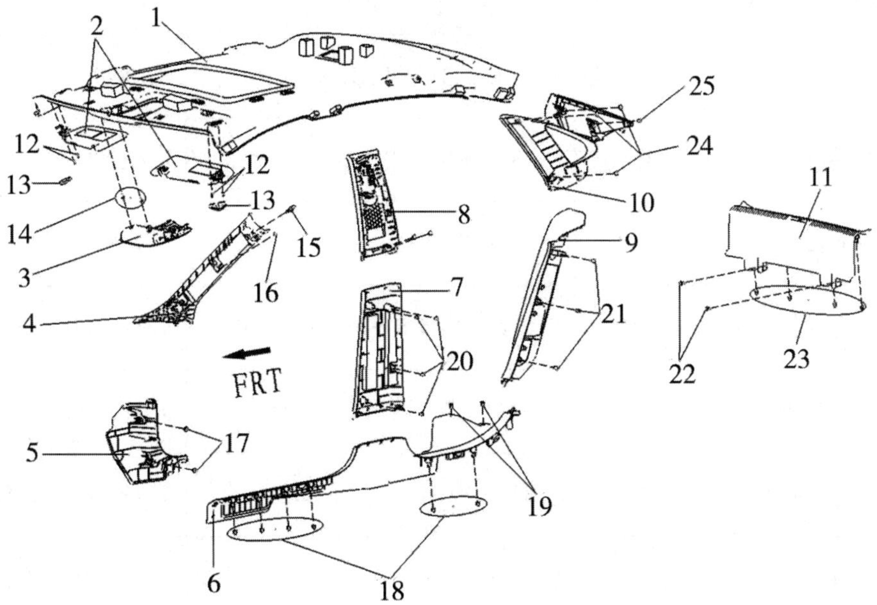

图 2-6-6 顶棚和前中后支柱爆炸图

2.6.7 后门饰件

序号	零部件中文名称	零部件英文名称/描述	商品编码	商品描述
1	后门饰板上装饰板总成	PANEL ASM-RR S/D UPR TR	87082990	
2	后门饰板隔音垫	INSULATOR-RR S/D T/PNL	87082990	
3	后门饰板地图袋	POCKET-RR S/D MAP	39269090	改性 PP，橡胶增韧
4	后门饰板本体	PANEL-RR S/D TR	87082990	
5	后门饰板扶手总成	ARMREST ASM-RR S/D	87082990	
6	后门把手总成	HANDLE ASM-RR S/D PULL	87082990	塑料制
7	后门饰板中装饰板总成	PANEL ASM-RR S/D CTR TR	87082990	
8	后门饰板装饰条	MOLDING-RR S/D T/PNL	87082990	
9	后门内拉手总成	HANDLE ASM-RR S/D I/S	87082990	
10	后门饰板卡扣	CLIP-RR S/D TR PNL	39269090	塑料制
11	螺栓—后门内拉手	BOLT/SCREW-RR DR S/D I/S HDL	73181400	钢铁制自攻螺钉
12	螺钉—后门饰板把手	BOLT/SCREW-RR S/D PULL HDL	73181400	钢铁制自攻螺钉
13	螺钉—后门饰板地图袋	POCKET-RR S/D MAP	73181400	钢铁制自攻螺钉
14	卡扣—后门把手	CLIP-RR S/D PULL HDL	73269019	钢铁制

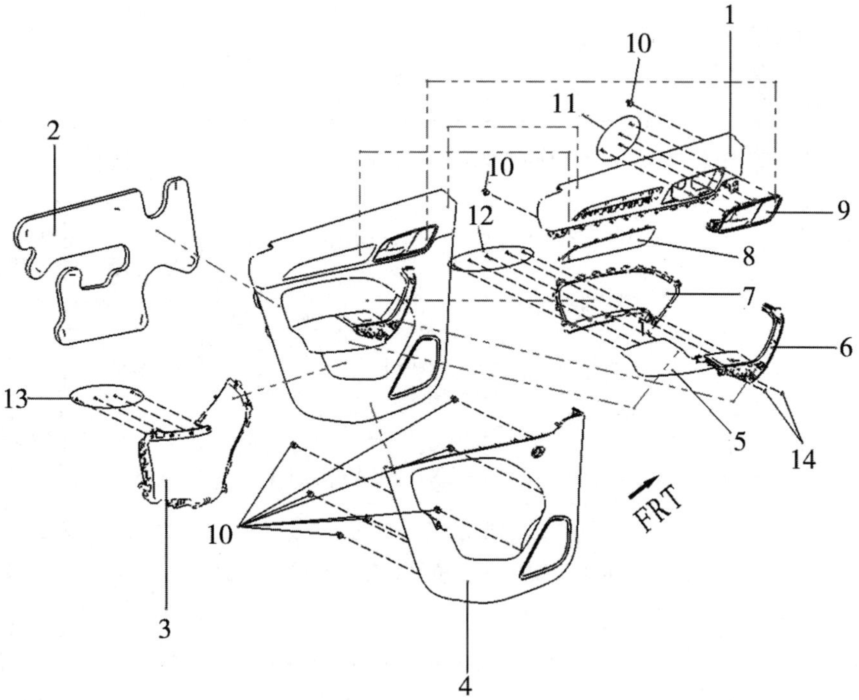

图 2-6-7 后门饰件爆炸图

2.6.8 座椅安全带五金件

序号	零部件中文名称	零部件英文名称/描述	商品编码	商品描述
1	螺栓—第二排座椅安全带卷收器	BOLT/SCREW - 2ND SEAT BELT RETR	73181510	钢铁制，抗拉强度在 800 兆帕及以上
2	第二排座椅安全带总成	BELT ASM-2ND SEAT	87082100	
3	螺栓—第二排座椅侧安全带	BOLT/SCREW-2ND SEAT BELT	73181510	钢铁制，抗拉强度在 800 兆帕及以上
4	螺栓—第二排座椅中间安全带锁扣	BOLT/SCREW-2ND SEAT CTR BELT CKL	73181510	钢铁制，抗拉强度在 800 兆帕及以上
5	第二排座椅中间安全带锁扣总成	BUCKLE ASM-2ND SEAT CTR BELT	87082990	
6	第二排座椅安全带锁扣总成	BUCKLE ASM-2ND SEAT BELT	87082990	
7	螺栓—第二排座椅中间安全带	BOLT/SCREW-2ND SEAT CTR BELT	73181510	钢铁制，抗拉强度在 800 兆帕及以上
8	第二排座椅中间安全带总成	BELT ASM-2ND SEAT CTR	87082100	
9	螺栓—第二排座椅中间安全带卷收器	BOLT/SCREW-2ND SEAT CTR BELT RETR	73181510	钢铁制，抗拉强度在 800 兆帕及以上
10	前座椅安全带高度调节器总成	ADJUSTER ASM-F/SEAT BELT GDE	87082990	
11	螺母—前座椅安全带高度调节器	NUT - F/SEAT SHLDR BELT GDE ADJR	73181600	钢铁制
12	前座椅安全带总成	BELT ASM-F/SEAT	87082100	
13	螺栓—前座椅安全带卷收器	BOLT/SCREW-F/SEAT BELT RETR	73181510	钢铁制，抗拉强度在 800 兆帕及以上

续表

序号	零部件中文名称	零部件英文名称/描述	商品编码	商品描述
14	前座安全带台阶衬套	BUSHING-F/SEAT BELT	87082990	
15	螺栓—前座椅安全带锁扣	BOLT/SCREW-F/SEAT BELT BKL	73181510	钢铁制，抗拉强度在800兆帕及以上
16	前座椅安全带锁扣总成	BUCKLE ASM-F/SEAT BELT	87082990	

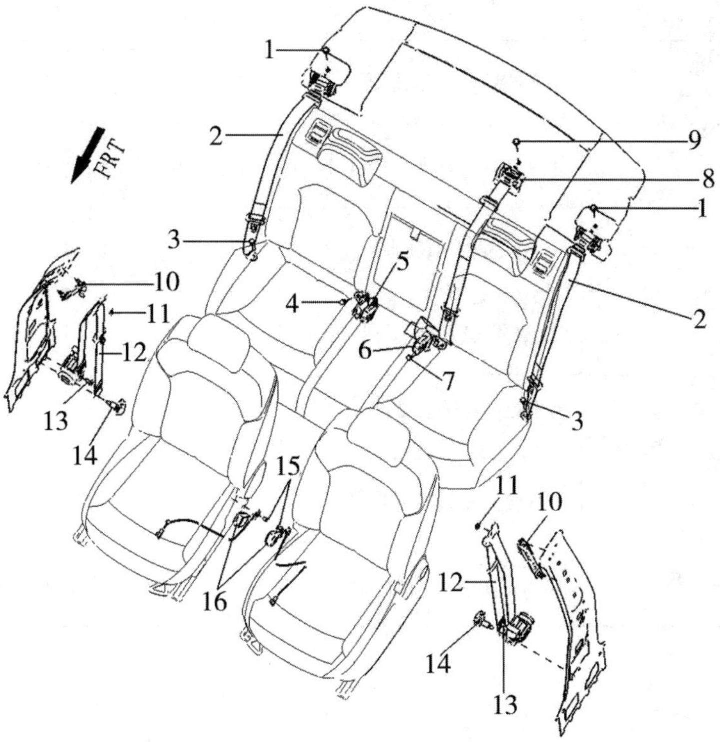

图 2-6-8　座椅安全带五金件爆炸图

2.6.9 扶手

序号	零部件中文名称	零部件英文名称/描述	商品编码	商品描述
1	中央扶手外盖表皮总成	ARMREST OUTER COVER SKIN	87082990	
2	中央扶手泡沫层	ARMREST FOAM	87082990	
3	中央扶手底板	ARMREST BASE INNER	87082990	
4	中央扶手开关	ARMREST LATCH PANEL	87082990	
5	螺钉—中央扶手	SCREW-ARMREST	73181400	钢铁制自攻螺钉
6	扶手铰链弹簧	SPRING-ARMREST HINGE	73202090	钢铁制螺旋弹簧
7	扶手铰链轴套	TUBE-ARMREST HINGE	39269090	塑料制
8	扶手铰链轴销	SHAFT-ARMREST HINGE	73182400	钢铁制
9	扶手铰链卡簧	CLIP-ARMREST HINGE	73182900	钢铁制固定用
10	弹簧—中央扶手	SPRING-ARMREST	73209090	钢铁制簧片
11	限位器—中央扶手	BUMPER-ARMREST	40169990	硫化橡胶制

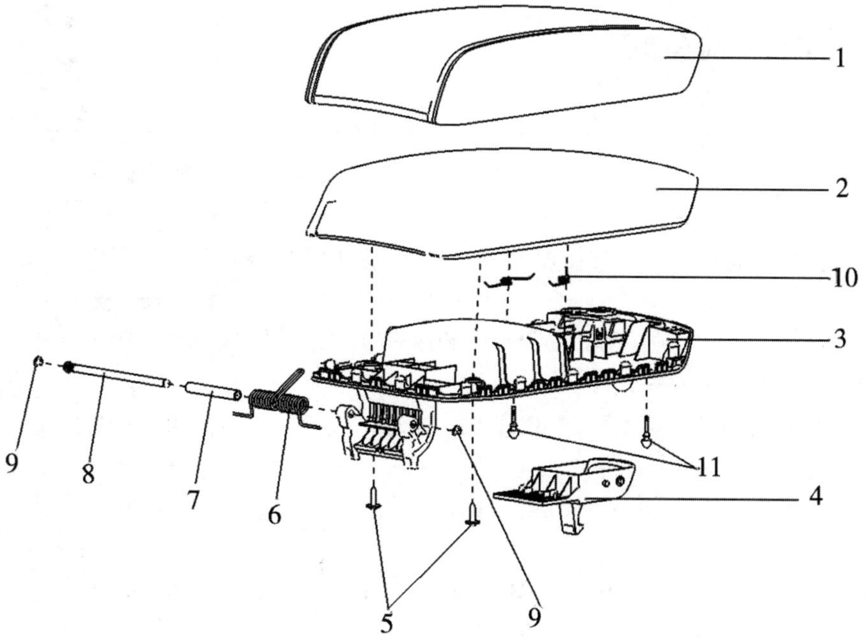

图 2-6-9 扶手爆炸图

2.6.10 前排座椅总成

序号	零部件中文名称	零部件英文名称/描述	商品编码	商品描述
1	前排座椅靠背面套总成	COVER ASM-F/SEAT BK CUSH	94019019	
2	前排座椅坐垫面套总成	COVER ASM-D/SEAT CUSH	94019019	
3	前排座椅靠背发泡	PAD-F/SEAT BK CUSH	94019019	
4	前排座椅坐垫发泡	PAD-F/SEAT CUSH	94019019	
5	前排座椅滑轨总成	TRACK ASM-F/SEAT ADJR	94019019	
6	前排座椅坐垫骨架总成	FRAME ASM-F/SEAT CUSH	94019019	
7	前排座椅调角器下连接板	PANEL-F/SEAT RECL	94019019	
8	前排座椅靠背调节电机	MOTOR-F/SEAT BK CUSH ADJR	85011099	直流电机功率 10.47 瓦
9	前排座椅坐垫外侧饰板	PANEL-F/SEAT CUSH OTR FIN	94019019	
10	前排座椅调角器调节开关按钮	KNOB-F/SEAT RECL	85365000	电气开关
11	前排座椅坐垫调节开关按钮	KNOB-F/SEAT ADJR TRK	85365000	电气开关
12	前排座椅腰托调节手柄	HANDLE - F/SEAT LUMBAR SUPT ACTR	94019019	
13	前排座椅腰托总成	LUMBAR ASM-F/SEAT	94019019	
14	前座椅靠背骨架总成	FRAME ASM-F/SEAT BK CUSH	94019019	
15	前排座椅头枕导套	BEZEL-F/SEAT H/RST GDE	94019019	
16	前排座椅头枕总成	RESTRAINT ASM-F/SEAT HD	94019019	
17	前排座椅坐垫内侧饰板	PANEL-F/SEAT CUSH INR FIN	94019019	

续表

序号	零部件中文名称	零部件英文名称/描述	商品编码	商品描述
18	螺栓—前排座椅靠背骨架	BOLT/SCREW - F/SEAT BK CUSH FRM	73181510	钢铁制，抗拉强度在 800 兆帕及以上
19	螺母—前排座椅靠背骨架	NUT-F/SEAT BK CUSH FRM	73181600	钢铁制
20	螺钉—前排座椅腰托	BOLT/SCREW-SEAT LUMBAR ASM	73181590	钢铁制，抗拉强度在 800 兆帕以下
21	螺钉—前排座椅坐垫内侧饰板	BOLT/SCREW - F/SEAT CUSH INR FIN PNL	73181590	钢铁制，抗拉强度在 800 兆帕以下
22	螺钉—前排座椅坐垫外侧饰板	BOLT/SCREW - F/SEAT CUSH OTR FIN PNL	73181590	钢铁制，抗拉强度在 800 兆帕以下

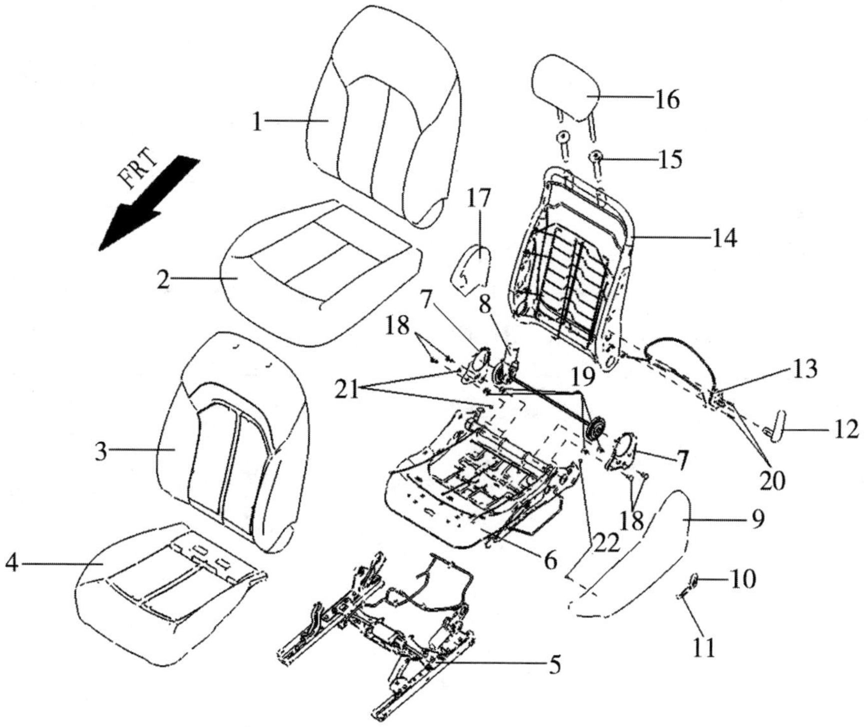

图 2-6-10　前排座椅总成爆炸图

2. 6. 11 后排座椅总成

序号	零部件中文名称	零部件英文名称/描述	商品编码	商品描述
1	后座椅靠背泡沫总成	PAD ASM-R/SEAT BK CUSH	94019019	
2	后座椅靠背面套总成	COVER ASM-R/SEAT BK CUSH	94019019	
3	后排座椅坐垫泡沫总成	PAD ASM-R/SEAT CUSH	94019019	
4	后座椅坐垫面套总成	COVER ASM-R/SEAT CUSH	94019019	
5	后排座椅中间扶手	ARMREST-R/SEAT CTR	94019019	
6	螺母—后座椅靠背	NUT-R/SEAT BK CUSH	73181600	钢铁制
7	后座椅坐垫锁	LOCK-R/SEAT CUSH	94019019	
8	后座椅靠背总成	CUSHION ASM-R/SEAT BK	94019019	
9	后座椅坐垫总成	CUSHION ASM-R/SEAT	94019019	
10	后座椅靠背骨架	FRAME-R/SEAT BK CUSH	94019019	
11	后座椅坐垫骨架	FRAME-R/SEAT CUSH	94019019	
12	衬套—后座椅靠背铰链	BUSHING-R/SEAT BK CUSH HGE	94019019	

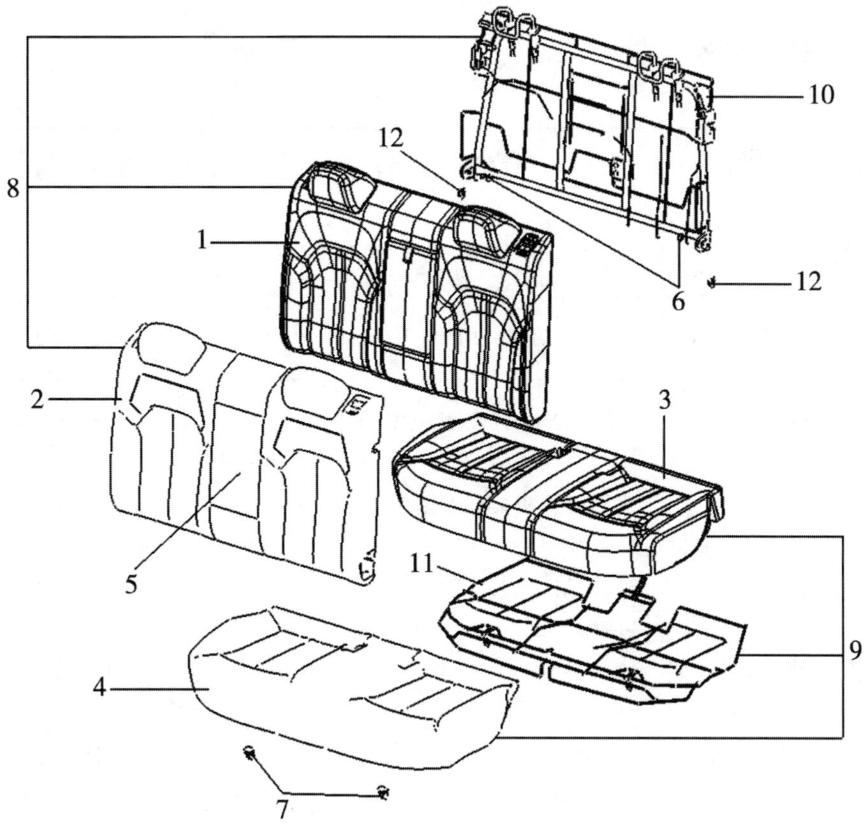

图 2-6-11 后排座椅总成爆炸图

2.6.12 地板地毯

序号	零部件中文名称	零部件英文名称/描述	商品编码	商品描述
1	地板地毯总成	CARPET ASM-FLR PNL	57033000	化纤针刺地毯
2	驾驶员搁脚板支架	BRACKET-DRVR F/RST	87082990	
3	驾驶员搁脚板总成	FOOTREST ASM-DRVR	87082990	
4	地板地毯面料	COVER-FLR PNL	57033000	化纤针刺地毯
5	地板地毯发泡	FOAM-FLR PNL	87082990	
6	螺母—驾驶员搁脚板支架	NUT-DRVR F/RST BRKT	73181600	钢铁制
7	卡扣—地板地毯	CLIP-FLR PNL CPT	39269090	塑料制
8	卡扣—前地板脚垫固定	CLIP-F/FLR PNL MAT SNAP FSTN	39269090	塑料制
9	VIN 码饰盖	COVER-VIN CODE	87082990	

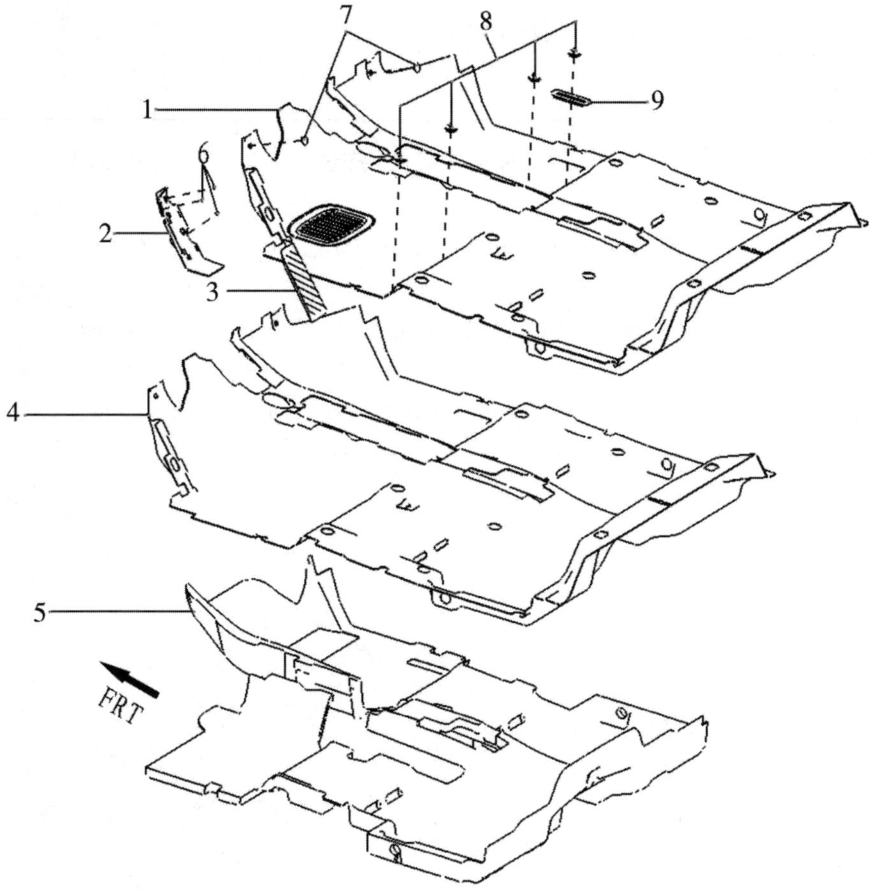

图 2-6-12 地板地毯爆炸图

2.6.13 充气保护系统——传感器

序号	零部件中文名称	零部件英文名称/描述	商品编码	商品描述
1	前碰撞传感器	SENSOR-INFL RST F/END IMP	90318090	
2	座椅侧碰传感器	SENSOR-INFL RST ST SI IMP	90318090	
3	车顶侧气帘总成	AIRBAG ASM-INFL RST RF S/RL MDL	87089500	

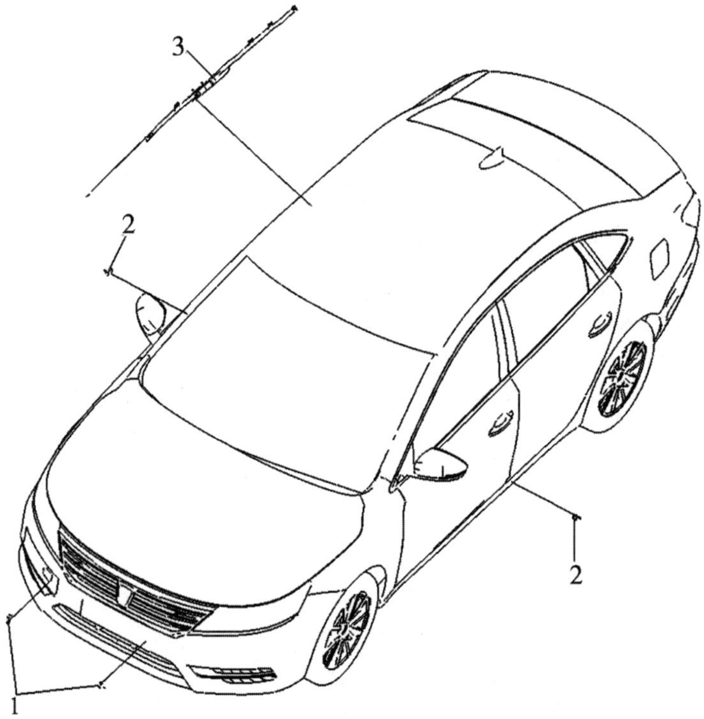

图 2-6-13　充气保护系统——传感器爆炸图

2.6.14 后窗饰件

序号	零部件中文名称	零部件英文名称/描述	商品编码	商品描述
1	后衣帽架总成	PANEL ASM-R/WDO TR FIN	87082990	
2	行李箱侧饰板总成	PANEL ASM-R/CMPT SI TR	87082990	
3	行李箱盖内衬总成	LINER ASM-R/CMPT LID INR	87082990	
4	行李箱地毯总成	CARPET ASM-R/CMPT FLR PNL	57033000	化纤针刺地毯
5	行李箱侧饰板总成	PANEL ASM-R/CMPT SI TR	87082990	
6	行李箱地毯支撑板	SUPPORT-R/CMPT FLR PNL CPT	87082990	
7	卡扣—后衣帽架	CLIP-R/WDO TR FIN PNL	39269090	塑料制
8	卡扣—行李箱侧饰板	CLIP-R/CMPT SI T/PNL	39269090	塑料制
9	卡扣—行李箱盖内衬	CLIP-R/CMPT LID INR LNR	39269090	塑料制
10	螺栓—行李箱盖内把手	BOLT/SCREW-R/CMPT LID I/S HDL	73181400	钢铁制自攻螺钉

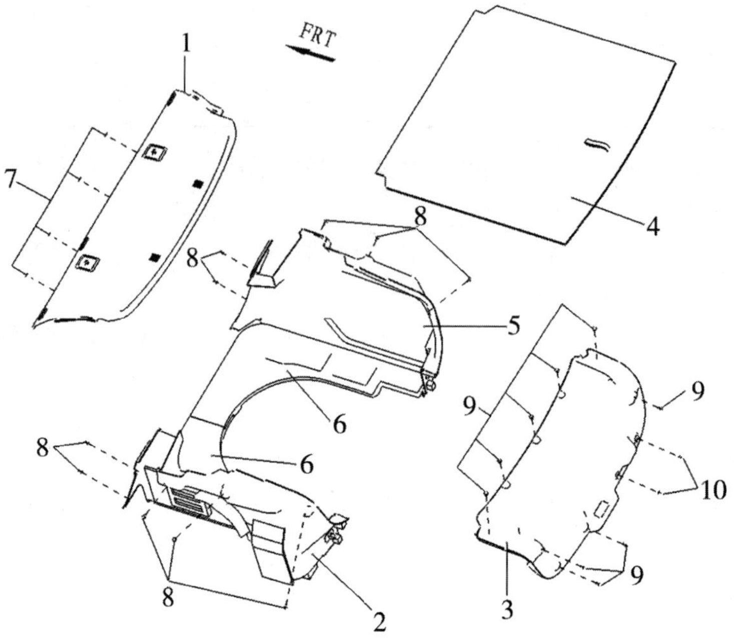

图 2-6-14　后窗饰件爆炸图

2.7 电 器

乘用车上的汽车电气系统主要包括供电系统、外部照明及信号装置、室内照明装置、喇叭、刮水器、洗涤器、各种仪表、视听装置等。由于电子技术及通信技术的进步，防盗系统、导航系统、车用电脑等已在或将在乘用车上出现。

1. 供电系统是指给用电装置产生、分配和传递电能的设备的总称。它主要包括器带调节的交流发动机、蓄电池、电线束、开关及继电器等。其功能是使车辆在各种使用条件下均能可靠地保证向所用装置供电。

2. 为了确保汽车的行驶安全，乘用车上装有多种外部照明及信号装置。外部照明装置主要包括前照灯、前雾灯、倒车灯及牌照灯等；外部信号装置主要包括后雾灯、制动灯、停车灯、示廓灯、位置灯、反射器、转向信号灯。

3. 乘用车仪表信息系统是监视和反馈汽车运行中发动机、制动系统、安全系统等装置的工作状态及相关参数，及时发现可能出现的故障。常用的仪表有车速里程表、燃油表、发动机转速表等，它们通常与各种信号灯一起安装在仪表板上，称为组合仪表。

4. 乘用车上普遍采用声音与灯光（单独或联合发出信号），告诉人们车辆运行情况，提醒行人和其他驾驶员注意，以保障行车安全。按供能方式分为电喇叭和气喇叭；按发声频率分为高音喇叭和低音喇叭。

5. 乘用车挡风玻璃刮水器的功能是清除附着在玻璃上的雾、霜、雨、雪、泥、尘埃及其他污物，使驾驶员的视线清晰，保障行车安全。一般乘用车上还安装有挡风玻璃洗涤器，与刮水器配合工作，能够更有效地清洗掉挡风玻璃上的各类污物，保持玻璃明亮，成为一个完善的挡风玻璃刮洗系统。刮水器按驱动的动力分为气动式和电动式两类。

6. 随着数字音响技术的不断发展和人们对舒适性要求的不断提高，汽车车载视听已成为汽车的必选装备。汽车视听系统是在传统的汽车音响的基础上增加了视频信号源

（AV 功能），即 VCD 影碟机或 DVD 影碟机，同时增加了显示器。

作为娱乐，视听装置主要有天线、音响（收录机、CD 机）、影视装置（电视、放像机、VCD 和数字多媒体设备）等。

2.7.1 蓄电池电缆

序号	零部件中文名称	零部件英文名称/描述	商品编码	商品描述
1	蓄电池护套	COVER ASM-BAT	85079010	
2	蓄电池	BATTERY ASM	85071000	铅酸蓄电池
3	蓄电池固定夹螺钉	BOLT/SCREW-BAT CLIP	73181510	钢铁制，抗拉强度在800兆帕及以上
4	蓄电池固定压块	RETAINER-BAT HOLDN	85079010	
5	蓄电池托盘螺钉	BOLT/SCREW-BAT TRAY	73181510	钢铁制，抗拉强度在800兆帕及以上
6	蓄电池托盘	TRAY-BAT	85079010	钢铁制
7	车身控制模块支架螺钉	BOLT/SCREW-BCM BRKT	73181510	钢铁制，抗拉强度在800兆帕及以上
8	车身控制模块支架	BRACKET-BCM	87082990	
9	发动机舱保险丝盒上盖	COVER-F/CMPT FUSE BLK UPR	85389000	
10	发动机舱保险丝盒螺母	NUT-F/CMPT FUSE BLK	73181600	钢铁制
11	发动机舱保险丝盒螺钉	BOLT/SCREW-F/CMPT FUSE BLK	73181510	钢铁制，抗拉强度在800兆帕及以上
12	发动机舱保险丝盒本体	BLOCK ASM-F/CMPT FUSE	85371090	保险丝盒本体内除了熔断器，还有继电器、导电片、塑料座
13	发动机舱保险丝盒下盖	COVER-F/CMPT FUSE BLK LWR	85389000	
14	蓄电池正极电缆	CABLE ASM-BAT POS	85444211	有接头，电压小于80伏
15	蓄电池正极电缆螺母	NUT-BAT POS CBL	73181600	钢铁制

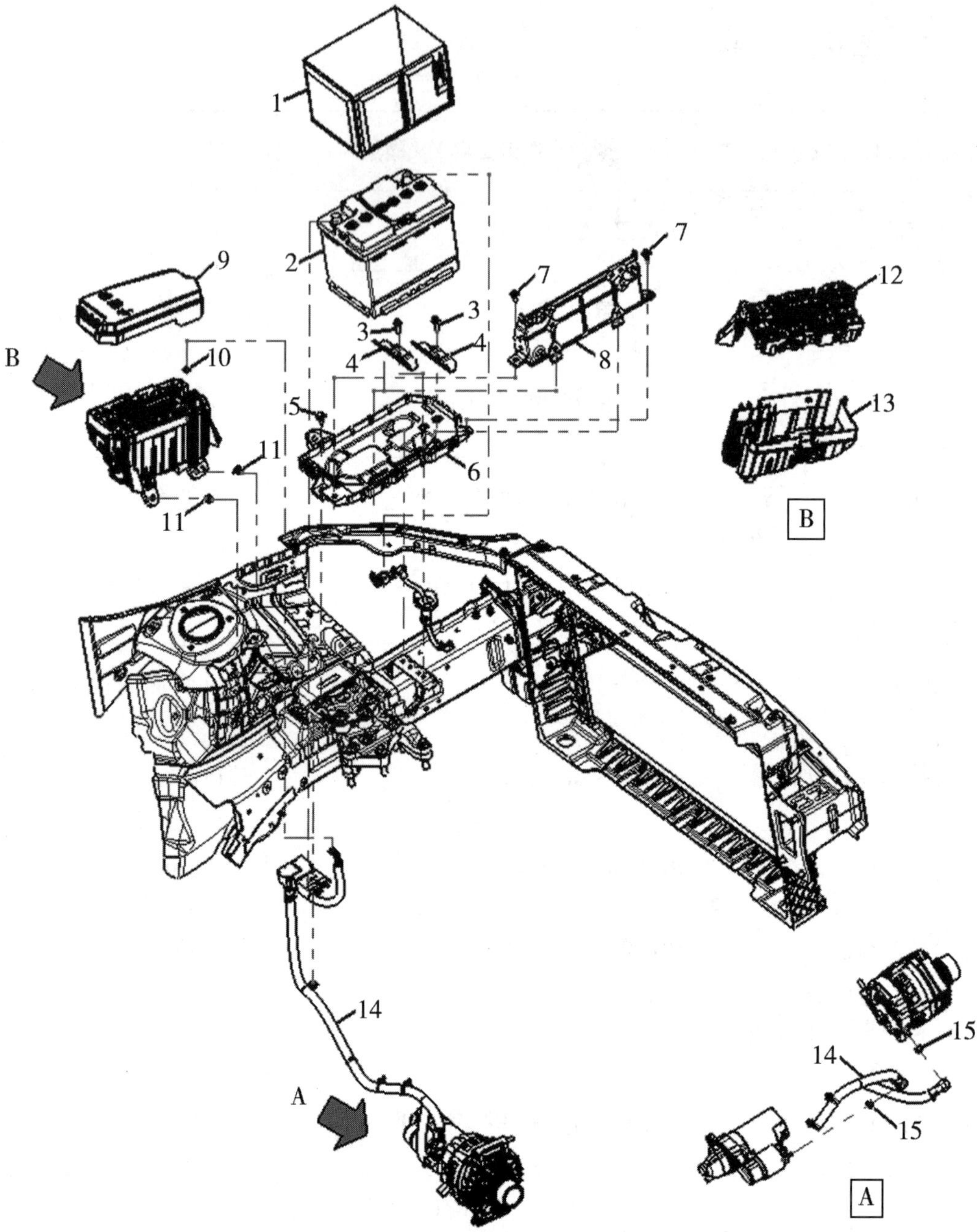

图 2-7-1　蓄电池电缆爆炸图

2.7.2 线束

序号	零部件中文名称	零部件英文名称/描述	商品编码	商品描述
1	发动机舱线束	HARNESS-F/CMPT WRG	85443020	
2	仪表板线束	HARNESS-I/P WRG	85443020	
3	副驾驶侧门线束	HARNESS-PASS S/D DR WRG	85443020	
4	后门线束	HARNESS-RR S/D DR WRG	85443020	
5	车身线束	HARNESS-BODY WRG	85443020	
6	后门线束	HARNESS-RR S/D DR WRG	85443020	
7	门线束接头	CONNECTOR-S/D DR WRG	85369090	连接器
8	驾驶侧门线束	HARNESS-DRVR S/D DR WRG	85443020	

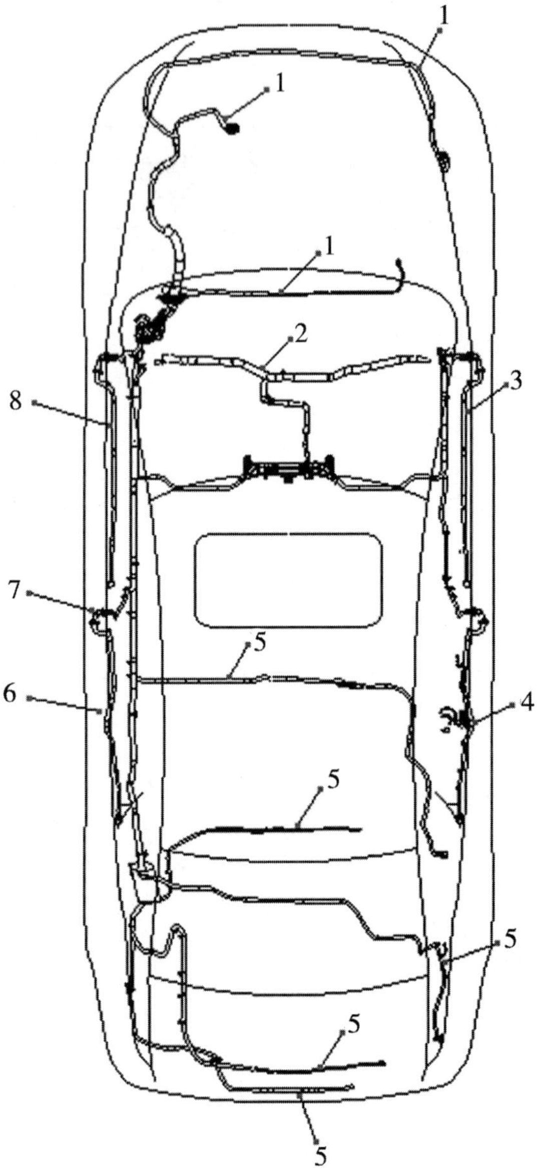

图 2-7-2　线束爆炸图

2.7.3 前照灯

序号	零部件中文名称	零部件英文名称/描述	商品编码	商品描述
1	前大灯安装螺栓	BOLT/SCREW-HDLP	73181510	钢铁制，抗拉强度在 800 兆帕及以上
2	前大灯前安装支架螺母	NUT-HDLP FRT BRKT	73181600	钢铁制
3	前大灯安装支架	BRACKET ASM-HDLP	87082990	安装于车身纵梁上，内外饰的零件
4	前大灯安装螺栓	BOLT/SCREW-HDLP	73181510	钢铁制，抗拉强度在 800 兆帕及以上
5	前大灯安装螺栓	BOLT/SCREW-HDLP	73181510	钢铁制，抗拉强度在 800 兆帕及以上
6	前照灯总成	HEADLAMP ASM	85122010	
7	车身线束接插件	CONNECTOR-BODY WRG HARN	85369090	连接器
8	前大灯上安装支架	BRACKET ASM-HDLP UPP	87082990	安装于车身纵梁上，内外饰的零件

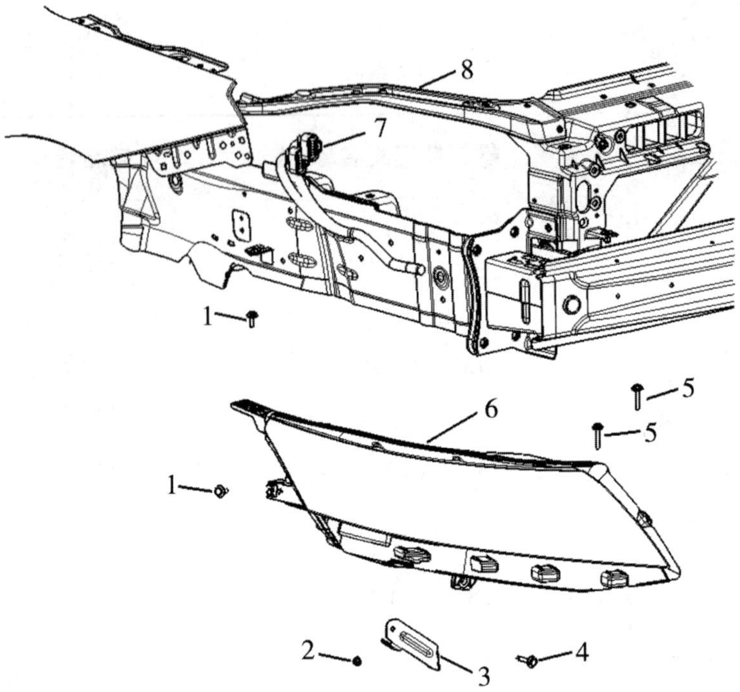

图 2-7-3　前照灯爆炸图

2.7.4 后车灯（一）

序号	零部件中文名称	零部件英文名称/描述	商品编码	商品描述
1	后牌照饰板	PLATE ASM-RR LIC PLT	87082990	
2	后牌照灯	LAMP ASM-RR LIC PLT	85122010	灯具
3	尾灯总成（行李箱盖侧）	LAMP ASM-TAIL（LID SI）	85122090	非照明用
4	尾灯总成（侧围侧）	LAMP ASM-TAIL（BODY SI）	85122090	非照明用
5	后组合灯线束	HARNESS ASM-RR CSTR LP	85443020	
6	尾灯安装螺母	NUT-T/LP	73181600	钢铁制
7	后牌照饰板安装螺母	NUT-RR LIC PLT	73181600	钢铁制
8	高位制动灯	LAMP ASM-HIGH MT STOP	85122090	非照明用
9	高位制动灯螺钉	BOLT/SCREW-HIGH MT S/LP CVR	73181590	钢铁制，抗拉强度在800兆帕以下
10	车身线束（高位制动灯）	HARNESS ASM-BODY WRG（HMSL）	85443020	
11	行李箱灯	LAMP ASM-R/CMPT CTSY	85122010	灯具
12	车身线束（尾门）	HARNESS ASM-BODY WRG（L/GATE）	85443020	

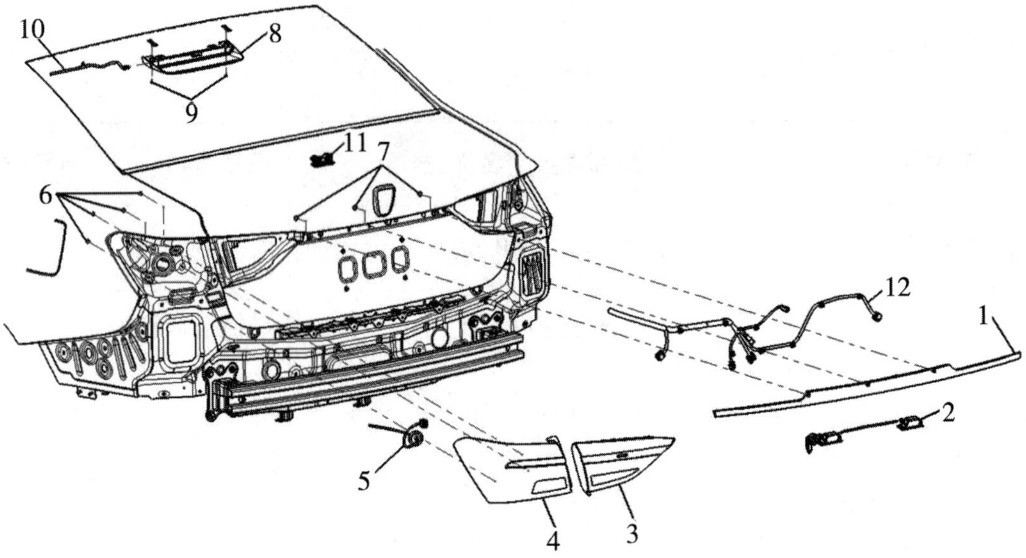

图 2-7-4　后车灯（一）爆炸图

2.7.5 后车灯（二）

序号	零部件中文名称	零部件英文名称/描述	商品编码	商品描述
1	尾灯灯泡	BULB-T/LP	85392130	卤素灯
2	后转向灯灯泡	BULB-RR T/SIG LP	85392130	卤素灯
3	尾灯安装螺母	NUT-T/LP	73181600	钢铁制
4	高位制动灯	LAMP ASM-HIGH MT STOP	85122090	非照明用

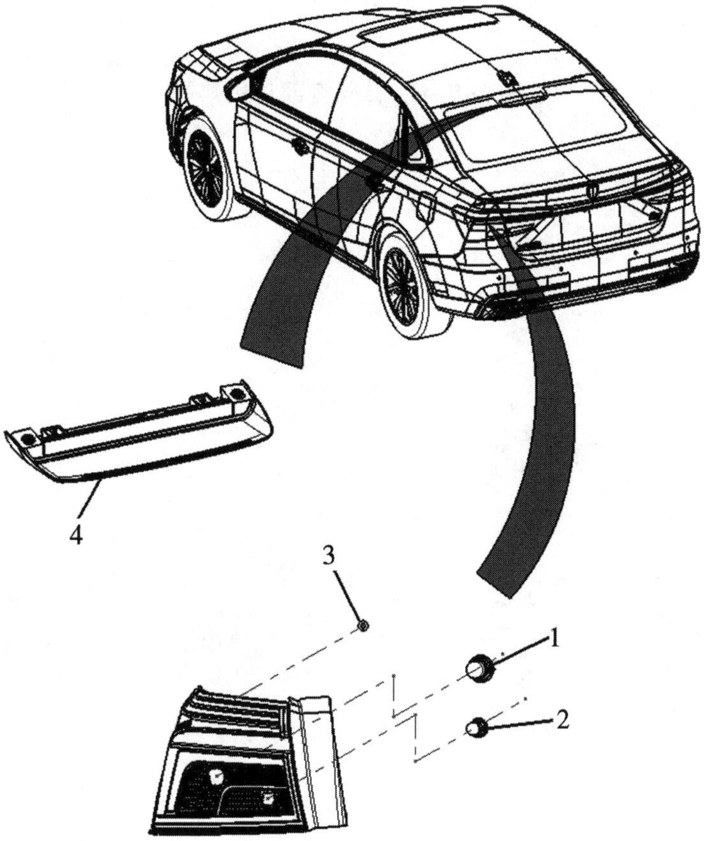

图 2-7-5 后车灯（二）爆炸图

2.7.6 转向灯部件

序号	零部件中文名称	零部件英文名称/描述	商品编码	商品描述
1	转向灯总成	LAMP ASM-COR	85122090	非照明用

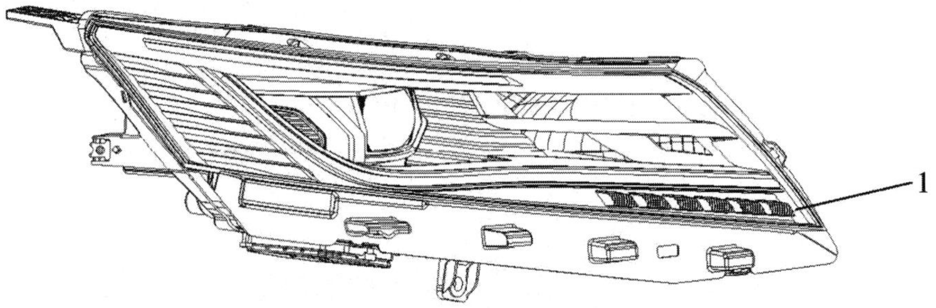

图 2-7-6 转向灯部件爆炸图

2.7.7 倒后警告传感器系统

序号	零部件中文名称	零部件英文名称/描述	商品编码	商品描述
1	泊车辅助传感器	SENSOR-PARK DIST CONT	85129000	倒车雷达感应探头
2	车身线束	HARNESS ASM-BODY WRG	85443020	
3	泊车辅助控制单元	MODULE-PARK DIST CONT	85371090	
4	中控台中控开关总成	SWITCH ASM-F/FLR CNSL	85371090	
5	通讯模块天线螺钉	BOLT/SCREW-TELEMATICS MDL ANT	73181510	钢铁制，抗拉强度在 800 兆帕及以上
6	通讯模块天线	ANTENNA-TELEMATICS MDL	85291090	

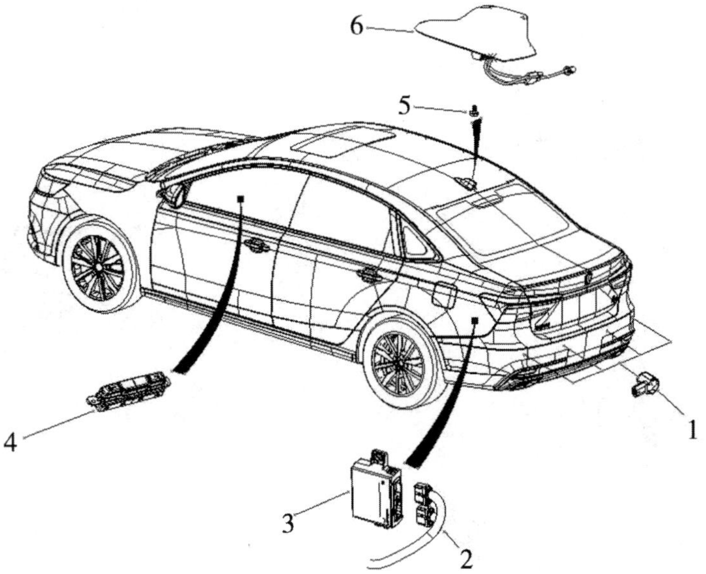

图 2-7-7 倒后警告传感器系统爆炸图

2.7.8　加速控制模块

序号	零部件中文名称	零部件英文名称/描述	商品编码	商品描述
1	油门踏板总成	ACCEL PEDAL ASM	87089999	
2	制动踏板支架螺钉	BOLT/SCREW-BRK PED BRKT	73181510	钢铁制，抗拉强度在 800 兆帕及以上
3	制动踏板总成	BRAKE PEDAL ASM	87083099	
4	制动踏板安装螺母	NUT-BRK PED	73181600	钢铁制
5	前围板踏板安装支架	BRACKET-DA PNL PED	87089999	
6	发动机舱线束	HARNESS ASM-F/CMPT WRG	85443020	
7	发动机线束	HARNESS ASM-ENG WRG	85443020	
8	进气歧管总成	MANIFOLD ASM-INT	84099199	进气歧管总成

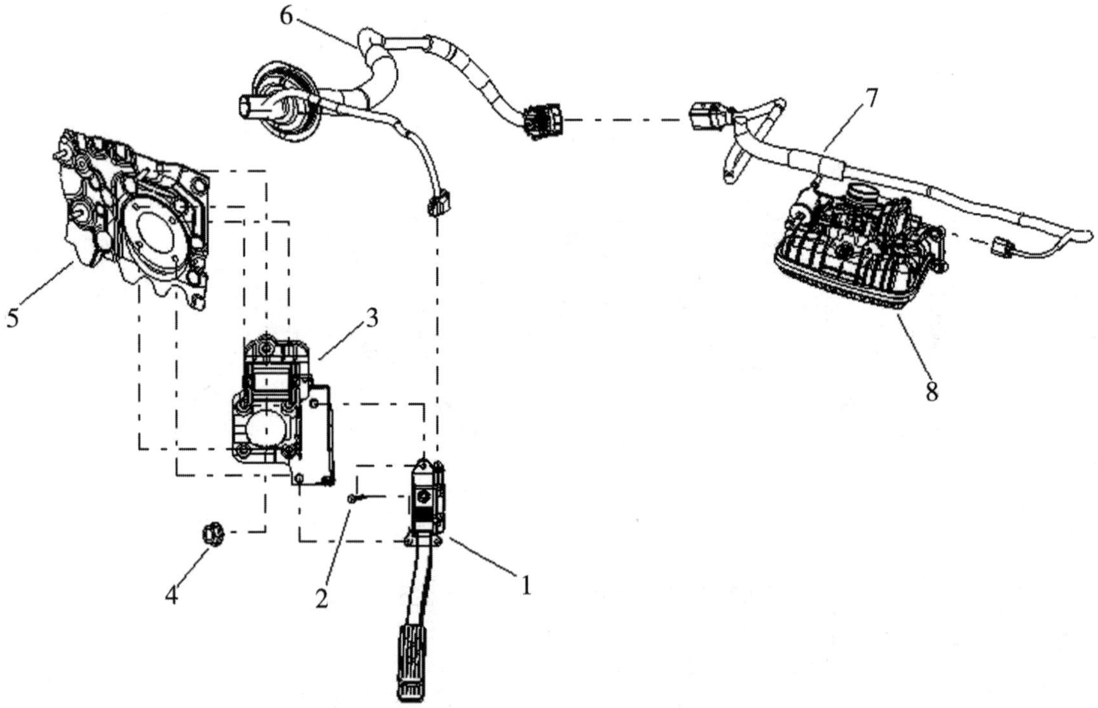

图 2-7-8　加速控制模块爆炸图

2.7.9 电子制动控制模块

序号	零部件中文名称	零部件英文名称/描述	商品编码	商品描述
1	后轮速传感器卡扣	CLIP-RR WHL SPD SEN	39269090	塑料制
2	后轮速传感器线束	HARNESS-RR WHL SPD SEN	85443020	
3	后轮速传感器	SENSOR-RR WHL SPD	85437099	把车辆转速转换成电信号输出
4	制动调节器单元线束接插件	CONNECTOR-BRK MOD HARN	85369090	连接器
5	制动调节器单元总成	MODULATOR ASM-BRK	87083099	
6	制动调节器单元上支架	BRACKET-BRK MOD UPR	87082990	车身零件
7	制动调节器单元下支架	BRACKET-BRK MOD LWR	87082990	车身零件
8	螺栓—调节器单元	BOLT/SCREW-BRK MOD	73181590	钢铁制，抗拉强度在 800 兆帕以下
9	制动调节器控制模块支架螺钉	BOLT/SCREW - ELEK BRK CONT MDL BRKT	73181590	钢铁制，抗拉强度在 800 兆帕以下

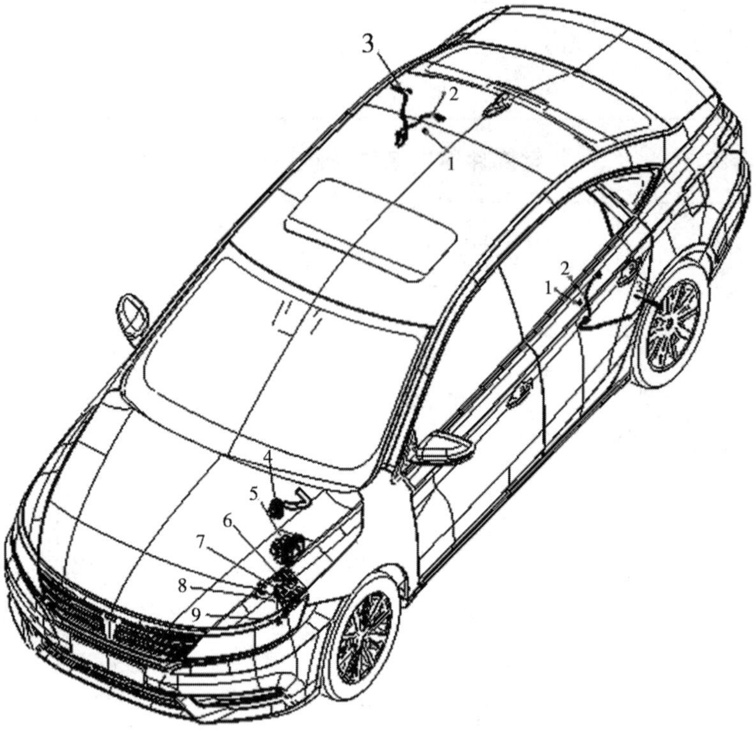

图 2-7-9　电子制动控制模块爆炸图

2.7.10 后窗天线

序号	零部件中文名称	零部件英文名称/描述	商品编码	商品描述
1	天线放大器	AMPLIFIER ASM-RDO ANT	85299060	收音机天线信号放大器
2	螺钉—天线放大器	BOLT/SCREW-RDO ANT AMPF	73181510	钢铁制，抗拉强度在800兆帕及以上
3	收音机天线线圈	COIL-RDO ANT	85291020	
4	收音机天线线圈螺栓	BOLT/SCREW-RDO ANT COIL	73181510	钢铁制，抗拉强度在800兆帕及以上
5	仪表板线束	HARNESS-I/P WRG	85443020	
6	收音机天线线圈螺栓	BOLT/SCREW-RDO ANT COIL	73181510	钢铁制，抗拉强度在800兆帕及以上
7	收音机天线线圈	COIL-RDO ANT	85291020	
8	车身线束	HARNESS-BODY WRG	85443020	

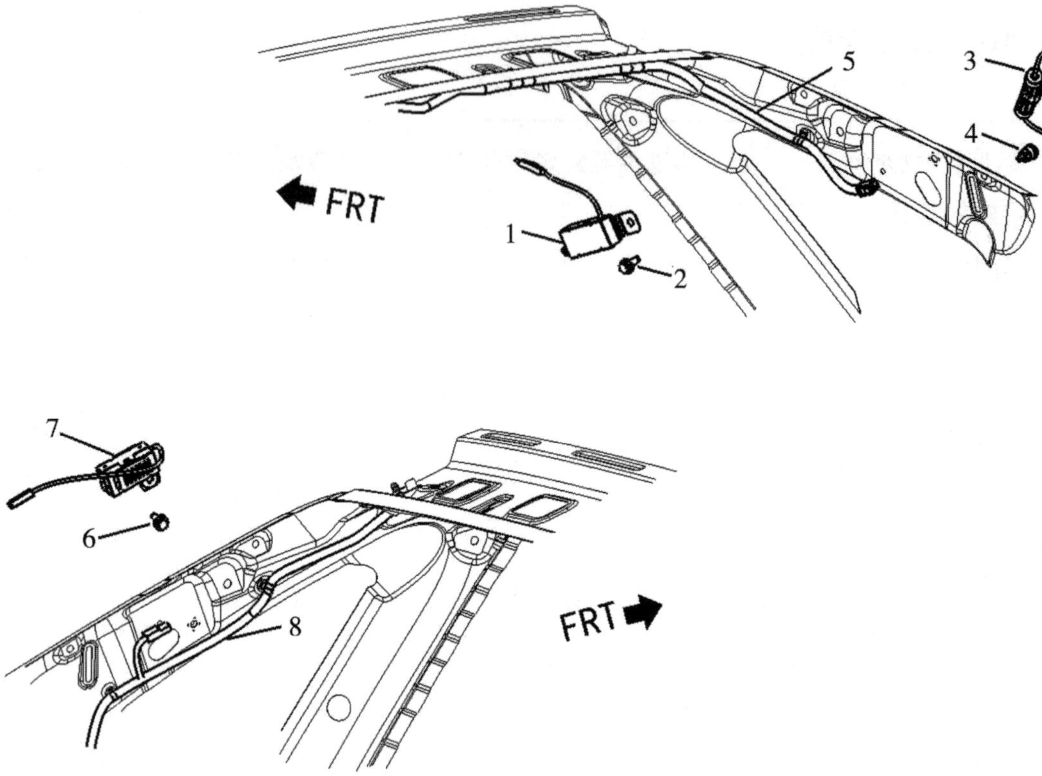

图 2-7-10　后窗天线爆炸图

2.7.11 发动机模块（一）

序号	零部件中文名称	零部件英文名称/描述	商品编码	商品描述
1	转向管柱组合开关总成	SWITCH ASM-STRG COL	85371090	

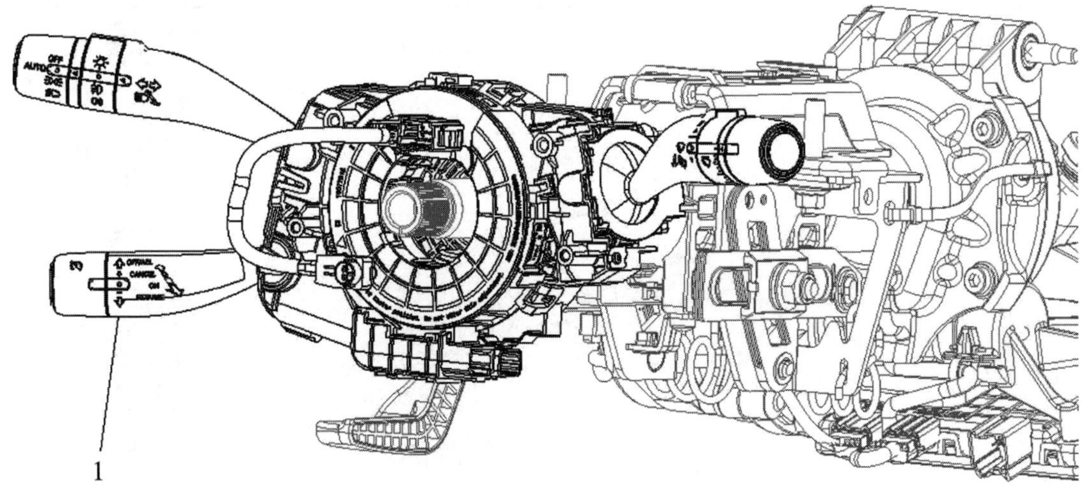

图 2-7-11 发动机模块（一）爆炸图

2.7.12　发动机模块（二）

序号	零部件中文名称	零部件英文名称/描述	商品编码	商品描述
1	发动机控制模块总成	MODULE ASM-ENG CONT	90328990	自动控制
2	发动机控制模块螺钉	BOLT/SCREW-ECM	73181510	钢铁制，抗拉强度在800 兆帕及以上

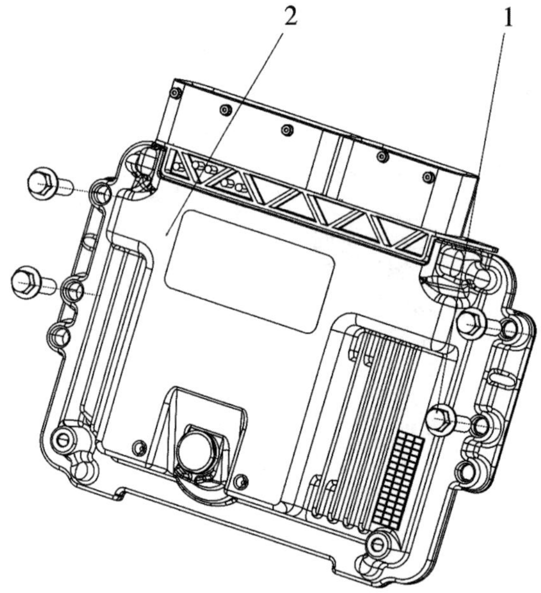

图 2-7-12　发动机模块（二）爆炸图

2.7.13 车身安装模块

序号	零部件中文名称	零部件英文名称/描述	商品编码	商品描述
1	前悬架副车架总成	FRAME ASM-DRIVETRAIN & FRT SUSP	87088010	
2	螺钉—前副车架到白车身	BOLT/SCREW - DRIVETRAIN & FRT SUSP FRM	73181510	钢铁制，抗拉强度在 800 兆帕及以上

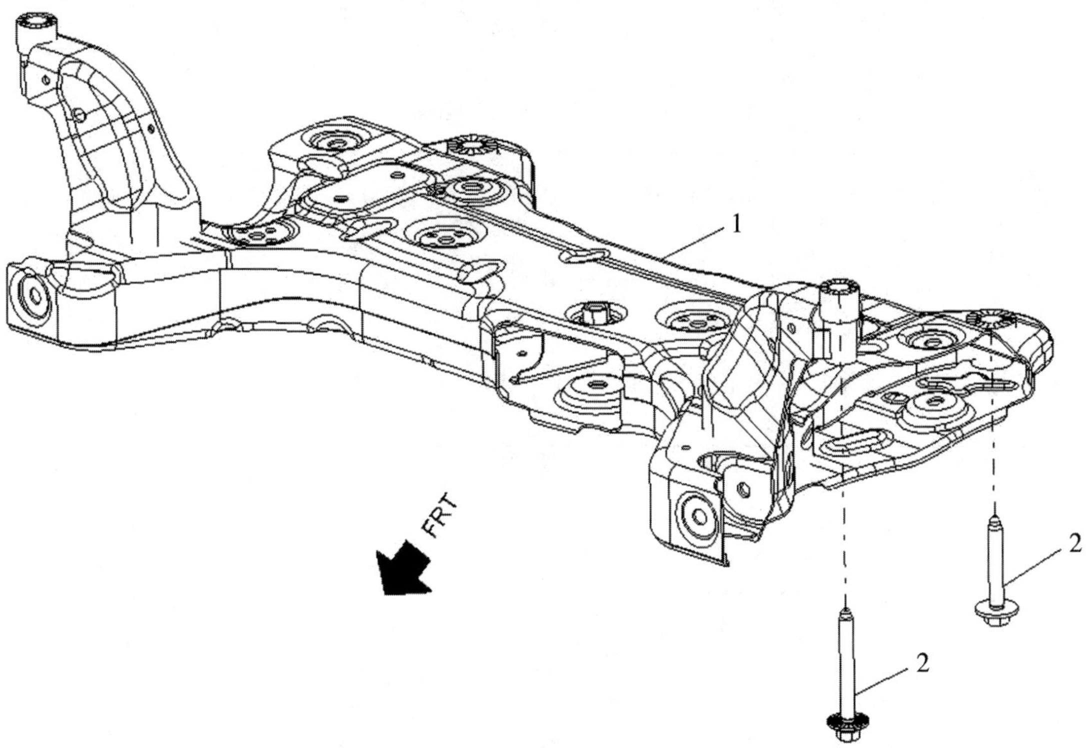

图 2-7-13 车身安装模块爆炸图

2.7.14　音频系统（一）

序号	零部件中文名称	零部件英文名称/描述	商品编码	商品描述
1	仪表板线束	HARNESS-I/P WRG	85443020	
2	收音机	RADIO ASM-AM/FM STEREO	85272100	低配不带显示屏
3	收音机安装螺钉	BOLT/SCREW-RDO	73181590	钢铁制，抗拉强度在 800 兆帕以下
4	面板开关调节旋钮	KNOB-FACEPLATE SW TUNING	85299060	
5	后门线束	HARNESS-RR S/D DR WRG	85443020	
6	收音机后门扬声器螺母	NUT-RDO RR S/D SPKR	39269090	塑料制
7	收音机后门扬声器	SPEAKER-RDO RR S/D	85182900	
8	收音机后门扬声器螺钉	BOLT/SCREW-RDO RR S/D SPKR	73181590	钢铁制，抗拉强度在 800 兆帕以下

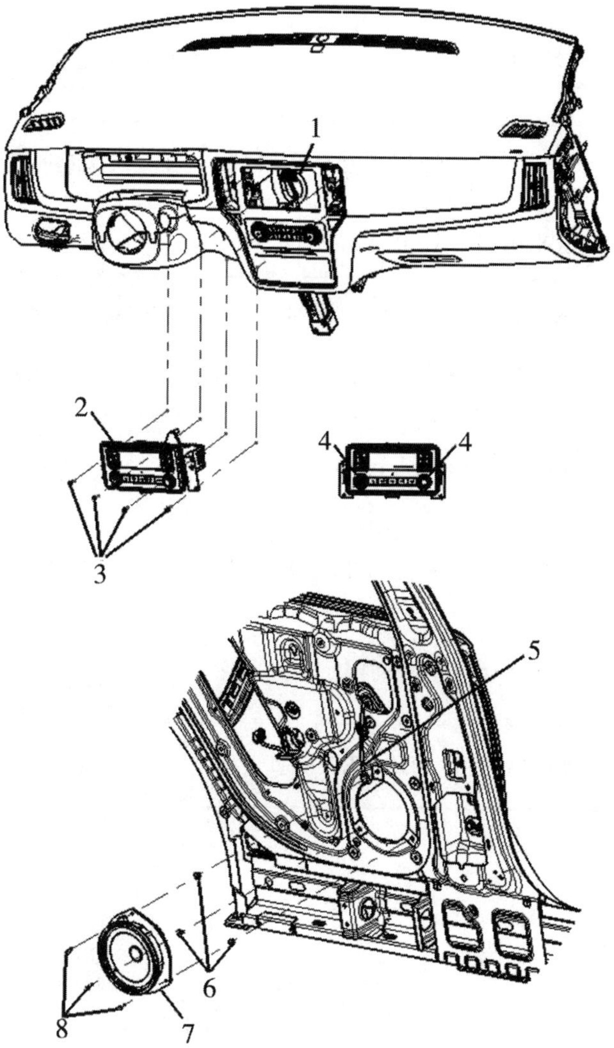

图 2-7-14 音频系统（一）爆炸图

2.7.15 音频系统（二）

序号	零部件中文名称	零部件英文名称/描述	商品编码	商品描述
1	电源与音量调节旋钮	KNOB-POWER AND VOL SW TUNING	85299060	
2	频率调节旋钮	KNOB-RADIO FREQUENCY SW TUNING	85299060	
3	附加功能按钮	BUTTON-ADDITIONAL FUNCTION	85299060	
4	收音机螺钉	BOLT/SCREW-RDO	73181590	钢铁制，抗拉强度在 800 兆帕以下
5	收音机前门扬声器螺母	NUT-RDO FRT S/D SPKR	39269090	塑料制
6	收音机前门扬声器螺钉	BOLT/SCREW-RDO FRT S/D SPKR	73181590	钢铁制，抗拉强度在 800 兆帕以下
7	收音机前门扬声器	SPEAKER-RDO FRT S/D	85182900	

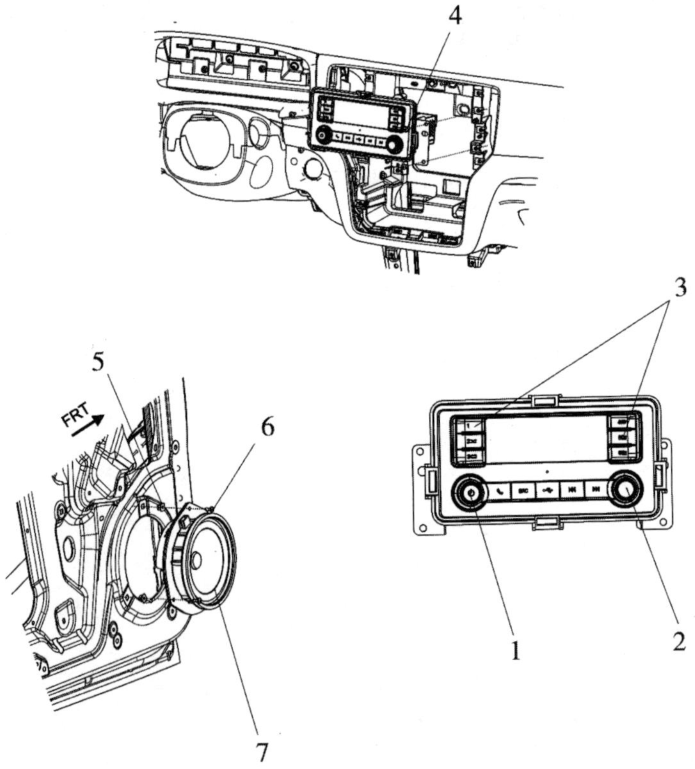

图 2-7-15 音频系统（二）爆炸图

2.7.16 音频系统（三）

序号	零部件中文名称	零部件英文名称/描述	商品编码	商品描述
1	面板开关	SWITCH-FACEPLATE	85371090	
2	面板开关音量调节旋钮帽	CAP - FACEPLATE SW VOL TUNING KNOB	85389000	
3	收音机面板螺钉	BOLT/SCREW-RDO CONT	73181590	钢铁制，抗拉强度在 800 兆帕以下
4	收音机安装螺钉	BOLT/SCREW-RDO	73181590	钢铁制，抗拉强度在 800 兆帕以下
5	彩屏收音机模块	MODULE-AM/FM STEREO COLOR END	85285910	

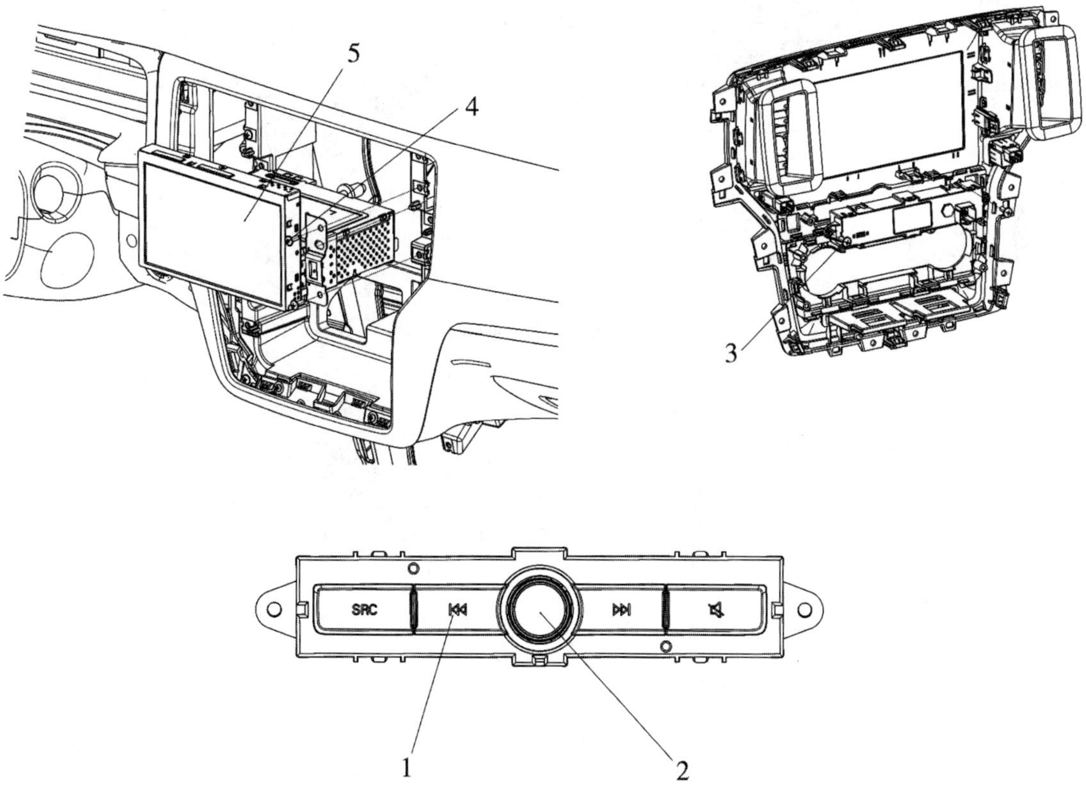

图 2-7-16 音频系统（三）爆炸图

2.7.17 音频系统——扬声器

序号	零部件中文名称	零部件英文名称/描述	商品编码	商品描述
1	收音机前门扬声器总成	SPEAKER ASM-RDO FRT S/D	85182900	
2	收音机前门扬声器螺钉	BOLT/SCREW-RDO FRT S/D SPKR	73181590	钢铁制，抗拉强度在 800 兆帕以下

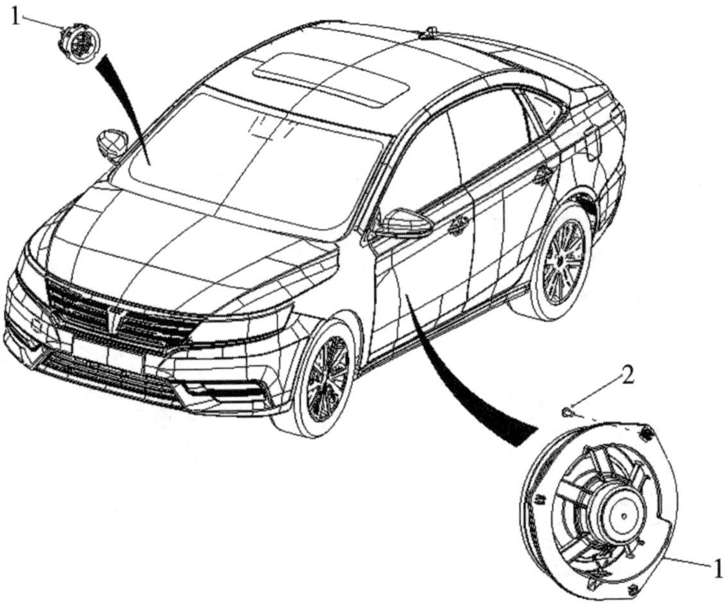

图 2-7-17 音频系统——扬声器爆炸图

2.7.18 车内灯

序号	零部件中文名称	零部件英文名称/描述	商品编码	商品描述
1	前阅读灯	LAMP ASM-RDG FRT	85122010	
2	天窗开关面板	PANEL-SUN RF SW	87082990	
3	天窗开关	SWITCH ASM-SUN RF	85365000	
4	顶控制台	CONSOLE ASM-RF	87082990	
5	顶饰板隔音垫	INSULATOR-HDLNG T/PNL	87082990	
6	后阅读灯	LAMP ASM-RDG RR	85122010	卤素灯
7	遮阳板化妆镜灯	LAMP-S/S ILLUM MIR	85122010	卤素灯
8	顶饰板卡扣	CLIP-HDLNG T/PNL	73269019	钢铁制

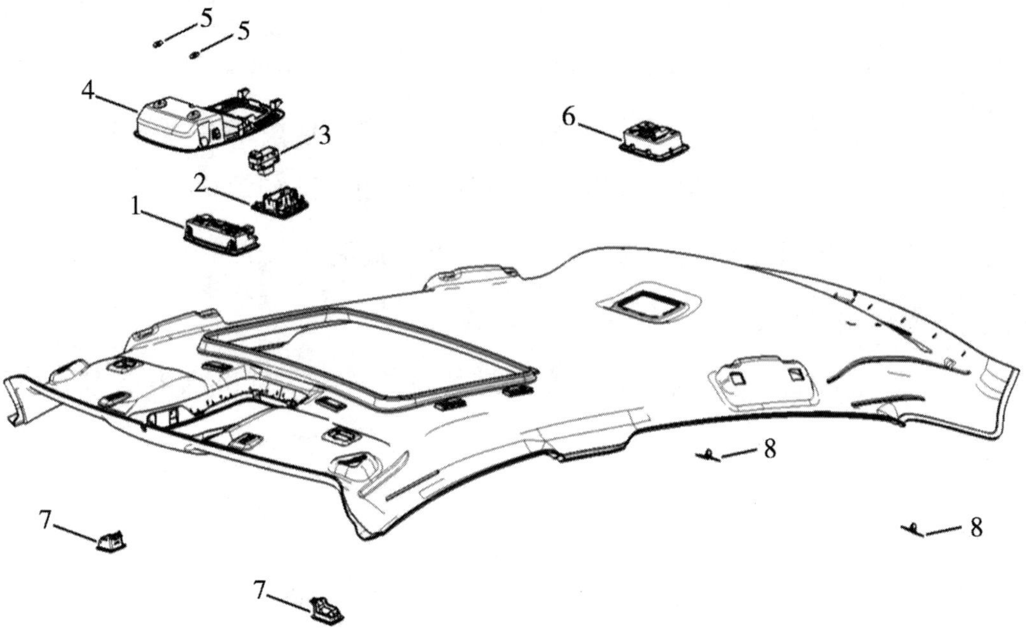

图 2-7-18 车内灯爆炸图

2.8 空　调

汽车空调是通过人为的方式在车内创造一个对人体适宜的气候环境，对车内空气的温度、湿度、流动速度、清洁度进行人工调节。

空气调节系统主要由通风系统、暖气系统、制冷系统、空气净化系统等组成。

1. 通风系统的作用是在汽车行驶时保证室内通风，对汽车室内不断充入新鲜空气，驱排混有尘埃、二氧化碳的有害气体。

2. 暖气系统的作用是对汽车室内的空气或由外部进入汽车室内的空气进行加热，达到取暖、除湿的目的。暖气系统根据热源可分为非独立式和独立式两种形式。非独立式的热源是发动机工作时，冷却液的热量（水暖）或发动机排气系统的热量（气暖）。独立式的热源是燃料在燃烧器中燃烧所产生的热量。

3. 制冷系统的作用是在车外环境温度较高时降低车内温度，使乘客感到凉爽、舒适。

制冷系统是利用沸点很低的制冷介质，在气化过程中要吸收周围空气中的热量这一原理，将客舱内空气中水的热量转移给制冷剂，最终带至车外大气中，从而达到降低客舱内空气温度（降温功能）和排除空气水汽含量（除湿功能）的目的。制冷装置，就是一种为车内提供冷气的装置。主要由制冷及电气控制两大部分组成。其中制冷部分主要由压缩机、冷凝器、贮液干燥阀、膨胀阀、蒸发器、输液（气）软管，以及风机（冷凝器风扇、蒸发器风扇）组成。

4. 空气净化系统的作用是对引入的空气进行过滤，不断排出汽车室内的污浊气体，保持车内空气清洁。

2.8.1 空调压缩机总成

序号	零部件中文名称	零部件英文名称/描述	商品编码	商品描述
1	空调压缩机总成	COMPRESSOR ASM-A/C	84143090	非电机驱动

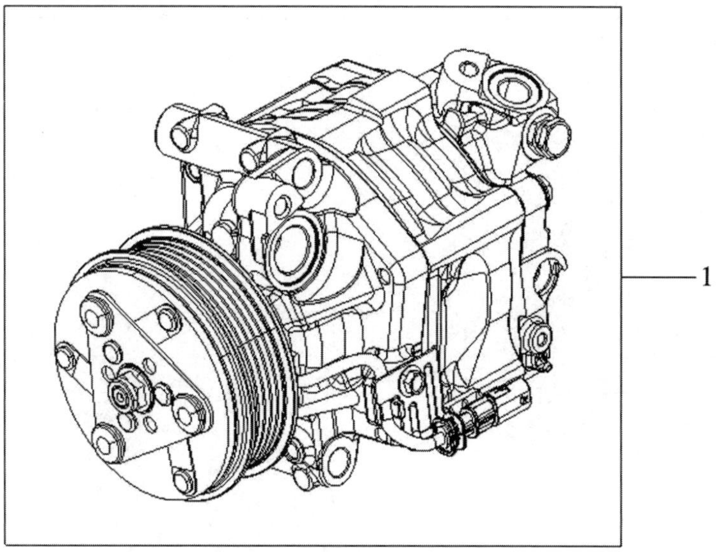

图 2-8-1 空调压缩机总成

2.8.2 空调压缩机

序号	零部件中文名称	零部件英文名称/描述	商品编码	商品描述
1	空调压缩机安装螺栓	BOLT/SCREW-A/C CMPR	73181510	钢铁制，抗拉强度在800兆帕及以上
2	空调压缩机	COMPRESSOR ASM-A/C	84143090	非电机驱动

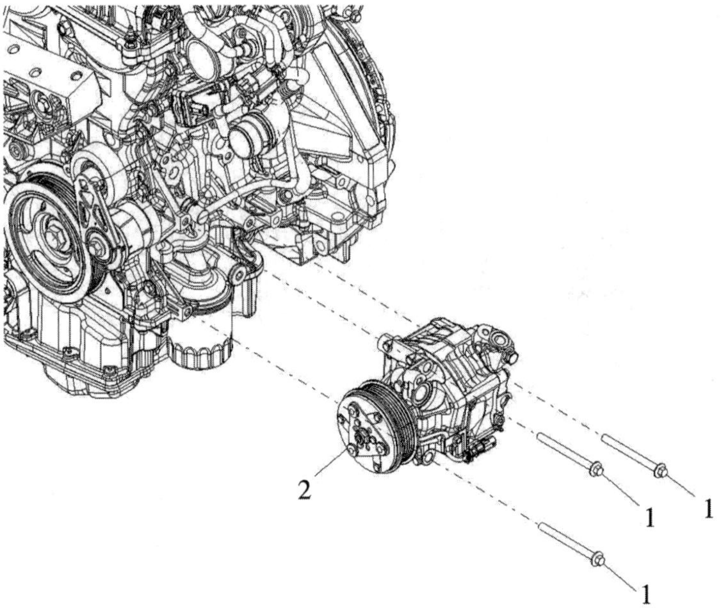

图 2-8-2 空调压缩机爆炸图

2.8.3 空调制冷系统

序号	零部件中文名称	零部件英文名称/描述	商品编码	商品描述
1	空调箱总成	MODULE ASM-HTR & A/C EVPR & BLO	84159090	
2	空调蒸发器管路螺柱	STUD-A/C EVPR HS/PP	73181510	钢铁制，抗拉强度在800兆帕及以上
3	管路总成—空调蒸发器到压缩机	HOSE/PIPE ASM-A/C EVPR TO CMPR	84159090	
4	空调压缩机	COMPRESSOR ASM-A/C	84143090	非电机驱动
5	管路总成—空调压缩机到冷凝器	HOSE/PIPE ASM-A/C CMPR TO CNDSR	84159090	
6	空调蒸发器管路螺柱	STUD-A/C EVPR HS/PP	73181510	钢铁制，抗拉强度在800兆帕及以上
7	冷凝器总成	CONDENSER ASM-A/C	84159090	
8	空调冷凝器到蒸发器管路螺母	NUT-A/C CNDSR TO EVPR HS/PP	73181600	钢铁制

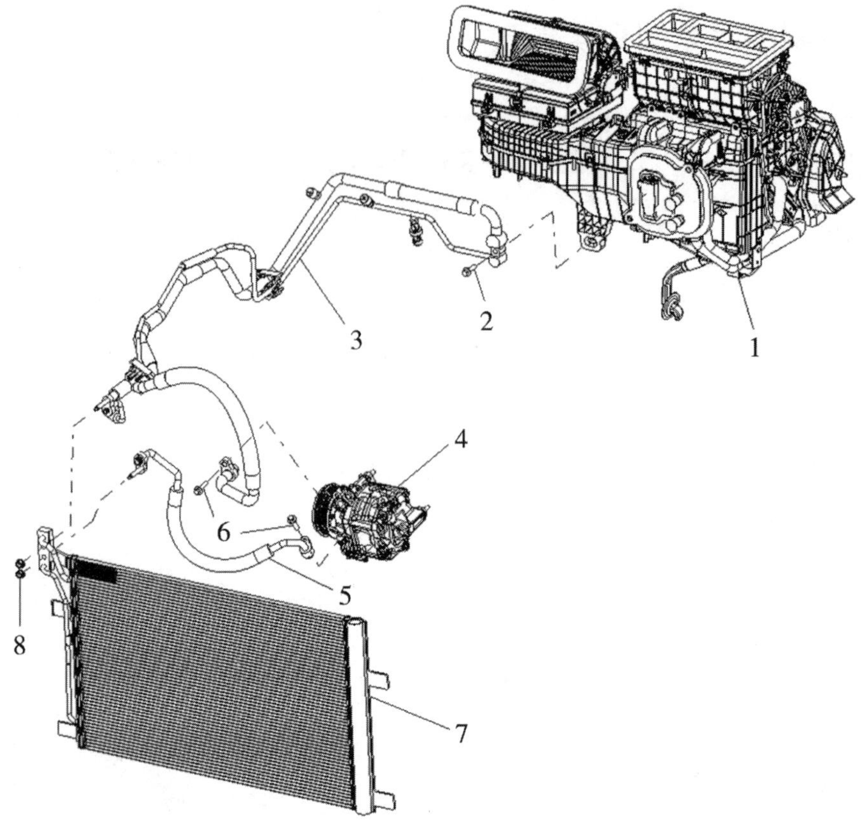

图 2-8-3　空调制冷系统爆炸图

2.8.4 空调空气分配系统

序号	零部件中文名称	零部件英文名称/描述	商品编码	商品描述
1	前除霜风道	DUCT-W/S DEFR OTLT	84159090	
2	驾驶侧除霜风管	DUCT-DRVR SD DEFR OTLT	84159090	
3	乘客侧除霜风管	DUCT-PASS SD DEFR OTLT	84159090	
4	仪表板风道	DUCT-I/P AIR OTLT	84159090	
5	空调箱安装螺母	NUT-HTR & A/C EVPR & BLO MDL	73181600	钢铁制
6	空调箱总成	MODULE ASM-HTR & A/C EVPR & BLO	84159090	
7	空调箱安装螺栓	BOLT/SCREW-HTR & A/C EVPR & BLO MDL	73181510	钢铁制，抗拉强度在 800 兆帕及以上
8	地板后出风道	DUCT-FLR RR AIR OTLT	84159090	
9	后加热通风管到白车身螺母	NUT-AUX HTR AIR OTLT DUCT	73181600	钢铁制
10	副仪表板后风道	DUCT -F/FLR CNSL RR AIR	84159090	

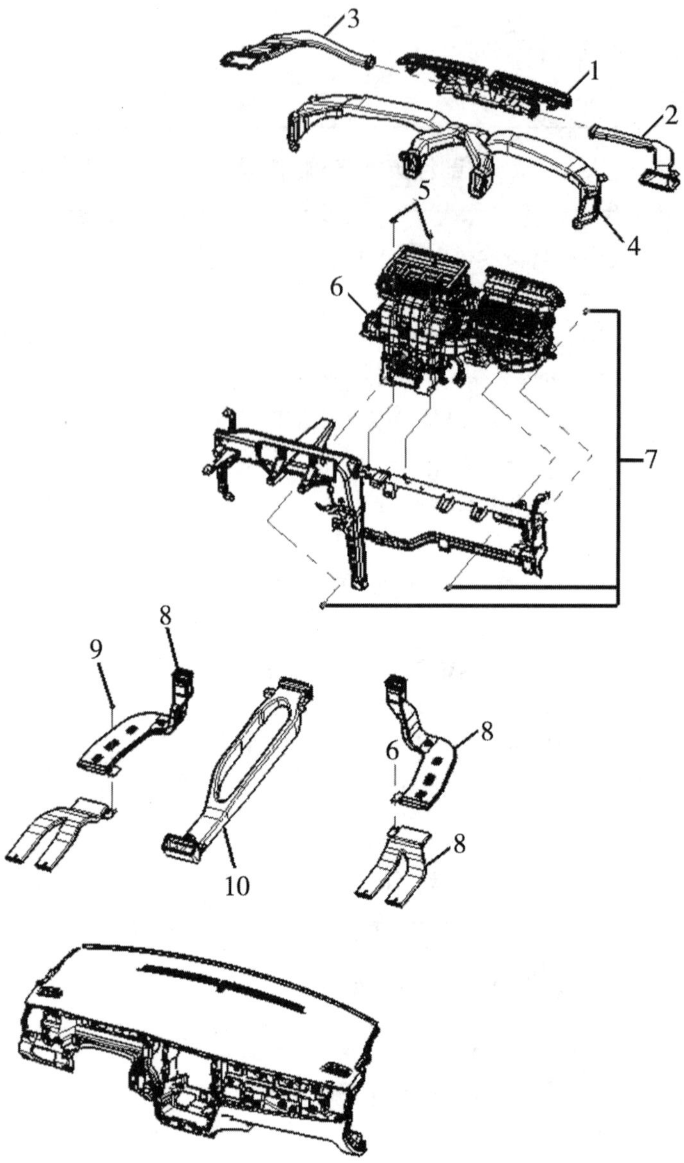

图 2-8-4　空调空气分配系统爆炸图

2.8.5　空调和加热器模块总成

序号	零部件中文名称	零部件英文名称/描述	商品编码	商品描述
1	进风密封海绵	SEAL-AIR OUTLET	40161090	橡胶海绵制
2	右进风口	RIGHT AIR INLET	84159090	
3	左进风口	LEFT AIR INLET	84159090	
4	进风循环风门	VALVE-OSA & RECIRC	84159090	
5	空气滤清器	PASS COMPT AIR FLTR	84213990	
6	壳体螺钉	BOLT/SCREW-CASE	73181510	钢铁制，抗拉强度在 800 兆帕及以上
7	鼓风机上壳	CASE-BLO UPR	84149090	
8	鼓风机下壳	CASE-BLO LWR	84149090	
9	蒸发器温度传感器	SENSOR-A/C EVPR THERM	90251910	
10	嵌件	THREADED INSERT	84159090	钢铁制
11	鼓风机叶轮	IMPELLOR-BLO	84149090	
12	鼓风机螺钉	BOLT/SCREW-BLO	73181510	钢铁制，抗拉强度在 800 兆帕及以上
13	鼓风机垫圈	WASHER-BLO	73182200	钢铁制
14	鼓风机电机	MOTOR-BLO	85013100	直流 300 瓦
15	鼓风机法兰盘	FLANGE-BLO	39174000	塑料制
16	内/外循环风门执行器	ACTUATOR-INL & OTLT	84159090	
17	鼓风机调速模块	RESISTOR -BLO	85423119	处理器，多元件集成电路

续表1

序号	零部件中文名称	零部件英文名称/描述	商品编码	商品描述
18	暖风水管固定板	BRACKET-HEATER PIPE	84159090	
19	金属卡片	CLIP	73269019	钢铁制
20	暖风水管卡箍	CLAMP-HTR HS/PP	39269090	塑料制
21	空调箱排水管	HOSE-HVAC MDL DRN	40091200	硫化橡胶制，未经加强或未与其他材料合制，装有附件
22	出风口密封海绵	SEAL-AIR OUTLET	40161090	橡胶海绵制
23	出风口密封海绵	SEAL-AIR OUTLET	40161090	橡胶海绵制
24	出风口转接风道	DUCT-AIR OUTLET	84159090	
25	右模式壳体	RIGHT MODE CASE	84159090	
26	出风口温度传感器	SENSOR-AIR OTLT TEMP	90251910	
27	温度伺服传感器	SENSOR-TEMP SERVO	90251910	
28	除霜风门	VALVE-DEFROST	84159090	
29	吹面风门	VALVE-CENTER VENT	84159090	
30	温度风门	VALVE-TEMP	84159090	
31	吹脚风门	VALVE-FOOT	84159090	
32	左模式壳体	LEFT MODE CASE	84159090	
33	模式盘	CAM-MODE	84159090	
34	模式风门执行器	ACTUATOR-INL & MODE	84159090	
35	温度风门执行器	ACTUATOR-INL & TEMP	84159090	
36	蒸发器固定板	PLATE-EVAP	84159090	

续表2

序号	零部件中文名称	零部件英文名称/描述	商品编码	商品描述
37	左混风板	LEFT BUFFER	84159090	
38	右混风板	RIGHT BUFFER	84159090	
39	壳体中隔板	SEPARATE CASE	84159090	
40	后吹面壳体	CASE-RR CVR	84159090	
41	嵌件螺母	INSERT NUT	73181600	钢铁制
42	后吹脚转接风道	DUCT-RR FOOT	84159090	
43	后吹面转接风道	DUCT-RR FACE	84159090	
44	后吹面风道密封海绵	SEAL-RR FACE DUCT	40161090	橡胶海绵制
45	加热器芯体	HTR CORE	84199090	
46	右吹脚风道	DUCT-RIGHT FOOT	84159090	
47	左吹脚风道	DUCT-LEFT FOOT	84159090	
48	出风口温度传感器	SENSOR-AIR OTLT TEMP	90251910	
49	空调蒸发器膨胀阀密封垫	SEAL-A/C EXPN VLV	84841000	复合材料制
50	蒸发器膨胀阀	VALVE -A/C EVPR THERMAL EXPN	84818039	流量阀
51	蒸发器膨胀阀螺栓	BOLT/SCREW-A/C EVPR TXV	73181510	钢铁制，抗拉强度在 800 兆帕及以上
52	膨胀阀进出水管	HOSE/PIPE- TXV INL&OTLT	84159090	
53	蒸发器	EVAPORATOR ASM-A/C	84159090	

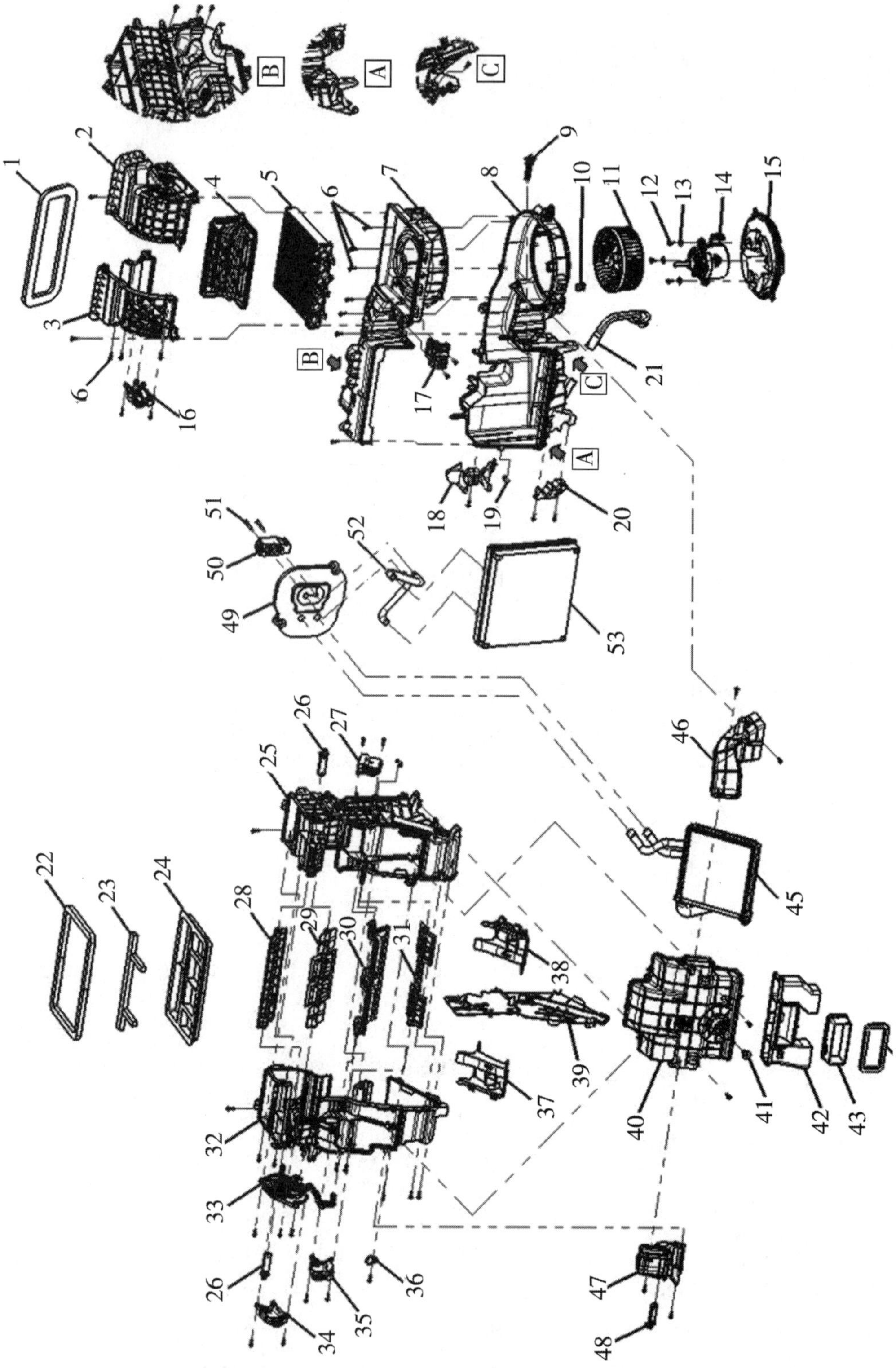

图 2-8-5　空调和加热器模块总成爆炸图

3

轿车零部件相关法规及国家标准

3.1　国家发展改革委　工业和信息化部关于完善汽车投资项目管理的意见

发改产业〔2017〕1055号

各省、自治区、直辖市及计划单列市、新疆生产建设兵团发展改革委、工业和信息化主管部门：

为贯彻落实《国务院关于发布政府核准的投资项目目录（2016年本）的通知》（国发〔2016〕72号）有关要求，完善汽车投资项目管理，促进汽车产业健康有序发展，现提出以下意见。

一、推动汽车产业结构调整

（一）优化传统燃油汽车产能布局。推动产能向产业基础扎实、配套体系完善、竞争优势明显的地区集聚，新增传统燃油汽车产能应建设在上两个年度汽车产能利用率均高于全行业平均水平的省份（根据行业设计规范，产能按照每年250天、每天两班计算。下同）。鼓励汽车产能利用率低的地区和企业加大兼并重组力度，加快技术进步，增强市场竞争力，不断提高已有产能利用水平。

（二）促进新能源汽车健康有序发展。支持社会资本和具有较强技术能力的企业进入新能源汽车及关键零部件生产领域。引导现有传统燃油汽车企业加快转型发展新能源汽车，增强新能源汽车产业发展内生动力。结合产业发展水平，不断完善新能源汽车投资项目技术要求和生产准入规范条件，鼓励企业提高新能源汽车产业化能力和技术水平。

科学规划新能源汽车产业布局，新建企业投资项目应建设在产业基础好、创新体系全、配套能力强、发展潜力大的地区，推动新增产能向新能源汽车消费需求旺盛和传统燃油汽车替代潜力较大的区域集中。鼓励京津冀等大气污染防治重点区域发展和使用新能源汽车，推动污染治理。严格新建企业投资项目管理，防范盲目布点和低水平重复建设。

（三）鼓励汽车企业做优做强。引导汽车企业增强自主创新能力，提高技术水平和品牌附加值，提升国际竞争力，扩大国际市场份额。支持汽车企业科学制定投资规划，强化集团内部资源共享，优化产品结构，提高产能利用率。鼓励汽车企业之间在资本、技术和产能等方面开展深度合作，联合研发产品，共同组织生产。加快国有汽车企业改革步伐，鼓励企业兼并重组和战略合作，提升产业集中度。推动僵尸汽车企业退出市场。

二、完善汽车投资项目管理

（四）严格控制新增传统燃油汽车产能。原则上不再核准以下新建传统燃油汽车企业投资项目：一是新建独立法人传统燃油汽车整车企业投资项目；二是现有汽车整车企业跨乘用车、商用车类别投资项目；三是已停产半停产、连年亏损、资不抵债，靠政府补贴和银行续贷存在的现有汽车整车企业跨省、自治区、直辖市迁址新建投资项目。

现有汽车整车企业申请建设扩大传统燃油汽车生产能力投资项目，应同时满足以下条件：上两个年度产能利用率均高于全行业平均水平；上年度新能源汽车产量占比高于全行业平均水平；上年度研发费用支出占主营业务收入的比例高于 3%；产品具有国际市场竞争力。现有乘用车企业申请建设扩大传统燃油汽车生产能力投资项目，除满足上述条件外，企业平均燃料消耗量还应满足国家标准和有关规定的要求。

（五）明确跨细分类等投资项目核准条件。现有乘用车、商用车企业申请建设跨细分类（乘用车细分类为轿车类、其他乘用车类，商用车细分类为客车类、半挂牵引车及货车类）投资项目，应同时满足以下条件：具有拟生产产品的完整研发经历、专业研发团队和正向研发能力；拟生产的产品达到国内同类产品先进水平；上年度新能源汽车产量占比高于全行业平均水平。

申请新建专用汽车企业投资项目，企业应具备产品开发的能力和条件，拟生产产品技术水平先进。

申请新建发动机企业投资项目，除符合现有规定外，拟生产的汽油发动机升功率应不低于 70 千瓦，柴油发动机升功率应不低于 50 千瓦。

（六）规范新能源汽车企业投资项目条件。申请新建纯电动乘用车企业（包括现有商用车企业生产纯电动乘用车）投资项目，应符合《新建纯电动乘用车企业管理规定》（国家发展改革委 工业和信息化部 2015 年第 27 号令）的要求。申请新建纯电动商用车企业

（包括现有乘用车企业生产纯电动商用车）投资项目，应同时满足以下条件：企业具有完整的研发经历、专业研发团队和整车正向研发能力，拥有整车及驱动控制系统、动力蓄电池系统、整车集成及轻量化等方面的核心技术以及相应的试验验证能力；建设内容包括高性能动力电池系统、驱动系统、控制系统及整车（车身成型、涂装、总装等）生产体系；新建企业具有产品质量保障、销售和售后服务、运营监管等能力，拥有拟生产产品的注册商标和品牌所有权；拟生产产品的能耗、续驶里程等指标达到国内先进水平。现有纯电动汽车企业申请建设扩大生产能力的投资项目，上年度产能利用率应高于全行业平均水平。

支持企业开展国际合作，鼓励企业充分利用国际技术、资本、人才等资源提升国内新能源汽车产业化水平。《汽车产业发展政策》对新建中外合资轿车企业投资项目核准和中外合资企业数目的规定仅适用于传统燃油汽车，新建中外合资纯电动乘用车企业投资项目按照《新建纯电动乘用车企业管理规定》办理核准。

燃料电池汽车投资项目参照纯电动汽车投资项目管理规定执行。插电式混合动力汽车投资项目参照传统燃油汽车投资项目管理规定执行。

（七）调整汽车投资项目管理方式。实行核准的汽车投资项目按《政府核准的投资项目目录（2016 年本）》执行。新建专用汽车企业投资项目不再报送国家发展改革委备案。《汽车产业发展政策》规定的其他报送国家发展改革委备案的投资项目，调整为报送省级政府投资主管部门备案。

三、加强汽车产能监测预警

（八）建立汽车产能信息报送制度。汽车整车、发动机、车用动力电池生产企业应将上年度相关产品产量、建成产能、在建产能和规划产能等情况，于每年 1 月底前上报省级发展改革委、工业和信息化主管部门并抄报国家发展改革委、工业和信息化部。省级发展改革委、工业和信息化主管部门应及时掌握本地区汽车整车、发动机、车用动力电池产能变化情况，于每年 3 月底前将本地区上年度产量和产能汇总情况上报国家发展改革委、工业和信息化部。

（九）加强汽车产能发布和预警。国家发展改革委组织行业协会和相关机构建立年度汽车产能核查和信息发布工作机制，及时发布汽车产能变动信息，加强产能预警，引导企业和社会资本合理投资。省级发展改革委要完善本地区汽车产能监测体系，深入分析研判本地区产能利用率变动情况，加强对企业的指导和监督，帮助企业有效应对和及时化解产能过剩风险，努力使本地区汽车产能利用率保持在合理水平。

四、规范汽车产业监督管理

（十）加强部门协调配合。建立汽车投资项目管理和汽车生产准入管理的协调联动机制，完善产品准入标准和行业规范条件，提升行业监管能力和效率。推动汽车企业信用信息公开和共享，通过守信联合激励和失信联合惩戒机制，在汽车投资项目和生产准入管理领域，加大对违法违规企业的处罚力度。

（十一）健全行业退出机制。加快淘汰落后产品和僵尸企业。对不能维持正常生产经营的企业进行为期两年的特别公示管理。被特别公示的企业应接受保持汽车生产企业准入审查要求的核查，符合要求的，取消特别公示；特别公示期满未达到要求，存在公共安全、人身健康、生命财产安全隐患的，暂停其生产、销售活动。

（十二）落实监督管理责任。省级政府投资主管部门要严格执行《企业投资项目核准和备案管理条例》（国务院令第673号）、《国务院关于发布政府核准的投资项目目录（2016年本）的通知》、汽车产业发展政策和本意见的规定，健全核准、备案的规则和程序，依法依规办理汽车投资项目核准、备案，并通过《全国投资项目在线审批监管平台》及时将核准备案信息报送国家发展改革委。同时，省级政府投资主管部门要按照谁审批谁监管、谁主管谁监管的原则，进一步加强对汽车投资项目的事中事后监管，准确掌握汽车投资项目建设、运行情况和企业发展情况，为企业做好投资服务工作。

（十三）国家发展改革委、工业和信息化部将对各地贯彻落实《企业投资项目核准和备案管理条例》、《国务院关于发布政府核准的投资项目目录（2016年本）的通知》、汽车产业发展政策和本意见的要求开展汽车投资项目管理的情况，适时开展专项督查。

（十四）本意见由国家发展改革委、工业和信息化部负责解释。

（十五）本意见自发布之日起施行。

国家发展改革委

工业和信息化部

2017年6月4日

3.2 中国汽车分类标准（GB 9417—89）

汽车分类为 8 类：

1. 载货汽车：微型货车 Ga≤1.8 t

轻型货车 1.8 t<Ga≤6 t

中型货车 6 t<Ga≤14 t

重型货车 Ga>14 t

2. 越野汽车：轻型越野汽车 Ga≤5 t

中型越野汽车 5 t≤Ga≤13 t

重型越野汽车 13 t<Ga≤24 t

超重型越野汽车 Ga>24 t

3. 自卸汽车：轻型自卸汽车 Ga≤6 t

中型自卸汽车 6 t<Ga≤14 t

重型自卸汽车 Ga>14 t

矿用自卸汽车

4. 牵引车：半挂牵引汽车

全挂牵引汽车

5. 专用汽车：箱式汽车

罐式汽车

起重举升汽车

仓栅式汽车

特种结构汽车

专用自卸汽车

6. 客车：微型客车 L≤3.5 m

轻型客车 3.5 m<L≤7 m

中型客车 7 m<L≤10 m

大型客车 L>10 m

特大型客车

7. 轿车：微型轿车 V≤1 L

普通级轿车 1 L<V≤1. 6 L

中级轿车 1. 6 L<V≤2. 5 L

中高级轿车 2. 5 L<V≤4 L

高级轿车 V>4 L

8. 备用分类号

9. 半挂车：轻型半挂车 Ga≤7. 1 t

中型半挂车 7. 1 t<Ga≤19. 5 t

重型半挂车 19. 5 t<Ga≤34 t

超重型半挂车 Ga>34 t

注：

1. Ga——厂定最大总质量（单位：t—吨）

L——车长（单位：m —米）

V——发动机排量（单位：L —升）

2. 载货汽车、自卸汽车、半挂车定最大总质量为公路运行时厂定最大总质量；越野汽车定最大总质量为越野车运行时厂定最大总质量。

3. 中型、大型客车包括城市客车、长途客车、旅游客车及团体客车；特大型客车指铰接客车和双层客车。

4

轿车零部件相关归类决定

商品中文名称	车顶行李箱
商品英文名称/描述	Roof cargo box
商品其他名称	
商品描述	该商品尺寸是 226 厘米（长）×55 厘米（宽）×37 厘米（高）；重约 12 千克；容积是 290 升，载重是 50 千克。用于在旅途中保存个人物品，如滑雪装备、露营装备、行李等。设计安装在汽车行李支架上（行李箱自带安装配件）。行李箱由塑料模制的流线型顶壳和一个底壳构成，上下外壳在一侧连接。箱子配有一体化安全锁。
决定编号	D-1-0000-2017-0051
决定税号	870899
分别归类	否
归类意见	根据归类总规则一及六，协调制度归类意见汇编（第三版）增补第 3 号（WCO 协调制度委员会第 51 次会议通过），应归入税则子目 870899 项下。
商品图片	
备注	归类决定编号：W2016-051，海关总署公告 2016 年第 79 号，2017 年 1 月 1 日生效。

商品中文名称	前纵梁总成（左、右）
商品英文名称/描述	
商品其他名称	零件号：B25D-5331XE-H
商品描述	该商品进口状态为成套散件。用于安装在发动机舱内，左右各一件，起固定发动机（该汽车发动机是固定在左、右前纵梁、横梁和托架上的）和强化汽车车体结构、保护驾驶舱的作用。
决定编号	D-1-0000-2007-1067
决定税号	87089991
分别归类	否
归类意见	该商品没有完整独立的车架，采用承载式车身。依照海关总署 2005 年第 30 号公告的规定，该商品构成了汽车的半车架，根据归类总规则一及六的规定，应归入商品编码 87089991。
商品图片	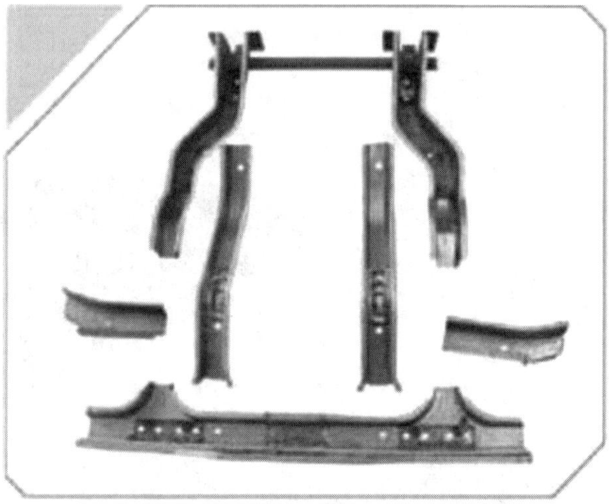 大底梁总成(前纵梁/后纵梁/后横梁)
备注	1999—2006 年第二期（归类决定编号：Z2006-1514）。

商品中文名称	波纹管
商品英文名称/描述	
商品其他名称	
商品描述	该商品主要用于汽车排气系统，长约40厘米，内有波纹状不锈钢内罩，外面包裹一层金属丝防护网。整体呈橄榄状，其一端连接发动机出气管，一端连接三元催化器。当发动机排出的气体进入波纹管时，波纹管发挥绕流作用，将气体进行充分混合，同时减缓气体的流速，使之匀速进入三元催化器，经三元催化器反应后的气体再进入消音器总成，最终完成消音功能。
决定编号	D-1-0000-2007-1066
决定税号	870899
分别归类	否
归类意见	该商品与发动机及三元催化器相连接，利用内部波纹状结构，起到使气体绕流、混合的作用，不属于三元催化器的功能（气体净化）部件，因此，不应按三元催化器的零件进行归类。该商品属于专用于车辆的零件，符合《税则》品目8708及其子目条文的描述，根据归类总规则一及六，应将其按车辆用其他专用零件归入税则子目870899项下。
商品图片	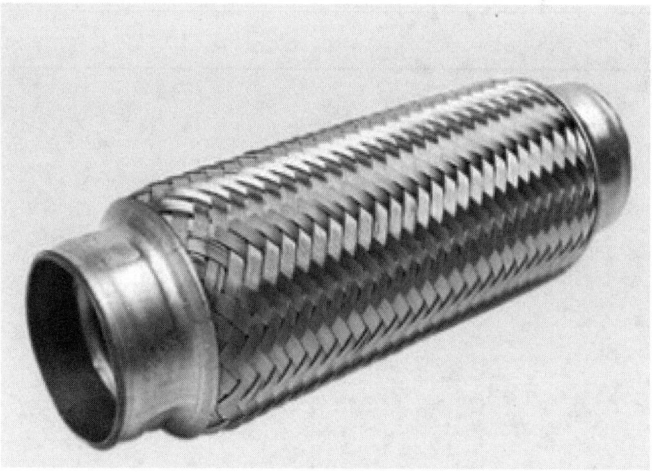

商品中文名称	汽车加强板（钣金件）
商品英文名称/描述	
商品其他名称	
商品描述	该商品属于汽车底盘的一个组件，对车身底盘起加固作用。
决定编号	D-1-0000-2007-1065
决定税号	870899
分别归类	否
归类意见	该商品安装在车身底盘前部形成加固作用，加强板上承载的是转向节。其不属于前、后桥的零件，应按车辆其他专用零件归入税则子目 870899 项下。
商品图片	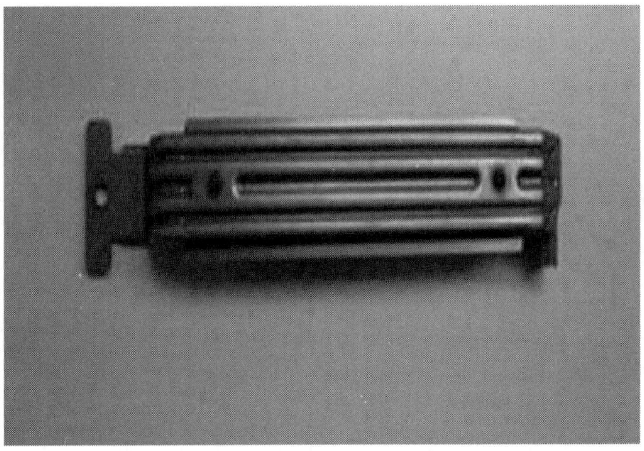

商品中文名称	电子加速踏板模组
商品英文名称/描述	Accelerator pedal module
商品其他名称	
商品描述	该加速踏板模组的作用是接收驾驶员对加速踏板的位置信息并提供给电子控制器，由电子控制器参考不同的情况进行信号处理后执行节气门开放的调整，从而达到控制空气进气量的目的。其工作原理是驾驶员“踩油门”的动作由踏板机械部分传给踏板传感器，该传感器为位置传感器，将踏板机械部分所产生的位置变化转换成电信号，并送往电子节门系统的控制中心。
决定编号	D-1-0000-2007-1063
决定税号	870899
分别归类	否
归类意见	该电子加速踏板模组是汽车发动机用电子节门系统的一个重要组成部件，主要由踏板机械部分（踏板、踏板支架、弹簧支架、弹簧）、踏板传感器和连接电缆组成，是机械踏板与传感器的组合装置，可将传统加速踏板的机械传动过程变为非机械过程，并未改变踏板的功能，因此，该组合装置的主要功能是踏板，根据归类总规则一及三（二），应归入税则子目 870899 项下。
商品图片	

商品中文名称	汽车空调压缩机支架
商品英文名称/描述	Bracket
商品其他名称	
商品描述	该商品为铝合金铸件，尺寸为 150 毫米×140 毫米×52 毫米，用于支撑汽车空调的压缩机并将其固定在车体上。它是专用零件，用于固定压缩机，完全同压缩机上的冲孔相吻合，并同压缩机紧密相连。
决定编号	D-1-0000-2007-1062
决定税号	870899
分别归类	否
归类意见	该商品用于支撑汽车空调的压缩机并将其固定在车体上，符合《进出口税则商品及品目注释》（以下简称《品目注释》）关于品目 8708 的描述，应归入税则子目 870899 项下。
商品图片	

商品中文名称	汽车安全气囊气袋
商品英文名称/描述	
商品其他名称	
商品描述	该气袋为纺织材料制，配套用于汽车安全气囊。外观为两片圆形纺织材料沿周长缝合而成，直径约70厘米。圆心处经过加工：其中一圆片圆心开有直径约6厘米的圆孔，圆孔周围用四层相同材料的纺织物缝合加固，加固处打有直径约0.5厘米的小圆孔（便于日后安装）。大圆片上另开有两个直径3厘米的圆孔（如发生事故，气囊迅速弹出，此两个直径3厘米的孔为泄气孔）；另一圆片表面无孔；两圆片中间还连有一条相同材料的纺织带。
决定编号	D-1-0000-2007-1061
决定税号	87089500
分别归类	否
归类意见	该汽车安全气囊装置是机动车辆上的辅助安全装置，与座椅安全带配合以起到保护驾驶员和乘员的作用，其主要包括碰撞传感器、触发控制器、气体发生器和气囊等。根据《品目注释》中品目5911的描述，其不包括第十七类商品的某些纺织材料制零件及附件，该商品虽技术性较强，但属于装置的一部分，因此，不能按专门技术用途的纺织品归入品目5911。该商品是已制成的气袋，属于安全气囊装置的一部分，由于已具有汽车安全气囊装置零件的特征，根据归类总规则一及六，应归入商品编码87089500。
商品图片	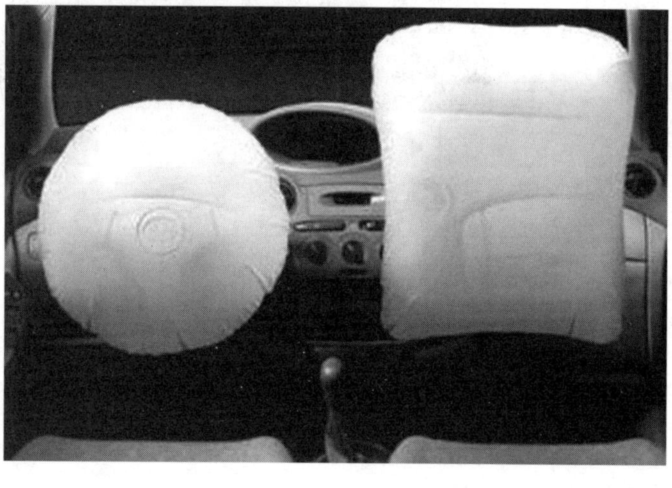

商品中文名称	驾驶员气囊模块、乘员气囊模块
商品英文名称/描述	
商品其他名称	
商品描述	该批商品包括：驾驶员气囊模块、乘员气囊模块和电控元件 SDM。其中，驾驶员气囊模块、乘员气囊模块由橡胶盖、气袋、支架及发生器构成，其性能是碰撞后在中央控制器的控制下充气膨胀；电控元件 SDM（Servo Debooster Medium，伺服限压元件）由线路板、电子元器件、外壳、接插件构成，其功能是对中央控制器起到调压、延时的作用，使中央控制器有一个正常的工作电压和后备电源。
决定编号	D-1-0000-2007-1060
决定税号	87089500
分别归类	否
归类意见	根据《本国子目注释》关于安全气囊装置的描述，上述商品具有安全气囊装置的特征，可一并归入商品编码 87089500。
商品图片	 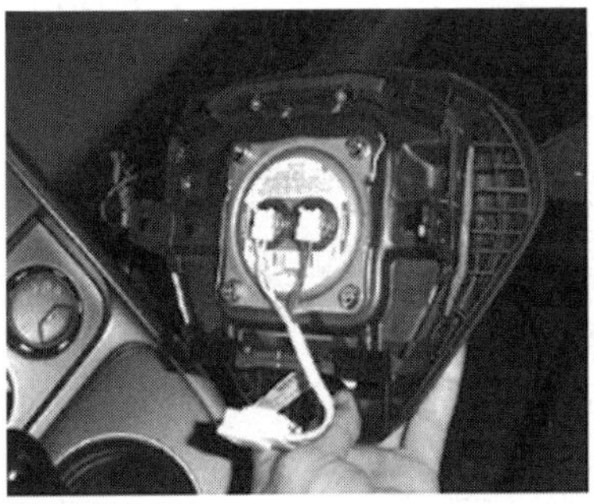

商品中文名称	汽车自动离合器
商品英文名称/描述	Auto clutch
商品其他名称	
商品描述	该设备用于将脚动离合器汽车改装成自动离合器汽车。它由电脑盒、电动机、拉线、刹车开关及信号线滚轴支架、连接杆、油门开关、手柄开关、转速传感器、线束等组成。其工作原理是通过转速传感器、油门开关、刹车开关及信号线在汽车采集三个信号，并传递给电动离合器控制单元——电脑盒，电脑盒整理所采集的数据后，反馈并驱动执行机构——电机，由电机引出的拉线通过衔接装置直接与离合器踏板相连，所以当电脑下达指令后，离合器踏板将直接受到电机控制，以此来完成离合器切合，令汽车起步和换挡。该商品只是使脚踩离合器变成自动控制，但换挡仍要用手完成，不会自动换挡，只是使离合器自动切换而不是换挡自动切换，只用于对手动换挡的多种轿车进行改装。
决定编号	D-1-0000-2006-2159
决定税号	87089390
分别归类	否
归类意见	该套设备包括作为测量装置的转速传感器、作为电气控制装置的电脑盒，以及执行机构电动机，属于装有执行机构的自动调节器。根据《品目注释》关于品目 9032 的规定，整套装置构成离合器附件的基本特征，根据归类总规则一及六，应将其归入税则子目 87089 项下。
商品图片	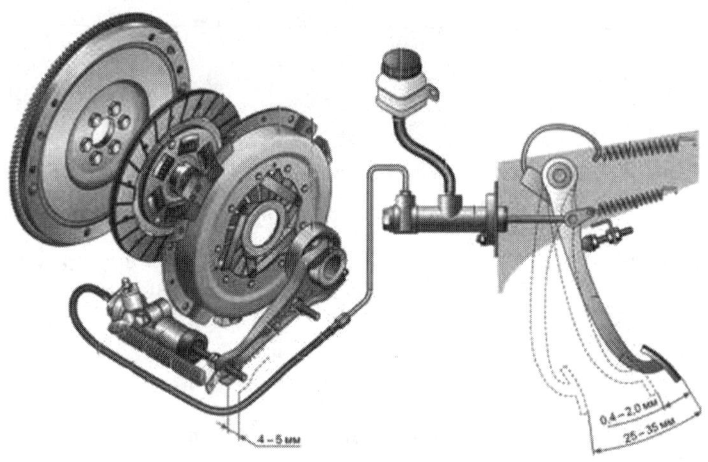

商品中文名称	轮毂
商品英文名称/描述	Hubs
商品其他名称	
商品描述	汽车轮毂是用两个锥形滚柱轴承安装在转向节枢轴上，具有突缘，用于连接车轮的圆盘及制动鼓。
决定编号	D-1-0000-2006-2158
决定税号	87087090
分别归类	否
归类意见	该轮毂具有突缘，用于连接车轮的圆盘及制动鼓，由于轮毂和轮辋是组成车轮的主要部分，故应按车轮零件归入商品编码 87087090。（通过 2016 年版《税则》转版维护）
商品图片	

商品中文名称	压裂车底盘驱动桥用差速器和盆角齿
商品英文名称/描述	
商品其他名称	
商品描述	该压裂车底盘驱动桥用差速器和盆角齿用于 KENWORTH C500 压裂车底盘驱动桥，属于压裂车底盘驱动桥零件。KENWORTH C500 型是一种带驾驶室的底盘车型。该压裂车最大额定总重 86 吨。
决定编号	D-1-0000-2008-0414
决定税号	87085075
分别归类	否
归类意见	KENWORTH C500 型车辆底盘（带驾驶室）是一种货运车型，符合税号 87042300 的列名，其底盘驱动桥用的零件应根据《税则》品目 8704 项下商品的零件确定归类。所询商品属商品编码 87042300 项下商品的零件，符合《税则》品目 8708 及其子目条文的描述，根据归类总规则一及六，应按税号 87042300 所列将车辆用驱动桥零件归入商品编码 87085075。
商品图片	

商品中文名称	变速箱（ZF 8S180）
商品英文名称/描述	
商品其他名称	
商品描述	该型号变速箱是专为大功率发动机配套设计的，可用于大型卡车或客车等重型车辆，其最大扭矩为 214.29 千克·米。
决定编号	D-1-0000-2006-2156
决定税号	87084020
分别归类	否
归类意见	该变速箱是专为大功率发动机配套设计的，主要用于大型客车，应作为大型客车用变速箱归入商品编码 87084020。
商品图片	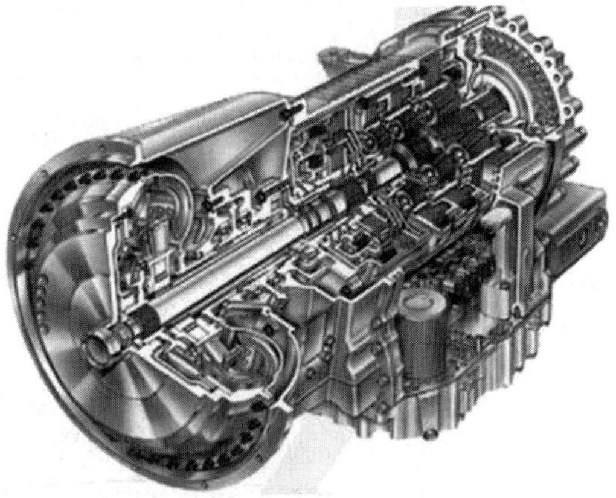

商品中文名称	制动刹车片
商品英文名称/描述	
商品其他名称	
商品描述	该制动刹车片是摩擦片和铁片的组合体，分别用于前后轮刹车制动。其摩擦片安装在钢铁部件上。
决定编号	D-1-0000-2007-1057
决定税号	87083010
分别归类	否
归类意见	该制动刹车片是摩擦片和铁片的组合体，组合的目的是使摩擦片便于安装在制动蹄上，故应归入商品编码 87083010。
商品图片	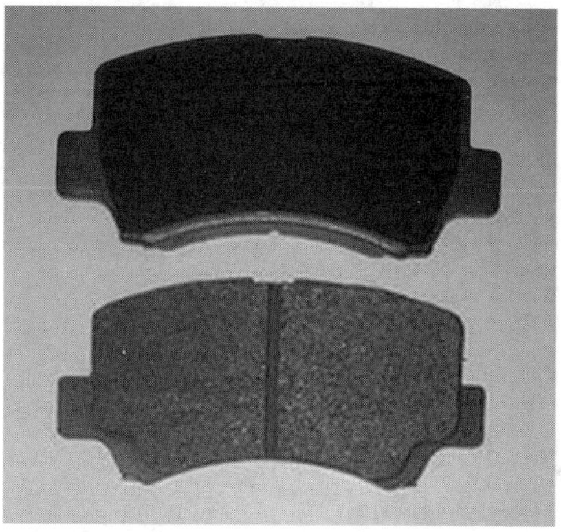

商品中文名称	刮条
商品英文名称/描述	Wthstp-glass
商品其他名称	
商品描述	该商品的材质主体是合成橡胶包裹一层0.5毫米厚的镀锌板，辅料有单面织绒、消音胶条、中垫棉。该商品主要用于汽车内侧门板和玻璃之间，起到防水的作用。
决定编号	D-1-0000-2006-2154
决定税号	87082990
分别归类	否
归类意见	该商品主体由具有特定横截面形状的橡胶包裹于一片镀锌板上构成，其结构不符合《税则》第十七类类注二排除条款“硫化橡胶的其他制品”的描述，由于其结构特定，且专用于汽车，因此应按车辆零件进行归类。该商品属于车辆专用零件，符合《税则》品目8708及其子目条文的描述，根据归类总规则一及六，应将其按车身零件归入商品编码87082990。
商品图片	

商品中文名称	安全带预紧装置
商品英文名称/描述	LH anchor plate pre-tensioner
商品其他名称	
商品描述	该安全带预紧装置为宝马五系车在原有安全带的基础上，新增加的具有较高安全系数的装置。它只安装在司机座椅左下侧，其外观、结构与右下侧的安全带锁扣总成基本相同，主要由点火装置、炸药密封钢管、钢丝锁和扣四部分组成。安全带预紧装置与安全带的连接方式为不可随意开启的固定式连接。其主要工作原理是当车辆发生撞击时，车上传感器给点火装置电信号，炸药爆炸产生拉力，通过钢丝索拉金属扣，使安全带拉紧驾驶员，更有效保障其安全。
决定编号	D-1-0000-2006-2155
决定税号	87082990
分别归类	否
归类意见	该安全带预紧装置的工作原理符合《税则》品目 8708 及其子目条文的描述，根据归类总规则一及六，应将其按座椅安全带的零件归入商品编码 87082990。
商品图片	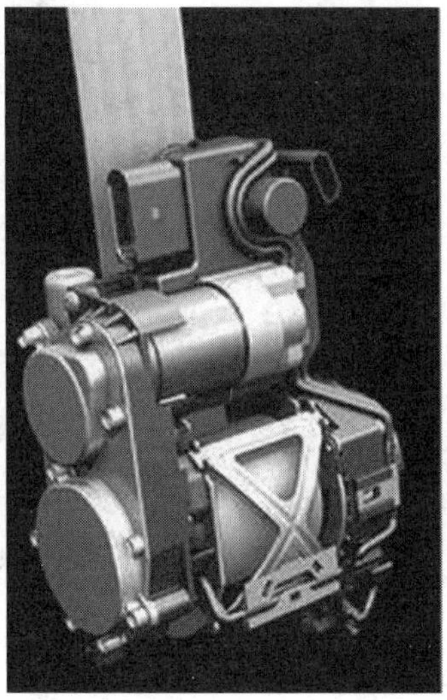

商品中文名称	可折叠车顶行李箱
商品英文名称/描述	Foldable roof cargo box
商品其他名称	无
商品描述	该商品尺寸是110厘米（长）×80厘米（宽）×40厘米（高）；重约7千克；容积是280升，载重是50千克。用于在旅途中保存个人物品，如露营装备、行李等。设计安装在汽车行李支架上（行李箱自带安装配件）。它由塑料模制箱子底和带有接缝的防水织物做的外表面组成，配有挂锁和围绕箱子底近一圈的拉链。该行李箱可以折叠后捆扎好收入袋子中存储（行李箱自带捆扎带）。
决定编号	D-1-0000-2017-0052
决定税号	870899
分别归类	否
归类意见	根据归类总规则一及六，协调制度归类意见汇编（第三版）增补第3号（WCO协调制度委员会第51次会议通过），应归入税则子目870899项下。
商品图片	
备注	归类决定编号：W2016-052，海关总署公告2016年第79号，2017年1月1日生效。

商品中文名称	汽车支架
商品英文名称/描述	
商品其他名称	
商品描述	该商品为形状各异的汽车用金属支架，其中部分金属支架上连有带金属附件的橡胶管。其作用为连接后减震器，连接后 U 形架等。具体有：1. 稳定杆固定支架、U 形金属零件，两端有孔，用于固定稳定杆，安装在后桥 U 形梁上；2. 碳罐基座支架，金属零件有特定形状，安装在前围上；3. ABS 控制单元支架，金属零件有特定形状，安装在左边梁上；4. 后制动管带支架总成，由橡胶软管、金属硬管、金属支架组成，与后制动器连接，固定在后减震器支架。
决定编号	D-1-0000-2007-1143
决定税号	87089999
分别归类	是
归类意见	此类商品的结构、形状已具有专用零件的特征，应按专用零件分别归类，其中 ABS 控制单元支架归入税则子目 870830 项下，其余三项归入商品编码 87089999。（通过 2016 版《税则》转版维护，通过 2017 版《税则》转换审核）
商品图片	
备注	1999—2006 年第二期（归类决定编号：Z2006-1590）。

商品中文名称	自动变速箱油压调整阀门体用转换阀
商品英文名称/描述	Valve-press switch
商品其他名称	
商品描述	该转换阀用于自动变速箱油压调整阀门体，起转换油压作用，品牌为GMB，规格型号为46369-3B200等。油压调整阀门体的主要功能是通过调节送往变速箱内各组离合器的油压开闭，调整各组离合器的接合或分离状态，进而控制变速箱内三组行星齿轮中的固定齿轮与转动齿轮的变换，实现变速箱传动比的变化，即换挡。转换阀在自动变速箱油压调整阀门体用外片、中片、内片阀体围成的空间内通过油压及弹簧的作用力前后移动，使阀凹、凸部位分别与油路口对接，从而达到油路的阻塞与流通，进而起到转换油压的作用。该转换阀的结构为一段截面正圆形的金属短棒，根据需要环切掉部分材料造成缺口，可以与油压调整阀门体各片围成的空间形成通路或断路，从而控制油压流向。工作原理是自动变速箱油压调整阀门体上的电磁阀无动作时，转换阀由底部弹簧支撑与油压调整阀门体构成一组油压通路与断路组合，当电磁阀打开时，转换阀被挤压向下，构成另外一组通路断路组合，起到调整油压的作用。
决定编号	D-1-0000-2015-0416
决定税号	84819010
分别归类	否
归类意见	该转换阀进口后，与电磁阀、内片阀体、中片阀体、外片阀体等共同组装成自动变速箱油压调整阀门体，安装于自动变速箱上，用于实现变速箱传动比的变化。该转换阀为自动变速箱油压调整阀门体的一部分，需与其他部件配合实现阀门的功能，属于自动变速箱油压调整阀门体的零件，根据归类总规则一及六，应归入商品编码84819010。

商品图片	
备注	归类决定编号：Z2015-0004，海关总署公告 2015 年第 31 号，2015 年 7 月 1 日执行。

商品中文名称	自动变速箱油压调整阀门体用内片阀体、中片阀体、外片阀体
商品英文名称/描述	Body-Vavle，Inr、Body-Vavle，Mdl、Body-Vavle，Otr
商品描述	该内片阀体、中片阀体和外片阀体进口后均用于组装自动变速箱油压调整阀门体，构成其载体。油压调整阀门体安装于自动变速箱上，其组成除上述部件外，还包括电磁阀、转换阀等。油压调整阀门体的功能是通过调节送往变速箱内各组离合器的油压开闭，调整各组离合器的接合或分离状态，进而控制变速箱内三组行星齿轮中固定齿轮与转动齿轮的变换，实现变速箱传动比的变化，即换挡。油压调整阀门体的工作原理是车辆在行驶时，TCU 将换挡指令通过线束传递到油压调整阀门体中，阀门体中控制相应挡位的电磁阀通过调整油的方向、流量、速度等来控制油压，并将油压传递到阀门体中控制该挡位的普通阀（如转换阀等）上，普通阀通过弹簧的作用力与油路口进行对接，进而将油压传递到离合器中。
决定编号	D-1-0000-2015-0415
决定税号	84819010
分别归类	否
归类意见	该内片阀体、中片阀体和外片阀体为自动变速箱油压调整阀门体的载体，并与其他部件配合实现阀门的功能，属于自动变速箱油压调整阀门体的零件，根据归类总规则一及六，应归入商品编码 84819010。
商品图片	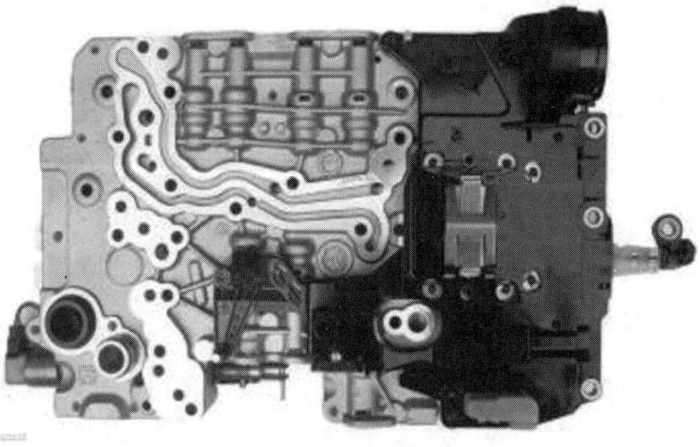
备注	归类决定编号：Z2015-0003，海关总署公告 2015 年第 31 号，2015 年 7 月 1 日执行。

商品中文名称	座椅靠背调角器芯轮
商品英文名称/描述	
商品其他名称	
商品描述	座椅靠背调角器芯轮为圆形，钢铁制，由齿轮板、固定板、凸轮、卡爪、凸轮弹簧、轴、卡环、罩壳，以及滑片组成，是座椅调角器总成的部件。座椅调角器总成的主要组成部件有调节手柄、椅背连接支架、椅座连接支架、连接杆、调角器芯轮、弹簧等。其工作原理是手动调节手柄，手柄带动连接杆，连接杆使凸轮转动，使得芯轮卡爪松开，这时驾驶员后靠，靠背移动，松开调节手柄，完成动作，卡爪的齿卡在调角器芯轮的孔里固定。
决定编号	D-1-0000-2015-0398
决定税号	94019019
分别归类	否
归类意见	座椅靠背调角器芯轮属于座椅调角器的零件，根据归类总规则一，应归入商品编码 94019019。
商品图片	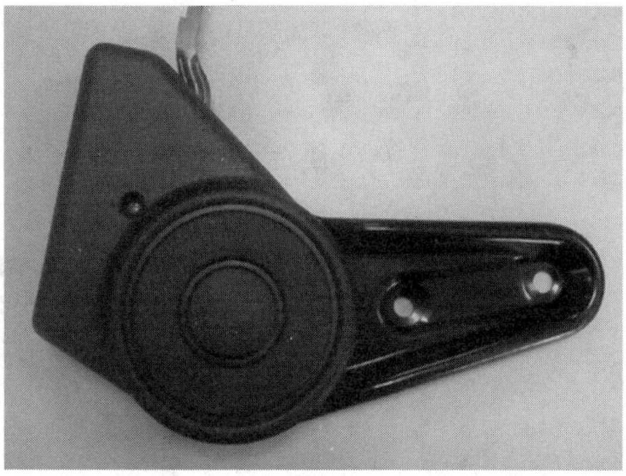

商品中文名称	远红外线汽车环保省油加速器
商品英文名称/描述	
商品其他名称	
商品描述	该商品运用高科技远红外线波长的特性，改变汽油分子结构，大分子变小分子，组织重新排列，拉长汽油的分子键，让汽油表面张力增大，进而使油滴体积缩小，使汽油分子更细微化，导燃性变佳，更易于燃油在引擎燃烧室完全燃烧，增强引擎爆发力以达到省油省钱、增强马力、预防积碳、提倡环保的效应。
决定编号	D-1-0000-2006-1837
决定税号	84798999
分别归类	否
归类意见	该商品不是作为汽车的必备配件，可认为是具有环保省油加速等功能的独立机器。根据《品目注释》对品目 8479 的描述，该商品可归入商品编码 84798990［84798999（2014 年版）］。
商品图片	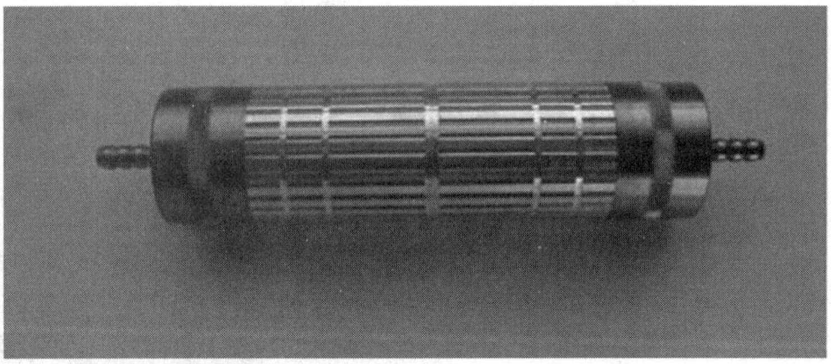
备注	1999—2006 年第一期（归类决定编号：Z2006-0678）。

商品中文名称	单向离合器
商品英文名称/描述	Pinion gear ASSY（V30）
商品其他名称	起动机齿轮组合
商品描述	该单向离合器为GCC小齿轮组，型号50422-172，又称起动机齿轮组合，用于发动机启动时的动力传递。该型号的离合器用于摩托车电动点火上的传动装置。工作时，起动电机由蓄电池供电旋转起来，经单向离合器及齿轮带动发动机旋转启动，当发动机点火后，且转速超过起动电机转速时，由于单向离合器的作用，切断发动机与起动电机连接。
决定编号	D-1-0000-2006-2167
决定税号	87141000
分别归类	否
归类意见	该单向离合器为摩托车起动电机齿轮组，其作用是使起动电机与发动机暂时耦合，从而使发动机启动。其不属于发动机的零件，因其专用于摩托车，根据《品目注释》品目8483的排他条款（二）及品目87.14的条款二（三），该装置应归入商品编码87141900［87141000（2014年版）］。
商品图片	
备注	1999—2006年第一期（归类决定编号：Z2006-1008）。

商品中文名称	安全气囊传感器
商品英文名称/描述	
商品其他名称	
商品描述	该商品主要由外壳、基板、加速度传感器及电路组成。传感器的工作原理是传感器内装有半导体压力式加速度传感器，当汽车正常行驶时，加速度传感器持续测量汽车的正向加速度并经安全气囊传感器内的电路处理后传送给控制单元，当汽车发生碰撞时，加速度传感器的半导体受压发生弯曲应变，加速度传感器产生较大变化值的信号并经安全气囊传感器内的电路处理后传送给控制单元。该安全气囊传感器为汽车安全气囊系统的组成部分，用于感应汽车碰撞中测得的加速度信号变换成数字信号，传送给气囊控制单元（ECU）。
决定编号	D-1-0000-2013-0013
决定税号	90318090
分别归类	否
归类意见	该商品是测量加速度的装置，应按照《税则》未列名测量装置归类。根据归类总规则一及六，将其归入商品编码90318090。
商品图片	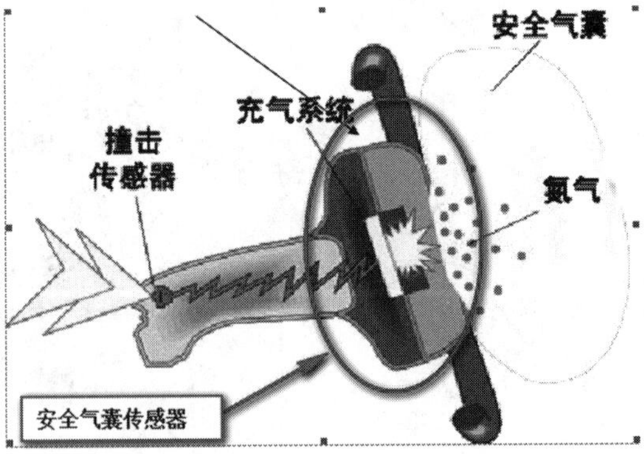

商品中文名称	雨刷开关
商品英文名称/描述	
商品其他名称	
商品描述	雨刷开关安装在汽车前挡风玻璃上，当开关内的传感器探测到挡风玻璃上有雨点时，内部开关导通，使外部继电器通电工作，使雨刷电机工作。主要工作原理如下：1. 该商品通过支架安装在汽车挡风玻璃上；2. 内部电子线路板上的红外发射器发射红外光，并通过光学透镜传送到挡风玻璃上；3. 挡风玻璃将红外线反射到该商品内部的光学透镜内；4. 该商品内的红外接收器接收返回的红外线量；5. 该商品内的控制芯片计算出红外线发射和接收量；6. 当雨点落在挡风玻璃上时，红外线会有部分损失，接收到的红外线量发生变化，通过计算可以判断出挡风玻璃上雨点大小；7. 根据计算出的雨点大小，输出开关信号控制雨刮器马达低速或高速刮去挡风玻璃上的雨水；8. 不间断计算红外线的发射和接收量，进行计算并控制汽车雨刮器马达，从而实现自动雨刮器功能；9. 不用时，可以通过汽车内的雨刮控制组合开关将之关掉。主要部件：塑料顶盖、电子线路板、透镜支撑架、底盖、塑料透镜。
决定编号	D-1-0000-2010-0048
决定税号	85365000
分别归类	否
归类意见	该商品为汽车雨刷器（《税则》品目 8512 项下商品）的零件，不应归入品目 8708 项下，应按照第十六类类注二的归类规定确定商品税则号列。该商品虽然可以根据雨量大小调节信号发送频率，进而自动控制雨刷速度，但是其功能并不符合《品目注释》对品目 9032 项下商品的描述“……这些系统可将某一电量或非电量调到并保持在一设定值上”。虽然上述商品带传感器实行连续测量，但并无电量或非电量的设定值，故不应归入品目 9032 项下。上述商品属于光电耦合开关，符合《税则》品目 8536 及其子目条文的描述，根据归类总规则一及六，应按其他开关归入商品编码 85365000。

商品图片	

商品中文名称	机动车刹车系统皮碗
商品英文名称/描述	Cup for brake systems of motor vehicles
商品其他名称	Rubber Brake Cup《SC-7638R，Seiken》
商品描述	机动车刹车系统皮碗，由硫化橡胶（非硬质橡胶）制成，基部直径为36.5毫米，顶部直径为38毫米，厚度8毫米。用作车轮刹车系统中的垫圈以防止液体泄漏。
决定编号	D-1-0000-2010-0079
决定税号	401693
分别归类	否
归类意见	根据归类总规则一及六，将其归入税则子目401693项下。
商品图片	

商品中文名称	皮带轮
商品英文名称/描述	
商品其他名称	
商品描述	该商品安装在轿车发电机上，通过传动带与发动机相连接，当车用发动机工作时，带动发电机工作，为车辆提供电能。该皮带轮的结构主要由内圈和外圈两个部分组成，内圈由多层螺旋弹簧、轴承等装置组成；外圈为合金钢制，表面有凹槽，与传动带相连接。在运转过程中若出现内圈转速（即转子转速）超过外圈转速的时候，皮带轮立即打滑，此时内圈和外圈之间脱离。其主要特点为在发动机停止工作前的瞬间，发动机曲轴有一个短暂的正反方向摆动，由于该皮带轮具有单向性的特点，可以使发电机的转子仍可保持原方向的转动，因而避免转子中的磁线圈因受正反向冲击而造成损伤，同时在发动机突然加速或减速的过程中，能在传动带与皮带轮之间形成一个短暂的缓冲过程，达到保护传动带的作用。
决定编号	D-1-0000-2010-0044
决定税号	84839000
分别归类	否
归类意见	该商品属于《税则》品目 8511 项下商品的零件，应根据《税则》第十六类类注二的归类原则确定税号。该皮带轮的功能，是将曲轴旋转的动能通过皮带传递给其他部件并起到缓冲的作用，属于“传动元件”，符合《税则》品目 84.83 及其子目条文的描述，根据归类总规则一及六，应归入商品编码 84839000。
商品图片	

商品中文名称	车载多功能播放机机芯
商品英文名称/描述	
商品其他名称	车载多功能播放机机芯、光盘播放机机架、车载播放机机架
商品描述	该商品为车载多功能视频播放机机芯，由基板、铁件、激光头、马达等组成，构成完整品还需铁件、液晶显示板、铁件、线材、基板模组等部件。车载多功能视频播放机成品具有以下功能：GPS、液晶触摸显示屏、蓝牙免提手机功能、倒车摄影功能、收音机功能、DVD、CD、MP3 播放机功能和外部输入功能等。该商品适用各类型小轿车。
决定编号	D-1-0000-2009-0222
决定税号	85229031
分别归类	否
归类意见	该商品进口后用于多功能 GPS、DVD 一体机，能对导航地图光盘进行解读，属于视频信号重放设备的一部分，是“具备了读取 DVD 激光盘的机芯的基本特征”的散件，已具备 DVD 激光盘的机芯完整品的基本特征，根据归类总规则二（一）及六，应按激光视盘机的机芯归入商品编码 85229031。
商品图片	
备注	归类决定编号：Z2009-136。

商品中文名称	车载 GPS 导航仪
商品英文名称/描述	
商品其他名称	
商品描述	该商品至少具备 GPS 导航、DVD 视频播放和地图/视频显示这三种基本功能，一体式进口，基本结构包括导航仪主机、天线、DVD 播放器和液晶显示器（6.5 英寸）。代表型号为 SSANGYONG、Continental RNS510RNS-510，通常进口后安装于丰田、现代、双龙等中档品牌车系的高端车型上。此类设备通常装在车辆前面板上，除了可以通过内存卡携带的地图信息独立实现 GPS 导航功能外，还可以实现 DVD 视频显示、CD 声频播放及收音机功能。
决定编号	D-1-0000-2009-0250
决定税号	8526
分别归类	否
归类意见	该商品归入《税则》品目 8526 项下。
商品图片	
备注	公告 2009-083（归类决定编号：J2009-0019）。

商品中文名称	汽车安全座椅
商品英文名称/描述	Car safety seats
商品其他名称	DiscoveryTM Infant Car Seat
商品描述	在机动车或其他类型的交通工具上使用，用于携带婴幼儿和初学走路的孩子。座椅可以移动，通过安全带和系带固定在机动车的座椅上。
决定编号	D-1-0000-2008-0527
决定税号	940180
分别归类	否
归类意见	根据归类总规则一及六，归入子目 940180 项下。
商品图片	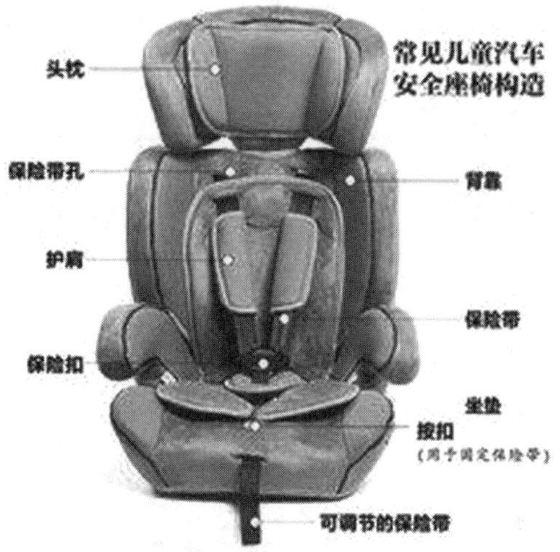

商品中文名称	离合器分泵
商品英文名称/描述	
商品其他名称	
商品描述	该商品由液压油的进出管道和运动活塞及其缸体组成。工作原理是驾驶人员踩下离合器踏板，推动离合器总泵的活塞运动，产生的压力由液压油通过管路传递至离合器分泵，随即推动分泵内的活塞向离合器分离轴承运动，从而切断发动机传递至变速箱的动力。
决定编号	D-1-0000-2008-0371
决定税号	84122100
分别归类	否
归类意见	该商品的工作原理符合《税则》品目 8412 及其子目条文的描述，根据归类总规则一及六，应将其按直线作用的液压动力装置归入商品编码 84122100。
商品图片	
备注	公告 2008-083（归类决定编号：Z2008-155）。

商品中文名称	汽车音响用连接装置
商品英文名称/描述	Media oriented system transport
商品其他名称	
商品描述	该汽车音响用连接装置由塑料制接插件、塑料光纤（POF）、光电转换装置（FOT）等组成。其中光电转换装置材质为铜合金，表层镀镍、铅、金，用于实现光电信号的转换，其价格占整个装置的60%~75%。该产品以塑料光纤为媒介，在数字式录音装置、CD-ROM、DVD-ROM的数据高速传输中起到连接作用，主要是实现车用多媒体传控网络的传输接口，工作电压为12伏。
决定编号	D-1-0000-2008-0329
决定税号	85489000
分别归类	否
归类意见	该商品实为拖带一段光纤的光电转换器，既不是光纤连接器，也不是带光纤连接器的光纤，是通用于车载音频、视频播放设备的零件，根据《税则》第十六类类注二的归类原则，该商品在相关排他条款和第十六类项下品目中未列名，且通用于多个品目项下的商品，符合《税则》品目8548及其子目条文的描述，根据归类总规则一及六，应按其他通用电气零件归入商品编码85489000。
商品图片	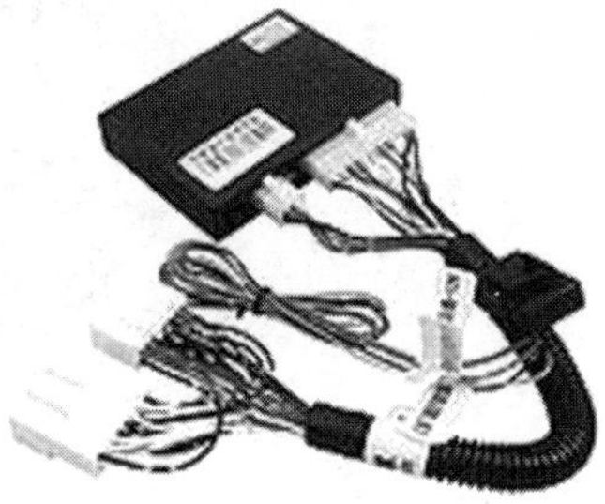
备注	2007年下半年归类决定（归类决定编号：Z2008-0095）。

商品中文名称	汽车门锁遥控器
商品英文名称/描述	
商品其他名称	
商品描述	该汽车门锁遥控器用于遥控雅阁汽车的车门开关，使用时按下遥控器上的“开”或者“关”按钮时，遥控器上的射频发射器发出一个工作频率为433.92兆赫兹的无线电波，位于电动车窗主开关内的接收天线接收到此信号后通过控制单元开启或关闭四个门锁。技术参数如下：工作频率433.92兆赫兹，输出功率5300UV/M，调制方式FM。
决定编号	D-1-0000-2008-0320
决定税号	85269200
分别归类	否
归类意见	该商品采用无线电波对汽车门锁进行遥控操作，符合《税则》品目8526关于“无线电遥控设备”的描述，根据归类总规则一及六，应归入商品编码85269200。
商品图片	
备注	2007年下半年归类决定（归类决定编号：Z2008-0086）。

商品中文名称	汽车空调脱水进风装置及冷凝器
商品英文名称/描述	
商品其他名称	空调蒸发器及鼓风机总成、冷凝器
商品描述	汽车空调主要由压缩机、冷凝器、膨胀机（阀）和蒸发器组成，其中压缩机、冷凝器、蒸发器为空调制冷系统的主要组成部分。进口商品为汽车空调蒸发器及鼓风机总成和冷凝器，占总价值的三分之一。
决定编号	D-1-0000-2007-0893
决定税号	84159090
分别归类	否
归类意见	参考 WCO 协调制度委员会第 36 次会议报告相关决议，该商品符合《税则》品目 8415 的商品范围，根据归类总规则一及六，应将其归入商品编码 84159090。
商品图片	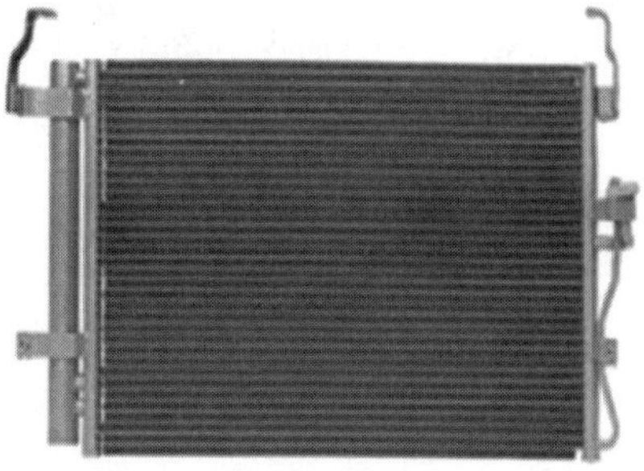 
备注	1999—2006 年第二期（归类决定编号：Z2006-1322）。

商品中文名称	真空泵
商品英文名称/描述	
商品其他名称	
商品描述	真空泵由外壳、转子、盖板、叶片、吸入接头、进油口、出油口及其他辅助部件组成。真空泵的工作原理：通过齿轮与汽车发电机的轴连接在一起的真空泵转子和外壳的中心是偏心的，并且呈放射状的沟槽中装有叶片。当转子旋转的时候，由于离心力的作用，叶片飞出与外壳的内腔滑动摩擦，由叶片分成的四个空间随着旋转而体积发生变化。连接吸入接头的空间通过接头吸入的空气体积最大，吸入的空气在其他三个空间被逐渐的压缩，并通过吐出接头排出，经过循环往复，空气由吸入接头吸入，通过真空泵后，由吐出接头排出，这样与吸入接头连接在一起的空气罐的空气逐渐减少，最终形成真空。通常在吸入接头装有单向阀，这是为了保持已经形成真空的空气罐的真空，同时也为了防止外壳内的油向已形成真空的空气罐倒流。为了润滑外壳中的转子和叶片，同时也为了冷却和密封，必须通过发动机油，发动机油由汽车上的油泵压送给真空泵。真空泵的抽气动力由汽车发动机提供，发动机带动发电机的皮带轮与轴运转，然后传递给真空泵。真空泵的作用：作为柴油发动机车辆刹车系统中的辅助刹车装置的动作压力源，其辅助刹车作用是在车辆刹车时，减轻刹车踏板的踏力，从而减轻驾驶员的劳动强度，提供舒适的操作环境。
决定编号	D-1-0000-2008-0286
决定税号	84141000
分别归类	否
归类意见	上述商品本身不提供空气动力，作用是将真空罐抽真空，属于真空泵，符合《税则》品目 8414 及其子目条文的描述，根据归类总规则一及六，应按真空泵归入商品编码 84141000。

商品图片	
备注	2007 年下半年归类决定（归类决定编号：Z2008-0052）。

商品中文名称	汽车遥控接收器用电路板
商品英文名称/描述	Circuits boards for ASSY
商品其他名称	
商品描述	该电路板用于安装在日本本田汽车遥控接收器中，有两大主要功能：1. 解锁发动机控制，可以通过无线通信的方式两次验证钥匙的合法性，防止发动机被启动，用于防盗；2. 遥控功能，只要按下钥匙上的按钮就可以打开或关上车门。
决定编号	D-1-0000-2007-1223
决定税号	85299090
分别归类	否
归类意见	汽车遥控接收器通过无线电对汽车电路进行遥控，归入《税则》品目8526。汽车遥控接收器用电路板是汽车遥控接收器的专用零件，符合品目8529的商品范围，根据归类总规则一及六，应归入商品编码85299090。
商品图片	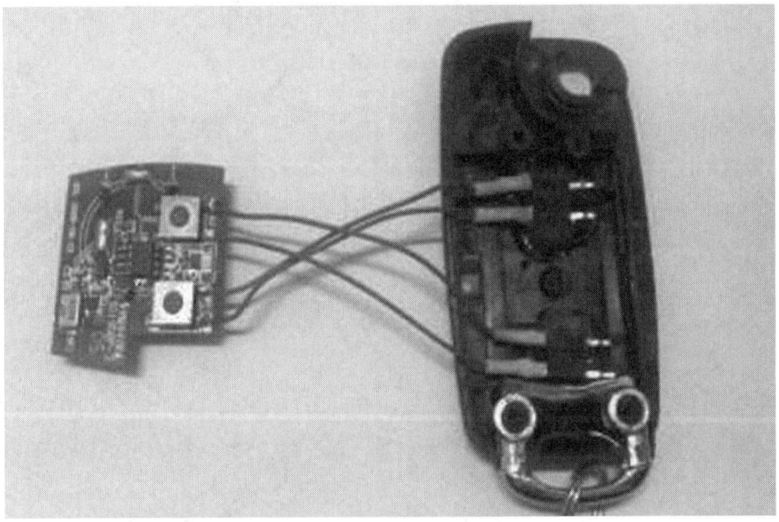
备注	2007年商品归类决定（归类决定编号：Z2007-0077）。

商品中文名称	汽车音响零件（面板、旋钮）
商品英文名称/描述	
商品其他名称	
商品描述	该汽车音响零件包括两种：第一种是前咀面板，为塑料制，作为汽车音响的前面板，属于车载 CD 机和收音机的前面板，上面装有用于操作的一些按键；第二种是调谐旋钮、音量旋钮、音量旋盖三项商品，皆为塑料制，分别用于调节 AM/PM 频道或者调谐音响音效。
决定编号	D-1-0000-2007-0971
决定税号	85299060
分别归类	否
归类意见	该商品已具有特定的形状、尺寸，无须经任何加工即可直接安装于汽车音响上，属于汽车音响的专用零件。该汽车音响为 CD 机和收音机组合体，属于“与声音的录制、重放装置组合在同一机壳内的无线电广播接收设备”，该设备应归入《税则》品目 8527 项下，根据归类总规则一及六，其专用零件应归入商品编码 85299060。
商品图片	
备注	1999—2006 年第二期（归类决定编号：Z2006-1418）。

商品中文名称	汽车加强板（钣金件）
商品英文名称/描述	
商品其他名称	
商品描述	该商品属于汽车底盘的一个组件，对车身底盘起加固作用。
决定编号	D-1-0000-2007-1065
决定税号	870899
分别归类	否
归类意见	该商品安装在车身底盘前部形成加固作用，加强板上承载的是转向节。其不属于前、后桥的零件，应按车辆其他专用零件归入税则子目 870899 项下。
商品图片	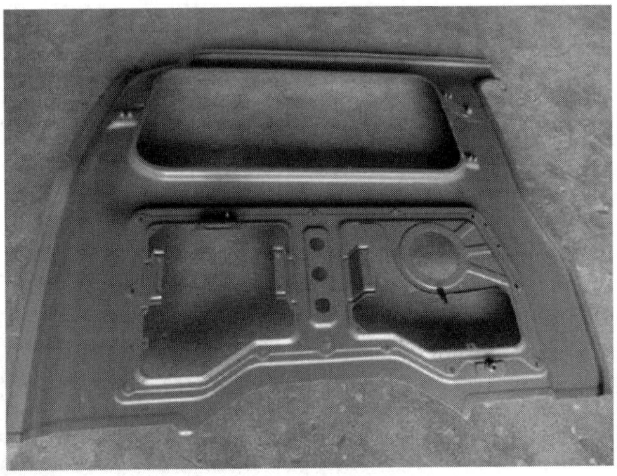
备注	1999—2006 年第二期（归类决定编号：Z2006-1512）。

商品中文名称	底盘平台模型
商品英文名称/描述	
商品其他名称	
商品描述	该底盘平台模型含车身地板及前舱、转向机构、发动机及水箱、底盘悬架系统、车轮等。底盘模型仅在外观上具备整车特征，不具备整车的实际功能，无电控系统等，整个模型无法工作和动作，仅用于新车型开发的外观造型定义。
决定编号	D-1-0000-2007-1056
决定税号	87060090
分别归类	否
归类意见	该商品属轿车底盘平台模型，用于整车设计，并非专供示范（例如，教学或展览）用，故不能将其归入《税则》品目 9023。该商品除未安装电控系统外，其尺寸、机械结构、使用材料均与普通轿车无异，因此，根据归类总规则一和六，外模型用底盘平台模型应按装有发动机的轿车底盘，归入商品编码 87060090。
商品图片	
备注	1999—2006 年第二期（归类决定编号：Z2006-1503）。

商品中文名称	汽车零部件
商品英文名称/描述	
商品其他名称	
商品描述	汽车零部件分别为车身、发动机、驱动桥、变速箱、后视镜及其他零配件，支架、横梁、保险杠、仪表盘、刹车盘、车灯也一并进口，为 TRAFIC T7BH 型厢式运输车配套零件。该车车顶和车后门加高加宽，不装后排座，最多载货量 635 千克。
决定编号	D-1-0000-2006-1989
决定税号	87029030
分别归类	否
归类意见	这些零件是专为 TRAFIC T7BH 型厢式运输车配套使用的，已构成了整车特征，根据归类总规则二（一）的规定，应按整车归类。该车驾驶室与后厢有隔板分开，车顶和侧围均装有内饰，后车厢两侧装有玻璃窗，与同型号的客车相同，后厢只是少装了 10 个座位，属于客货两用车，但载客仍是此车的主要特征，故根据归类总规则三（二）的规定，应按客车归入商品编码 87029030。
备注	1999—2006 年第一期（归类决定编号：Z2006-0830）。

商品中文名称	汽车座椅骨架
商品英文名称/描述	
商品其他名称	
商品描述	汽车座椅骨架为钢铁制，由底部骨架（又称座盆）和靠背骨架及部分滑轨组成，不带头枕和海绵软垫。
决定编号	D-1-0000-2010-0111
决定税号	940120
分别归类	否
归类意见	该商品具有汽车座椅的基本形状且已安装了轨道，只能作为汽车的座椅使用，根据归类总规则一，该商品应归入税则子目 940120 项下。
商品图片	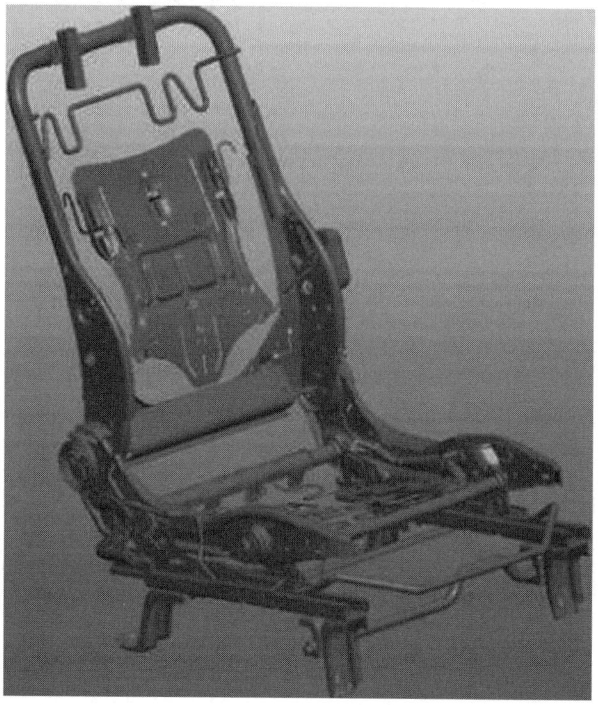

5

轿车零部件税则调研成果介绍

随着我国参与经济全球化进程的加快和进出口贸易管理要求的不断提高，《税则》在国家宏观经济管理中的作用越来越重要，已经成为国家制定宏观经济政策的一项基本工具和海关落实国家宏观经济政策的一个重要载体。海关作为国家进出境管理部门，掌握进出口贸易状况的第一手资料，对政策效果有最直接的了解，开展《税则》研究具有得天独厚的条件，已经取得了一系列的成果。

5.1　轮胎模具

轮胎模具（如图5-1所示）是用于硫化成型各类轮胎的模具。按其结构分类有两种：一是活络模具；二是两半模具。从目前典型活络模具说明该商品的特点：轮胎活络模具结构主要分为模壳、型腔和夹具三部分。硫化成型时，模壳和型腔闭合胶囊充气张开构成封闭的型腔，事先缠绕成型的胎坯套在胶囊外面，在胶囊的张力作用下贴合在型腔内壁，高温保压进行硫化。硫化成型后开模，模壳和型腔分离，然后由硫化机的机械手取出轮胎制品。根据归类总规则一及六，应归入商品编码84807110。

从2016年11月1日起，国家将轮胎模具的出口退税率由15%提高到17%，增强了我国产品的国际竞争优势，提高产品出口的积极性，为抢占国际市场份额、带动整个行业发展提供有力支持。

图5-1　轮胎模具

5.2　涡轮增压器

涡轮增压器（如图 5-2 所示）是一种专门用于汽柴油发动机提高功率和减少废气排放的高科技产品，其作用是向发动机提供更多的压缩空气，从而使喷入相同量的燃油，在发动机内燃烧更充分，从而降低废气 40%的排放，同时使同样尺寸的发动机产生更大的功率。涡轮增压器具有提高发动机性能、降低燃油 20%损耗、节约能源、改善环境空气与噪声、增加发动机扭矩储备、提高高原作业能力等功效，是一种集节能、环保为一体的绿色产品。根据归类总规则一及六，应归入商品编码 8414803090。

从 2016 年 11 月 1 日起，国家将涡轮增压器的出口退税率由 15%提高到 17%，落实了国家鼓励节能环保产品的大政方针，拓展了国际市场，充分发挥了企业产能。

图 5-2　涡轮增压器

5.3 车辆用钢化、层压安全玻璃

钢化玻璃，即淬火增强玻璃。将玻璃均匀加热达软化温度时，用高速空气等冷却介质骤冷而制成的玻璃。这种玻璃表面存在有均匀的压应力，从而可提高玻璃的机械强度和抗热震性能。车辆用钢化安全玻璃根据归类总规则一及六，应归入商品编码7007.1190。

层压玻璃，在两片或多片玻璃间夹以透明的聚乙烯醇缩丁醛胶片或其他胶合材料，经加热、加压胶合而成的复合玻璃制品。当受冲击时，由于中间层有弹性，黏结力强，能提高抗冲击强度，破碎时其碎片不掉落、不飞溅，能有效地防止或减轻对人体的伤害，主要用于交通运输车辆及建筑物中有特殊要求的部位。车辆用层压安全玻璃根据归类总规则一及六，应归入商品编码70072190。

从2016年11月1日起，国家将车辆用钢化、层压安全玻璃的出口退税率由13%提高到17%，有利于汽车玻璃行业的高科技企业更好地开拓国际市场，有利于落实供给侧改革政策，引领整个行业的转型升级。

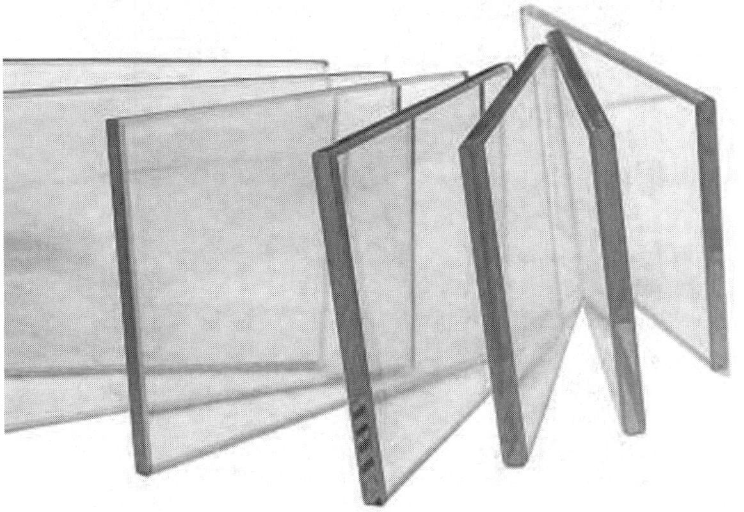

图5-3 车辆用钢化、层压安全玻璃

5.4 新能源汽车用电机控制器总成

新能源汽车用电机控制器总成系统（如图 5-4 所示）在电机驱动时，一方面将直流侧高压转换成电机驱动所需的三相交流电，另一方面在电机发电时，将电机发出的交流电转换成直流电，对车载电池进行充电。该电机控制器总成具有复杂的软件控制策略，IGBT 驱动电路设计，过流、短路、温度保护及电机位置检测等高新技术，其保证了电机有效、可靠的工作，大大提升了整车的动力性和燃油经济性。该商品通过持续测量来保持稳定，根据归类总规则一及六，应归入商品编码 9032899080。

从 2016 年起，国家新增新能源汽车用电机控制器总成进口暂定税率 4%，由于国内尚不具备该项技术，降低进口关税可以鼓励企业引进先进技术，进而促进研发，实现先进技术的本地消化和吸收。

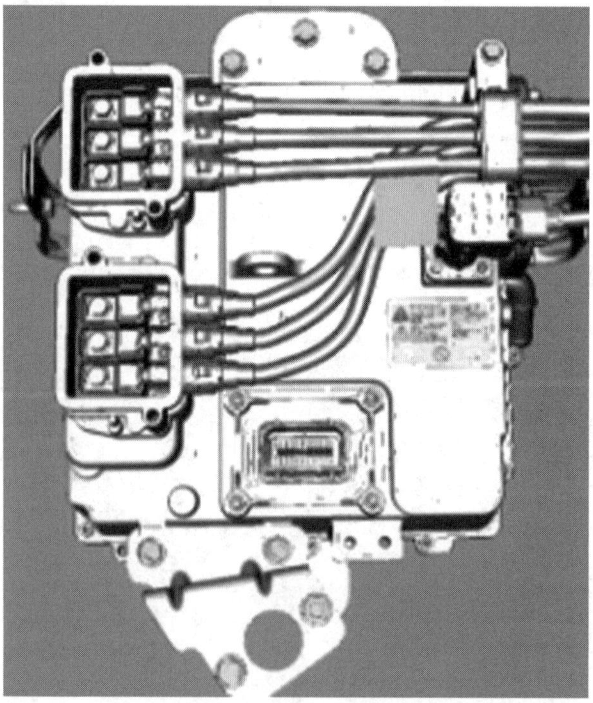

图 5-4　新能源汽车用电机控制器总成系统示意图

5.5 电动汽车用逆变器模块

逆变器模块（如图 5-5 所示），由控制电路驱动板、三相全桥 IGBT 逆变电路、薄膜电容、电流传感器及三相铜排、塑料支架等相关的机械结构组成，是新能源汽车电机控制器的核心部件。控制电路组成的控制系统控制功率半导体器件交替导通的时间，将电池输入的高压直流转换为幅值与频率可变的交流电，驱动电机运转为汽车提供行驶动力。根据归类总规则一及六，应归入商品编码 8504403020。

从 2016 年起，国家将混合动力汽车用逆变器模块纳入享受暂定税率范围，符合国家发展电动汽车自主生产路线的方针，也有助于促进行业的公平发展。

图 5-5 逆变器模块

5.6 乙烯聚合物制无纺布电池隔膜

乙烯聚合物制无纺布电池隔膜（如图 5-6 所示）状态呈薄纸状，表面光滑，进口时为大卷匹状。主要成分为聚乙烯及聚丙烯，喷丝的乙烯聚合物纤维经湿法造纸工艺上浆成型，并经过浸渍活性亲水剂及电晕处理，制成无纺织物。主要用作镍氢充电电池正负两极之间的隔膜，进口后经企业进一步磺化处理即可用在镍氢可充电电池上。根据归类总规则一及六，应归入商品编码 5603911010、5603921010、5603931010。

从 2015 年起，国家新增乙烯聚合物制无纺布电池隔膜进口暂定税率 5%，对推动新材料发展及新能源汽车发展具有非常积极的意义。

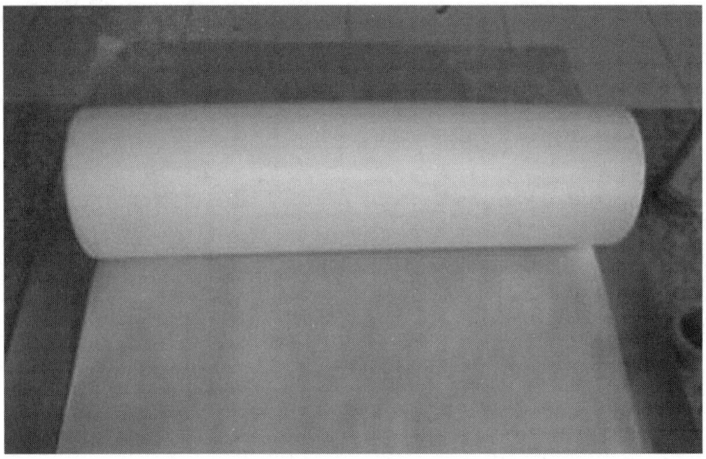

图 5-6　乙烯聚合物制无纺布电池隔膜

5.7 车用凸轮轴相位调节器

车用凸轮轴相位调节器（如图 5-7 所示）用于汽车内燃发动机，由调相器和外圈带轮两部分组成，其中调相器是其关键部件，主要功能是通过其中的调相器调节凸轮轴角度，同时通过外圈的链轮将曲轴的运动通过链条传递到凸轮轴。工作原理为：发动机机油控制阀收到电控单元中的控制指令，通过阀开度的变化调节进入该控制器的机油压力和方向，使其转子转过一个角度，转子和凸轮轴相连，凸轮轴也相应转过一个角度，于是完成相位控制。根据归类总规则一及六，应归入商品编码 8483900010。

从 2015 年起，国家新增车用凸轮轴相位调节器进口暂定税率 4%，有利于国内企业引进先进的技术，降低企业生产成本，提升企业的竞争力。

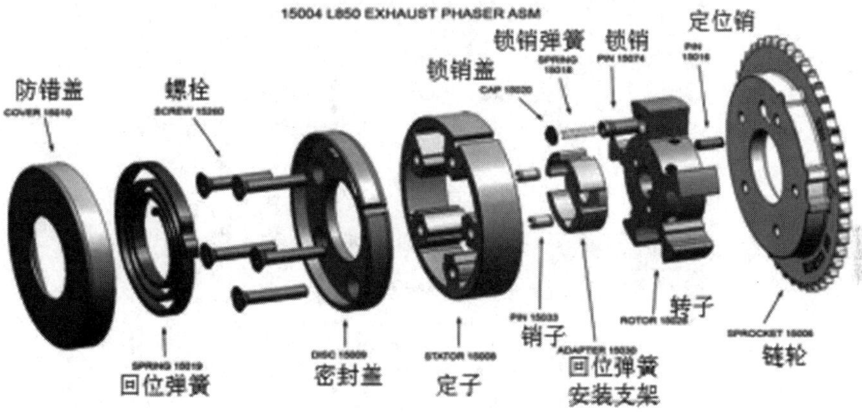

图 5-7 车用凸轮轴相位调节器示意图

5.8　连续油管车底盘

连续油管车（如图 5-8、图 5-9 所示）是由底盘和台上两部分组成，连续油管车底盘仅是个运输载体，用来运输连续油管设备，方便从一个油井到另一个油井，免于重复吊装设备。连续油管车作业可以带压作业，其对油气储藏特有的保护作用是常规作业所无法比拟的，可广泛用于老油田的各类增产作业，具有安全、省时、快捷、高效的特点。根据归类总规则一及六，连续油管车底盘应归入商品编码 8704230010。

从 2015 年起，国家新增连续油管车底盘进口暂定税率 10%，可直接降低企业生产成本，提高民族品牌产品同国际产品的竞争优势。

图 5-8　连续油管车（1）

图 5-9　连续油管车（2）

5.9 液氮泵车底盘

液氮泵车（如图 5-10 所示）是由底盘和台上两部分组成，液氮泵车底盘仅是个运输载体，用来运输液氮设备，方便从一个油井到另一个油井，免于重复吊装设备。液氮泵车的驾驶室位于整车的前部，用以操控车辆运输，驾驶室后部主要部件为底盘的主梁和车轮，进口后液氮设备通过连接件固定在底盘的主梁上，与底盘组成一个整体，构成完整的液氮泵车。根据归类总规则一及六，应归入商品编码 8704230010。

从 2015 年起，国家新增液氮泵车底盘进口暂定税率 10%，可直接降低企业生产成本，提高民族品牌产品同国际产品的竞争优势。

图 5-10 液氮泵车

5.10 子午线轮胎

子午线轮胎（如图 5-11 所示）是轮胎的一种结构形式，其帘线排列不同于斜交轮胎，子午线轮胎的帘线不是相互交叉排列的，而是与外胎断面接近平行，像地球子午线排列。根据材料不同可以分为全钢丝子午线轮胎、半钢丝子午线轮胎和全纤维子午线轮胎三种。子午线轮胎结构合理，比斜交轮胎性能要优越，具有很多优良的特点：耐磨及耐刺穿性能好、缓冲性能好、行驶温度低、稳定及安全性能好、低滚动阻力、节油环保、行驶里程及经济效益高。根据归类总规则一，应归入品目 4011 项下。

从 2015 年起，国家取消子午线轮胎进口暂定税率，为国内轮胎企业提供了一个公平竞争的平台，更好地参与到国际市场的竞争。

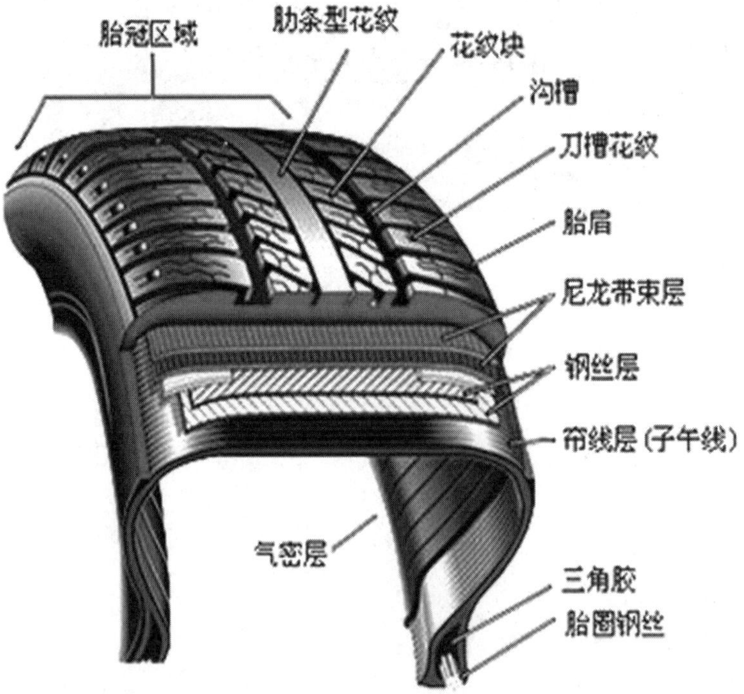

图 5-11　子午线轮胎示意图

5.11 混合动力汽车用锂离子蓄电池系统

混合动力汽车用锂离子蓄电池系统（如图 5-12 所示）是新能源汽车中混合动力汽车的核心零部件，其中包含了锂离子电池组、电池管理模块、电机驱动及控制模块、12 伏辅助电源输出模块等，实现 115 伏高压电源输出，BAS+电机控制，电池能量管理及 SOC 估算，12 伏电源输出等功能。该系统因其能量密度高、功率大、质量轻、无污染、寿命长等突出优点，应用于混合动力车产品中。根据归类总规则一及六，应归入商品编码 8507600020。

从 2014 年起，国家新增插电式混合动力汽车用锂离子蓄电池系统（包含蓄电池模块、容器、盖、冷却系统、管理系统等，比能量≥80Wh/kg）进口暂定税率 8%，2015 年暂定税率调整为 10%。

图 5-12 混合动力汽车用锂离子蓄电池系统示意图

索 引

轿车零部件归类索引

序号	零部件名称	商品编码	页码
18	暖风水管固定板	84159090	382
19	金属卡片	73269019	382
20	暖风水管卡箍	39269090	382
21	空调箱排水管	40091200	382
22	出风口密封海绵	40161090	382
23	出风口密封海绵	40161090	382
24	出风口转接风道	84159090	382
25	右模式壳体	84159090	382
26	出风口温度传感器	90251910	382
27	温度伺服传感器	90251910	382
28	除霜风门	84159090	382
29	吹面风门	84159090	382
30	温度风门	84159090	382
31	吹脚风门	84159090	382
32	左模式壳体	84159090	382
33	模式盘	84159090	382
34	模式风门执行器	84159090	382
35	温度风门执行器	84159090	382
36	蒸发器固定板	84159090	382
37	左混风板	84159090	383
38	右混风板	84159090	383
39	壳体中隔板	84159090	383
40	后吹面壳体	84159090	383
41	嵌件螺母	73181600	383
42	后吹脚转接风道	84159090	383
43	后吹面转接风道	84159090	383
44	后吹面风道密封海绵	40161090	383
45	加热器芯体	84199090	383
46	右吹脚风道	84159090	383
47	左吹脚风道	84159090	383
48	出风口温度传感器	90251910	383
49	空调蒸发器膨胀阀密封垫	84841000	383
50	蒸发器膨胀阀	84818039	383
51	蒸发器膨胀阀螺栓	73181510	383
52	膨胀阀进出水管	84159090	383
53	蒸发器	84159090	383